MARK I. CHOATE

Italianos no mundo
UMA NAÇÃO EMIGRANTE

Conselho Acadêmico
Ataliba Teixeira de Castilho
Carlos Eduardo Lins da Silva
Carlos Fico
Jaime Cordeiro
José Luiz Fiorin
Tania Regina de Luca

Proibida a reprodução total ou parcial em qualquer mídia
sem a autorização escrita da editora.
Os infratores estão sujeitos às penas da lei.

A Editora não é responsável pelo conteúdo deste livro.
O Autor conhece os fatos narrados, pelos quais é responsável,
assim como se responsabiliza pelos juízos emitidos.

A tradução deste livro contou com o apoio da
College of Family, Home, and Social Sciences da Brigham Young University.

BYU History Department
COLLEGE OF FAMILY, HOME, & SOCIAL SCIENCES

Consulte nosso catálogo completo e últimos lançamentos em **www.editoracontexto.com.br**.

MARK I. CHOATE

Italianos no mundo

UMA NAÇÃO EMIGRANTE

Tradução e prefácio
João Fábio Bertonha

Emigrant Nation: The Making of Italy Abroad by Mark I. Choate
Copyright © 2008 by the President
and Fellows of Harvard College
Publicado mediante acordo com a Harvard University Press

Direitos para publicação no Brasil adquiridos pela
Editora Contexto (Editora Pinsky Ltda.)

Ilustração de capa
Emigranti, Raffaello Gambogi (1894)

Montagem de capa e diagramação
Gustavo S. Vilas Boas

Preparação de textos
Marcelo Barbão

Revisão
Mariana Cardoso

Dados Internacionais de Catalogação na Publicação (CIP)

Choate, Mark I.
Italianos no mundo : uma nação emigrante / Mark I. Choate ;
tradução de João Fábio Bertonha. – São Paulo : Contexto, 2023.
416 p.

Bibliografia
ISBN 978-65-5541-280-2
Título original: Emigrant nation: the making of Italy abroad

1. Italianos – Países estrangeiros
2. Itália – Emigração e imigração – História
I. Título II. Bertonha, João Fábio

23-3394   CDD 305.851

Angélica Ilacqua – Bibliotecária – CRB-8 / 7057

Índice para catálogo sistemático:
1. Italianos - Países estrangeiros

2023

EDITORA CONTEXTO
Diretor editorial: *Jaime Pinsky*

Rua Dr. José Elias, 520 – Alto da Lapa
05083-030 – São Paulo – SP
PABX: (11) 3832 5838
contato@editoracontexto.com.br
www.editoracontexto.com.br

Para meu pai e para minha mãe.

Sumário

Prefácio	9
João Fábio Bertonha	
Apresentação à edição brasileira	17
Abreviaturas para notas	
e fontes dos arquivos consultados	20
INTRODUÇÃO	
O projeto do colonialismo emigratório	21
Da África para as Américas	49
O grande império etnográfico	99
Migração e capital	119
A língua de Dante	167
Pela fé e pela pátria	207
A emigração e o novo nacionalismo	231
Terremoto, peste e guerra mundial	289
CONCLUSÃO	
Em direção a uma nação global	331
Notas	353
Referências	371
Anexos: mapas e gráficos	401
Agradecimentos	409
O autor	413
O tradutor	415

Prefácio

João Fábio Bertonha,
Universidade Estadual de Maringá (UEM)

Em meados de 2017, participei de um evento em Munique, Alemanha, organizado por Ursula Prutsch e Ulf Brunnbauer e promovido pelo Center for Advanced Studies da Ludwig-Maximilians-Universität München (LMU). O tema do evento era a emigração austro-húngara para o continente americano e minha fala foi sobre o conflito, na imprensa, entre italianos e austríacos de língua italiana residentes no Brasil durante a Primeira Guerra Mundial.

Entre os participantes, o único que também trabalhava a questão dos italianos era Mark I. Choate. Eu já o conhecia de nome, pois havia lido alguns de seus artigos, especialmente sobre a Tunísia (Choate, 2010), mas foi apenas nessa ocasião que o vi pessoalmente. Ficou evidente, quando conversamos, a proximidade de interesses e que a nossa abordagem da política emigratória italiana e a relação desta com a política internacional da Itália entre os séculos XIX e XX era semelhante.

Ele me enviou, então, o livro que agora se publica em português. Eu já tinha ouvido falar da obra e sabia da sua importância dentro do estudo do tema, mesmo que ainda não a tivesse lido, por dificuldades de acesso. No entanto, assim que recebi o pacote em Madri, onde então residia, não consegui deixar o livro antes de concluir a leitura.

Com argumento persuasivo, o autor classifica a Itália como uma das primeiras "nações globais". Para ele, a emigração de milhões de italianos entre os séculos XIX e XX criou uma rede que ligava a Europa, as Américas e o Mediterrâneo. Nessa rede, gerida por Roma dentro da perspectiva de um "imperialismo indireto", circulavam pessoas, dinheiro, tradições e ideias. Ela só permaneceria ativa, contudo, enquanto a italianidade fosse mantida pelos emigrados e seus descendentes.

Nesse projeto de italianidade, a cultura era a chave. Era ela que permitia a separação entre "nós" e "eles" e também garantia que os italianos não se assimilassem no exterior. Nesse esforço, o Estado italiano fez acordos com organismos privados (como a Igreja Católica), distribuiu recursos e subsídios para escolas e associações culturais e patrocinou jornais e outras iniciativas. Isso sem mencionar, claro, a criação de associações culturais de peso, como a Sociedade Dante Alighieri; um esforço com resultados consistentes, que atravessou décadas, até o início da Primeira Guerra Mundial.

Ele também recupera os intensos debates e discussões da elite política e intelectual italiana sobre a viabilidade e a validez desse projeto. O império pacífico da Itália, afinal, enfrentava problemas práticos para ser construído, como a rápida assimilação dos italianos na América do Sul. O projeto era questionado, igualmente, porque deixava a Itália em uma posição passiva e dependente perante outros poderes imperiais. França e Inglaterra, por exemplo, também criaram impérios informais de comércio, cultura e imigração, mas de forma paralela à conquista de territórios além-mar. Os debates na Itália, recuperados pelo autor, levavam isso em consideração e contrapunham nacionalistas, liberais e outras correntes políticas na disputa entre "América" ou "África" como eixo desejado do expansionismo italiano.

Meu primeiro pensamento depois de constatar a importância do livro foi que ele merecia ser traduzido, de forma que pudesse ser aproveitado também por pessoas que não dominam o inglês. Pensei na importância de edições na Itália e na Argentina, mas, especialmente, em como seria conveniente uma edição em português, para os leitores brasileiros.

Prefácio

Há uma produção histórica imensa, quase incalculável, sobre a imigração italiana no Brasil, ainda que de qualidade desigual. Dado o fato de o país abrigar uma comunidade de descendentes de italianos que totaliza – ainda que as estimativas sejam discutíveis – entre 15 e 20 milhões de pessoas, a demanda por material histórico relacionado à Itália e à imigração italiana é imensa. Mesmo que apenas uma fração dessas pessoas tenha real interesse pela Itália, há público para livros, revistas, comunidades na internet e filmes que abordem o tema, ainda que, quase sempre, no viés celebrativo ou memorialístico.

Os historiadores brasileiros também têm, na imigração italiana para o Brasil, um dos seus temas preferenciais, dada a sua importância evidente na história do país na era contemporânea. Os focos tradicionais de investigação são os relacionados à história socioeconômica: a colonização agrícola nos estados do sul, a economia cafeeira em São Paulo, a participação dos italianos na industrialização e na urbanização do país, as lutas operárias etc. Nas últimas décadas, a historiografia tem se dedicado mais a temas de história cultural e política, como, por exemplo, as relações dos italianos com as guerras italianas do século XX, o fascismo, o antifascismo e outros movimentos de esquerda e outros.

Nessa imensa produção, algumas lacunas sempre foram evidentes. Uma é a pouca atenção à história italiana em si, aos italianos antes da imigração. A perspectiva, num primeiro momento, era que os italianos só existiam a partir da sua chegada, sendo a sua história anterior ignorada. Essa falha tem sido corrigida nos últimos anos – a partir, especialmente, do trabalho pioneiro de Zuleika Alvim (1986) –, mas ainda não no nível desejado. Os imigrantes, afinal, trouxeram para o Brasil perspectivas, valores e ideias que vinham da sua vida na Itália, os quais, obviamente, se modificaram ou se mantiveram em território brasileiro.

Outro problema na historiografia é a falta de uma perspectiva comparada e global. A emigração italiana tem uma longa história e foi uma das mais dispersas, se não a mais, do mundo: os italianos emigraram, em diferentes ondas, para as Américas do Norte e do Sul, para a Europa Ocidental e Central, para a Austrália e para o norte e o nordeste da África. Pequenas colônias também se estabeleceram em outras partes da África e da Ásia, e na América Central. Uma experiência global, que enseja a comparação e um olhar que vá além das fronteiras nacionais. Os historiadores da imigração italiana, contudo, apesar de saberem disso, tendem a olhá-la como se fosse uma exclusividade do seu país. Isso acontece na França, na Argentina, nos Estados Unidos e, igualmente, no Brasil.

Por fim, outra questão pouco enfatizada é como a própria Itália via esse processo. Os historiadores italianos produziram muitos textos analisando as políticas de emigração do Estado italiano, as tentativas de geri-la em benefício próprio, os imensos debates sobre as vantagens e desvantagens da emigração e outros. Há um conhecimento acumulado bastante expressivo sobre o tema, que está sendo utilizado pelos historiadores europeus e asiáticos, nesse momento, para estabelecer comparações e pensar em padrões mais gerais de relacionamento entre os países então emissores de emigrantes, na Europa e na Ásia, e os que os recebiam. No Brasil, contudo, esse conhecimento é praticamente desconhecido, a não ser por alguns especialistas – ver, por exemplo, o documento de Umberto Sala (2005) e o livro de Luiza Iotti (2010), além da obra pioneira de Ianni (1972) –, dando a impressão, por aqui, que as elites italianas não sabiam o que estava ocorrendo além-oceano, o que é errôneo.

O livro de Mark I. Choate é uma colaboração de peso para sanar esses problemas. Ele é, por definição, um texto de história comparada, focando especialmente nos três grandes destinos da emigração italiana nas Américas antes de 1914, ou seja, o Brasil, a Argentina e os Estados Unidos. E, acima de tudo, é uma análise acurada de como as elites italianas avaliaram a "grande emigração" e ponderaram sobre os ganhos e perdas (econômicos, demográficos, geopolíticos) que a Itália teria e sobre quais atitudes tomar. Várias questões relacionadas aos italianos no Brasil adquirem uma nova roupagem quando as examinamos em termos comparados e com o olhar dos diferentes agentes que pensavam e agiam sobre a questão da emigração do outro lado do Atlântico. E é isso que este livro nos oferece.

Esta obra é, além disso, muito bem construída em termos metodológicos e discute temas espinhosos, como, por exemplo, o conceito de diáspora. Há todo um debate (Bertonha, 2015) se o termo diáspora

Prefácio

– tradicionalmente utilizado para descrever o caso dos armênios, dos judeus ou mesmo dos africanos escravizados no mundo atlântico – poderia ser aplicado à emigração italiana. O autor recusa tal tipologia para o caso dos italianos, e por uma razão bastante sólida: os italianos que emigravam após 1861 podiam não ter a proteção no nível que desejavam ou mereciam contra a exploração e os abusos no exterior, mas eles jamais foram abandonados à sua sorte. Desde essa data, havia um Estado por trás deles, com uma estrutura diplomática, um prestígio militar e internacional e recursos financeiros para atuar em sua defesa. Um caso semelhante ao de outros países europeus e asiáticos e diferente dos povos sem Estado, como os mencionados. Talvez apenas o caso dos italianos antifascistas, já depois da Primeira Guerra Mundial, pudesse ser definido como uma diáspora, já que eles ficaram privados da proteção de seu Estado e eram, ao contrário, perseguidos por este, mesmo no exterior. De qualquer forma, trata-se de uma definição teórica que permite uma maior clareza sobre a emigração italiana e suas semelhanças e diferenças com outras emigrações.

O livro também é consistente em termos de fontes. O autor explorou arquivos italianos, tanto os de porte nacional como alguns regionais e de instituições. Além de pesquisar documentação em arquivos nos Estados Unidos, na Alemanha, no Reino Unido e na França, sua bibliografia, impressionante, reúne textos não apenas em inglês e italiano, como também em outros idiomas. Para o leitor brasileiro, ter em mãos este livro em português é um grande avanço se realmente quiser entender a experiência dos italianos no Brasil de forma mais ampla.

Um exemplo disso é a questão dos austro-italianos, ou seja, os falantes de italiano do Império Austro-Húngaro. O Brasil foi o principal destino desses emigrantes e há alguns estudos a respeito das conflitivas relações entre eles e os italianos que vinham da própria Itália (ver os artigos reunidos em Bertonha, 2018). O livro de Choate apresenta a questão de outra forma, ou seja, como ela era percebida nos meandros do Estado italiano (tendo como pano de fundo as relações com o Império Austro-Húngaro) e também pela Igreja Católica, o que dá um novo pano de fundo a um problema que se reproduzia no mundo da emigração, especialmente o brasileiro, mas que tinha suas raízes no processo histórico de construção da Itália e de suas fronteiras.

É claro que alguns apontamentos e ponderações críticas podem ser feitas sobre o livro e seu argumento. O projeto da Grande Itália pela emigração, por exemplo, teve uma repercussão evidente nos três grandes destinos nas Américas e, em outros termos, na Etiópia e na Líbia, como bem demonstrado pelo autor. No entanto a perspectiva de criar um império pela emigração (seja na concepção "livre", seja como reforço demográfico de uma conquista militar) também incluía o norte da África francesa e britânica, a França e – se pensarmos em termos de criação de hegemonias – outros países europeus e das Américas. O foco do livro em Brasil, Argentina e Estados Unidos é compreensível, pois eram os alvos privilegiados dessa política, mas pode distorcer um pouco um projeto que era global e que ia além desses três países.

Do mesmo modo, as contradições do projeto perante os casos nacionais mereceriam um desenvolvimento maior. O projeto da Grande Itália demandava, como bem demonstrado pelo autor, um movimento contínuo de pessoas, dinheiro, mercadorias e cultura. No caso brasileiro, contudo, isso era pouco viável, pois a imigração foi, ao menos no início, centralmente rural e familiar, menos propensa à circulação. Além disso, os italianos do Brasil estavam, na maioria, vivendo no limite da pobreza e pouco podiam participar desse circuito financeiro, econômico e cultural. Apenas a burguesia italiana de São Paulo e os pequenos proprietários do sul (através da Igreja Católica) cumpriram ao menos alguns dos requisitos básicos para serem parte desse projeto. Já na Argentina, a circulação existia, mas o caráter permanente de boa parte da imigração (e as fortes pressões assimilacionistas do Estado e da sociedade argentinos) também era um empecilho para o sonho da Grande Itália no Rio da Prata. Mesmo assim, era a Argentina a grande esperança não realizada de um Império Italiano no exterior, o que explica a eterna frustração italiana com o país.

No caso estadunidense é que as contradições entre desejo e realidade aparecem com mais força. Na maior parte, era uma imigração masculina, urbana, temporária e em cadeia, propensa a ir e vir de e para a

Prefácio

Itália a todo momento. Os imigrantes italianos nos Estados Unidos, além disso, tinham condições financeiras de apoiarem o projeto de expansão pacífica da Itália comprando produtos italianos, financiando atividades culturais e enviando dinheiro para casa. Os Estados Unidos, contudo, estavam longe do imaginário imperial italiano: eram um país poderoso demais para que pudesse ser pensado como parte de um Império Italiano, mesmo que informal, e os italianos, a maioria oriunda do *Mezzogiorno*, eram vistos como inferiores, quase na escala mais baixa da sociedade em termos sociais e mesmo raciais, enquanto na América Latina era o contrário. Os italianos nos Estados Unidos, além disso, viviam basicamente nas grandes cidades, cuja pressão assimilacionista era mais forte do que nas zonas rurais da América do Sul. Onde o projeto tinha, em princípio, mais chances de dar certo, ele não poderia, a priori, frutificar; contradições que talvez o livro pudesse ter explorado com mais cuidado, mas que não o tornam menos fascinante do que é.

Na verdade, em uma nota pessoal, vejo o trabalho de Mark I. Choate como, num certo sentido, um complemento ao meu próprio, e vice-versa. Eu trabalhei o mesmo objeto – a tentativa de criar um Império Italiano ou, no mínimo, aumentar a influência italiana no mundo por meios indiretos, como o comércio, a cultura e a emigração – no período fascista. Esse período tem as suas especificidades, como a ideologização da emigração num sentido fascista, a presença de uma diáspora antifascista e o fim das fronteiras abertas que eram fundamentais para o projeto original da Grande Itália. No entanto as similaridades entre o período liberal e o fascista também são marcantes, o que indica como o uso da emigração como elemento da política externa italiana é um traço que se estende desde a unificação até a derrota italiana na Segunda Guerra Mundial e mesmo além. Eu já tinha antevisto esse traço de longa duração anos atrás (Bertonha, 1999), mas o livro de Mark I. Choate deixa isso ainda mais claro.

Basta recordar, por exemplo, o discurso do governo italiano sobre como a conquista de terras na África iria substituir a emigração e dar uma nova dignidade, imperial, à Itália. Um discurso que se repete na Primeira Guerra da Etiópia (1895-1896), na conquista da Líbia (1911-1912) e, novamente, na Segunda Guerra da Etiópia (1935-1936). A coleta de dinheiro e a mobilização de voluntários para esses conflitos (e para as guerras mundiais) também são um elemento que perpassa décadas e vai além de tipos de regime, ainda que o governo de Mussolini tenha dado um tom muito mais ideológico, fascista, às suas guerras (Bertonha, 2021).

De qualquer forma, os leitores brasileiros têm acesso, agora, a uma obra fundamental – a qual tive a honra de verter para o português – para o entendimento das relações entre o Estado italiano e sua emigração pelo mundo nos anos cruciais da "primeira globalização", entre 1861 e 1915. Mais que isso, os leitores também podem, a partir desse trabalho, refletir sobre o tema maior das relações entre os Estados emigratórios e imigratórios no momento atual, pois a questão continua a ser relevante mesmo no século XXI. Como bem indicado pelo autor, os atores mudaram de posição e antigas terras de emigração se tornaram de imigração (como a Espanha, o Japão e a própria Itália), enquanto sociedades que antes recebiam imigrantes, como o Brasil, agora enviam parte da sua população para fora. Os termos da equação mudaram, mas o problema continua atual, o que é mais um motivo para se comemorar a tradução deste livro para o português.

Referências

ALVIM, Z. *Brava gente!* Os italianos em São Paulo, 1879-1920. São Paulo: Brasiliense, 1986.

BERTONHA, J. F. "A migração internacional como fator de política externa. Os emigrantes italianos, a expansão imperialista e a política externa da Itália, 1870-1943". *Contexto Internacional*. v. 21, n. 1, 1999, pp. 143-64.

_____. Transnacionalismo e diáspora: reavaliando conceitos e paradigmas teóricos das imigrações. *In*: GATTAZ, A.; FERNANDEZ, V. P. R. *Imigração e imigrantes:* uma coletânea interdisciplinar. Salvador: Pontocom, 2015, pp. 55-67.

_____. *Italianos e austro-húngaros no Brasil:* nacionalismos e identidades. Caxias do Sul: Editora da Universidade de Caxias do Sul, 2018.

_____. *A Legião Parini*. O regime fascista, os emigrantes italianos e a Guerra da Etiópia, 1935-1936. Maringá: Eduem, 2021.

CHOATE, M. I. "Tunisia contested: Italian nationalism, French imperial rule, and migration in the Mediterranean Basin". *California Italian Studies*. v. 1, n. 1, 2010, pp. 1-20.

IANNI, C. *Homens sem paz*. Os conflitos e os bastidores da emigração italiana. Rio de Janeiro: Civilização Brasileira, 1972.

IOTTI, L. H. *Imigração e poder:* a palavra oficial sobre os imigrantes italianos no Rio Grande do Sul (1875-1914). Caxias do Sul: Editora da Universidade de Caxias do Sul, 2010.

SALA, U. *A emigração italiana no Brasil (1925)*. Maringá: Eduem, 2005.

Apresentação
à edição brasileira

Este livro é sobre uma grande ideia: emigração e colonialismo são duas faces da mesma moeda. Este conceito foi estabelecido de forma pioneira na Itália após 1901, mas influenciou muitos outros países desde então, inclusive no século XXI. A política liberal italiana de fomentar colônias espontâneas através das Américas, ligadas entre si pela cultura, pela língua, pela religião e pelo comércio, contrastava com a política dos nacionalistas e dos fascistas italianos, que enfatizava a conquista militar na África, apoiada por uma administração racista. A migração liga os povos do mundo de forma positiva ou negativa.

Estou muito satisfeito por escrever o prefácio desta edição em português do livro *Emigrant Nation: The Making of Italy Abroad*. Não só o Brasil constituiu uma parte importante da *L'Italia all'estero* [a Itália no estrangeiro], a partir do século XIX, como a experiência italiana com colônias de povoamento pode ser comparada com a experiência de Portugal na África durante o século XX. As colônias de povoamento portuguesas na África, que entraram em colapso na década de 1970, recordam de certa forma a experiência das colônias italianas, cuja história terminou com a derrota fascista na Segunda Guerra Mundial.

Os desastres do imperialismo fascista italiano contrastam com o legado duradouro da emigração italiana para o Brasil. Os laços familiares e a herança cultural são a base da sociedade e da economia, ultrapassando e sobrepondo-se facilmente à ascensão e à queda dos regimes políticos. Hoje em dia, estima-se que 31 milhões de pessoas de ascendência italiana vivem no Brasil, mais da metade da própria população italiana de 59 milhões. Grande parte da história da América do Sul tem sido moldada por essas famílias e os seus descendentes.

O meu objetivo quando escrevi este livro foi redigir uma história global da emigração italiana, a qual tinha seu foco central na Itália, e compará-la com outras migrações nacionais e outras experiências coloniais. A história da emigração tinha se especializado em excesso, chegando a se concentrar em bairros individuais de cidades específicas. Essas inestimáveis micro-histórias se encaixam em uma rede muito maior marcada pela cultura italiana e por inúmeras similitudes em um contexto de diversidade. Em vez de uma dispersão de indivíduos no meio de um transnacionalismo sem rosto, defendo que a migração foi e é uma parte crucial da história mundial, em escala intercontinental.

Uma audiência ítalo-americana perguntou-me se eu era de ascendência italiana, comentando que, se a história da migração não é sobre a sua própria família, é muito chata. De fato, eu tenho ancestrais do Piemonte, mas não estou de acordo que a história da migração seja aborrecida. O drama humano da migração internacional envolve a história social, a história cultural, a história da religião, o desenvolvimento da língua, tanto a política externa como a política interna, os transportes e as comunicações, e o comércio internacional, abrangendo os acontecimentos dramáticos mais importantes da competição, da guerra, e do desenvolvimento humano. O que é mais inspirador na migração italiana é o progresso que ajudou a trazer para o Brasil, para a Argentina, para os Estados Unidos e para muitos outros países, e o progresso econômico na Itália, lançando o país de origem, *la madre patria*, para as fileiras dos países mais prósperos do mundo, através de puro trabalho e criatividade.

A Itália produziu a maior migração da história mundial registrada. Outros países em desenvolvimento na Ásia, Europa, África, e Américas podem ser capazes de seguir o exemplo da Itália (facilitando remessas financeiras, estabelecendo políticas de cidadania flexíveis e subsidiando organizações culturais e comerciais) e criar uma realidade que beneficie não apenas o país de destino dos emigrantes, mas também o seu país de origem. A migração pode ser o ponto de partida para que o potencial humano possa desabrochar, desenvolvendo-se de forma ilimitada.

Mark I. Choate
Fort Bliss, El Paso, Texas

Abreviaturas para notas e fontes dos arquivos consultados

ARQUIVOS ITALIANOS

ACRI – Archivio della Croce Rosse, Sede Via Ramazzini, Roma

ACS – Archivio Centrale dello Stato, Roma

AN – Archives Nationales, Paris

AP CD – Atti Parlamentari, Camera dei Deputati

AS Rovigo – Archivio di Stato, Rovigo

AS Venezia – Archivio di Stato, Venezia

ASBN – Archivio Storico del Banco di Napoli, Nápoles

ASCD – Archivio Storico della Camera dei Deputati, Roma

ASDA – Archivio Storico della Società Dante Alighieri, Sede Central, Roma

ASDMAE – Archivio Storico-Diplomatico, Ministero degli Affari Esteri, Roma

ASMAI – Archivio Storico, Ministero dell'Africa Italiana. Disponivel no ASDMAE

AUSSME – Archivio dell'Ufficio Storico dello Stato Maggiore dell'Esercito, Roma

BAM – Veneranda Biblioteca Ambrosiana, Roma

MCCR – Museo Centrale del Risorgimento, Roma

ARQUIVOS VATICANOS

ASV – Archivio Segreto Vaticano, Cidade do Vaticano

BAV – Biblioteca Apostolica Vaticana, Cidade do Vaticano

ARQUIVOS FRANCESES

CAOM – Centre des Archives d'outre-mer, Aix-en-Provence

MAE – Ministère des Affaires Etrangères, Paris

ARQUIVOS AMERICANOS

CMS – Center for Migration Studies, Staten Island, New York City

ARQUIVOS BRITÂNICOS

PRO – Public Record Office, Londres

SAD – Sudan Archive, Durham, Reino Unido

ARQUIVOS ALEMÃES

BArch – Bundesarchiv, Berlim-Lichterfelde

Nota: Eu utilizei os formatos de referência de cada arquivo, mesmo quando são contraditórios. Em Berlim, as abreviaturas V e R referem-se à frente (*Vorseite*) e ao verso (*Rückseite*) de uma página, enquanto, no Arquivo Vaticano V e R, se referem às páginas verso (*verso*) e frente (*recto*).

INTRODUÇÃO
O projeto do colonialismo emigratório

Entre 1880 e 1915, 13 milhões de italianos emigraram para as Américas do Sul e do Norte, para a Europa e a bacia do Mediterrâneo, protagonizando a maior emigração de qualquer nação na história humana registrada.[1] A experiência italiana se destaca como um exemplo perfeito dos efeitos globalizadores produzidos pelos processos de migração internacional, já que a emigração criou uma rede capilar ligando a Itália, de modo íntimo, com outras sociedades ao redor do mundo. Era uma rede de circulação de indivíduos e famílias, mas também de capital, tradições e ideias. A emigração italiana mudou o país e o mundo, com um impacto permanente na economia, nos costumes, nas instituições governamentais e também na teoria política ao prover lições históricas ainda relevantes para entender a emigração e a imigração no século XXI.

Como uma nação recém-unificada, a Itália lutou para se adaptar a esse êxodo em massa. Intelectuais e políticos debateram o impacto e as implicações da emigração. Seria ela permanente ou temporária; boa ou má; uma "hemorragia" do melhor sangue italiano ou uma prova da força do povo italiano, que se expandia pelo globo? Deveria a Itália focar seus esforços em ser o coração de uma comunidade italiana espalhada pelo mundo ou em conquistar novos territórios para o assentamento dos emigrantes em terras sob o domínio italiano? As intensas controvérsias resultaram em propostas radicalmente diferentes para resolver os dilemas internos e externos do país.

Por volta de 1900, os estadistas liberais tinham desenvolvido um conjunto flexível de propostas para a criação de uma rede de contatos culturais e comerciais e de outros tipos de intercâmbios e trocas com os italianos que viviam longe do território e da soberania italiana. Essa ideia de comunidades expatriadas de italianos conectadas à pátria-mãe (*madre patria*) sofria oposição dos nacionalistas antiliberais na própria Itália e preconceitos e restrições contra os imigrantes no mundo todo. Mesmo assim, a Itália colhia benefícios imensos da sua emigração durante um período crítico do seu desenvolvimento econômico.

Do ponto de vista italiano, a emigração oferecia uma série de desafios, além de oportunidades políticas e econômicas. No primeiro grande estudo sobre o colonialismo italiano, Leone Carpi (1874, p. 4) observou que a palavra italiana *colonia* tinha um sentido duplo: não apenas possessões no exterior, mas também grupos de emigrantes em países estrangeiros. Carpi propunha, com base nessa definição, que a própria emigração era uma forma de expansão colonial, ainda que frágil e imprevisível. Além disso, diferentemente dos colonos na África que exploravam os trabalhadores nativos, eram os próprios emigrantes que acabavam por ser explorados por não contarem com a firme proteção da sua pátria. Dados os números envolvidos, a Itália tinha muito a ganhar ou a perder apoiando a emigração. O Estado havia, no início, associado a emigração com criminosos, desertores ou aventureiros irresponsáveis. Era um problema policial.

Introdução

No entanto, à medida que a emigração crescia rapidamente, restringir o movimento da população se tornou impossível e mesmo perigoso. O Estado começou a intervir ativamente na emigração com o objetivo de aumentar a sua influência internacional e para colher benefícios em termos de colonização externa. O Ministério das Relações Exteriores, responsável pelas possessões da Itália na África, também formulou planos para as comunidades italianas na Europa e nas Américas. Para descrever essas políticas do Estado, e as privadas a elas relacionadas, eu cunhei o termo "colonialismo emigratório" ou "colonialismo pela emigração". O Estado italiano mobilizou recursos e estabeleceu alianças até com a Igreja Católica, diminuindo o amargo hiato então existente entre Estado e Igreja. Os debates sobre a emigração, e suas consequências para as políticas interna e externa, determinaram o lugar da Itália no mundo. Os italianos foram pioneiros no estabelecimento de uma "nação global" além do controle imperial e da jurisdição territorial, mantida unida pelos laços da cultura, pelas comunicações, pela etnia e pela nacionalidade.[2]

Como poderia a Itália manter contato com os emigrantes que tinham voluntariamente deixado seus lares? Políticos e intelectuais italianos enfatizaram o caráter extralegal e não governamental da identidade italiana, a *italianità*: as experiências normativas em escolas e igrejas; os sabores e as tradições na comida, na música e na literatura; os laços com a família na Itália; as celebrações patrióticas e os festivais; os clubes e as organizações. Nas palavras do bispo Geremia Bonomelli (1899, p. 17): "a língua e a religião são os dois principais instrumentos para manter vivas e sólidas as ligações entre a pátria-mãe Itália e a sua filha de mesmo nome Itália, a qual cresce e prospera no continente sul-americano".

Essa perspectiva foi confirmada pelo trabalho dos cientistas sociais: Lamberto Loria fundou a etnografia italiana no auge do processo emigratório, entre 1905 e 1913, através do estudo do comportamento dos emigrantes italianos no exterior, especialmente sobre a sua fidelidade às tradições e à culinária nativas (a qual demandava a importação de produtos alimentícios da própria Itália). Loria

Italianos no mundo

e seus colegas lançaram a hipótese de uma identidade nacional que englobaria e superaria as inúmeras e inevitáveis contradições entre os antigos povos da península itálica; uma identidade experimentada e testada na emigração. Através de uma abordagem científica, a *italianità* poderia ser replicada em uma série de ambientes e situações no exterior. A identidade italiana dos emigrantes poderia ser fortalecida de forma a resistir às pressões assimilacionistas dos *caldeirões culturais* como em um laboratório humano. Ao definir a *italianità* no exterior mais como uma tradição sentimental e menos como uma cidadania legal, os italianos influenciaram a sua concepção de identidade também em casa.

A Itália é um exemplo perfeito do que eu defino como "nação emigrante", uma categoria analítica que engloba a população no país e também os que residem no exterior, além das fronteiras territoriais. "Fazer a Itália no exterior" significava não apenas criar uma comunidade de expatriados, mas também mudar a Itália em si. O impacto da emigração foi fundamental, alterando as bases da sociedade e da cultura na pátria de origem e também na Europa, nas Américas e na África, de forma semelhante às migrações maciças no mundo do século XXI. Enquanto muitos aspectos da experiência italiana foram próprios da era dos imperialismos, as questões teóricas enfrentadas pelos italianos são válidas para comparação mesmo hoje.

A Itália em si era uma criação nova, recentemente unificada como nação entre 1859 e 1871 após um milênio de divisões regionais. Os liberais italianos triunfaram, com o estabelecimento de uma monarquia constitucional que dominava toda a península, mas os republicanos estavam amargamente desapontados. O rei da Sardenha, Vítor Emanuel II, agora rei da Itália, vinha de uma família com longa tradição dinástica, piemontesa, mas a ele faltava uma visão clara a respeito dos seus novos domínios. O Parlamento italiano também permanecia inseguro sobre como encarar o futuro. Um dos maiores desafios do Estado era justamente uma crescente corrente de emigração.

Mesmo sendo uma das mais povoadas nações da Europa, a Itália ficava atrás de seus vizinhos europeus em termos de produtividade econômica e desenvolvimento. Os trabalhadores italianos há muito viajavam para trabalho temporário dentro da própria Itália e também para a Áustria-Hungria, a Alemanha, a Suíça e a França. No entanto, sob as pressões da industrialização e dos mercados em transformação, a emigração transoceânica se tornou mais atrativa e necessária. Os italianos podiam duplicar ou triplicar seus salários trabalhando no exterior (Del Fabbro, 1996; Green, 1985, pp. 143-161).

As regiões setentrionais do Vêneto, Lombardia e Ligúria mantiveram sua emigração para a Europa e começaram uma crescente para a América do Sul. A partir de 1898, contudo, os Estados Unidos superaram o Brasil e a Argentina como principal destino e a emigração para o Brasil desabou após 1901; ano em que a Austrália, que tinha abrigado milhares de italianos, limitou a emigração. Nesses anos, se iniciou a emigração em massa do sul da Itália, especialmente para os Estados Unidos. Ano após ano, os navios a vapor substituíam os a vela no transporte transatlântico, fazendo a travessia rápida, barata e segura.

Entre 1878 e 1881, a emigração anual da Itália para as Américas dobrou, de 20 para 40 mil pessoas; ela dobrou de novo em 1886, superando a continental, então dobrou de novo em 1891 e, novamente, em 1904, com mais de meio milhão de italianos emigrando através do Atlântico em 1906 e 1913. Entre 1905 e 1907, 1 em cada 50 italianos emigrava a cada ano; em 1913, 2,4% da população residente na Itália emigrou para o exterior. O censo nacional de 1911 revelou que os expatriados italianos totalizavam mais de um sexto da população da Itália.[3]

Esses números colossais, e seu impacto, fizeram da emigração o mais importante problema a ser enfrentado pela Itália após a unificação. A sociedade, a cultura e a política italianas tinham como base uma população em contínua mudança, já que os emigrantes se movimentavam entre países e continentes ou voltavam para casa, transportando seus recursos econômicos e sociais com eles. A emigração cristalizou uma série de preocupações internas: antigas divisões dentro da península recém-unificada, subdesenvolvimento regional na Itália Meridional, analfabetismo generalizado e crime organizado. Por que

Italianos no mundo

tantos escolhiam partir da nação recém-criada? O que significava ser italiano no exterior e em casa?

A emigração também moldou a identidade internacional da Itália. O país tinha sido pensado como uma *grande potência*, como a Grã-Bretanha, a Rússia, a França, a Áustria-Hungria e a Alemanha. Como resultado, os líderes da Itália sentiram-se pressionados para, após 1882, participar da corrida colonial europeia, disputando colônias na África e na Ásia. Poderia a Itália permitir-se ficar atrás do reino da Bélgica, que, em 1885, tinha adquirido o controle de toda a bacia do Congo? A emigração e o colonialismo italianos se desenvolveram de forma simultânea, como fica claro em projetos como os de povoar as possessões coloniais italianas na África com colonos desviados do fluxo emigratório que ia para as Américas. Como pano de fundo, os temores generalizados de uma grande guerra europeia, pensada em termos de uma darwiniana "luta pela vida" (Grange, 1994; Isnenghi, 1970). A guerra era inevitável depois da anexação alemã de território francês em 1871; ela explodiria em 1914, no auge da emigração em massa. Os emigrantes italianos lutariam pela sobrevivência da pátria?

Entre as muitas tensões que surgiam a partir da emigração, duas teorias relacionadas aos expatriados italianos mudariam para sempre a política internacional: socialismo nacional e irredentismo. O socialismo nacional de Enrico Corradini definia a Itália como uma "nação proletária" cujos trabalhadores emigrantes eram escravizados e abusados pelas "nações burguesas". De acordo com os nacionalistas e os fascistas, a Itália deveria unir suas classes sociais internamente e derrubar seus senhores estrangeiros por meio da luta armada. Outra teoria explosiva foi o irredentismo, que conclamava a união das minorias nacionais italianas no exterior. Nem todos os italianos tinham sido reunidos dentro das fronteiras do Reino da Itália: a "nação" do povo italiano ainda não era una com o "Estado" italiano. Essa questão encorajou uma preocupação permanente com os italianos que viviam fora da Itália.

O termo "irredentismo", criado nos anos 1870, indicava a redenção das terras italianas ainda sob dominação austríaca (*le terre irredente*)

Introdução

através da união de todos os falantes de italiano na nação italiana e pela incorporação dos seus territórios à unidade política italiana. Como outros movimentos irredentistas que buscavam unir populações separadas por fronteiras políticas, os italianos faziam da identidade étnica, da língua e da religião armas fundamentais para a luta política passar por cima das fronteiras internacionais (Weinstein, 1991).

O maciço movimento de emigração do Reino levou à união dos irredentistas com os defensores da emigração, ambos compartilhando as mesmas preocupações sociais, culturais e, por fim, políticas com relação aos italianos que viviam no exterior. O ensino da língua italiana foi subsidiado pelo governo italiano, direta e indiretamente, através de escolas italianas (religiosas, seculares e estatais) instaladas no exterior. Os emigrantes italianos adultos que falavam apenas os dialetos ou línguas regionais, e seus filhos nascidos no exterior, aprenderiam a "língua de Dante" para se comunicarem com seus companheiros emigrantes e com o Estado italiano. Os emigrantes se tornaram parte do dramático processo de unificação e *Risorgimento*, ou Renascimento, transformando a Itália numa "nação global". O fervor romântico e o dinamismo de exilados políticos como Giuseppe Mazzini e Giuseppe Garibaldi tinham conseguido apoio e também um impulso vital para o movimento de unificação no exterior. Agora, os italianos expatriados novamente tinham um papel essencial na moldagem do que viria a ser a sua pátria, semelhante ao que tiveram os emigrantes chineses no estabelecimento da república chinesa e os emigrantes poloneses na criação de uma Polônia independente no século XX (Lanaro, 1996).

Uma rede expatriada instalada no exterior oferecia claras vantagens ao Estado italiano. Para atingir esse objetivo, o governo quebrou as categorias analíticas de emigrante, exilado, expatriado e não redimido (o que vivia nas *terre irredente*) em favor de um conceito único, o de "italianos no exterior". Todos faziam parte da pátria, sem distinções entre emigrantes pobres viajando em terceira classe e homens de negócio, em primeira. Através dessa perspectiva, a Itália foi pioneira na criação de uma forma de "cidadania cultural" que enfatizava o pertencimento cultural no lugar de uma lealdade política formal (Pakulski, 1997). Além do "Estado-Nação" do Reino da Itália, a unir todos os membros da nação italiana em um único Estado, havia um "Super Estado-Nação", uma rede de italianos espalhados pelo mundo em uma nação global supranacional.

A partir da poderosa retórica do irredentismo, o governo promoveu censos dos italianos que viviam no exterior e patrocinou congressos e exibições para tornar públicos os feitos de seus emigrantes. Talvez a Itália pudesse imitar o maior Império do mundo. J. R. Seeley tinha argumentado em 1883 que o Império Britânico tinha se desenvolvido espontaneamente, de forma que a Bretanha tinha se convertido numa "Grã-Bretanha".[4] Para forjar uma Grande Itália, o Estado liberal italiano abordou a emigração e a expansão colonial como algo único.

Com uma poderosa retórica argumentativa, os italianos associaram a emigração em massa de trabalhadores com a expatriação das elites políticas e intelectuais. O exílio de Dante Alighieri de sua nativa Florença e mesmo a partida de Virgílio de Mântua eram combinados retoricamente com o exílio econômico temporário de milhões de trabalhadores pelo mundo. Quando consideravam os precedentes históricos para a emigração, os políticos liberais italianos evitavam o termo "diáspora", ou dispersão. O drama histórico da nação judaica, com sua população espalhada pelo mundo em razão da derrota e do declínio, desafiou a Itália a reagir com criatividade aos perigos e aos riscos da emigração.

Antes da unificação da Itália, a antiga nação tinha sido regularmente comparada com o derrotado Israel. Giuseppe Mazzini caracterizava os divididos italianos como "soldados sem uma bandeira, israelitas entre as nações", e indicava que a unificação iria remover a necessidade da emigração.[5] Giuseppe Verdi começou a sua carreira em 1842 com a ópera patriótica *Nabucco*, adaptando a história de Nabucodonosor II e do cativeiro babilônico como uma parábola da opressão contemporânea dos italianos pelo Império Austríaco. Os filhos de Israel na diáspora choravam pelo retorno ao lar e o refrão *"Va, pensiero, sull'ali dorate"* (o Coro dos Escravos Hebreus), baseado no Salmo 137, tornou-se um hino

Introdução

patriótico para os italianos divididos e governados pelos Habsburgo, pelos papas e pelos Bourbon:

> Vá pensamento, sobre as asas douradas
> Vá, pouse sobre as encostas e colinas
> Onde os ares são tépidos e suaves
> Com a doce fragrância do solo natal!
> Saúda as margens do Jordão
> E as torres abatidas do Sião
> Oh, minha Pátria tão bela e perdida!
> Oh lembrança, tão cara e fatal! (Mioli, 1996, pp. 81-82)

No entanto, uma vez que o Reino da Itália já tinha unificado a península, com a exceção das terras ainda sob o domínio austro-húngaro, os italianos não eram mais os escravos de impérios estrangeiros. Os governantes da Itália liberal acreditavam que a nova nação iria satisfazer as necessidades dos seus filhos no exterior e que não haveria mais uma diáspora (Cohen, 1997, pp. 182, 190). Essa palavra se tornou, contudo, um termo carregado de significado político, que era utilizado justamente para atacar o governo da Itália liberal.

Enrico Corradini, fundador do Partido Nacionalista italiano e apoiador do fascismo de Benito Mussolini, condenava o apoio italiano à emigração escrevendo, em 1909, que "os judeus da Antiguidade lamentavam a sua emigração, que eles chamam de dispersão, *diaspora*. Mas nós nos acostumamos a nos vangloriar dela... isso parece ser um sinal da nossa cegueira e pobreza de espírito, das quais os judeus não sofreram" (Corradini, 1923b, p. 73). Alguns acadêmicos atualmente utilizam o termo "diáspora" para se referir à emigração italiana, mas, ao contrário das diásporas africana e judaica, os italianos não eram um povo sem Estado. A Itália oferecia proteção diplomática no exterior e apoio para o retorno para casa. O Estado tinha por objetivo reunir todos os italianos para recriar o prestígio internacional, o poder e a riqueza dos antigos períodos de glória da Itália.

A história italiana oferecia dois modelos muito diferentes para conseguir a grandeza imperial através do assentamento de populações no exterior. As antigas legiões romanas tinham conquistado e então povoado colônias no Mediterrâneo, espalhando a língua e a cultura italianas pela força, assim como pela persuasão. A perspectiva de um Império Romano renascido na África prometia poder e riqueza para a Grande Itália e foi essa perspectiva que motivou a tentativa de criar um Império Africano para a Itália no século XIX. Seu principal arquiteto foi o primeiro-ministro Francesco Crispi que, em 1890, lançou a primeira iniciativa patrocinada pelo Estado de colonialismo via povoamento na África Oriental, nas margens do Mar Vermelho, tendo a emigração como seu pretexto principal:

> Qual é nosso objetivo na Eritreia? Nosso propósito é o de criar uma colônia que possa receber a nossa imensa emigração, a qual hoje se dirige para terras estrangeiras, de forma que ela fique sob o domínio e as leis da Itália; nosso objetivo também é fazer todo o possível para estimular nosso comércio, assim como o comércio da Nação que ocupamos.[6]

Crispi prometeu ao Parlamento proteger os emigrantes nas terras conquistadas na África. Seu erro desastroso foi presumir que a África estava despovoada, um espaço vazio esperando pelo excesso de população da Itália, pronta a receber aqueles destinados a serem emigrantes.

Um modelo alternativo para conseguir riqueza e poder imperial remetia aos impérios comerciais marítimos de Gênova e Veneza. Alguns liberais argumentavam que a Itália poderia apoiar as comunidades de emigrantes espalhadas pelo mundo em uma relação cooperativa, de ganhos mútuos. Em vez de explorar populações estrangeiras pela força, as "colônias" de emigrantes italianos iriam voluntariamente manter laços com a pátria, com muito menos custo financeiro e ainda menos derramamento de sangue.

Para encorajar esse relacionamento transnacional, o discurso do Estado italiano sustentava que os emigrantes eram uma parte orgânica da nação e também integrantes de um Estado ampliado, todos ligados através de uma base cultural comum. Essa identidade, em boa medida artificial, foi deliberadamente construída, patrocinada e

Introdução

elaborada através de uma série de canais para jovens e adultos, incluindo escolas, banquetes, corais e bandas patrióticas, a Sociedade Dante Alighieri, a Sociedade Geográfica Italiana, os missionários escalabrinianos católicos e as Câmaras Italianas de Comércio. A Itália liberal contava com as suas colônias de emigrantes no Mediterrâneo e nas Américas – formadas por ricos comerciantes no Cairo ou por trabalhadores da construção na Tunísia ou, ainda, as crescentes comunidades em Buenos Aires e Nova York – para trazer territórios para dentro da esfera de influência italiana.

Para a Itália conseguir vantagens a partir dos seus emigrantes, os frutos dos seus sacrifícios tinham que voltar para casa. O Estado encorajava e acolhia os emigrantes que voltavam, seja por lealdade patriótica, desapontamento econômico ou para visitar a família em casa. Aproximadamente metade dos emigrantes italianos retornava à Itália, trazendo capital e vivências com eles. Após o retorno, todos readquiriam a cidadania italiana automaticamente, mesmo que tivessem antes renunciado a ela (Caroli, 1973, pp. 114-122; Vecoli, 1995). Com o apoio das autoridades reguladoras dos Estados Unidos, a Itália construiu um canal especial para que os emigrantes pudessem enviar seus fundos para casa – uma vez que acumularam milhões de dólares – através de um banco sem fins lucrativos, o Banco di Napoli. A emigração italiana fornecia um retorno econômico que nunca poderia ser igualado pelo imperialismo na África.

No momento em que a Itália passava de uma economia agrária para uma industrial, as remessas dos emigrantes fortaleciam a moeda nacional e contribuíam substancialmente para a balança internacional de pagamentos italiana dentro do padrão ouro (Cafagna, 1973, p. 303; Toniolo, 1990, p. 20, 101-102). Em nível local, a entrada de dinheiro ajudou a acabar com a prática da agiotagem nas zonas rurais e financiou novas casas e novos negócios. Aqueles que retornavam para suas cidades natais do além-mar eram chamados de "americanos" (*americani*) e eram vistos através do estereótipo de riqueza, independência e um certo exotismo. Graças à emigração em cadeia a partir de conexões materiais e amizades locais, muitas aldeias e cidades italianas

31

construíam uma comunidade-modelo de emigrantes concentrados em uma cidade ou bairro no além-mar. No entanto, podiam essas vantagens se sustentar em nível nacional para a Itália? Quais eram os riscos de longo prazo e as vantagens de investir na emigração como forma de expansão colonial?

A emigração afetava diretamente a situação estratégica da Itália, assim como no século XXI as migrações influem na segurança internacional (Friedman; Randeria, 2004; Graham; Poku, 2000; Weiner, 1993). O imenso número de emigrantes homens e seus filhos homens representava reservistas ou potenciais soldados num Exército italiano formado por conscritos. Cônsules no exterior mantinham registros sobre os emigrantes masculinos de forma que eles pudessem ser convocados para o Exército. O debate sobre dupla nacionalidade para os emigrantes se relacionava às obrigações do serviço militar universal. Mesmo homens nascidos no exterior, mas com pais italianos eram, pela lei italiana, requisitados ao serviço militar em época de guerra (Comissariato, 1923).

A avidez do Estado italiano para manter os emigrantes como súditos do rei da Itália e para reivindicar as suas comunidades no exterior como colônias italianas influenciou a maneira com que eles eram percebidos em suas novas sociedades, mesmo quando muitos imigrantes, individualmente, tinham rompido os laços com sua terra natal. As nações que recebiam os italianos nas Américas do Norte e do Sul e na Europa – como os "Estados imigrantes", a exemplo da Argentina e dos Estados Unidos – viam esses planos com suspeita, já que o Estado italiano tencionava que os emigrantes da América permanecessem leais a sua pátria em afetos, cultura e comércio mesmo se houvesse hostilidades militares. As políticas promovidas pela Itália podiam ir diretamente contra os interesses dos próprios emigrantes (Commissioner-General of Immigration, 1904, p. 43, 45).

As controvérsias sobre o colonialismo envolviam os políticos mais proeminentes da Itália, como o fundador do socialismo italiano Filippo Turati, o ministro das Relações Exteriores Antonino Di San Giuliano e os primeiros-ministros Luigi Luzzatti e Benito Mussolini. Esse debate

Introdução

crucial a respeito da política externa e da própria concepção da sociedade italiana se revelou um forte elemento dialético na política italiana dos anos 1890 até a Segunda Guerra Mundial. A emigração moldou a história dentro e fora da Itália, afetou o colonialismo europeu na África, a economia internacional e o nascimento do socialismo nacional; enquanto as sociedades e culturas das Américas e da África foram influenciadas pelos próprios emigrantes.

Como gênero, raça e classe, a migração afeta todos os aspectos da história, incluindo os sociais, diplomáticos, políticos, econômicos e culturais. A história internacional dos séculos XIX e XX deve incorporar as dinâmicas migratórias e seus impactos. A cronologia da emigração, contudo, foge do padrão tradicional, com sua datação precisa, tanto nos países receptores como nos emissores. Os horizontes temporais da emigração dependem das decisões individuais de milhões de pessoas escolhendo deixar suas casas e das decisões de uns poucos legisladores que definem os limites das escolhas dos emigrantes. Além dos ciclos de retração e expansão da economia capitalista, para os emigrantes italianos os momentos decisivos foram: 1901, o ano da segunda lei de emigração italiana, com suas abrangentes cláusulas dando o norte durante os anos de pico da emigração; 1915, quando a Itália entrou na Grande Guerra; e 1924, quando o Congresso dos Estados Unidos praticamente encerrou a imigração italiana no país através de um severo sistema de quotas.

A história individual de cada emigrante ilustra muitas das questões transnacionais políticas, familiares, econômicas, religiosas e relacionadas à guerra que se conectavam com a emigração. No Dia de Colombo de 1905, Vincenzo Di Francesca chegou a Nova York, depois de cruzar o oceano no vapor Città di Napoli e superar as inspeções federais em Ellis Island. Com 17 anos, ele tinha emigrado a convite de seu irmão Antonio, deixando o resto da família para trás, na aldeia de Gratteri, província de Palermo, Sicília. Vincenzo permaneceu firmemente na órbita da Itália mesmo viajando através do globo. Em Nova York, ele se converteu ao metodismo e se tornou pastor numa congregação protestante italiana. Em novembro de 1914, o cônsul

33

Italianos no mundo

italiano notificou Vincenzo que ele tinha sido convocado para o serviço militar na Itália. Vincenzo reuniu suas economias e retornou à terra natal. Quando a Itália entrou na Primeira Guerra Mundial em maio de 1915, ele começou seu serviço na linha de frente, com seu regimento de infantaria.

Depois da guerra, retornou a Nova York e foi então enviado para a Austrália como pastor na nascente comunidade italiana de Melbourne. Voltou à Itália em 1932 e se casou com uma siciliana. Quando a Itália começou a sua aventura imperialista na Etiópia em 1935, ele foi convocado novamente para o Exército. Ele era um civil na época da Segunda Guerra Mundial, mas ficou, mesmo assim, horrorizado com o bombardeio e a invasão dos Aliados na Sicília em 1943. Depois disso, Vincenzo decidiu se mudar para uma casa tão remota que nenhum Exército invasor seria capaz de envolvê-lo novamente em uma guerra. Quilômetros longe da sua aldeia natal, no interior da Sicília, ele viveu o resto da sua vida em paz.[7]

A história de Vincenzo di Francesca é, obviamente, única, mas ela indica correntes e tendências mais amplas dentro da história da emigração italiana. O dia da sua chegada a Nova York, 12 de outubro, tinha recentemente se tornado uma data comemorativa, Dia de Colombo, graças ao esforço político dos italianos da cidade. A comemoração pública de Cristóvão Colombo, o italiano que tinha unido a Europa com as Américas, marcava o fato de que os imigrantes individuais haviam se convertido em uma comunidade influente, sob a liderança, ao menos parcial, da Itália e das organizações que ela patrocinava. A adoção do protestantismo por Vincenzo não era incomum e essa tendência incomodava os bispos católicos na Itália e nos Estados Unidos, de forma que eles começaram a mobilizar missionários para atingir os italianos no exterior.

Vincenzo retornou mais tarde à Itália como um dos mais de 300 mil reservistas que voltaram para casa para lutar na Grande Guerra. A Guerra da Etiópia o envolveu na conquista de território africano pela Itália, onde deveria acontecer o assentamento, patrocinado pelo Estado, de emigrantes italianos. Após viajar pelo mundo, Vincenzo

34

se casou com uma mulher da sua região nativa. Ele não tinha abandonado a sua terra e, durante a sua ausência, a Itália não tinha esquecido dele. Vincenzo nunca foi um emigrante sem um Estado atrás de si: era um imigrante chegando aos Estados Unidos, mas era também um emigrante que partia de lá e voltava a uma Itália que seguia uma política nacional de emigração (Glick Schiller; Basch; Blanc-Szanton, 1995; Thistlethwaite, 1991). Mesmo cruzando fronteiras, ele permaneceu dentro de uma rede própria, formada por laços culturais, de família e de cidadania, nunca deixando, portanto, de ser italiano.

Outra história de vida demonstra como redes de emigração e colonialismo conectavam os continentes do mundo. O jornalista Adolfo Rossi teve um papel significativo na redefinição das concepções italianas sobre a América e a África e na combinação de ambas dentro do conceito de colonialismo migratório. Rossi decidiu emigrar para Nova York em 1879, aos 21 anos. Ele relembrava como, em uma noite em sua casa em Lendinara, Vêneto, se decidiu por uma aventura. "Não, eu não vou ficar vegetando aqui. O mundo é grande, há as Américas, e Nova York é uma grande metrópole" (Rossi, 1899). Com seus pertences roubados enquanto cruzava o oceano em um beliche de terceira classe de um navio a vapor, Rossi chegou a Nova York com apenas quatro xelins. Trabalhou primeiro como confeiteiro, depois como recepcionista em um hotel. Ele então se mudou para o Colorado, onde trabalhou nas ferrovias antes de retornar a Nova York para editar o jornal *Il Progresso Italo-Americano*.

Seguindo o seu plano original, retornou à Itália cinco anos depois e escreveu dois livros sobre as suas experiências: *Un italiano in America* [Um italiano na América] e *Nel paese dei dollari* [No país dos dólares], ambos com advertências e conselhos para os emigrantes. Rossi trabalhou por vários anos para jornais de peso na Itália e o milanês *Il Corriere della Sera* o enviou para a África Oriental para cobrir a guerra italiana contra a Etiópia. Expulso pelo governo da colônia em janeiro de 1896 por seu posicionamento crítico, Rossi retornou à Itália e se tornou um funcionário de destaque no Comissariato Generale dell'Emigrazione, criado em 1901 pelo Parlamento para proteger e fazer frutificar a emigração italiana pelo mundo.

Em 1902, Rossi investigou as condições de vida e trabalho dos emigrantes nas plantações de café no Brasil, e seu relatório levou a Itália a proibir os programas de imigração subsidiada mantidos pelos brasileiros; os italianos teriam que pagar suas próprias passagens (Rossi, 1902). Rossi retornou para as Américas novamente e se tornou o cônsul italiano em Denver, Colorado, provendo assistência aos mineiros italianos da parte ocidental dos Estados Unidos. Finalmente, prestou serviço como cônsul italiano na Argentina e no Paraguai e morreu em Buenos Aires em 1919. Sua carreira, conectada com as comunidades italianas no ultramar, e seus cuidadosos relatórios despachados para a Itália representaram e defenderam os interesses dos italianos na África e nas Américas por mais de quatro décadas.[8]

Ainda que a experiência colonial da Itália não se encaixe no modelo de exploração econômica da "Corrida pela África", sua abordagem centrada no povoamento tinha muitos precedentes. Em 1584, Richard Hakluyt apelou à rainha da Inglaterra para que colonizasse a Virgínia com homens e mulheres desempregados, de forma a fortalecer a colônia e expandir a área de influência e comércio da Grã-Bretanha. A perspectiva de assentar populações em áreas coloniais também teve um papel significativo nos projetos de colonização alemã no sudoeste da África, bem como do Japão na Coreia e na Manchúria. Os políticos italianos comparavam conscientemente as suas políticas e planos com as colônias de povoamento da Grã-Bretanha, França, Alemanha e Japão, esperando igualar, ou mesmo superar, seus sucessos. Relatórios sobre teoria e prática coloniais circulavam extensivamente no fechado círculo das grandes potências, levando, no final, a um desastre comum.

O teórico colonial que os italianos mais citavam era um francês, Paul Leroy-Beaulieu, o qual, em 1874, distinguia entre as colônias europeias de "povoamento", como a Argélia francesa, e as colônias de "exploração", como o Vietnã e a África Ocidental francesa.

Introdução

Leroy-Beaulieu argumentava que o sucesso da colonização dependia da emigração de pessoas ou do capital da metrópole para as colônias. Tentando afastar os italianos da Tunísia francesa, ele, em edições posteriores do seu trabalho, conclamava os italianos a resolverem o problema de uma grande população pela conquista da Líbia. O primado das colônias de povoamento era parte do senso comum até 1902, quando John A. Hobson definiu um novo "imperialismo", após o fim da guerra dos bôeres. Hobson afirmava que o assentamento de colonos no exterior não era mais a base para a construção de impérios, como tinha sido o caso na América do Norte britânica; ao contrário, o novo imperialismo protegia os interesses de uma pequena e poderosa camarilha que investia em minas e plantações. A extremamente influente análise de Hobson, a qual Lênin adaptou em 1917 para um público comunista, desviou a atenção do contínuo papel da emigração no colonialismo (Bade, 1975; Coen, 1901; Hakluyt, 1993; Hobson, 1902; Kimura, 2002; Lenin, 1939; Leroy-Beaulieu, 1874; Young, 1998).

Os italianos alegavam que suas colônias africanas, enquanto abrigos para os emigrantes italianos, eram excepcionalmente benignas e justificáveis, ao contrário de, por exemplo, a Rodésia britânica e a África Ocidental francesa. Os assentamentos de europeus na África, contudo, se revelaram mais insidiosos e com efeitos mais devastadores que as novas formas de exploração econômica, criando conflitos raciais que geraram raízes profundas. O governo da Argélia francesa exprimiu seus objetivos raciais em 1902: "A colonização é o mais importante, e não apenas para o desenvolvimento econômico. Seu principal objetivo é garantir a posse da terra pelos fazendeiros da nossa raça e reforçar o elemento francês na colônia pela atração de imigrantes".[9] Na Argélia colonial, os franceses perseguiram uma conquista racial muito mais profunda que um mero investimento econômico. Para conseguir uma maioria branca nas colônias, o governo colonizador tinha que suprimir e combater as culturas nativas em uma luta racial sem fim. Como observou um escritor francês:

37

O que faz a situação particularmente delicada na Argélia é que ela é um caso – único no mundo – de uma colônia de povoamento que é, ao mesmo tempo, uma colônia de exploração. Entre duas raças que não se misturam, um equilíbrio mais ou menos estável foi atingido. Os franceses têm a vantagem de serem de uma civilização mais avançada e de dominarem politicamente; os indígenas têm a vantagem dos números.[10]

Até perder suas colônias na Eritreia e na Líbia na Segunda Guerra Mundial, a Itália seguiu a mesma linha de ação que levou os franceses na Argélia ou os portugueses em Angola e Moçambique a longas e desastrosas guerras de descolonização. Essas guerras civis eram o resultado inevitável do colonialismo demográfico na África. A Itália também tinha encarado derrotas antes, já que o Império da Etiópia resistiu às suas tentativas de conquistas e até mesmo, como Adolfo Rossi tinha advertido que iria acontecer, destruiu um Exército italiano inteiro em Adua em 1896. Não obstante, a definição de colonialismo como o estabelecimento de italianos no exterior, em vez de exploração de territórios conquistados, permitiu à Itália alterar prioridades e sua alocação de recursos após Adua. Sociedades privadas e agências públicas se voltaram para as Américas como o novo espaço de exploração colonial, em detrimento da África.

As experiências coloniais italianas iluminam um espinhoso debate na historiografia internacional: eram os colonialismos europeus determinados por fatores internos ou externos? Leopold von Ranke e seus seguidores historicistas do século XIX estudavam a política internacional (*Aussenpolitik*) como o elemento que movia a história. Na sua visão, as decisões políticas da Alemanha, incluindo o seu imperialismo na África, eram determinadas pela competição com seus vizinhos europeus. Eckhart Kehr, Hans-Ulrich Wehler e muitos outros no século XX defenderam uma interpretação oposta. Wehler chamava o imperialismo europeu de "imperialismo social", baseado no "primado dos fatores internos" (*Innenpolitik*) (Kehr, 1965; Wehler, 1969; 1972). Segundo essa interpretação, a corrida naval da Alemanha com a Inglaterra e a sua aquisição do sudoeste Africano tinham por

Introdução

objetivo distrair a atenção do público dos problemas econômicos e a apoiar os interesses de certos grupos em casa: a competição internacional era conduzida pelas questões internas.

O caso italiano resolve essa aparente dicotomia: o colonialismo combinava prioridades internas e externas quando conectado ao movimento de pessoas e à emigração. A emigração em massa estendia os limites imaginários da nação italiana, cuja concepção estava ligada a uma perspectiva populacional tanto na concepção romântica do início do século XIX como na ideologia social darwinista do final do século XIX e início do século XX. A migração alterava a dinâmica das coisas em casa e no exterior, aliviando a superpopulação e aumentando os salários na Itália, mudando a cultura italiana, estabelecendo interesses econômicos no exterior e abrindo novas oportunidades de influência internacional.

Ao pensar as suas políticas coloniais em termos de números de pessoas instaladas fora do território nacional – seja nas "colônias livres" de expatriados nas Américas, seja nas "colônias demográficas" na África italiana ou ainda na "colonização interna" de recuperação de terras insalubres na Sardenha – o Estado italiano desconsiderava as fronteiras internacionais. Ao se concentrar nos aspectos extralegais da cidadania, como a língua, as manifestações patrióticas, as redes de apoio social, as comunicações com a pátria e mesmo as preferências de comida e música, o governo italiano esperava garantir que seus emigrantes, ou "colonos", permaneceriam italianos leais no exterior e também quando voltassem para casa. Os sucessos italianos ao conectar, por métodos não violentos, as suas comunidades no exterior nos permitem ter uma nova perspectiva a respeito das rápidas mudanças no mundo transatlântico, nos sistemas coloniais europeus e no processo de formação de uma comunidade global antes da Primeira Guerra Mundial, assim como das rápidas mudanças que estavam a ocorrer.

Como este livro aborda a emigração italiana do ponto de vista da Itália: emigração nacional antes que imigração, o que se segue não é uma história internacional tradicional, mas uma exploração de como os italianos entendiam o colonialismo e a emigração como intrinsecamente conectados. Depois que as perspectivas de grandes possessões coloniais italianas na África colapsaram, os italianos propuseram que os núcleos de expatriados na Europa e nas Américas fossem as suas novas colônias. E essas propostas não ficaram no mero plano intelectual. O Estado italiano conseguiu resultados expressivos ao canalizar as remessas financeiras e ao preservar algum nível de lealdade dos que se expatriaram. A Grande Itália existia nas franjas das fronteiras políticas e nos limites da influência política.

O colonialismo pela emigração foi algo controverso na Itália e no exterior. Certamente, os emigrantes italianos na Europa e nas Américas não eram opressores coloniais de povos estrangeiros. As nações que abrigavam emigrantes italianos resistiam às influências do Estado italiano e podiam forçar a assimilação dos imigrantes através de normas legais sobre o trabalho e a cidadania. Extremamente limitada nas ações que podia tomar no exterior, a Itália, como um Estado que enviava emigrantes, só podia reagir criando uma política aberta, indireta e altamente adaptável para eles, confiando na persuasão, nos incentivos e, em alguns casos, na dissimulação, especialmente mais tarde, durante o regime fascista. A Itália não podia intervir diretamente nos assuntos internos de outros países, mas podia encorajar contribuições voluntárias dos expatriados através do fortalecimento da afinidade cultural e dos laços políticos. O Estado apoiava organizações não governamentais para que agissem como seus representantes na tarefa de conduzir um projeto econômico internacional que ia além das fronteiras da política tradicional. A cultura se revelou uma arma poderosa para construir identidades políticas e para mobilizar recursos internacionais.

Esse projeto começou como um estudo da brutal repressão de Francesco Crispi às organizações de trabalhadores na Sicília e na Toscana. Ele citava o colonialismo como a solução natural para a emigração e para as tensões sociais na sua nativa Sicília e em toda a Itália. Mesmo naqueles anos em que a emigração siciliana era pequena, Crispi lamentava a opressão dos italianos longe da pátria: em 1891,

Introdução

11 italianos tinham sido linchados em Nova Orleans e, em 1893, cerca de 30 italianos foram mortos por uma multidão em Aigues-Mortes, França. Isso levou a desconfortáveis paralelos com a perseguição às minorias africanas, chinesas e do sul da Ásia em todo o mundo (Gabaccia, 1999; Gambino, 1977; Lo Presti, 1974; Milza, 1979; Rimanelli; Postman, 1992). Quando as reformas de Crispi foram derrotadas no Parlamento, ele prometeu resolver a "questão meridional", o subdesenvolvimento, não através da organização dos trabalhadores, mas pela emigração patrocinada pelo Estado para a África italiana, onde os emigrantes estariam livres da perseguição racista.

Eu fui inspirado pelas sugestões do falecido Alberto Aquarone de que as colônias de emigrantes e as africanas eram dois lados da mesma moeda. Ainda que a migração e o colonialismo se movessem lado a lado, suas historiografias seguiram caminhos separados. Este livro é o primeiro a investigar exaustivamente a proposta de Aquarone; ele também aceita o desafio de Matthew Frye Jacobson, Nancy Foner, Virgínia Yans e outros para pensar as histórias das migrações étnicas como fenômenos transnacionais relacionados às migrações dos dias de hoje.[11]

Em vez de seguir os emigrantes até os seus destinos, em cada cidade e país, *Italianos no mundo: uma nação emigrante* segue a perspectiva "da terra que eles deixaram": uma terra que não queria deixá-los partir. No lugar de investigar as comunidades de emigrantes espalhadas pelo mundo, este livro tem o seu foco na Itália e na sua tentativa de se tornar o centro de uma rede global de italianos. Os vários programas e projetos da metrópole italiana dão contexto e dimensão histórica à experiência emigratória italiana.

Este livro tem um viés analítico não convencional dentro da história das migrações internacionais, mas ele só foi possível graças ao trabalho prévio de muitos especialistas em história da imigração. As histórias locais que eles escreveram sobre os imigrantes italianos nos Estados Unidos, Brasil, Argentina, França, Suíça e Alemanha foram essenciais para a redação deste livro,[12] assim como suas análises essenciais sobre remessas e religião. Historiadores econômicos como Cafagna,

41

Balletta e De Rosa foram os precursores no estudo das remessas dos emigrantes e sua importância para a economia italiana, e os historiadores das religiões – particularmente Rosoli, Brown, Francesconi e D'Agostino – investigaram o trabalho dos bispos católicos Scalabrini e Bonomelli entre os emigrantes.[13]

A contribuição deste livro é a abordagem combinada de emigração e colonialismo, tão importante para a Itália um século atrás. A emigração em escala global e o povoamento da África estavam intrinsecamente conectados dentro da ideologia e da prática do colonialismo italiano e alimentaram um debate intenso sobre como proteger e cultivar os laços com os italianos que viviam no exterior, "sob a bandeira italiana" ou em terras estrangeiras.

Outros acadêmicos já haviam apontado a conexão entre emigração e colonialismo na Itália. No seu clássico estudo de 1919, *The Italian Emigration of Our Times*, Robert Foerster (1919; 1968) se posicionava de forma contrária aos projetos italianos de colonização da África, defendendo uma política emigratória mais sensível por parte da Itália e uma melhor por parte dos Estados Unidos; seu trabalho também demonstra as premissas racistas dos acadêmicos e políticos da sua época. O rápido declínio da emigração italiana depois de 1975 torna seu trabalho mais histórico do que político.

Abordagens comparadas apareceram apenas recentemente. O notável *Italy's Many Diasporas*, de Donna Gabaccia (2000), analisa a abordagem da Itália liberal com relação à emigração através do estudo comparado das diásporas por todo o mundo. Gabaccia se concentra no "nacionalismo diaspórico", sentimental, dos emigrantes fora da Itália e não no nacionalismo fomentado pelo Estado italiano para incrementar seu poder e influência (Gabaccia, 2000, pp. 136-141). Alguns artigos em francês e italiano examinaram os principais debates no Parlamento sobre emigração e colonialismo.[14] Romain Rainero (1960) e Emilio Franzina (1985; 1995) investigaram a implementação das teorias coloniais italianas nos assentamentos-piloto na Eritreia, destinados a fracassar em 1896. Muitos estudos têm sido feitos sobre o colonialismo italiano na África depois da guerra da Líbia.[15] O

Introdução

colonialismo italiano entre 1896 e 1911 tem sido, contudo, negligenciado, ainda que esse período tenha sido o auge da emigração italiana e de uma transição ideológica crucial para o imperialismo italiano posterior (Are, 1985).

Esse estudo evidencia o contexto internacional das políticas italianas, pensadas e aplicadas em comparação e competição com as políticas de emigração e com os colonialismos de outras potências da Europa Ocidental. As grandes potências imitavam umas às outras e tentavam aperfeiçoar suas estratégias a partir dos exemplos dos outros. Além disso, as inovações e as novas estratégias da Itália são comparáveis às experiências dos Estados emigratórios do século XXI, como a Índia, o México, a Coreia do Sul e outros. A conclusão traz uma perspectiva comparada e dá destaque a algumas lições que podem ser aprendidas a partir da análise do exemplo histórico do Estado italiano.

A maciça emigração italiana – e o esforço político e colonialista de direcionar e comandar essa população – foi fundamental para a história da Itália. O assentamento de italianos no exterior se tornou, apesar de não ter se convertido em algo real, o grito de guerra que justificou três guerras italianas na África; a última delas levou à participação da Itália na Segunda Guerra Mundial e à destruição do país. A cronologia da emigração em massa pode ser adaptada para servir como um referencial dos momentos decisivos da sociedade italiana e da sua história.

Em nível local, ondas de emigração mudaram para sempre a demografia, as famílias e a estrutura social na Sicília, em Basilicata e em todo lugar. A emigração de Benito Mussolini para a Suíça entre 1902 e 1904 e as experiências de Enrico Corradini na América do Sul em 1908 foram momentos-chave na elaboração e no refinamento ideológico do nacionalismo e do fascismo. As remessas dos emigrantes estão na base da tão estudada "decolagem" econômica italiana entre 1896 e 1908. A inovadora legislação promulgada em 1901 e 1902 destaca-se por seu espírito liberal, construtivo e pacífico ao proteger os emigrantes em deslocamento, encorajar as remessas e apoiar a cultura italiana no exterior. Muitos emigrantes enviavam remessas

43

Italianos no mundo

antes de 1902 e muitos teriam retornado à Itália sem o encorajamento oficial, mas o apoio do governo tornou essas decisões muito mais fáceis para eles (Cafagna, 1973; De Felice, 1965; Gershenkron, 1962; Gregor, 1979; Megaro, 1938; Zamagni, 1993).

Os defensores da emigração propunham um papel para a Itália, o de um eixo ao redor do qual giraria um vasto arco de comunidades italianas, guiando, influenciando e fortalecendo essa comunidade virtual pela reparação das partes com problemas. Essa perspectiva simplificava em excesso as complexas dinâmicas internas dentro de cada comunidade emigrante, que podia ver as coisas sob uma ótica completamente diferente. Muitos, sem dúvida, não se reconheciam como os românticos postos avançados da *italianità* como queria o Reino da Itália. No entanto, quando os emigrantes se relacionavam com os cônsules italianos, enviavam dinheiro para a Itália através do Banco di Napoli ou por outros canais ou trabalhavam com as Câmaras Italianas de Comércio nos negócios com a Itália, participavam dos esquemas e estratégias do colonialismo emigrante.

O Estado italiano não verificava os motivos do envio de remessas ou do retorno para casa, se por lealdades locais, nostalgia pela família ou a manutenção do patriotismo. Os órgãos do governo italiano e seus associados trabalhavam para converter essas motivações pessoais e individuais em um propósito nacional. No cálculo liberal, a emigração iria beneficiar muito a Itália se houvesse remessas e o retorno dos emigrantes. O Estado liberal permitia a emigração, mas procurava canalizar os fluxos de emigrantes para o benefício da pátria. A *italianità* podia ter vários significados que se sobrepunham ou se excluíam: anticlerical, protestante ou católico; anarquista, socialista, republicano ou liberal; local, provincial, regional ou nacional. Cada um deles contribuía no projeto de uma Itália em expansão. Mais pesquisa será necessária para documentar completamente o impacto de longa duração nas comunidades em si; este livro se concentrará nas trocas transnacionais planejadas e promovidas pela Itália.

Desde o início, o Estado-Nação italiano foi conscientemente construído com base em premissas artificiais, políticas, culturais e linguísticas. O dilema da construção de uma nação em um ambiente internacional já cheio de competidores foi sintetizado no famoso aforismo de Massimo d'Azeglio "Fizemos a Itália, agora resta fazermos os italianos" (Hobsbawm; Ranger, 1983; Soldani; Turi, 1993). D'Azeglio contribuiu com esse projeto instrumentalmente, com suas pinturas patrióticas, suas memórias e com sua ficção histórica, mais tarde devidamente distribuídas pela Associação Dante Alighieri aos emigrantes que partiam.[16]

A formação e a construção das identidades políticas italianas e a exportação consciente dos seus projetos político-culturais internacionalmente nos traz novas perspectivas dentro do campo de estudos da história global, europeia e também das Américas. Ao mesmo tempo que a migração é um fenômeno internacional, ela acontece através dos estágios nacionais de emigração e imigração. O Estado italiano trabalhou para nacionalizar a sua emigração pela intervenção transnacional – mobilizando recursos diplomáticos para influenciar as viagens de longa distância, as atividades religiosas transnacionais, a produção midiática e as atividades econômicas no exterior dos seus emigrantes – de forma a obter vantagens para si. As nações que recebiam os italianos apoiaram o esforço da Itália em auxiliar e proteger seus emigrantes. Bancos nos Estados Unidos serviam de base para as remessas feitas através do Banco di Napoli e escolas eram bem-vindas nas zonas rurais do Brasil ou da Argentina. As ações italianas acabaram por beneficiar as sociedades nas duas pontas do processo emigratório.

Italianos no mundo: uma nação emigrante é dividido por linhas temáticas e cronológicas. O capítulo "Da África para as Américas" analisa os esforços italianos para lidar com o êxodo em massa da sua população através de uma série de teorias coloniais e políticas experimentais. Em oposição aos grandiosos planos de Francesco Crispi de instalar emigrantes na África, esse capítulo mostra que Luigi Einaudi propôs uma visão colonial de uma "Nova Itália" pacífica e espontaneamente estabelecida nas Américas.

O capítulo "O grande império etnográfico" apresenta a nova versão do colonialismo italiano formada após os fracassos na África. O irredentismo, a filosofia que proclamava a recuperação para a pátria dos italianos fora do reino através da política e da cultura, foi adaptado para incluir os emigrantes, e uma nova disciplina científica, a etnografia, passou a fornecer o suporte teórico para mapear o "império etnográfico" da emigração.

O capítulo "Migração e capital" investiga os efeitos concretos da economia emigratória dentro dos projetos da Grande Itália: remessas, exportações e emigração de retorno. As Câmaras Italianas de Comércio, patrocinadas pelo Estado, eram o coração dessas economias étnicas e das redes de comércio, assinalando a expansão italiana nos mercados emigratórios. A migração de retorno, demonstrada a partir de cuidadosas estatísticas, trazia para casa o pleno impacto da migração internacional.

O capítulo "A língua de Dante" foca na linguagem e nas tradições promovidas para conectar os emigrantes à sua terra natal. O Estado italiano trilhou novos caminhos com as suas escolas italianas instaladas no exterior, ensinando a língua italiana para emigrantes analfabetos que falavam apenas dialetos ou para suas crianças nascidas no exterior.

O capítulo "Pela fé e pela pátria" discute a crucial participação dos missionários católicos nessas escolas. A coordenação de esforços entre religiosos e seculares – mesmo durante uma época de feroz oposição entre a Igreja e o Estado na Itália – se tornou uma forma de influenciar milhões de emigrantes fora dos restritos canais diplomáticos e administrativos.

O capítulo "A emigração e o novo nacionalismo" analisa a crítica nacionalista da política externa liberal italiana. Enrico Corradini obteve um sucesso extraordinário na sua campanha pelo socialismo nacional ao conectar a frustração com os resultados da emigração aos fracassos imperiais da Itália. Ao reabilitar Crispi e atacar Einaudi, os nacionalistas adaptaram os debates sobre a emigração em uma plataforma para justificar a guerra na Líbia.

Como explicitado no capítulo "Terremoto, peste e guerra mundial", a rede capilar de relações mantida entre a Itália e seus emigrantes no exterior foi testada por uma série de desastres, já que mesmo a

Introdução

ajuda humanitária para as vítimas de um terremoto foi politizada para mobilizar os emigrantes em defesa da pátria de origem. Ainda mais dramático foi o apelo às colônias de emigrantes para enviarem seus filhos para lutar pela Itália na Primeira Guerra Mundial.

Os resultados finais da emigração italiana não eram nem um pouco óbvios, já que os seus números subiam geométrica e inexoravelmente, sem precedentes anteriores e sem um fim à vista. O Estado italiano e seus aliados criaram um programa multifacetado para a Itália do exterior, baseado em um conhecimento muito limitado e com apenas suposições no tocante ao futuro. A experiência italiana, positiva ou negativa, pode ser um paradigma relevante para as abordagens acadêmicas e políticas a respeito da migração global no século XXI.

Da África
para as Américas

Em junho de 1887, o governo italiano comemorou a Festa da Constituição, inaugurando um monumento extraordinário em Roma: um obelisco egípcio do reinado de Ramsés II. O recém-escavado obelisco tinha mais de 3 mil anos de idade; o Estado italiano era uma criança em comparação a ele. A Constituição tinha sido outorgada em 1848 pelo rei de Piemonte-Sardenha, Carlo Alberto. Depois de duas guerras de unificação, o filho de Carlo Alberto tinha se tornado o primeiro rei da Itália em 1861; Roma passou a ser capital da Itália apenas em 1871, com o fim do domínio papal. Ainda assim, a nova Itália se afirmava como herdeira de tradições muito mais antigas, como a "Terceira Roma", a que teria sucedido o Império Romano da Antiguidade e a Roma papal do Renascimento.

Italianos no mundo

Obeliscos monumentais eram o símbolo mais visível das suas renovadas ambições globais. Os antigos imperadores os tinham trazido para Roma da África, com grande esforço, além de ordenar que obeliscos que os imitassem também fossem talhados. Os papas da Renascença os tinham restaurado, redesenhando a cidade ao seu redor, abrindo ruas e colocando esses monumentos em pontos-chave. No início de 1887, obeliscos estavam em pé diante do Palácio Real, da Câmara dos Deputados, da Basílica de São Pedro e do Palácio de Latrão. No total, 11 obeliscos podiam ser encontrados na cidade, cada um com uma cruz, uma pomba ou as armas papais no topo (D'Onofrio, 1992; Ravaglioli, 1980). O novo obelisco, contudo, não teria nenhuma cruz; no seu topo estava a estrela da Itália.

Cinco meses antes da inauguração do obelisco, a Itália tinha sofrido sua maior derrota colonial, na África Oriental. No dia 26 de janeiro de 1887, forças etíopes sob o comando do Ras Alula emboscaram e massacraram 422 soldados italianos perto de Dogali.[1] O governo do primeiro-ministro Agostino Depretis renunciou; ainda que Depretis tenha assumido novamente o cargo em abril, a figura forte do novo governo era o ministro do Interior, Francesco Crispi. Sob a sua liderança, Dogali tornou-se motivo para comemoração e autojustificação. O obelisco de Ramsés II tinha sido descoberto em 1883; Crispi decidiu colocá-lo na segunda maior praça de Roma, em frente à estação principal e dedicá-lo aos "heróis de Dogali" (ver p. 158). A praça foi rebatizada *Piazza dei Cinquecento* [Praça dos Quinhentos] em honra dos caídos, cujos nomes foram inscritos em uma placa de bronze na base do obelisco (Beyene; Tamrat; Pankhurst, 1988; Bonfiglietti, 1924; Tulli, 1942). A cerimônia consagrava um lugar secular, africanista, no coração da geografia da Cidade Eterna. Crispi explorava assim a vergonha da derrota em Dogali para conectar o moderno imperialismo italiano com as antigas tradições romanas.

Como a Itália podia cumprir um destino imperial estava longe de ser evidente. Os filósofos políticos italianos tinham começado a aumentar as suas expectativas mesmo antes que a península fosse unificada durante o *Risorgimento*, sob comando piemontês. O abade

Vincenzo Gioberti publicou em 1844 um celebrado estudo, em três volumes, sobre o "primado da raça italiana". Depois de elencar os triunfos italianos nas artes, nas ciências, na ética e na política, ele previa um futuro espetacular caso os nove pequenos reinos e ducados da Itália e os domínios papais fossem unificados. Gioberti serviu como primeiro-ministro do Piemonte entre 1848 e 1849 e suas ideias ecoaram por toda a península.

Seu contemporâneo Giuseppe Mazzini, o apóstolo do republicanismo italiano, visualizava um papel internacional ainda mais grandioso para a Itália. Ele acreditava que cada nacionalidade da Europa tinha uma missão ordenada por Deus. No século XVIII, a Revolução Francesa tinha trazido os *direitos do homem* para o mundo; no século XIX, a unificação da Itália iria trazer algo ainda mais importante, os *deveres do homem*. Em 1871, Mazzini convocou a recém-unificada Itália a tomar parte na expansão colonial europeia e levar a civilização para o norte da África. O novo Estado italiano não deveria se contentar em melhorar sua própria sociedade, aumentando a alfabetização e desenvolvendo uma economia atrasada. Pelo contrário, ele deveria encontrar um lugar no cenário internacional (Chabod, 1996; Gioberti, 1920-1932; Mack Smith, 1994, pp. 218-221; Mazzini, 1906-1943, v. 86, pp. 86-87; v. 89, p. 56; v. 92, pp. 166-170; 1966).

A Itália tinha várias desvantagens para construir um Império. Ao contrário da França e da Grã-Bretanha, ela não tinha os capitais necessários para desenvolver colônias de exploração. No lugar de uma economia pujante em busca de novos mercados, a Itália tinha uma grande população e um passado imperial glorioso. O antigo Império Romano foi explorado em busca de símbolos monumentais, como os obeliscos, e de um *ethos* imperial. As outras grandes potências europeias, como a França, a Grã-Bretanha, a Rússia, a Alemanha e a Áustria, também se proclamavam herdeiras de Roma. O modelo italiano era outro. Os colonialistas italianos mencionavam as antigas legiões romanas, que haviam colonizado, desenvolvido e defendido os postos avançados do Império. Seguindo essa tradição, a retórica política italiana definia a expansão colonial como sinônimo do crescimento e da expansão da população italiana no exterior. Cada assentamento de emigrantes era uma *colonia*, o mesmo termo utilizado para designar as possessões africanas da Itália. Para distinguir entre os dois tipos de colônia, os teóricos italianos batizaram as primeiras de "colônias espontâneas", enquanto as possessões africanas recebiam o nome de "colônias de domínio direto".[2] A direção ambígua do colonialismo italiano, e o rápido crescimento da emigração italiana, se combinaram para gerar um debate incendiário na Itália, tanto na política como no campo cultural, sobre como e onde tornar realidade o há tanto desejado sonho da Grande Itália.

ENTENDENDO A EMIGRAÇÃO DE MASSA ITALIANA

Ao mesmo tempo que a Itália se unia aos outros Estados europeus na "Corrida pela África" entre 1881 e 1898, milhões de italianos deixavam o país numa migração em massa transoceânica sem precedentes, estabelecendo suas próprias colônias americanas. Para os italianos, a palavra América não era sinônimo de Estados Unidos, mas sim da terra batizada em homenagem a Américo Vespúcio: Américas do Norte e do Sul. Pensando ainda mais amplamente, América designava a migração para fora da Europa e da bacia do Mediterrâneo, as quais há muito eram locais familiares de emigração. Uma mulher que emigrou para Melbourne explicou: "Eu tinha emigrado para a América. Não passou pela minha cabeça que a Austrália não era de fato na América" (Bosworth, 1996, p. 134). Adolfo Rossi também escreveu que "eu tinha lido alguns livros sobre os Estados Unidos no mês anterior e tinha me apaixonado pela América do Norte; essa foi a única razão pela qual eu escolhi Nova York no lugar de Sidney ou Buenos Ayres (sic)" (Rossi, 1899, p. 4). "America" era uma terra lendária de emprego, oportunidades e sacrifícios. Centenas de milhares de italianos viajaram para as Américas para trabalhar sem nunca terem ido a Roma ou a Florença por lazer.

Um observador na Argentina notou que "a palavra América passou a significar riqueza, prosperidade, fortuna. Para justificar sua vida dura, os italianos dizem que eles vieram ao país 'para fazer a América' (*fare l'America*) e não para aprender espanhol castelhano" (Bevione, 1911, p. 177). A maioria deles planejava trabalhar duro, economizar e retornar para a Itália, sem se tornar parte da sociedade local. América era o objeto direto de um verbo (como em *fare l'America*), um lugar imaginado centralmente econômico em vez de um com suas próprias tradições, cultura e história.

As redes de emigração em cadeia, estimuladas pelas leis de imigração americanas, ampliaram a distância entre os migrantes italianos e seus vizinhos americanos. Os Estados Unidos não permitiam que empresas estadunidenses recrutassem trabalhadores no exterior; os imigrantes tinham que viajar, portanto, para locais onde eles tinham outras conexões ou conhecidos (Macdonald, 1964; 1992). Através de ondas sucessivas de emigração, muitas aldeias italianas criaram comunidades irmãs nas Américas. Os emigrantes podiam viajar milhares de quilômetros e nunca deixar o entorno dos seus parentes, amigos e outros habitantes da sua aldeia. Talhadores de pedras de Massa e Carrara na Toscana iam para Barre, Vermont, e voltavam de lá. Emigrantes de Molfetta, na Apúlia, iam para Hoboken, Nova Jersey; de Bagnoli del Trigno em Molise, para Fairmont, Nova Jersey; de Floridia, na Sicília, para Hartford, Connecticut. Os oriundos de Pachino, Sicília, se estabeleceram em Toronto (Canadá), Caracas (Venezuela) e Lawrence, Massachusetts. Emigrantes do outro lado da Sicília, em Sambuca, 200 km além, podiam escolher entre comunidades *sambucese* em Nova Orleans, Chicago ou no Brooklyn, Nova York (Baily, 1999; Caroli, 1973, pp. 84-89; Gabaccia, 1988; Harney, 1981, p. 44).

A emigração deixou evidentes as dificuldades que grassavam na Itália, o "belo país" (*il bel paese*). Os prefeitos nas províncias italianas informavam em 1882 que os emigrantes estavam deixando suas aldeias para melhorar suas condições econômicas ou para escapar da pobreza (Direzione Generale di Statistica, 1883, pp. 1-68). Esmagados por uma das mais altas cargas de impostos da Europa, ameaçados pela malária, isolados pela falta de estradas e com suas

Italianos no mundo

videiras devastadas pela filoxera, muitas famílias encontraram um futuro melhor no exterior (Fortunato, 1973c; Nitti, 1958-1978, v. 1). Em contraste com os irlandeses, poucos italianos sem recursos encontraram benfeitores para pagar suas passagens para o além-mar. A maioria dos emigrantes levantava dinheiro vendendo ou hipotecando suas terras e posses, algumas vezes caindo nas garras de agentes de emigração desonestos que organizavam as partidas. Edmondo de Amicis foi do norte da Itália para a Argentina em 1884 e relatou as condições a bordo do navio a vapor em que viajavam 1.400 emigrantes na terceira classe:

> Muitos grupos já tinham se formado, como sempre acontece, entre emigrantes da mesma província ou profissão. A maioria era de camponeses. E não foi difícil para mim acompanhar o tema dominante em todas as conversas: o triste estado dos agricultores na Itália, o excesso de competição entre os trabalhadores, o que ajudava os proprietários e arrendatários, os baixos salários, os altos preços, os impostos excessivos, a falta de esperanças de uma vida melhor... Em um grupo, em uma amarga alegria, eles riam da classe superior, a qual seria devorada pela raiva quando se vissem sem trabalhadores e fossem forçados a dobrar os salários ou quando tivessem que abrir mão de suas terras por um pedaço de pão. "Quando todos nós tivermos ido embora, disse um deles, eles morrerão de fome também". (De Amicis, 1991, p. 76)

As implicações da emigração em massa perturbavam os proprietários de terras e os políticos. Os italianos debateram amargamente o que fazer com a maré crescente da emigração, revelando profundos conflitos a respeito das prioridades domésticas e internacionais da Itália.

Na falta de estatísticas, os políticos avaliavam a emigração em termos morais, como "boa" ou "má". Os senhores de terras condenavam os emigrantes como aventureiros, desertores ou renegados.[3] O escritório nacional de estatísticas italiano começou a coletar dados a respeito da emigração apenas em 1876, dividindo artificialmente os pedidos de passaporte dos emigrantes em duas categorias, permanente ou temporário. A migração transatlântica era considerada permanente; a dirigida para a Europa e o Mediterrâneo, temporária. Na realidade, contudo, alguns italianos se instalavam permanentemente na França ou deixavam esse país em busca de melhores oportunidades na Argentina. A fluidez da emigração gradualmente se tornou cristalina e, depois de 1904, os estatísticos começaram a dividir a migração simplesmente em transoceânica e europeia/mediterrânea (Patriarca, 1996; Direzione Generale di Statistica, 1899, p. v; 1904, pp. v-vii; 1908, pp. 151-152).

Ano após ano, a emigração desafiava as previsões dos cientistas sociais, à medida que altos níveis de emigração para a Europa eram superados por flutuações selvagens nos números para as Américas.[4] Os lígures tinham emigrado além-oceano em grandes números nos anos 1840 e 1850, na esteira do seu conterrâneo Cristóvão Colombo, mas, após a unificação da Itália, a emigração em massa se estendeu para o interior agrícola. Mesmo as regiões industrializadas produziam um êxodo surpreendente: milhares deixaram os vales da região de Biella, no norte da Itália, ao mesmo tempo que outros chegavam para trabalhar nas fábricas têxteis ali instaladas (Audenino, 1992; Kertzer; Hogan, 1989; Ramella, 1991).

O Norte produziu mais emigrantes que o muito mais pobre Sul, mas o Sul superava o Norte em termos *per capita*. O Vêneto liderou a emigração entre 1880 e 1915, com mais de 3 milhões de emigrantes. A Campânia, a região ao redor de Nápoles, enviou para o exterior 1,45 milhão de emigrantes; a Calábria, 870 mil; e a Basilicata, 375 mil. A emigração da Sicília permaneceu relativamente baixa nos anos 1880, com 41 mil pessoas, em comparação com 93 mil da Calábria e 81 mil da Basilicata, mesmo que a Sicília tivesse o dobro da população da Calábria e cinco vezes a da Basilicata.[5] Depois da brutal supressão dos sindicatos sicilianos em 1893-1894, Francesco Nitti, oriundo da Basilicata, exortou a Sicília, em 1896, a imitar os seus vizinhos: "A Sicília é muito mais rica que a Basilicata e a Calábria... Ela é mais instável apenas porque não há emigração" (Nitti, 1896, pp. 28-29). Incapaz de alterar as condições em casa, os sicilianos emigraram para o exterior. Antes de 1914, 1,3 milhão de pessoas deixaram a ilha; a grande maioria viajou para os Estados Unidos e muitos se instalaram lá permanentemente (Brancato, 1995; Macdonald, 1963; Martellone, 1979; Renda, 1989).

A emigração se expandiu tão rapidamente que o Estado teve dificuldades para administrar, ou mesmo monitorar, o fenômeno através de estatísticas e regulamentos. Quase todos os italianos viajavam com passaportes, o que dava aos pobres emigrantes a possibilidade de receber assistência dos cônsules e, como observado por agentes do governo italiano, "poderia ser útil para eles quando estivessem se relacionando com autoridades estrangeiras" (Direzione Generale di Statistica, 1899, p. v). Mesmo assim, alguns continuavam a partir clandestinamente, sem documentos, para fugir do serviço militar ou de dívidas, por exemplo, ou para entrar nos Estados Unidos sem a necessidade de exames médicos ou "morais". A migração clandestina continuou por todo o século XX. Em 1913, o ano do auge da emigração italiana em todos os tempos, inspetores encontraram emigrantes viajando escondidos em praticamente todos os navios de passageiros que deixavam a Itália, algumas vezes registrados como parte da tripulação ou sem registro nenhum.[6]

Os consulados italianos coletavam dados sobre os italianos no exterior, os quais eram contados nos censos italianos desde 1871. No início, os censos eram motivo de orgulho para o rei da Itália, que podia gabar-se de "mais de 1 milhão" de seus súditos no exterior em 1881, mas eles logo se tornaram uma ferramenta política e estatística.[7] Não houve censo em 1891 por falta de fundos, mas as detalhadas respostas dos cônsules para o censo de 1901 foram publicadas em nove volumes com o título de *Emigrazione e colonie*. Esse estudo invertia as categorias tradicionais ao descrever os italianos da Tunísia como uma colônia permanente e os da Argentina como temporária, já que poucos italianos tinham se tornado cidadãos argentinos.[8] Os cônsules normalmente contavam os cidadãos italianos juntamente aos de língua italiana da Áustria-Hungria, assim como os imigrantes de segunda geração, mesmo se fossem cidadãos americanos, desde que tivessem pais italianos.

As estatísticas revelam como a migração seguia as tendências estabelecidas pela competição política, pelo preconceito racial e pelas forças impessoais dos mercados. Os emigrantes eram uma força de trabalho valiosa para economias em expansão, mas eram os primeiros a serem demitidos quando a economia entrava em recessão (Commissariato Generale dell'Emigrazione, 1918). A migração da Itália Setentrional para a Argentina começou nos anos 1870, mas o Brasil ultrapassou a Argentina como destino para os emigrantes em 1888 (Ver "Anexos: mapas e gráficos", Gráfico 1.2). Nesse ano, a escravidão foi finalmente abolida no Brasil e seus governos regionais passaram a pagar a passagem de europeus brancos para trabalhar nas plantações de café e açúcar. Os italianos batizaram seus novos locais de morada em homenagem a suas cidades de origem, fundando Nova Milano, Nova Roma, Nova Bassano, Nova Vicenza (depois rebatizada Farroupilha), Nova Prata, Nova Bréscia, Nova Trento e Nova Pompeia (depois Pinto Bandeira) no sul do Brasil (Comissariato, 1926, pp. 86-91; De Rosa, 1987; Sabbatini; Franzina, 1977).

Mesmo assim, muitos italianos eram tratados com dureza pelos senhores das grandes plantações. O governo italiano interveio em 1902, proibindo a imigração subsidiada para o Brasil; os emigrantes teriam que pagar suas próprias passagens. A emigração para o Brasil declinou rapidamente, ao mesmo tempo que a dirigida aos Estados Unidos disparava. O pânico financeiro de 1907 e outra crise econômica nos Estados Unidos em 1911, associada à Guerra da Líbia em 1911-1912, levaram a uma diminuição temporária da emigração para esse país. A Argentina atraiu um constante fluxo de imigrantes, mas a Itália promoveu um boicote político em 1911-1912. O Estado italiano impediu a viagem para a Argentina de homens em idade produtiva, de longe o maior grupo que emigrava, para forçar a Argentina a reconhecer a sua dependência econômica dos trabalhadores italianos. A emigração transoceânica foi suspensa temporariamente com a calamidade da Primeira Guerra Mundial para ser retomada brevemente após a guerra, antes que rigorosas restrições à imigração e a depressão econômica acabassem por interromper o fluxo. A emigração italiana em massa para a Austrália começou apenas depois da Segunda Guerra Mundial, quando a emigração para os Estados Unidos e o Canadá também foi retomada.

Os Estados Unidos tiveram um papel especial nesse processo, já que eram a nação de imigração mais atrativa, mas, ao mesmo tempo, a mais restritiva. A cidade de Nova York era o principal porto de entrada e, em 1855, o governo do estado de Nova York estabeleceu Castle Garden em Battery Park, Manhattan, como um posto de triagem para aceitar imigrantes saudáveis e rejeitar os estrangeiros doentes ou politicamente subversivos. Depois que Nova York tinha processado 8 milhões de imigrantes, o governo dos Estados Unidos assumiu a tarefa, em 1890, e construiu elaboradas instalações em Ellis Island, na baía de Nova York, sob a direção do Serviço de Saúde Pública e do Serviço de Imigração do Departamento do Trabalho. Os viajantes em primeira e segunda classe não precisavam passar por Ellis Island para exames médicos, porque tinham pagado valores muito mais altos por suas passagens. Os passageiros em terceira classe, ao contrário, eram considerados "imigrantes" e possivelmente indesejáveis. Doze milhões de imigrantes foram processados em Ellis Island até 1924.[9] Mesmo antes de embarcarem na Europa, os emigrantes eram examinados por inspetores estadunidenses, de forma que relativamente poucos foram rejeitados ao chegarem nos Estados Unidos. O Brasil e a Argentina construíram instalações similares – a Hospedaria dos Imigrantes em São Paulo e o Hotel de Inmigrantes em Buenos Aires – mas elas eram menores e menos restritivas que Ellis Island.

Os critérios para a admissão de imigrantes levaram a um intenso debate tanto nos Estados Unidos como na Itália. Em portos dos dois lados do Atlântico, os inspetores rejeitavam os imigrantes com base numa longa lista: aqueles considerados "idiotas, insanos, miseráveis, doentes, criminosos, polígamos, mulheres (imigrando) para propósitos imorais, trabalhadores temporários, anarquistas ou agenciadores" eram enviados para casa na Europa. As doenças contagiosas e "abomináveis" que levavam à exclusão incluíam tracoma, varizes, hérnia,

Da África para as Américas

micoses, artrite, anemia, pelagra, epilepsia, tuberculose e doenças venéreas (Commissioner-General of Immigration, 1904, p. 8; Kraut, 1994, pp. 273-276). Mulheres solteiras, menores desacompanhados e casos de caridade não eram admitidos, assim como imigrantes que tinham obtido trabalho na América já antes de embarcarem – uma exclusão que desafia a lógica, mas que era defendida pelos sindicatos americanos.[10] Os militantes anti-imigração propunham testes de alfabetização como uma restrição adicional.

Para combater a máfia e o crime organizado, o cônsul americano em Palermo sugeriu a rejeição daqueles que "acreditavam na *omertà,* uma prática antissocial baseada parcialmente na covardia gerada pelo medo e parcialmente em um senso de honra distorcido, que presta assistência ao criminoso e não à sua vítima e dificulta a aplicação da justiça pela recusa em prestar depoimento ou por dar falso testemunho". O cônsul citava o julgamento de um dono de estalagem que tinha sido cúmplice num caso de rapto e assassinato e que disse, na corte, "que gostaria que os jurados soubessem que, se ele fosse culpado, teria fugido para a América, já que tinha tido tempo de sobra para isso".[11] Casos como esse maculavam a reputação de todos os italianos nos Estados Unidos. Para combater as restrições à imigração e para melhorar a imagem pública do país, o Estado italiano confiava nas Câmaras Italianas de Comércio em Nova York, São Francisco e em outras cidades. Muitos dos seus membros italianos tinham se tornado cidadãos americanos e podiam influenciar a política americana diretamente como eleitores.

A Itália também considerou restrições à emigração. Quando comissões parlamentares italianas discutiram a questão da emigração pela primeira vez em 1888, deixaram evidentes os preconceitos pessoais, erros factuais, divisões filosóficas e a confusão ao redor do tema, mesmo quando as alterações discutidas na política de emigração iriam afetar a vida de milhões. Um nobre de Messina, Sicília, afirmou na sua comissão que "ele não acreditava que a liberdade absoluta de emigração é uma boa ideia"; já um advogado que representava Alessandria, Piemonte, observou que, com a conclusão dos maiores trabalhos ferroviários no norte da Europa e a hostilidade demonstrada pelas massas populares contra os italianos na França, "a emigração para a América se tornava uma necessidade. É um mal necessário que ninguém pode parar". Giustino Fortunato, da Basilicata, acreditava que restringir a emigração "seria uma calamidade para as províncias meridionais" e um deputado de Bérgamo, Lombardia, também argumentou que limitar a emigração iria aumentar a população italiana e diminuir os salários.

Haveria outra solução? Um conde de Forlì, Romagna, observou que seria mais humanitário organizar a migração interna em vez de impedir a emigração internacional e o líder socialista Andrea Costa pedia mais estudos a respeito das razões que levavam as pessoas a deixarem suas casas. Um representante de Milão propôs que o governo gastasse milhões de liras para "comprar terras nas regiões distantes aonde os emigrantes se dirigem", nas quais eles poderiam ser assentados e protegidos oficialmente. Ao mesmo tempo, um conde napolitano argumentou que a emigração não deveria ser "nem promovida nem obstruída". De forma ameaçadora, Leopoldo Franchetti, da Úmbria, advertiu que limitações na emigração iriam minar as bases dos direitos públicos na Itália liberal.[12]

O primeiro-ministro Francesco Crispi defendia que a emigração poderia ser positiva e que o Estado seria capaz de conectar as comunidades imigrantes ao redor do mundo, ou "colônias", em um projeto internacional de construção da nação. Crispi tinha lutado pela unidade italiana no exílio, na Sicília, como um revolucionário, no Parlamento, como um republicano e, depois, como um monarquista liberal. A emigração em massa diminuiu o brilho da unificação italiana à medida que centenas de milhares de pessoas voluntariamente se dispersavam pelo mundo em busca de melhores oportunidades.

Ao propor as primeiras leis italianas sobre a emigração, em dezembro de 1887, Crispi ambicionava colonizar os próprios emigrantes, aonde quer que eles fossem. Em vez de drenar a nação, a emigração iria expandir a Itália para além de suas fronteiras:

O governo não pode permanecer um expectador indiferente ou passivo ao destino (dos emigrantes). Ele precisa saber exatamente aonde eles estão indo, o que os espera e acompanhá-los com um olhar vigilante e amoroso... Ele não deve nunca os perder de vista em suas novas casas... de forma que os frutos do seu trabalho possam ser convertidos em uma vantagem. As colônias devem ser como braços, que a nação estende para longe, para terras estrangeiras, de forma a trazê-las para dentro da sua rede de trabalho e de trocas; elas devem ser como uma forma de expansão da sua capacidade de ação e do seu poder econômico.[13]

Crispi acreditava que a Itália podia enviar uma mensagem patriótica para os emigrantes ao redor do mundo, para fortalecê-los contra os caldeirões culturais assimilacionistas, como a Argentina, a França e os Estados Unidos. A Itália poderia conectar os emigrantes e seus filhos com a *madre patria* através da língua, da cultura e dos laços econômicos.

À medida que a emigração crescia, as patrióticas comunidades de italianos no exterior realmente formaram uma rede internacional leal, apoiando as guerras coloniais italianas. Em 1888, depois do desastre em Dogali, os italianos de Alexandria do Egito coletaram 5 mil liras para apoiar os feridos, com pequenas somas recolhidas também no Cairo, no Rio de Janeiro e em Pernambuco, Brasil. O Ministério da Guerra, contudo, recusou o dinheiro: a Itália tinha sofrido poucas baixas na África e, de forma otimista, esperava ainda menos no futuro.[14] Depois da derrota da Itália em Amba Alagi em dezembro de 1895 e antes da catástrofe em Adua em março de 1896, os italianos de Buenos Aires abriram uma subscrição para a Cruz Vermelha italiana. Italianos em Chicago, Nova York e Túnis tentaram se voluntariar para o Exército italiano. Os responsáveis pelo Ministério da Guerra recusaram novamente a sua assistência. Para eles, apenas os recrutas podiam servir nos Exércitos italianos na África, e fundos do exterior não eram necessários nem desejáveis.[15] Talvez o Ministério da Guerra se ressentisse do envolvimento do Ministério das Relações Exteriores nos assuntos africanos. De qualquer forma, os italianos que viviam no exterior se preocupavam com os resultados das campanhas coloniais e com o prestígio internacional do país, que se refletia nos italianos em todas as partes.

A ITÁLIA NA PARTILHA DA ÁFRICA

A Itália entrou na divisão colonial da África como um recém-chegado. No Congresso de Berlim de 1878, o primeiro-ministro italiano, Benedetto Cairoli, seguiu uma política honesta de "mãos limpas" e se recusou a reivindicar territórios africanos: ele acreditava que cada nação da Europa, e de todo o mundo, tinha direito à autodeterminação. Outros governos, contudo, não tinham esses escrúpulos. Em março de 1881, o Exército francês marchou em Túnis, na porta de entrada da Sicília. Os italianos ficaram chocados com a notícia. Cairoli foi destituído e seus sucessores lutaram para alcançar a França.

O novo primeiro-ministro, Agostino Depretis, indicou o advogado Pasquale Stanislao Mancini como ministro das Relações Exteriores. Apesar de seus antigos escritos legais em defesa dos movimentos de independência nacionais, Mancini iniciou a história do imperialismo italiano ao tomar o controle de uma estação de abastecimento de carvão em Assab, um porto reivindicado pelo Império Otomano. Fascinado pelo canal de Suez, Mancini dizia que a Itália poderia "encontrar a chave" para o controle do Mediterrâneo no Mar Vermelho.[16] Em 1882, outra oportunidade surgiu quando o governo britânico convidou a Itália e a França para se unirem a sua intervenção no Egito. Tanto Mancini como o ministro de Relações Exteriores francês recusaram a oferta, temendo uma derrota no campo de batalha (Serra, 1967, pp. 32-47). A Itália, dessa maneira, restringiu os seus planos coloniais ao Chifre da África, por enquanto. A expedição militar italiana para Massawa em 1885 expandiu enormemente a colônia no Mar Vermelho e provocou um longo debate no Parlamento sobre as despesas. A partir de 1889, a Itália também proclamava seus direitos a Asmara e à Somália Oriental (Ciasca, 1940; Del Boca, 1985;

Mondaini, 1924-1927; Scovazzi, 1996). Nesse meio tempo, a bacia do Congo passava ao controle da Bélgica; o vasto Saara, da França; o Sudeste Africano e parte da África Oriental; da Alemanha; e o Egito e a África do Sul, da Grã-Bretanha.

Se a Grã-Bretanha tinha conseguido a maior fatia do bolo dos territórios coloniais, à Itália ficaram reservados os farelos. Os ministros italianos tinham continuamente que inventar argumentos para justificar a manutenção e o financiamento das suas colônias. Ao mesmo tempo, a Itália buscava apoio diplomático entre as potências europeias para sua reinvindicação da antiga colônia romana da Líbia, sob o controle otomano como as províncias da Tripolitânia e da Cirenaica. Como a Itália mudava de ministros a cada poucos anos, alguns políticos italianos aumentavam continuamente os compromissos italianos na África, mas poucos se sentiam confiantes para diminuí-los, pois isso poderia significar uma erosão do prestígio italiano. Domenico Farini, presidente do Senado e anticolonialista, explicava que "nós não podemos chamar de volta nossas tropas a menos que tenhamos um grande sucesso em algum lugar. Caso contrário, nossa impotência ficará muito evidente, nossa reputação por demais machucada" (Farini, 1961, pp. 1-13). Parecia não haver uma alternativa que possibilitasse sair da África.

A migração em massa e a possibilidade de assentamentos populacionais oferecia uma nova justificativa para a colônia no Mar Vermelho à medida que ela crescia em tamanho e aumentavam as despesas. Começando nos anos 1870, o abuso e as decepções sofridas pelos emigrantes enchiam as manchetes dos jornais regularmente em toda a Itália (Filipuzzi, 1976). Em 1885, Mancini começou a explorar a emigração para justificar o colonialismo. Ele postulava, inicialmente, que os emigrantes italianos não deviam se espalhar por todo o mundo. Em segundo, que o sucesso econômico dos italianos na América do Sul sugeria que sucessos semelhantes eram prováveis também na África. E, por fim, que talvez a Itália devesse estabelecer "colônias agrícolas" para o assentamento de europeus no interior africano, que deviam coexistir com os postos comerciais no litoral. Mancini não queria que a Itália perdesse o seu lugar justo, na "Partilha da África", para um "Estado não tão grande", como a Bélgica.[17] Ele fez do colonialismo uma questão de prestígio nacional, proclamando que a herança histórica Italiana, de Colombo a Vespúcio, justificava a criação de um Império.

Dois anos depois que Mancini deixou o cargo, em 1885, Francesco Crispi propôs uma estratégia para atingir o lugar desejado para a Itália no mundo através de um programa que combinava emigração e expansão colonial. Crispi tinha chegado ao imperialismo depois de uma odisseia de derrotas políticas e revoluções abortadas. Ele tinha nascido em 1818 no sudoeste da Sicília, a 210 km da costa da Tunísia, na África. Exilado após ter participado da revolução de 1848, Crispi retornou para a Sicília em 1860 como o segundo em comando da Expedição dos Mil de Giuseppe Garibaldi. Os 1.087 homens e duas mulheres se associaram a camponeses rebeldes para derrotar o Reino de Nápoles em uma brilhante campanha através da Sicília, da Calábria e da Campânia. Depois que Garibaldi cedeu o que havia conquistado ao rei do Piemonte, Crispi abandonou os ideais antimonárquicos e republicanos do seu antigo mentor, Giuseppe Mazzini. Crispi fez da unificação da Itália sob o comando do novo rei sua prioridade absoluta (Duggan, 2002). Ele entrou para o governo em 1876, mas foi removido do poder no ano seguinte, após um escândalo de bigamia. Em fúria impotente, atacou Cairoli, também membro da Expedição dos Mil, em razão de seu fracasso em garantir a Tunísia para a Itália, e explodiu contra Mancini, no ano seguinte, por ter perdido o Egito. A colônia no Mar Vermelho não era nem de longe tão importante quanto o território no Mediterrâneo.

Quando Crispi se tornou primeiro-ministro e ministro das Relações Exteriores em 1887, depois da derrota em Dogali, ele lançou uma política externa agressiva como uma forma de resolver os problemas internos da Itália, especialmente a atrasada agricultura, o desemprego endêmico e as estruturas sociais arcaicas no sul.[18] Ele esperava que a criação de assentamentos no exterior fosse liberar os italianos dos grandes e arcaicos latifúndios e das microproprieda-des que marcavam o cenário rural e impediam o desenvolvimento econômico. Dessa forma, apesar de ter se oposto antes aos projetos de Mancini no mesmo território, em 1889 Crispi fez apaixonados apelos ao Parlamento para aumentar os fundos para a colônia italiana no Mar Vermelho:

> Os senhores acreditam que a deusa Fortuna favorece os que não fazem sacrifícios? Todas as grandes conquistas custam caro no início, e custam muito. Os benefícios vêm depois. E nós devemos, agora que estamos a ponto de começar a conseguir retorno de todo o dinheiro gasto e sangue derramado; agora que nós podemos ter na África, a pouca distância da Itália, um território para colonizar e para onde podemos enviar aquela massa de desafortunados que vão para a América em busca da fortuna, renunciar aos benefícios que estamos prestes a assegurar para a pátria?[19]

Na mente de Crispi, a migração para além-oceano poderia ser transformada em uma vantagem direta para o Estado. Ao transferir a emigração da América para a África, a Itália poderia estabelecer a sua reputação como potência mundial. Em 1890, ele uniu Asmara e os portos de Assab e Massawa para formar a colônia da Eritreia, no mar Vermelho. Assab e Massawa eram desertos quentes e inóspitos, mas Asmara, no planalto, tinha um clima temperado, livre da mosca tsé-tsé, com algumas das melhores terras agriculturáveis do continente africano (McCann, 1995). Crispi anunciou a Eritreia como um oásis para a emigração italiana "sob o domínio e as leis da Itália".[20] Os assentamentos iriam fortalecer a colônia italiana e permitir a prosperidade de massas de emigrantes em meio a costumes e tradições italianas transplantados em uma nova terra, sob a bandeira da Itália.

A visão de Crispi se baseava no exemplo do Império Britânico. As colônias de povoamento britânicas na América do Norte, Austrália, Nova Zelândia e mesmo na África do Sul atraíam a imaginação dos políticos italianos. Através da colonização espontânea nos séculos XVII e XVIII ou pela subsidiada ou penal nos séculos XIX e XX, a Inglaterra tinha estabelecido novas culturas e economias, superando os competidores locais. Os imperialistas alemães tencionavam obter o mesmo resultado no sudoeste Africano (Bade, 1975; Smith, 1986). Como a Itália, a Alemanha era um Estado novo que experimentava uma emigração de massa nos anos 1880. Os entusiastas navais de ambos os países destacavam o uso britânico da força para defender as rotas de emigração e colonização. O *Emigrants' Information Office* britânico, que fornecia informações a respeito de todos os possíveis destinos, mas enfatizava a Austrália, a África do Sul e o Canadá, se tornou um modelo para instituições equivalentes na Alemanha e na Itália.[21] Os funcionários do governo italiano também invejavam o sucesso da colonização francesa na Argélia, incorporando as categorias de Paul Leroy-Beaulieu: as terras além-mar estavam destinadas a ser "colônias de povoamento" para assentamento de europeus, "colônias de exploração" para investimento capitalista ou "colônias mistas", para ambas as atividades.[22]

Os planos italianos para uma colônia de povoamento na África italiana eram caros e controversos. Os maiores jornais do norte da Itália se opunham a desperdiçar dinheiro em assentamentos demográficos no exterior. A exploração dos recursos da África Oriental não atingiu as grandes esperanças levantadas pela irracional "Corrida pela África". Mesmo assim, os projetos de Crispi tinham apoio popular, especialmente no sul do país.[23] Se o povo italiano não conseguia sobreviver em casa, ele poderia talvez viver sob a bandeira da Itália na vizinha África italiana. Essa emigração não diminuiria a população italiana nem reforçaria a dos seus rivais. Seguindo uma visão de população que vinha da Idade Média, muitos entendiam a emigração como uma "hemorragia" do melhor sangue da Itália, já que se entendia que eram os mais diligentes entre os pobres que optariam por emigrar para melhorar suas vidas (Bevione, 1911, p. 164; Penne, 1908, pp. 63-68; Turiello, 1898, pp. 76-77). Numa luta darwiniana entre os povos e as nações, a raça italiana iria fracassar a menos que o governo conseguisse reter a sua população, a base para a sobrevivência nacional.

Os italianos concordavam que era impossível parar a emigração; apenas o seu lugar de destino estava em questionamento. Ainda que os grandes proprietários de terras se queixassem de uma força de trabalho em diminuição e dos salários em aumento, o crescimento da população italiana em um território exíguo dava margem a um crescente medo de uma revolução (Manzotti, 1969). A emigração poderia, talvez, trazer benefícios. Industriais, como Alessandro Rossi, defendiam a desregulamentação da emigração, argumentando que restrições apenas forçavam os italianos a viajar clandestinamente a partir de portos estrangeiros. Isso fortaleceria os competidores italianos em vez da indústria naval e da Marinha da própria Itália e diminuiria as suas chances de se tornar uma grande potência naval. Para testar suas ideias, Rossi patrocinou um assentamento, em bases paternalistas, de emigrantes católicos na Eritreia (Franzina, 1985). Na África, a Itália poderia recuperar sua reputação perdida, sua economia e reter a sua população, mesmo além de suas fronteiras.

O FRACASSO
DO COLONIALISMO DEMOGRÁFICO

A colônia de Rossi não foi o único assentamento demográfico experimental criado naquele momento. Em 1890, o Parlamento autorizou Leopoldo Franchetti, um barão conservador da Toscana, a assentar várias dúzias de famílias em algumas comunidades-piloto. Franchetti tinha assinado, com Sidney Sonnino, um estudo de referência a respeito do sul da Itália e da Sicília em 1876 (Franchetti, 1985; 1995; Sonnino; Franchetti, 1974). Os dois autores, ambos educados na Inglaterra, destacavam os problemas sociais endêmicos ligados ao sistema de latifúndio e propunham o sistema de parceria ao estilo toscano (*mezzadria*) como uma alternativa. À medida que a Itália liberal fracassava nos seus esforços para modernizar o sul do país, Franchetti passou a ver, em meados da década de 1880, a África como a única alternativa para redimir a Itália. Através da distribuição de novas terras aos italianos transplantados para fora da Itália, o círculo vicioso da agricultura italiana seria quebrado. Na Eritreia, Franchetti criou uma legislação para se apropriar de terras e distribuí-las aos colonos italianos. Com contratos de propriedade rigorosos, ele queria garantir que os colonos

Italianos no mundo

italianos iriam se sustentar sozinhos na sua própria terra, evitando a formação de imensas propriedades capitalistas e a necessidade de uma grande burocracia estatal.

Franchetti logo entrou em conflito com o governo militar da colônia, em boa parte por causa da sua personalidade irascível. Ele participou de pelo menos três duelos relacionados a insultos em vista de seu trabalho na Eritreia: em 1891 com o governador geral Gandolfi e com o editor do jornal *La Tribuna* e, em 1902, com o ministro das Relações Exteriores Giulio Prinetti (Aquarone, 1989, pp. 223-225; Battaglia, 1958, pp. 517-520; Zanotti-Bianco, 1950, pp. 4-6, 71). O primeiro-ministro Antonio de Rudini ingenuamente acreditou que o duelo em 1891 iria resolver as diferenças entre Franchetti e Gandolfi, mas o problema central era que os objetivos de ambos para a colônia eram incompatíveis. Franchetti defendia uma vigorosa consolidação da colônia e, corretamente, via que a guerra contra a Etiópia iria arruinar os seus assentamentos. Os comandantes militares, por outro lado, eram contrários ao governo civil nas colônias.[24]

Oreste Baratieri, o governador militar da Eritreia que serviu por mais tempo, propôs em 1890 uma alternativa ao modelo puramente secular defendido por Franchetti: o trabalho missionário dos católicos italianos. Como Crispi, Baratieri tinha sido um dos Mil de Garibaldi, mas, ao contrário dele – anticlerical e maçom – era um católico praticante do Trentino, uma região italiana ainda sob o domínio imperial austríaco. As missões católicas italianas no local eram necessárias, no seu entendimento, para contrastar a hegemonia local dos lazaristas franceses.

O bispo de Cremona, Geremia Lunardelli, conseguiu o apoio da Propaganda Fide em Roma e pediu ao bispo de Piacenza, Giovanni Battista Scalabrini, para transferir alguns dos seus missionários da América para a Eritreia. Bonomelli e Scalabrini utilizavam a emigração como base para a colaboração entre a Igreja e o Estado, inimigos jurados desde que a Itália tinha destruído os Estados Papais entre 1860 e 1870.[25] O entusiasmo precoce dos dois bispos por assentamentos coloniais no exterior revelava o seu discreto patriotismo. Com a Igreja Católica instalada na colônia, Baratieri esperava ter sucesso quando o projeto parlamentar laico de Franchetti falhasse. Como governador-geral da Eritreia em 1895, ele pediu à Associazione per soccorrere i Missionari Catolici italiani – um grupo de católicos laicos que defendiam a reaproximação entre a Itália e o Vaticano – que apresentasse um projeto de colonização para a Eritreia. Alessandro Rossi concordou em financiar um assentamento-piloto num lugar selecionado por Baratieri. A terra, contudo, era menos fértil do que tinha sido prometido e os colonos estiveram em dificuldades desde o início.[26]

As expropriações de terras promovidas por Baratieri e Franchetti no planalto levaram a confrontos com os chefes tribais etíopes e eritreus. Os esforços diplomáticos italianos só pioraram o nascente conflito. Em 1899, Crispi tinha proclamado um protetorado sobre a Etiópia, baseado numa interpretação particular dos termos vagos do tratado de Wichale. O Conde Pietro Antonelli – que foi, posteriormente, embaixador italiano na Argentina – tinha sido o seu negociador com o imperador Menelik. Os etíopes tinham uma versão do tratado em amárico, enquanto Antonelli produziu uma versão italiana. Ambas eram oficiais, mas, em razão das diferenças culturais e linguísticas entre as duas versões, surgiu uma controvérsia a respeito da sua seção 17. O texto em amárico dizia que "Todas as vezes em que o Rei da Etiópia desejar discutir algo com os reis da Europa, a correspondência se dará através da ajuda do governo italiano".[27] Interpretando isso à maneira da diplomacia europeia, Crispi afirmava que o imperador Menelik tinha aceitado a tutela italiana.

O imperador só percebeu o truque em 1890 quando a rainha Vitória se recusou a retornar as suas cartas. Ela respondeu de Londres que a Etiópia era um protetorado italiano e que só se comunicaria com ele através da intermediação da Itália. Depois de lutar uma guerra contra os italianos, em parte por causa desse desastroso tratado, Menelik passou a desconfiar, com bons motivos, dos diplomatas europeus. Eles sempre podiam alegar que as traduções dos tratados significavam algo diferente da intenção original. Quando negociadores britânicos chegaram mais tarde em Adis Abeba para negociações, Menelik insistiu que os pontos de um possível tratado fossem escritos "da forma mais simples possível". Menelik também quis uma tradução francesa como versão oficial, já que ele não confiava na tradução em inglês. Os britânicos conseguiram evitar essas exigências em 1897 e novamente enganaram Menelik através de truques na redação do tratado: a Etiópia concedia à Grã-Bretanha o status de "nação mais favorecida" no comércio, mas o inverso não aconteceu.[28]

Menelik denunciou formalmente o tratado de Wichale em 1893, o que preparou o terreno para a guerra com a Itália. Em 1894, o chefe eritreu Batha Agos mudou de lado e transferiu sua lealdade da Itália para a Etiópia, já que o governo colonial havia expropriado as melhores terras para a colonização italiana (Ahmad; Pankhurst, 1998; Mesghenna, 1988; Negash, 1986). Baratieri via a guerra como uma tarefa adequada para o imenso Exército italiano e conseguiu uma vitória política quando Franchetti renunciou a seu posto e deixou a Eritreia em agosto de 1894. Baratieri foi agraciado com um triunfo imperial quando ele visitou a Itália em julho de 1895.[29] Ele expulsou Adolfo Rossi, correspondente do jornal *Corriere della Sera*, da Eritreia em janeiro de 1896 por causa das suas reportagens antipatrióticas. Por trás da cuidadosa propaganda, contudo, as perspectivas italianas eram sombrias. Baratieri não tinha preparado uma base logística adequada para uma longa campanha e havia poucos homens e suprimentos. Mesmo assim, Francesco Crispi, que tinha retornado ao poder como primeiro-ministro em 1893, necessitava de uma vitória militar de peso para aumentar a sua credibilidade doméstica. Em 25 de fevereiro de 1896, Crispi acusou Baratieri de "tuberculose militar" e o incitou a um ataque de risco.[30]

A desastrosa batalha de Adua foi o ponto-final de uma série de derrotas. No outono de 1895, Menelik tinha mobilizado um Exército de 200 mil homens de todo o Império Etíope. O serviço de inteligência de Baratieri, comprometido por espiões etíopes, tinha estimado que ele não seria capaz de reunir mais de 40 mil.[31] O Exército italiano estava condenado ao desastre. Em 7 de dezembro de 1895, os etíopes aniquilaram uma coluna de tropas coloniais eritreias (*ascari*) sob o comando do major Pietro Toselli em Amba Alagi. Entre 1.500 e 2.000 eritreus foram mortos, com 19 oficiais italianos.[32]

Os republicanos e os radicais italianos fizeram manifestações contra a guerra no norte industrial, mas a Sicília estava permeada pela "febre da guerra". Em 10 de fevereiro de 1896, o jovem Gaetano Salvemini escreveu a Pasquale Villari sobre a situação:

> Qualquer um que visitar Palermo não conseguirá entender como os eventos de dezembro de 1893 [o movimento dos *fasci* sicilianos] puderam acontecer na Sicília; todas as pessoas parecem loucas pela África! Elas são todas africanistas! Elas carregam o retrato do [coronel piemontês] Galiano, queimam retratos de Menelik e da pobre [imperatriz] Taitu; é uma embriaguez coletiva.[33]

Crispi realmente conseguiu apoio regional para a guerra colonial. A política africana da Itália, contudo, se dirigia a um precipício. O coronel Galiano já tinha rendido o forte assediado de Makale e retirado suas tropas para a Eritreia. Reforços e o substituto de Baratieri como comandante estavam a caminho, vindos de Nápoles.[34] Baratieri, contudo, não quis esperar; suas tropas estavam ficando sem comida e suprimentos e ele tinha que tomar a decisão de recuar ou atacar. Em 28 de fevereiro, ele conduziu um conselho de guerra. Os oficiais italianos afirmaram que seria covardia recuar diante de um inimigo africano. Para vingar a derrota em Amba Alagi, os italianos deviam atacar o terreno elevado perto de Adua.

Na noite de 29 de fevereiro, Baratieri dividiu as suas forças em três colunas, em terreno inexplorado e sendo superados em número na proporção de seis para um. Os etíopes eram guerreiros renomados; eles estavam armados com milhares de rifles, doados por diplomatas italianos oito anos antes, além de rifles mais novos e metralhadoras de longo alcance fornecidas pelas arqui-inimigas da Itália, a França e a Rússia. Comandadas pelos generais Albertone, Arimondi e Dabormida, as colunas italianas se perderam. Ao nascer do dia, as colunas da esquerda e do centro estavam separadas por mais de 6 km.

Italianos no mundo

Os etíopes manobraram para conseguir a máxima superioridade de forças. As colunas italianas foram isoladas, sua artilharia anulada e a retirada se tornou uma debandada.[35] Em um único dia, entre 4.600 e 5.000 soldados italianos e 1.700 soldados eritreus foram mortos; 500 italianos e 1.000 eritreus ficaram feridos e ao menos 1.811 italianos foram aprisionados. Um total de 268 oficiais italianos morreram, incluindo dois generais e o coronel Galliano. A força italiana tinha perdido, portanto, mais da metade do seu efetivo.[36] Dos generais, Arimondi e Dabormida foram mortos e Albertone foi capturado, enquanto Baratieri se perdeu na confusão e só foi encontrado dias depois. As baixas etíopes foram estimadas entre 3 mil e 12 mil mortos. Como os chefes etíopes dividiam os prisioneiros e cremavam os mortos italianos e havia desorganização das colunas italianas, ninguém sabe quantos morreram no campo de batalha.[37]

A catástrofe de Adua levou a reações diferentes das de outros países que haviam enfrentado crises semelhantes. Em janeiro de 1879, os britânicos tinham perdido 1.300 soldados em Isandhlwana, mas se vingaram matando mais de 2.000 zulus alguns meses depois. Os italianos reagiram de outra forma: o rei imediatamente considerou a abdicação, seguindo os passos do seu avô após outra derrota militar, em 1849. No dia 3 de março de 1896, o presidente do Senado italiano, Domenico Farini, visualizava o fim da Itália:

> Essa manhã eu recebi o relatório da derrota em Adua. Eu estou consternado. As consequências em casa e no exterior parecem incalculáveis. A Guerra da Criméia [1854-1856] foi o nascimento da nova Itália; esperemos que a guerra na África não seja o seu fim!... A monarquia piemontesa e Piemonte eram dominantes na Itália porque eles eram uma dinastia de guerreiros: remova esse prestígio e a monarquia perde a sua única função. Retire o prestígio do Exército, mate a sua alma, e os subversivos irão facilmente triunfar.[38]

Farini temia que a unidade da Itália, com suas raízes superficiais e prestígio vazio, seria agora destruída por revolucionários socialistas, anarquistas e republicanos. O Estado italiano não se arriscaria a uma vingança. Baratieri foi julgado numa corte marcial como bode expiatório, mas foi inocentado para salvar a honra do Exército italiano. Francesco Crispi recebeu a maior parte da culpa; ele tinha recusado os apelos de Baratieri por suprimentos e forçado o ataque. Ao final, o rei Umberto permaneceu no trono e Crispi renunciou, em desgraça. Ainda que o país estivesse em luto, a derrota não podia ser lamentada publicamente, pela vergonha. Numa única batalha colonial, o Exército tinha perdido mais oficiais que em todas as guerras de unificação italiana, de 1848 a 1870.[39] Nenhum obelisco foi erguido em Roma, ainda que um monumento tenha sido criado em Milão: Ferdinando Bocconi fundou uma universidade privada para recordar seu filho, Luigi, morto em Adua.[40]

Adua lançou uma sombra em toda a Europa. Os diplomatas britânicos que viajaram para a Etiópia em 1897 para reabrir negociações diplomáticas entre os dois Impérios lamentaram o divisor de águas representado pela batalha: "É difícil superestimar as diabólicas consequências que emergiram da derrota italiana em Adua. Até hoje, os europeus tinham sido sempre tratados com acentuado respeito pelos abissínios de todas as classes; agora, lamentavelmente, é exatamente o oposto". Os britânicos se sentiram insultados por "gestos depreciativos aos europeus" e por nomes rudes como "Ali".[41] Não importavam os antecedentes ou os detalhes da batalha de Adua; ela se tornou uma derrota para todos os Impérios europeus.

Francesco Crispi dividiu ainda mais a sociedade italiana ao condenar a ajuda enviada aos prisioneiros italianos na Etiópia. Crispi advertiu a Condessa Lovatelli, patrona dos esforços de apoio a eles, que as mulheres italianas não tinham nenhum papel na África:

> Nós somos agora uma Nação de 32 milhões de pessoas e nosso método para defender os nossos direitos e nos fazer respeitar é muito diferente. Nossos compatriotas que foram aprisionados em Abba Carima (Adua) estão esperando ansiosamente um exército que os liberte e as mulheres italianas deveriam, como em 1848 e 1860, inspirar a bravura do Exército e encorajá-lo a conquistar. Piedade é

uma virtude sagrada, mas, aos olhos dos abissínios, é vista como uma expressão de medo e covardia; além disso, há entre nós e o inimigo uma barreira representada pelo barbarismo, que impedirá que nossa ajuda chegue aos prisioneiros.[42]

Crispi se opunha à ajuda humanitária aos prisioneiros porque ela estava sendo conduzida por mulheres e também porque tinha sido um padre austríaco que tinha viajado para a Etiópia em maio de 1896 para fazer a entrega dos suprimentos. Ao insistir em um mundo irreal de conquista violenta e represálias vingativas, Crispi afastou ainda mais a si e a seu país do mundo das escolhas políticas realistas.

Graças aos excessos de Crispi, a colônia italiana na Eritreia se tornou uma causa perdida. Aqueles que haviam permanecido nos assentamentos de Franchetti insistiram na repatriação gratuita para a Itália e o governo terminou concordando. Os colonos no pequeno assentamento católico de Rossi também pediram para serem repatriados, sob a justificativa da baixa qualidade das terras; Rossi também cedeu e os trouxe de volta para o Vêneto (Franzina, 1985, pp. 613-617; Rainero, 1960). A promessa de Crispi de terras virgens para as famílias italianas na África, tornando a emigração obsoleta e a reforma agrária na Itália desnecessária provou ser uma mera ilusão. Sua política tinha unido o Império da Etiópia para a guerra contra a Itália, lançando as sementes de um ódio que duraria gerações. Se tivesse sido bem-sucedido, Crispi teria estabelecido uma barreira racial permanente entre os colonos italianos e os seus vizinhos africanos expropriados. Seu fracasso levou o Exército italiano a um massacre e o Estado italiano a um quase colapso. Os italianos teriam que encontrar outro caminho para a grandeza imperial.

A DEFESA DO COLONIALISMO NAS AMÉRICAS

A batalha de Adua foi o maior desastre colonial europeu no século XIX. A vitória etíope, obtida com armas europeias contra um forte Exército europeu, reverteu uma tendência de 100 anos. Em 1896, o continente africano inteiro tinha sido submetido ao domínio europeu e otomano, com a exceção da Libéria e da Etiópia. O imperador Menelik tinha mobilizado o seu povo e se livrado da dominação europeia. Adua se tornou uma lenda e um pesadelo.

A reação na Itália foi profunda. Quando as notícias foram publicadas na imprensa no dia 4 de março de 1896, os socialistas e os estudantes organizaram protestos de rua por todo o país. Em Milão, 10 mil pessoas pediram a retirada das tropas da África; um ataque das forças policiais deixou muitos feridos e um morto. Trabalhadores em Pavia atacaram a estação de trem e sabotaram as linhas férreas para impedir novos movimentos de tropas para a África, já que o envio de reforços continuava a ser notícia nos jornais.[43] A reputação de Francesco Crispi, sua política externa e sua carreira política colapsaram totalmente (Camera dei Deputati, 1896).

Os inimigos de Crispi lançaram imediatamente uma nova visão para o colonialismo italiano. Uma coalizão foi formada no Parlamento, a qual incluía desde Ferdinando Martini, que se opunha às guerras coloniais de Crispi e a sua má gestão, Giustino Fortunato e Attilio Brunialti, que preferiam a Líbia à Eritreia, aos socialistas e radicais que eram inteiramente "anti-imperialistas".[44] A relação próxima de Crispi com a Alemanha e a Áustria dentro da Tríplice Aliança também perdeu crédito. O domínio sobre o Mediterrâneo agora dava vez a outras preocupações, como os interesses nas Américas e as relações com a França. A política econômica neomercantilista da Itália também entrou em colapso. As colônias demográficas na África tinham sido pensadas para fornecer matérias-primas para o mercado interno, protegido por um muro de tarifas protecionistas que beneficiava a grande indústria e os produtores de têxteis e cereais. No entanto a guerra comercial de Crispi com a França entre 1888 e 1891 tinha colapsado as exportações agrícolas, como as de vinho e óleo de oliva. Isso deu voz a uma sólida oposição liberal que defendia o livre-comércio e preços de mercado. Depois de Crispi, as companhias italianas instaladas na Eritreia perderam suas tarifas especiais e tiveram que competir com as outras em condições iguais.

Os programas italianos na África Oriental simplesmente não conseguiam competir com as possibilidades econômicas que existiam em outros lugares. As colônias italianas surgidas espontaneamente nas Américas eram muito superiores aos caros projetos de Crispi na África. Sem muito apoio vindo da Europa, os italianos tinham conseguido riqueza e influência na Argentina, no Brasil e nos Estados Unidos. Quem poderia antecipar o que poderia ser obtido se algum apoio e coordenação viessem da Itália?

Em 1896, os políticos e intelectuais propuseram promover a emigração para as Américas em vez de convencer os emigrantes a se instalarem na África. Esse salto geográfico e conceitual através do Atlântico se baseava no entendimento italiano de que as colônias eram, em termos sociais e econômicos, assentamentos de italianos no exterior, com ou sem domínio direto da Itália (Carpi, 1874). Os antiafricanistas exortavam o apoio para as "colônias livres" italianas ao redor do mundo, criadas de forma pacífica pelos emigrantes italianos, sem custos para o governo. Os liberais faziam campanha para a reinvenção do colonialismo italiano na nova fronteira de expansão italiana pelo mundo. Dentro de um novo marco de referência e novos critérios para medir o sucesso, o Estado italiano deveria apoiar a emigração para o exterior e não se opor a ela. A emigração deveria ser valorizada como um precioso recurso econômico, social e cultural e o Estado italiano deveria investir a sua energia na construção de *links* entre os expatriados e a pátria (Sori, 1983).

Alguns italianos há muito divulgavam o potencial de prosperidade da América do Sul e reafirmaram essa posição depois da derrota de Adua. Em 3 de maio de 1896, em Roma, o ativista Guglielmo Godio (1896, pp. 24-27, 31-32) apresentou suas propostas para apoiar os italianos nas Américas, um plano que ele já tinha divulgado em um livro publicado em 1893 e que era relançado no contexto da catástrofe de Adua. Godia contrastava o clima variado e a economia em expansão da Argentina com a população hostil e clima insalubre da Eritreia. Em vez de conquistar um povo através da guerra, a Itália deveria enfrentar o desafio de aumentar o seu comércio com a América do Sul. O deputado Attilio Brunialti também retomou a sua campanha para dar apoio à "nova Itália" na região do Rio da Prata, lamentando que o seu conselho tivesse sido ignorado nos 20 anos anteriores. Ele afirmava que o governo italiano devia estimular os emigrantes a partirem para a Argentina e o Uruguai, longe dos trópicos e do deserto, através da isenção do serviço militar para seus filhos. O governo deveria "utilizar todos os meios para que [os emigrantes] falassem italiano, pensassem como italianos e mantivessem relações de afeto e comerciais com a Itália".[45] Brunialti prometia a seus ouvintes que, se os emigrantes amassem a Itália e falassem italiano, as exportações e a influência política italianas iriam crescer.

Outras pessoas no Parlamento propunham objetivos e estratégias semelhantes. Em 30 de junho de 1896, o deputado radical Edoardo Pantano pediu um maior engajamento no tocante à emigração italiana nas Américas do Norte e do Sul. Na sua avaliação, o fracasso mais emblemático da Itália na África tinha sido a falida tentativa de colonização de Franchetti, a qual "teria demonstrado que é impossível criar escoadouros artificiais para a emigração: seria necessário olhar para a realidade da nação e ver se as correntes naturais da emigração... não seriam dignas de atenção, de forma a serem mais bem protegidas, apoiadas e disciplinadas". Pantano propunha que essas correntes naturais eram o segredo da antiga prosperidade da Itália, "aquela pacífica expansão italiana" que havia sido conduzida pelas repúblicas marítimas medievais. Gênova e Veneza usavam suas tropas "não para impor, mas para proteger a indústria italiana, num sistema fraterno de relações internacionais". Em vez de perseguir "os caprichos das colônias artificiais e forçadas", a Itália deveria voltar a sua atenção para a emigração, que "seguia impulsos naturais, tradições históricas [e] tendências comerciais".[46]

Pantano esperava que o modelo histórico das repúblicas marítimas italianas substituísse o mito crispiano da conquista imperial romana. O novo modelo seria menos glamoroso, mas mais prático e eficiente. Pantano exortava a necessidade de restringir as atividades de propaganda dos agentes de emigração no campo e regular as viagens transatlânticas, garantindo a velocidade dos navios, água e comida de qualidade e um espaço mínimo para cada emigrante a bordo. O governo deveria criar uma agência de informação para os emigrantes na Itália e garantir proteção diplomática aos italianos no exterior. E, ainda mais importante, as "vazias e vexatórias" restrições à emigração tinham que desaparecer, já que ela ajudava mesmo os que permaneciam em casa, através de salários maiores, "na luta pela sobrevivência".[47] Essas recomendações se tornaram lei nos cinco anos seguintes. O potencial óbvio da emigração para a América e a falta de alternativas na África levou a um redirecionamento completo de atenção e recursos.

Pantano não foi o único político italiano a proclamar uma nova era para a emigração. Francesco Saverio Nitti, um liberal católico da Basilicata, tinha escrito sobre a emigração em 1888, assinalando que a emigração em curso era uma necessidade econômica para muitas áreas tanto no sul como no norte e que ela parecia diminuir o crime. O Estado limitava a emigração por sua conta e risco. "É uma lei triste e fatídica: ou emigrantes ou bandidos" (Nitti, 1958-1978, v. 1, p. 337, 364). Em novembro de 1896, Nitti publicou outro estudo a respeito da emigração no seu jornal *La Riforma Sociale*. Estruturando o debate em termos de colonização interna, Nitti ressaltou que Luigi Luzzatti tinha mostrado a ele a "nova" colônia de Ostia, erguida nos pântanos recuperados perto de Roma. Mesmo que os colonos estivessem bem instalados, eles ainda sofriam de malária. Nitti calculou quantos camponeses poderiam ser instalados em todas as terras ociosas da Itália: 375 mil pessoas, apenas o dobro do número anual de emigrantes que se dirigiam para a América. Mesmo se o total de terras fosse duplicado, a Itália só poderia absorver internamente o equivalente a quatro anos de emigração transoceânica. Ele concluía que o retorno do investimento necessário para a reabilitação de terras na Itália não justificaria a despesa. Desde que o custo para assentar famílias na Eritreia tinha feito da África uma solução impossível, a emigração para outros lugares se tornava uma necessidade: "É a única válvula de segurança de peso contra o ódio de classe; é uma escola poderosa e a única salvação para uma terra de poucos recursos, mas rica em mão de obra" (Nitti, 1896, pp. 4-6). A emigração parecia a chave para a vitalidade econômica, social e moral da Itália.

NOVOS DESAPONTAMENTOS
NA ÁFRICA E NA ÁSIA

Enquanto algumas pessoas no Parlamento apostavam na promessa das colônias americanas, a Itália, como grande potência, permanecia comprometida com a lógica do imperialismo europeu e da corrida colonial na direção da África e da Ásia. Quem poderia equilibrar as pressões em direções opostas para definir o curso da política externa italiana? O rei escolheu, como novo primeiro-ministro, Antonio di Rudini, que havia sucedido Crispi também em 1891. Rudini, um barão conservador siciliano, tinha credenciais antirrevolucionárias, anticoloniais e antirreformistas. Em 1891 ele tinha proposto simplesmente abandonar as colônias no Mar Vermelho. A África, para ele, era um fardo para a dignidade da Itália, não a promessa de um futuro melhor (Farini, 1961, v. 1, p. 13).

Rudini esperava substituir os fracassos na África por um apoio positivo para a emigração nas Américas. Ele escreveu a Ferdinando Martini em agosto de 1896 para expressar seus sentimentos, ainda que Martini, um autor prolífico, fosse um interlocutor improvável. Após ter liderado a facção anticolonial no Parlamento desde 1887, Martini viajou para a Eritreia em 1891 como participante em uma comissão de inquérito comandada pelo Marquês siciliano Antonino di San Giuliano. Martini decidiu que a Itália devia investir no potencial da Eritreia como uma colônia de povoamento (Martini, 1891). Rudini, contudo, escreveu a Martini não para ouvir as suas opiniões sobre os assuntos africanos, mas para destacar que: "o Brasil é uma das mais importantes questões que a Itália encara no momento presente. O público... não entende a sua importância. Eu estudo a questão com dedicação e estou consciente de que a emigração para o Brasil é um tema fundamental para os interesses políticos e econômicos da Itália".[48] Na sequência de Adua, o assentamento de emigrantes no exterior continuava a chave para a expansão colonial italiana, mas o cenário tinha mudado da África Oriental para a América do Sul e de algo formal para informal.

Antes de investir nas colônias americanas, Rudini procurou estabilizar a situação nas colônias italianas devastadas pela guerra. Em um compromisso, Rudini reduziu o engajamento nelas, mas sem as abandonar. A proposta de Luigi Luzzatti de arrendar a colônia da Eritreia para o rei belga Leopoldo II foi considerada por algum tempo, mas abandonada. A Itália defendeu Kassala contra um assédio de dervixes somalis em 1896, mas cedeu a província ao Sudão britânico no ano seguinte. Com o general Baldissera de volta à Eritreia como o último governador militar da colônia, a Itália procurou a paz com a Etiópia.

Em março de 1896, uma missão diplomática italiana propôs a Menelik a libertação imediata dos prisioneiros italianos, enquanto o imperador insistia que a fronteira da Eritreia deveria permanecer sem fortificações. As negociações diplomáticas se interromperam em maio, mas a Itália retirou unilateralmente sua força expedicionária e desistiu de suas exigências maiores. Um novo representante italiano negociou o tratado de Adis Abeba em 26 de outubro de 1896, o qual denunciava o tratado de Wichale de 1889 e reconhecia a independência da Etiópia, deixando a fronteira entre a Etiópia e a Eritreia a ser definida posteriormente, em um ano. Os prisioneiros italianos foram libertados quando a Itália pagou o que parecia uma indenização: 10 milhões de francos para reembolsar os custos de manutenção dos prisioneiros (Aquarone, 1989, pp. 86, 95-98; Giglio, 1969; Monzali, 1996; Rossetti, 1910).

Uma paz nesses termos se tornou imediatamente controversa: em abril de 1896, centenas de italianos assinaram uma petição ao rei pela continuidade da guerra e para não terminar o conflito antes de uma vitória militar na África.[49] Os nacionalistas e, mais tarde, os fascistas, iriam vilipendiar a retirada italiana da Etiópia, argumentando que a Itália tinha perdido uma batalha, não uma guerra (Oriani, 1935, p. 135). Ainda assim, o tratado de Adis Abeba foi a melhor solução para ambos os lados. Não havia justificativas para mobilizar uma expedição punitiva. Menelik, o Rei dos Reis etíope, ofereceu a paz, sabiamente decidindo não atacar a Eritreia ou colocar a Itália numa posição sem saída, ordenando a seus comandados que tratassem bem os prisioneiros italianos. No entanto os soldados cristãos eritreus que tinham lutado pela Itália em Adua foram punidos como traidores, tendo suas mãos direitas e pés esquerdos decepados. O jornal *Corriere della Sera* organizou uma subscrição para ajudar esses soldados mutilados e eles se tornaram um símbolo de crueldade barbárica até na época do fascismo (Marcus, 1975; Palma, 1999, pp. 68-69).

Apanhado no meio das discussões no Parlamento e lidando com a insatisfação popular, Rudini não tinha tempo para pensar nas colônias depois que a paz foi assinada. Em novembro de 1897 ele indicou Ferdinando Martini como o primeiro governador civil da Eritreia, o qual recebeu três curtas instruções: "Respeitar nosso acordo com Menelick [sic]; priorizar a parte civil da colônia e gastar menos. Depois de examinar a situação e as propostas que você fizer, nós pensaremos no resto".[50] O orçamento colonial era fonte de preocupação, já que, em 1896, o Parlamento teve que aprovar 140 milhões de liras em despesas para financiar a guerra de Crispi. Rudini esperava economizar dinheiro convertendo a Eritreia em uma prisão: "Se temos que ter uma colônia na África, nada nos impede de transformá-la também em um estabelecimento penal".[51] Isso teria permitido utilizar os fundos do Ministério do Interior, mas os planos de Rudini nunca se concretizaram. O primeiro-ministro sofria pressões de Luigi Luzzatti, o ministro da Fazenda, para abandonar as colônias de uma vez. Como governador, Martini se preocupava que a Câmara de Deputados em Roma se voltasse contra ele, mas Rudini garantiu que logo todos reconheceriam que um governo civil na Eritreia "iria economizar muitos sofrimentos e um bocado de dinheiro para a pátria".[52]

Nas palavras de Renato Paoli (1908, p. 118, 288), que depois se tornou o presidente do Instituto Colonial Italiano, o orçamento colonial oscilou de um extremo para o outro, do "esbanjamento à avareza". A transição do comando militar para o civil foi lenta, dolorosa e confusa; dez anos depois, a maior parte das instituições coloniais ainda estava duplicada – uma civil e uma militar – o que diminuía o potencial de

Italianos no mundo

crescimento da colônia. Paoli comparava o ódio entre militares e civis na África italiana com aquele entre guelfos e gibelinos na Itália medieval (Paoli, 1908, pp. 140-141; 292-293).

Ao mesmo tempo que mantinham a presença italiana na África, a nova administração colonial abandonou o legado pré-Adua de Baratieri e Franchetti. Ainda que Martini tenha admirado os esforços de Franchetti, ele agora os considerava como uma experiência fracassada. Franchetti ainda se opunha abertamente à concessão de vastas extensões de terras para grandes plantações, porque elas iriam bloquear o caminho para sempre aos colonizadores individuais e suas famílias.[53] Martini, contudo, estava convencido de que a colônia tinha que ser reorganizada para a exploração capitalista. Ele buscava grandes investimentos em capital para a Eritreia, incluindo plantações de café e algodão. Uma administração colonial inchada também ia contra os princípios de Franchetti.

A mais chocante iniciativa de Martini, contudo, foi a virtual proibição da imigração da Itália, incluindo os migrantes espontâneos. Os italianos que não podiam se manter na Eritreia eram enviados de volta para a Itália às custas da colônia. Depois de pagar algumas passagens, Martini declarou que todos os imigrantes que viessem à Eritreia tinham que fazer um caro depósito em um banco, o qual seria utilizado para pagar o seu retorno para a Itália, se necessário. Praticamente nenhum imigrante em potencial era capaz de separar essa soma, dessa forma a imigração da Itália foi praticamente zerada. A medida também visava alterar as relações entre europeus e africanos. Nas palavras de Martini, "nós não podemos permitir que italianos empobrecidos façam uma triste figura na colônia, talvez até mesmo pedindo ajuda aos nativos. Qualquer um pode imaginar que impressão isso teria entre os povos sob nosso domínio".[54] Nenhum italiano na África deveria viver em condições de trabalho extenuante e miséria, como tantos na Itália e nas duas Américas. A proibição, contudo, acabou causando outros problemas econômicos. Os italianos já instalados na Eritreia passaram a ter, para todos os efeitos, um monopólio do trabalho qualificado (Paoli, 1908, pp. 141-152).

82

Para o Parlamento em Roma, as decisões de Martini pareciam irresponsáveis e malconduzidas. Em 1901, ele causou uma forte oposição entre os deputados ao propor um novo estatuto colonial para substituir a regulamentação de 1890. O ministro do Exterior Giulio Prinetti apresentou o projeto de lei à Câmara de Deputados e Leopoldo Franchetti foi designado presidente da comissão que deveria avaliá-lo, que também incluía Di San Giuliano. Sem consultar Prinetti, a comissão fez mudanças significativas no projeto em 7 de junho de 1901 e pediu uma renovada e subsidiada emigração para a Eritreia. O relatório de Franchetti afirmava que, se os italianos não emigrassem para a colônia, os etíopes poderiam cruzar a fronteira em grandes números, submergindo a população eritreia e tornando a colônia ingovernável. Prinetti considerou o relatório "repugnante" (*schifoso*) e Franchetti o desafiou para um duelo. Franchetti apareceu no dia seguinte com uma marca de golpe de espada na cabeça. Em maio de 1905 ele atacou Martini novamente por bloquear a imigração dos pequenos proprietários agrícolas.[55] Martini ignorou o Parlamento e atrasou a aplicação de normas que regulavam a cessão de terras, utilizando a sua autoridade como governador para ceder grandes extensões delas a alguns indivíduos. Os que as recebiam normalmente não conseguiam cumprir seus contratos e, em vez de fazer as terras mais produtivas, eles as cediam a agricultores nativos.

Depois de criar uma nova Eritreia, Martini ficou desapontado pela falta de interesse italiano por ela. Sua administração foi contra o ideal da maioria sobre o papel que as colônias deveriam ter. Crispi tinha estabelecido que o valor da Eritreia estava no seu papel como colônia de povoamento. Com o fracasso do projeto de colonização, a importância da Eritreia para a Itália diminuiu muito. A descoberta do ouro poderia ter relançado o crescimento da colônia, como havia acontecido na Austrália e no oeste dos Estados Unidos, mas o metal precioso, sempre procurado, nunca foi encontrado.[56] Era inútil pedir ao Parlamento para subsidiar o café e o algodão eritreus e o capital privado não fluiria para a Eritreia sem garantias oficiais. Havia oportunidades de investimento muito mais seguras dentro da própria Itália. A África nunca capturou a imaginação italiana como um lugar para grandes plantações, ferrovias e postos comerciais. A Eritreia – e, mais tarde, a Líbia – foi popular apenas quando se mostrou promissora para assentamento de imigrantes, como extensões da Itália, e não quando era apenas uma terra estrangeira dominada. Mussolini iria, mais tarde, levar a cabo a sua conquista da Etiópia em um contexto muito diferente, e com outros motivos.

A Eritreia definhou. Pressionado pela falta de dinheiro, o governo liberal italiano fechou suas escolas para eritreus e deixou aberta apenas uma escola primária para italianos. A educação para os eritreus foi deixada a cargo de missionários protestantes da Suécia, os quais, obviamente, não ensinavam a língua italiana (Paoli, 1908, pp. 141-152). Martini tinha há muito ridicularizado a ideia de uma "missão civilizadora":

> Não fale comigo a respeito de civilizar. Qualquer um que diga que a Etiópia deve ser civilizada ou está mentindo ou falando tolices. Uma raça deve ser substituída por outra: é isso ou nada... O nativo é um obstáculo ao nosso trabalho; goste-se disso ou não, nós temos que caçá-lo e ajudá-lo a desaparecer – como os pele-vermelhas em outros lugares –, com todas as armas que a civilização, a qual ele odeia instintivamente, nos oferece: a metralhadora e as bebidas fortes. É triste dizer isso, mas, infelizmente, é assim que as coisas são. (Martini, 1891, pp. 50-51)

Como governador colonial, Martini não caçou e assassinou africanos abertamente, como Mussolini ordenaria ao Exército italiano fazer em 1935-1936 (Del Boca, 1996; Goglia; Grassi, 1993). Ele, contudo, não se sentia obrigado a melhorar a vida dos eritreus. A educação dos eritreus foi apenas a primeira baixa do orçamento colonial. A colônia italiana nunca desenvolveu nada parecido com um serviço civil indígena. Mesmo Martini lamentava a falta de investimento italiano na infraestrutura eritreia. A construção de ferrovias se arrastava indefinitivamente e o porto de Massawa continuava precário, ao mesmo tempo que os britânicos construíam Port Sudan ao norte, e os franceses, Djibuti no sul. Esses portos e suas redes ferroviárias associadas excluíam a Eritreia do comércio no Mar Vermelho (Paoli, 1908, pp. 16-18).

Da África para as Américas

A visão popular de uma colônia demográfica continuava, mesmo que as condições na Eritreia impedissem. Martini recebia continuamente pedidos e solicitações de indivíduos e grupos da Itália e do norte da África pedindo permissão para se instalarem na Eritreia. Os peticionários pareciam não levar em conta o quase colapso da colônia em Adua. Se a Itália ainda possuía a Eritreia, eles queriam viver lá. Um mineiro, escrevendo da Tunísia em 1897, pedia pouco: "É suficiente para mim vocês confirmarem que há trabalho suficiente para sobreviver".[57] Mesmo com os pedidos sendo negados, eles continuavam vindo. Alguns peticionários pediam passagem gratuita; outros ofereciam pagar suas próprias viagens. Alguns tinham servido como soldados na Eritreia e queriam retornar.[58] A firme resposta do governo colonial foi "não", para todos os casos. Contudo, como Franchetti tinha observado, os férteis planaltos da Eritreia seriam lucrativamente ocupados por alguém. A imigração italiana na Eritreia foi substituída pela etíope. Ironicamente, a Itália estava criando uma "América" para os etíopes, enquanto os italianos ainda viajavam para os Estados Unidos e a Argentina (Paoli, 1908, p. 78).

Martini falou no Parlamento italiano em 1908 que deveriam parar de ser o Hamlet da política colonial, com seu contínuo *"to be or not to be"* (Paoli, 1908, pp. 324-325). O governador, contudo, tinha tentado desenvolver a colônia nos seus próprios termos e encarou um inevitável desapontamento. Aqueles políticos italianos que se importavam com a África, como Franchetti e Di San Giuliano, se recusavam a abandonar sua visão de um colonialismo demográfico e seus visíveis benefícios em casa. A exploração econômica da Eritreia parecia desanimadora. Do ponto de vista italiano, o dinheiro seria muito mais bem utilizado no próprio território italiano. Administrado pelo escritório colonial do Ministério das Relações Exteriores, a Somália e a Eritreia foram praticamente esquecidas depois de 1896. Se não eram adequadas para o assentamento de italianos, essas colônias não tinham futuro. A coleção *Emigrazione e Colonie*, publicada em sete volumes para documentar as colônias italianas em todos os continentes, não identificava Somália e Eritreia como tais, já que "esses territórios

Italianos no mundo

são considerados parte do território nacional e não têm agentes diplomáticos ou consulares" (Commissariato Generale dell'Emigrazione, 1903-1909, v. 2, p. 4; Papafava, 1913, v. 2, pp. 693-694).

Mesmo assim Rudini, como primeiro-ministro, foi incapaz de apoiar um novo colonialismo americano, por causa do descontentamento na Itália. Uma má colheita, altas tarifas alfandegárias e o aumento dos preços do trigo americano importado em razão da guerra hispano-americana fizeram o preço do pão explodir e houve tumultos por toda a Itália. Em maio de 1898, os que aconteceram em Milão foram sufocados pelo Exército, ao custo de 80 mortos e 450 feridos. A insurreição na capital econômica da Itália condenou o ministério de Rudini. O rei Umberto o substituiu por um oficial do Exército em junho de 1898, no mesmo momento em que a corrida colonial europeia pela África atingia o seu clímax. O general Luigi Pelloux não se comprometeu a renunciar à expansão colonial, como Rudini tinha feito após Adua; pelo contrário, ele esperava que a Itália pudesse conseguir uma parcela de um globo terrestre cujas fronteiras estavam em mutação.

A Grã-Bretanha e a França quase foram à guerra no Sudão durante a crise de Fashoda de setembro de 1898. Ao mesmo tempo, as grandes potências corriam atrás de novas conquistas na China depois da recente derrota desse país para o Japão, em 1894. Havia a impressão de que a costa chinesa iria ser dividida inteiramente, já que a Rússia conseguiu a cessão de Port Arthur (Dalian), a Alemanha tomou Quingdao, a França Zhanjiang e a Grã-Bretanha proclamava a posse de Weihai. Para não ficar para trás, a Itália mobilizou uma expedição para ocupar a baía de San-Mun (Wangpan Yang), ao sul de Shangai. Com o apoio britânico, a Itália solicitou, em 2 de março de 1899, a cessão da baía e uma zona de influência que se estenderia por toda a província de Zhejiang. O governo chinês, contudo, tinha decidido que não iria mais ceder às exigências europeias e recusou a reinvindicação italiana. O governo italiano chamou de volta o diplomata que negociava o acordo e resmungou a respeito de um ultimato, mas desistiu de suas exigências no final de 1899. A Itália foi a única

Da África para as Américas

potência europeia que não se apossou de um pedaço da torta chinesa (Borsa, 1969; Langer, 1968; Levra, 1975, pp. 311-325).

Mesmo antes que se revelasse um fracasso, a aventura da Itália na China atraiu muita oposição em casa. Os anticolonialistas pediram estudos mais detalhados para confirmar que a baía era adequada para atrair fluxos comerciais, "ou seja, fazendo na China o que não foi feito na Eritreia" (Cora, 1899, p. 353). A Itália não tinha um comércio regular com a China e enfrentaria forte competição de Shangai e do porto britânico de Hong Kong. E, ainda mais importante, a China não era adequada para o colonialismo italiano, já que não havia espaço para o assentamento de emigrantes: "Infelizmente, o único capital que a Itália pode exportar – sua grande emigração – é inútil na China, onde a população é excessiva e os salários são extremamente baixos!" (Lombroso, 1899, p. 338; V., 1899, p. 749). Para a Itália, colonialismo significava emigração; onde a emigração era impossível, uma colônia também o era.

O fracasso da Itália na China foi logo ofuscado por profundos acontecimentos em casa. Em fevereiro de 1899, Pelloux relançou propostas para limitar a liberdade de reunião e de imprensa. Para impedir uma obstrução pelos radicais e pelos socialistas, em junho Pelloux anunciou que ele iria promulgar as leis através de um decreto real. No entanto, quando o presidente da Câmara dos Deputados suspendeu o debate parlamentar, dois deputados socialistas derrubaram as urnas de votação, numa cena dramática. O Parlamento ficou fechado por três meses, mas, em fevereiro de 1900, o Supremo Tribunal da Itália julgou o decreto de censura de Pelloux anticonstitucional, devolvendo o mesmo ao Parlamento. Pelloux convocou novas eleições para abril de 1900, quando os eleitores se inclinaram em massa para a esquerda. Em junho de 1900, o rei Umberto pediu ao senador Giuseppe Saracco para formar um novo governo no lugar de Pelloux. Em um mês, o rei estaria morto. Em 29 de julho de 1900, ele foi assassinado em Monza por Gaetano Bresci, um expatriado anarquista que tinha retornado de Patterson, Nova Jersey, para vingar as vítimas de Milão de 1898. Os patrocinadores de Bresci em Nova Jersey esperavam que isso iniciaria uma revolução, mas toda a Itália se uniu para lamentar a morte de Umberto.

Depois dessa trágica intervenção de um emigrante italiano, a tensão política diminuiu na Itália e os liberais de esquerda chegaram ao poder sem muita oposição. Em fevereiro de 1901, Giuseppe Zanardelli foi designado primeiro-ministro, com Giovanni Giolitti nomeado ministro do Interior. Em 1903, Zanardelli faleceu e Giolitti assumiu seu lugar, iniciando uma controversa década de estabilidade política e crescimento econômico. Dois marcos alteraram o panorama da política emigratória italiana nesse período: o manifesto liberal de Luigi Einaudi intitulado *Un principe mercante. Studio sulla espansione coloniale italiana* [Um príncipe mercador. Estudo sobre a expansão colonial italiana] e a legislação emigratória de 1901, elaborada sob a inspiração de Einaudi.

A VISÃO DE EINAUDI
A RESPEITO DA GRANDE ITÁLIA

Luigi Einaudi era uma nova voz no cenário italiano após Adua. Quando ele escreveu *Un principe mercante* na primavera de 1899, tinha 25 anos e era professor auxiliar de Economia em Turim. O livro o fez famoso e foi o início de uma longa e ilustre carreira. Depois da Segunda Guerra Mundial, ele se tornou o primeiro presidente da República Italiana, liderando o esforço de reconstrução do espírito empresarial, o esforço de exportação e o sucesso econômico do pós-guerra. O triunfo de Einaudi com o *Un principe mercante* deve muito à concisão, clareza e entusiasmo com que foi escrito (Einaudi, 1900, p. 19). Por uma década, ele foi citado por virtualmente todos os pensadores e políticos italianos que trabalhavam com o tema da emigração.

A inspiração de Einaudi veio da Exibição dos italianos do exterior dentro da Exposição Nacional italiana de Turim. Como membro do júri que deveria premiar a seção de Emigração e Colônias, Einaudi estudou todos os itens, da Austrália à Índia, da Argentina à Tunísia e a Nova York (ver ilustração na p. 159). Para transmitir sua excitação orgulhosa da expansão italiana pelo mundo, particularmente na

América do Sul, Einaudi construiu uma narrativa que girava ao redor da visão e da experiência de vida de um "príncipe mercante", Enrico Dell'Acqua, escolhido entre tantos outros carismáticos *self-made men* da época. Einaudi tinha por objetivo reviver as glórias e o prestígio do passado medieval da Itália, comparando Dell'Acqua com os príncipes de Gênova e Milão: "a encarnação viva das qualidades intelectuais e de organização destinadas a transformar a 'Pequena Itália' de hoje na Grande Itália de amanhã, expandindo pacificamente seu nome e sua descendência em um continente mais vasto que o antigo Império Romano" (Einaudi, 1900, p. 18). Como Pantano, Einaudi substituía a imagem da antiga Roma imperial pela da mítica riqueza da Itália medieval, replicada na América Latina.

Nas mãos de Einaudi, as decisões empresariais de Dell'Acqua se tornaram uma história épica. Em 1885, Dell'Acqua tinha pensado em conectar as exportações italianas com a emigração de longa duração e escolheu o Brasil e a Argentina como seus mercados-alvo. Ele evitou os Estados Unidos em razão das altas tarifas alfandegárias e aos preconceitos raciais, os quais deixavam os emigrantes italianos subordinados a "vampiros" exploradores (Einaudi, 1900, p. 24). Da sua base em Milão e na vizinha Busto Arsizio, Dell'Acqua se dedicava à exportação de têxteis para a América do Sul. Quando a Argentina entrou em uma depressão em 1889, ele separou sua empresa de sua propriedade privada; quando o Brasil aumentou as tarifas alfandegárias para os tecidos importados, ele construiu uma fábrica lá para tecer os fios que vinham da Itália. Crises econômicas eliminaram boa parte da concorrência e, em 1899, Dell'Acqua tinha centenas de representantes por toda a América do Sul. Einaudi concluía triunfantemente que, após uma década de esforço, Dell'Acqua tinha provado que o *Made in Italy* podia superar o *Made in Germany*.

Einaudi estrutura a sua história como uma luta nacional pela sobrevivência econômica. A Itália tinha que combater a dominação britânica e alemã dos mercados estrangeiros. Dell'Acqua é um brilhante general fazendo planos, reunindo recursos e escolhendo o campo de batalha. Os emigrantes italianos passam de analfabetos desprezíveis a "um exército disciplinado que se move como um só, sob a liderança de capitães e generais na conquista de um continente [...] Da massa anônima emerge o eleito, que imprime uma nova vida e explora um novo potencial, antes desconhecido, naquela massa". Esses capitães abrem oficinas e depósitos através de trabalho duro e economia. Einaudi se refere ao popular autor vitoriano Samuel Smiles e a poderosa força da autossugestão: "querer é poder". Logo, a Itália iria fornecer arquitetos e administradores, não trabalhadores comuns, à divisão internacional do trabalho: "Nós continuaremos a prover soldados, mas já começamos a exportar 'capitães da indústria'" (Einaudi, 1900, pp. 14, 16, 160-161).

Inspirado pelo sucesso dos expatriados italianos, Einaudi afrontava os princípios econômicos do imperialismo europeu, Ele negava que "o comércio segue a bandeira", citando o anêmico desenvolvimento da Eritreia. Em vez disso, "os fluxos comerciais devem seguir as correntes de emigração da Itália; colônias livres, não colônias oficiais, devem atrair os mercadores que quiserem criar um escoadouro para os produtos industriais da Pátria". A infusão de italianos, e de produtos italianos, na Argentina, iria suplantar o prestígio do imperialismo anglo-saxão.

> Nas margens do Rio da Prata, uma nova Itália está surgindo; um povo está em formação que, mesmo sendo argentino, irá preservar as características básicas do povo italiano e provará ao mundo que o ideal imperialista não é algo restrito apenas aos anglo-saxões. Estamos mostrando ao mundo que a Itália pode criar um tipo mais avançado e aperfeiçoado de colonização [...] A conquista pacífica pelos colonos britânicos foi sempre seguida, mesmo que debilmente, pela dominação militar e a velha Inglaterra está agora tentando fortalecer suas conexões políticas com as colônias; a colonização italiana, contudo, sempre tem sido livre e independente. (Einaudi, 1900, pp. 12-13, 22-23)

Por meios pacíficos, a Itália estaria criando um novo povo alémmar, em vez de subjugar nações africanas através de uma ocupação militar cara e imediatista.

Einaudi apelava às classes dominantes italianas para que entendessem o verdadeiro significado do imperialismo e para que se afastassem dos "pomposos e indolentes reveses em casa, das insanidades africanas, das aventuras chinesas e da culposa negligência das nossas colônias espontâneas no exterior, onde novas Itálias estavam amadurecendo, maiores do que a antiga" (Einaudi, 1900, p. 19). A verdadeira grandeza imperial estava em apoiar as colônias de povoamento italianas, não perseguindo espaços deixados livres pelas outras potências europeias na África e na Ásia.

O apelo otimista de Einaudi se originava da sua convicção de que a batalha já tinha sido vencida; a Itália precisava apenas preservar a sua vitória. A história de Dell'Acqua desmentia as acusações de que aos italianos faltava iniciativa ou um sentimento de solidariedade. Nem devia a Itália temer a competição de seus expatriados já consolidados no exterior, como os vinhedos da Califórnia ou as tecelagens de Dell'Acqua no Brasil.

> É a lógica das pequenas mentes acreditar que cada fábrica fundada por nossos compatriotas, cada pedaço de terra cultivado, cada colina plantada com videiras na América representa uma diminuição da nossa atividade, uma perda líquida para nossas exportações. Na verdade, esses produtos locais certificam a qualidade das marcas italianas e despertam desejos latentes e, à medida que os gostos se tornam mais refinados, o mercado deixa as imitações feitas por italianos para consumir produtos genuínos. (Einaudi, 1900, pp. 146, 160)

Einaudi avaliava que os vinhedos da Califórnia estimulavam um interesse pelos vinhos italianos que "de outra forma, não existiria" (Einaudi, 1900, pp. 146, 166-168). Para ele, os produtos dos emigrantes italianos nunca poderiam substituir as mercadorias autênticas produzidas na Itália. Fiel aos seus princípios liberais, Einaudi não via necessidade de uma guerra comercial no interior do que ele denominava a Grande Itália. Em vez disso, o governo italiano devia assinar tratados comerciais e reforçar os laços culturais nas Américas, talvez até mesmo criando uma universidade ítalo-americana.

O ano de 1900 parecia ser não apenas o início de um novo século, mas de uma nova era de oportunidades e sucesso para os italianos. O

Italianos no mundo

maior feito de Einaudi está na sua correta apreciação do inestimável capital humano que circulava através da migração internacional. A visão de uma expansão colonial pacífica atraiu a imaginação e o entusiasmo dos liberais italianos e criou a base ideológica para a estruturação política do projeto da Grande Itália.[59]

A perspectiva de que a emigração e o crescimento da exportação caminhavam juntas estava presente na revista mensal *L'Italia Coloniale*, publicada de 1900 a 1904 para apoiar o livre-comércio e a reforma da política comercial (Annino, 1976). Luigi Luzzatti, que tinha negociado com sucesso, em 1898, um tratado comercial com a França, era um colaborador regular. Sob a direção de Giacomo Gobbi Belcredi, a revista eliminava a diferença entre a emigração e o colonialismo tradicional, igualando expansão colonial com exportações. Gobbi Belcredi tinha por objetivo estudar "a riqueza e a grandeza da Pátria, e tudo o relacionado ao transporte marítimo, de forma a satisfazer as necessidades dos nossos colonos e preparar novas terras para a exportação e a emigração" (Belcredi, 1900a, p. 4).

O embaixador uruguaio, Daniele Muñoz, escreveu um polido, porém firme, protesto indicando que a era colonial na América Latina havia terminado. Os assentamentos de expatriados italianos não podiam ser chamados de "colônias" porque, ao contrário dos enclaves coloniais europeus na China, eles não tinham privilégios especiais. Gobbi Belcredi respondeu a Muñoz apresentando uma definição política, social e cultural de colonialismo emigratório:

> A Itália como se sabe, infelizmente, não tem colônias territoriais com a exceção da Eritreia; no lugar, ela tem aglomerações de seus filhos nas duas Américas e no litoral sul do Mediterrâneo [...] Uma colônia é constituída de [expatriados] que não participam da política local, não se incorporam à milícia do lugar e que dispõem de hospitais, bancos, escolas e sociedades de apoio mútuo. Ainda que não seja uma organização coletiva, a ideia de colônia implica uma distinção entre os nativos e os filhos de outras nações. (Belcredi, 1900b, pp. 50-51)

Os artigos na revista discutiam continuamente as bases legais para a preservação dessas colônias de emigrantes, incluindo controvérsias sobre a dupla cidadania, o serviço militar e as tarifas protecionistas. O grupo ao redor de *L'Italia Coloniale* estava firmemente convencido de que os emigrantes poderiam manter sua identidade cultural italiana no exterior; que eles e seus vizinhos americanos comprariam óleo de oliva, têxteis, produtos industriais e mesmo itens de luxo italianos. Esse modelo colonial era tão convincente que era aplicado até à Eritreia: "esses povos [...] em contato com os colonos italianos, vão adquirir novas necessidades, passarão a admirar nossos produtos e aprenderão os costumes europeus [...]".[60] Mesmo a Eritreia, sob o domínio político italiano, foi colocada dentro da ideologia do colonialismo informal emigratório.

O FUTURO DO IMPÉRIO

As instituições semiprivadas frequentemente se mostravam mais eficazes que as agências do governo e uma ampla variedade delas recebia subsídios anuais do governo. No final da década de 1890, alguns grupos-chave se adaptaram ao novo foco da Itália nas Américas e transferiram suas atividades da África para o novo continente. Um exemplo importante é o da Società per l'Esplorazione Commerciale dell'Africa, de Milão, que tinha sido, desde 1879, a mais prestigiosa defensora do investimento econômico na África. O fundador da sociedade, Manfredo Camperio, propôs, em março de 1897, a remoção do termo "África" do seu nome, porque a organização deveria agora transferir seus esforços para a América. No ano seguinte, o grupo mudou seu nome para "Sociedade Italiana de Exploração Geográfica e Comercial".

A Società Geografica Italiana também abandonou seus projetos africanos, depois de um custoso fracasso conectado com a batalha de Adua. Ela tinha patrocinado a expedição do popular explorador Vittorio Bottego na Somália e na Etiópia, com um subsídio do governo italiano. Depois da partida de Bottego para o interior africano em julho de 1895, ele não recebeu informações atualizadas sobre a campanha italiana na Etiópia e foi morto numa emboscada etíope em 17 de março de 1897, 12 meses depois da derrota do Exército italiano em Adua. A Società Geografica Italiana cessou o seu patrocínio às expedições na África até 1932, quando financiou as explorações de Ardito Desio na Líbia. No lugar, a instituição continuou os seus estudos sobre a emigração e exortou o governo italiano a proteger os italianos no exterior.[61]

A Sociedade Dante Alighieri também alterou seu foco geográfico dos Alpes austríacos e do Adriático para as Américas. A associação tinha sido fundada em 1899 como herdeira de dois grupos irredentistas que esperavam "salvar" os territórios italianos ainda sob a dominação austríaca (*le terre irredente*) pela sua incorporação ao Reino da Itália. O desafio para os irredentistas estava em preservar a cultura local italiana em Trento e Trieste diante da pressão alemã e eslava, mas sem assumir um caráter político. Os governos austríaco e húngaro reprimiam as atividades de grupos irredentistas em seu território e mesmo Francesco Crispi procurou fortalecer sua aliança com a Áustria prendendo irredentistas dentro da própria Itália.

Para mobilizar recursos em apoio aos italianos fora da Itália, Ruggero Bonghi fundou a Sociedade Dante Alighieri para permitir "ações multifacetadas" sob uma cobertura cultural e literária em vez de um "irredentismo político" aberto.[62] O segundo presidente da associação, a partir de 1897, foi o acadêmico napolitano Pasquale Villari. Ele se recusou a limitar as atividades da Sociedade aos territórios austro-húngaros e recordou a seus membros que Trento, Trieste e o irredentismo não eram mencionados nos estatutos da associação. Pelo bem da raça italiana, os emigrantes italianos ao redor do mundo, que falavam dialetos, precisavam aprender o italiano padrão, a "língua de Dante". Villari declarou que a missão da instituição se estendia à Tunísia, às Américas, à Suíça e ao Egito: "Não são essas também terras a serem salvas? Não são esses também nossos irmãos?" (Villari, 1901, p. 8). Sob a liderança de Villari, a Sociedade Dante Alighieri apoiou a legislação emigratória de 1901 e, com o apoio de inúmeros cônsules italianos, fundou 73 comitês no exterior, além de 214 dentro do território do Reino da Itália. Os comitês locais da Dante subsidiavam escolas para que ensinassem a língua italiana para adultos e crianças e disponibilizavam bibliotecas para uso dos emigrantes nos navios em que eles partiam (Istituto Coloniale Italiano, 1911b, v. 2, pp. 442-444; Pisa, 1995).

À medida que os grupos de pressão política se voltavam para a emigração, novas organizações colonialistas também incluíam a expansão na América nos seus estatutos. Um Instituto Colonial Italiano foi criado em 1906, depois do Congresso Colonial organizado por Ferdinando Martini em Asmara em 1905. A partir da sua própria conversão ao colonialismo em 1891, Martini raciocinava que, se os italianos estivessem bem-informados sobre as condições e o potencial da Eritreia, eles iriam se tornar africanistas entusiasmados. A despeito das intenções de Martini, o Instituto Colonial Italiano acabou por promover não apenas a Eritreia e a Somália, mas todas as colônias italianas espalhadas pelo mundo. O programa de 1906 explicava que o Instituto planejava "fazer o público italiano consciente de todas as atividades coloniais italianas, seja aquela sob a direta supervisão do Estado nas nossas colônias, seja a nossa espontânea penetração nos domínios de outros Estados... [e] construir um vínculo permanente com nossos compatriotas que vivem no exterior, seja nas nossas colônias, seja em outros países".[63] Isso ampliava o alcance do Instituto para muito além dos interesses limitados na África. O próprio Martini admitiu mais tarde que as colônias de emigrantes eram "muito mais importantes" que a Eritreia e a Somália, "as colônias de domínio direto".[64]

Para atrair a atenção para os italianos emigrados, o Instituto Colonial patrocinou o Primeiro e o Segundo Congressos dos italianos do exterior em Roma, em 1908 e 1911. O Instituto já tinha criado seções em Nova York, Filadélfia, São Paulo, Viena, Constantinopla, Alexandria e Cairo, em 1911. Do mesmo modo, o Instituto Agronômico Colonial, fundado em 1907 em Florença, com Leopoldo Franchetti como presidente, declarou a sua intenção em "promover o estudo da agricultura das nações não europeias, com o objetivo de fazer a nossa atividade colonial mais laboriosa e eficiente, seja nas possessões ultramarinas italianas, seja nos países para onde vai a maioria dos nossos emigrados".[65]

O foco dos colonialistas italianos na emigração acompanhava as preocupações idênticas dos imperialistas franceses e britânicos. Em 1887, o príncipe de Gales propôs a criação de um Instituto Imperial para comemorar o jubileu de ouro da rainha Vitória e para difundir informação sobre a emigração e o desenvolvimento colonial. De forma semelhante ao Instituto Colonial italiano, o seu equivalente britânico procurava uma função para a emigração no sistema colonial e lutava para dar conta de pressões contrastantes. O limitado sucesso dos colonialistas italianos na África ficava mais evidente, contudo, quando comparado com o trabalho dos colonialistas franceses, que dispunham de mais recursos, energia e influência.

A Argélia francesa, fundada em 1830 e colonizada com exilados e colonos franceses nos anos 1840, era legalmente parte da França metropolitana, algo muito diferente das possessões coloniais da Itália na África oriental. Os franco-argelinos no Parlamento em Paris criaram um *parti colonial*, um grupo de pressão organizado para a defesa dos interesses colonialistas. Os argelinos passaram a ter uma forte influência no mundo dos negócios e também no da política, muito além do que qualquer outro grupo de pressão vindo de outras possessões francesas na África. Mesmo com tantas idas e vindas na política francesa durante a III República, esse núcleo compacto e consistente de colonialistas foi capaz de exercer uma influência permanente e intensa, sob a liderança de Eugène Etienne. Os italianos, em contraste, entraram no século XX em uma posição totalmente diferente. O Instituto Colonial incluía políticos e homens de negócio (e excluía todas as mulheres) que se preocupavam com a expansão mundial da Itália não apenas na África, mas também nas colônias de expatriados nas Américas. Os colonialistas italianos também não tinham a tenacidade, o foco e o senso de propósito do lobby político argelino em Paris.[66] Tendo que encarar o fracasso na África, os italianos naturalmente começaram a olhar para outros lugares.

Da África para as Américas

A promessa de expansão nas Américas, e os resultados econômicos e sociais obtidos através da emigração em massa, cativaram a imaginação patriótica e geraram novas teorias coloniais que permitissem à Itália escapar do naufrágio da África italiana. Nitti, Einaudi e mesmo Martini propuseram um imperialismo de livre-mercado, com o Estado italiano apoiando os emigrantes em qualquer lugar que eles escolhessem ir. O governo iria informar, guiar e ajudá-los, especialmente na proteção das suas preciosas economias. No entanto, após redefinir o modelo colonial do país, os políticos italianos precisavam encontrar meios de exercer influência não através da intervenção militar e do controle burocrático direto, mas através da cultura e da sociedade civil. Como os expatriados iriam permanecer ou se tornar "italianos"?

O grande império etnográfico

A Itália era uma construção nebulosa. O realismo e o romantismo se chocavam regularmente na elaboração e desenvolvimento da consciência nacional "italiana". Era a Itália um reino baseado nas preocupações dinásticas da casa real de Savoia e nas suas relações com outros reinos e impérios? Era a Itália uma nação que unia todos os falantes de italiano, como tinha imaginado Mazzini? Quais não falantes de italiano podiam ser admitidos dentro das fronteiras do país? Responder essas questões teóricas era complicado pela pressão da emigração e pela história recente do país.

A Itália tinha se expandido em estágios no seu *Risorgimento* fazendo promessas diferentes aos Estados da península, mas submetendo a todos, eventualmente, ao domínio piemontês. A capital do novo reino mudou de lugar três vezes em dez anos, de Turim em 1861 para Florença em 1865 e para Roma em 1871. Mesmo após esses estágios iniciais de expansão territorial, Trento e Trieste permaneciam fora da Itália, sob controle austro-húngaro. Os irredentistas chamariam a Primeira Guerra Mundial de "a terceira guerra do *Risorgimento*", que permitiria recuperar esses territórios através da derrota e dissolução da Áustria. Outros territórios de língua italiana fora da Itália incluíam a Córsega sob domínio francês, a Dalmácia sob controle húngaro e o cantão de Ticino na Suíça. No entanto, com a dispersão dos emigrantes italianos pelo mundo, a geografia e o sentido de *italianità* foram reformulados, tanto em teoria como na prática.

O que esse termo – italianos do exterior – significava? Tradicionalmente, ele tinha o sentido de italianos que ainda viviam sob o domínio austríaco e húngaro. Com a emigração em massa, porém, mais italianos viviam nas Américas do que nas províncias irredentas da Áustria-Hungria. Incorporar italianos a milhares de quilômetros de distância iria demandar uma definição de pertencimento à Itália mais flexível e a participação deles na própria formação da Itália. Os conceitos nacionais sobre os italianos do exterior, expostos pelos escritores e políticos italianos na metrópole, foram se alterando do irredentismo romântico de Mazzini para o estudo científico da etnicidade feito pelos etnógrafos italianos e, depois, pelo fervor messiânico dos nacionalistas de Enrico Corradini. As representações dos italianos do exterior – em mapas, censos e exibições – transformaram essas ideias em pacotes únicos de triunfantes números, tendências, textos e ilustrações, para o público em casa e no exterior.

Por causa da sua importância central para a Itália, a própria emigração se tornou um instrumento para a organização do tempo e do espaço. A emigração produziu uma nova geografia étnica da população, substituindo a tradicional geografia política de fronteiras e Estados. Para mapear a expansão da Grande Itália, o Estado italiano produziu uma série de representações gráficas do mundo que se baseavam na distribuição, sempre em permanente modificação, dos italianos pelo globo, muito similares aos mapas étnicos produzidos pelos geógrafos britânicos e alemães. Cada nação do mundo era representada por uma cor relacionada à densidade de população italiana naquele país (ver mapa na p. 166). Nessa perspectiva, uma geografia da etnia, da cultura e da comida dos emigrantes substituiu a geografia física dos destinos da emigração. A Itália podia estar em qualquer lugar (Allgemeine Deutsche Schulverein zur Erhaltung des Deutschtums im Auslande, 1906; Barbèra, 1906; Bartholomew, 1925, mapa 16; Esposizione Generale Italiana, 1899; Ministero degli Affari Esteri; Ministero di Agricoltura Industria e Commercio, 1884).

Abordagens criativas sobre os italianos do exterior se tornaram mais comuns depois de 1896, em razão da derrota em Adua e do fim da carreira política de Francesco Crispi. Ele tinha contado com o apoio da Alemanha e da Áustria-Hungria para seus projetos coloniais na África e tinha reprimido a atividade irredentista dentro da própria Itália para garantir esse apoio. Esse suporte nunca se materializou e a política externa de Crispi se desintegrou com a derrota militar. Depois de Crispi, a política colonial passou a privilegiar os interesses italianos no Mediterrâneo e nas Américas, em vez da política de poder na África Oriental. A Itália permanecia parte da Tríplice Aliança, mas a influência britânica e francesa na política externa italiana foi pouco a pouco superando a alemã e a austríaca. Isso conduziu a um renovado apoio ao irredentismo, à libertação daqueles italianos ainda vivendo no Império Austro-Húngaro.

Livre dos constrangimentos e gastos da sua política africana, a Itália podia apoiar a construção de identidades nacionais além-fronteiras. A frase mais comumente repetida pelos teóricos do colonialismo emigratório era *tutelare l'italianità*, que continha vários significados: tutelar, guardar, escolarizar, educar e proteger a essência do que significava ser italiano. O projeto de construir a Itália no exterior não iria permanecer uma teoria. Novas leis e instituições estatais surgiriam a partir de iniciativas culturais semiprivadas. De forma premeditada, os italianos no exterior iriam aprender a respeito da sua identidade italiana, mas, de forma mais ampla, a própria noção de *italianità* seria aprofundada, mais bem definida e elaborada para os italianos na própria Itália.

A LEI DE EMIGRAÇÃO DE 1901

Sob a liderança de cientistas sociais liberais presentes no Parlamento, o Estado italiano assumiu a ampla tarefa de construir a Itália no exterior. Depois de anos de debates, em 31 de janeiro de 1901, o Parlamento italiano promulgou uma lei visionária sobre a emigração, muito melhor, em vários aspectos, do que os estatutos de outros países europeus.[1] A ideologia e a teoria do colonialismo emigratório tomavam agora um formato político. O governo italiano criava, então, uma estrutura independente, com amplos poderes e fundos praticamente ilimitados, para guiar e proteger os emigrantes pelo mundo. Esse aparato legal e administrativo iria permanecer praticamente o mesmo até 1925.

A lei de 1901 representou uma mudança radical na atitude do governo italiano em relação à emigração. A responsabilidade pelos emigrantes saiu do Ministério do Interior e foi transferida para o Ministério das Relações Exteriores, indicando que a emigração não era mais vista como uma hemorragia de cidadãos, mas como instrumento de expansão internacional. Antes de 1901, o governo italiano tinha identificado a emigração com o crime. O ministro do Interior lidava com o problema restringindo o trabalho dos agentes de emigração, acusados de enganar crédulos emigrantes e de serem traficantes de seres humanos. A primeira diretriz do Ministério sobre a emigração, a circular Lanza de 1873, era tão restritiva que ela encorajou a emigração clandestina a partir de portos fora do controle italiano. Sua sucessora, a circular Nicotera de 1875, flexibilizou as normas no tocante a passaportes, mas continuou a restringir as atividades de especuladores e agentes emigratórios.

Em 1889, o Parlamento promulgou a primeira lei sobre emigração, sob os auspícios do governo Crispi. Apesar de garantir o direito a emigrar, seu foco continuava no controle dos agentes emigratórios. A emigração permanecia sob a jurisdição do Ministério do Interior, o qual, naturalmente, colocava os problemas internos da Itália a frente das questões internacionais. A polícia italiana era incentivada a enviar criminosos problemáticos, os quais talvez não pudessem ser condenados, para fora do país como emigrantes. Isso foi a base para o surgimento

O grande império etnográfico

das organizações criminosas italianas fora da Itália. Apenas em 1901, quando a administração da emigração passou para o Ministério das Relações Exteriores, esse caminho desastroso foi revertido, em consideração ao prestígio internacional da Itália (Briani, 1978; Furno, 1958).

Para reverter essas tendências negativas, os liberais no Parlamento italiano esperavam alterar a função da emigração na cultura, na sociedade e na economia italianas. Na apresentação do projeto de lei em 3 de julho de 1900, Edoardo Pantano e Luigi Luzzatti promoveram uma imagem positiva dos emigrantes italianos, que eram, por natureza, "uma prova do gênio imortal da nossa raça, a qual persevera mesmo em meio ao sofrimento não merecido" e ainda se mantém fiel "à Pátria distante". A emigração era uma oportunidade urgente à espera da atenção da Itália:

> a emigração, necessária pela esmagadora densidade de população, pela carência, pela vocação natural da nossa História, não aceita qualquer obstáculo e, ainda que causada pela miséria, se converte em riqueza, honra e glória, em benefício da nossa nação. Sem a ambição de dominação política, nossas colônias estão se estabelecendo naturalmente na América Latina; as correntes de emigração são determinadas pela grande lei da competição vital e os seus resultados finais são melhores do que qualquer coisa pensada por aqueles que exercem a arte de governar.[2]

Ao proteger os emigrantes, a Itália iria conquistar a sua boa vontade; ao administrar o investimento de capital humano, obteria um imenso retorno em termos internacionais. Pantano e Luzzatti convocavam o Parlamento a pensar além das linhas partidárias e transformar questões humanas em ações políticas e sociais.

Dentro da proposta de Luzzatti – que se tornou um modelo para outras leis de emigração na Europa – a Itália assumia a administração da sua emigração transatlântica. A lei proibia agências e subagências independentes de emigração, notórias por enganar e fraudar os emigrantes; apenas companhias de navegação podiam vender passagens. Os emigrantes eram reembolsados se perdessem seu navio por causa de atrasos de trens ou doença na família, recebiam alojamento e

Italianos no mundo

refeições se a viagem fosse adiada e eram apoiados no caso de disputas com as companhias de navegação. Uma intervenção direta desse porte ia contra os princípios liberais, e essa nova legislação italiana se provou tão controversa quanto as leis britânicas que regulavam a emigração aprovadas nos anos 1820 e 1840.[3]

Ao final, a visão de Luzzatti de uma intervenção estatal para o bem individual e coletivo triunfou sobre os protestos. Como uma advertência para os governos estrangeiros, o primeiro artigo da lei especificava que "o ministro das Relações Exteriores pode, em acordo com o ministro do Interior, suspender a emigração para uma determinada região, por motivos de ordem pública ou quando a vida, a liberdade e a propriedade dos emigrantes possam estar em grave perigo". O Estado italiano prometia, assim, que ia intervir internacionalmente para proteger os interesses dos expatriados e utilizou esses poderes pela primeira vez no ano seguinte, quando proibiu a emigração subsidiada para o Brasil.[4]

Para regulamentar os aspectos nacionais e internacionais da emigração, a lei de 1901 criava um comissariado independente de emigração, que se reportava diretamente ao ministro das Relações Exteriores (Grispo, 1985). O comissariado era responsável pelo bem-estar dos emigrantes antes, durante e após a sua jornada. Seus agentes inspecionavam os portos italianos de Gênova, Nápoles e Palermo, e seus inspetores viajavam para os portos estrangeiros e para os locais de assentamento dos emigrados. O Comissariado de Emigração estabelecia preços máximos para as passagens de terceira classe e fazia cumprir normas rigorosas no tocante à segurança, higiene, comida, água, ar, luz e espaço nos navios de passageiros. Os médicos navais italianos inspecionavam as condições de higiene em cada navio de emigrantes às custas da companhia que os transportava. O Comissariado organizou abrigos na Itália para os emigrantes que partiam e subsidiou instituições beneficentes, grupos culturais e hospitais para os italianos que viviam no exterior, de modo que sustentasse o seu patriotismo e facilitasse o seu sucesso econômico.

Todas essas atividades eram financiadas por uma nova taxa de oito liras (US$ 1,60) por cada leito na terceira classe, cobrada das companhias de navegação, mas paga pelos próprios emigrantes. O fundo cresceu exponencialmente, muito mais rápido do que o Comissariado era capaz de gastar, já que a emigração transatlântica superou toda e qualquer expectativa ou previsão entre 1902 e 1914. Esses enormes recursos levaram a um intenso debate, já que alguns intelectuais e políticos italianos propunham utilizá-los para financiar novas tentativas de colonizar a Eritreia, proposta recusada por outros.[5]

Como uma medida auxiliar, Luigi Luzzatti propôs assistir os emigrantes no exterior através da criação de canais seguros para as suas remessas de fundos. Como prova de sua importância, o projeto de lei relacionado ao tema foi patrocinado pelos ministérios do Interior, das Relações Exteriores, do Tesouro, dos Correios e dos Telégrafos, e das Finanças. De acordo com o projeto, aprovado em fevereiro de 1901, um banco sem fins lucrativos (o Banco di Napoli) fundou uma agência na cidade de Nova York e estabeleceu acordos com 70 bancos correspondentes nos Estados Unidos, na América do Sul, Europa e norte da África, de forma que os emigrantes pudessem transferir dinheiro para a Itália de forma confiável e eficiente, a taxas reduzidas. Os emigrantes italianos nas Américas logo começaram a transferir milhões de liras através do *Banco di Napoli*.[6] O Banco se converteu no principal instrumento do governo italiano para medir o fluxo de remessas dos emigrantes para a Itália.

As leis gêmeas de Luzzatti, e as instituições que elas criaram, alteraram radicalmente as políticas de emigração e de colonização da Itália. Muitos políticos se envolveram diretamente na discussão a respeito dos sucessos e fracassos dos emigrantes. O Comissariado era dirigido por um comitê que incluía Pasquale Villari, Luigi Luzzatti, Edoardo Pantano, Francesco Nitti e o socialista Filippo Turati; o fundo emigratório era supervisionado por uma comissão de fiscalização parlamentar e sujeito a um debate anual sobre sua utilização. O estatístico Luigi Bodio serviu como o primeiro comissário de emigração, empregando na sua equipe pessoas de talento, como Adolfo Rossi e Luigi Villari, o filho de Pasquale Villari, e fundando o periódico mensal do comissariado, o volumoso *Bollettino dell'Emigrazione* (Cordasco, 1980; Grispo, 1985). Com apoio entusiasta do Estado italiano, a nebulosa teoria do colonialismo emigratório tomou uma forma concreta, quantificável, passível de ser medida através da análise de números concretos, de remessas financeiras, produtos exportados e emigrantes que retornavam, assim como de escolas, publicações em língua italiana e associações culturais no exterior.

O Ministério das Relações Exteriores administrava as colônias africanas da Itália e se aproveitava dos recursos econômicos e culturais das "colônias livres" nas Américas. Enquanto o Comissariado se ocupava da viagem e da chegada dos emigrantes, os consulados italianos eram responsáveis pela parte mais formal e oficial do colonialismo informal italiano. Eles também eram o para-raios que recebiam todas as possíveis queixas e descontentamentos relacionados à expansão da Itália nas Américas. As responsabilidades dos cônsules incluíam monitorar os homens em idade militar, tomar conta dos indigentes, promover as importações e exportações italianas e apoiar os hospitais, escolas, sociedades de mútuo socorro, grupos musicais, círculos literários e associações atléticas (Preziosi, 1910; Villari, 1912, pp. 297-299). Os emigrantes iriam se unir através da cultura, da religião e da economia, não como fugitivos, mas heróis; não em uma diáspora ou "dispersos", mas em uma comunidade global criada conscientemente, sob o guarda-chuva do Estado italiano.

AS ESTRATÉGIAS CULTURAIS DO IRREDENTISMO ITALIANO

O apoio irredentista para os italianos ao redor do mundo era um dos mais consistentes objetivos da política externa italiana, expandindo o Reino da Itália no nível mais básico, ou seja, em população e território. O governo italiano já tinha "redimido" milhões de italianos do jugo austríaco, adquirindo a Lombardia depois da guerra franco-austro-italiana de 1859 e o Vêneto e o Friuli ocidental depois da guerra entre a Áustria, a Prússia e a Itália em 1866. No entanto as regiões vizinhas de língua italiana do Trentino e da Veneza Julia continuavam subordinadas à monarquia dual da Áustria-Hungria. Sendo a língua italiana a base para a definição e categorização identitária, esses italianos "não redimidos"

O grande império etnográfico

passaram a ser incluídos na nova categoria política e cultural de italianos no exterior junto aos italianos emigrantes pelo mundo. O governo italiano procurava dissolver as distinções entre nacionalidade e cidadania. Os falantes de italiano da Áustria, que nunca tinham sido parte do Reino da Itália e que nunca tinham tido um passaporte italiano, eram agrupados juntos com emigrantes nascidos sob o domínio italiano, mas que agora viviam no exterior. Graças à Sociedade Dante Alighieri, os italianos de Trento, Trieste e Fiume (hoje Rijeka, Croácia) começaram a aparecer em exposições e congressos que destacavam as realizações dos italianos do exterior.[7] A união do irredentismo italiano e da emigração fortalecia o peso simbólico e político dos dois movimentos.

O irredentismo fornecia à ideologia do colonialismo emigratório uma retórica já estabelecida e um quadro de referências histórico. A unificação da Itália, o moderno *Risorgimento*, tinha sido profetizada pelos intelectuais italianos desde os tempos de Dante e de Petrarca. A conquista da península itálica por Napoleão Bonaparte reviveu o patriotismo italiano e fez a unificação parecer uma possibilidade real. A sua derrota, e a expansão do poder austríaco a seguir, despedaçou as esperanças liberais e levou a uma série crescente de conspirações e rebeliões. O visionário conspirador republicano Giuseppe Mazzini pedia a unificação da Itália dentro das suas "sublimes" fronteiras definidas por Deus, o que significava toda a península, até os Alpes. Mazzini advertia que "O seu país é uno e indivisível [...] Vocês não devem ter alegria nem descanso enquanto uma porção de território onde nossa língua é falada esteja separada da Nação" (Mazzini, 1966, p. 53).

Durante as revoluções de 1848-1849, que se estenderam de Palermo a Veneza, os italianos lutaram pela unificação sob a bandeira tricolor verde-branco-vermelha, em homenagem à bandeira tricolor da República Francesa. Ainda que essas revoluções populares tenham sido derrotadas, o rei do Piemonte-Sardenha conseguiu incorporar territórios italianos para o seu domínio em 1859, 1860, 1866 e 1870. O processo foi, contudo, abruptamente interrompido em razão da formação da Tríplice Aliança por Bismarck em 1887. Os italianos que ainda permaneciam na Áustria e na Hungria teriam que esperar para se

107

beneficiarem do domínio liberal italiano. A unificação foi adiada indefinidamente, criando um descontentamento latente dentro da ordem política italiana (Aquarone, 1981).

Trento e Trieste eram valiosos não apenas por seu simbolismo, sua população e suas riquezas, mas por causa da sua localização estratégica. As "fronteiras naturais" da Itália também eram as suas fronteiras mais facilmente defensáveis. A região do Trentino-Alto/Tirol do Sul iria completar o anel de montanhas na fronteira norte da Itália, enquanto a Veneza Júlia iria levar a fronteira italiana até os Alpes Julianos no leste. Os políticos africanistas italianos esperavam desviar a atenção da Itália para longe das fronteiras europeias, defendendo a ideia de que a distante África Oriental tinha um valor estratégico equivalente. Eles argumentavam que a Itália precisava adquirir mais território ao longo das fronteiras da Eritreia, de forma a consolidar aquela colônia como um lugar apropriado para a emigração italiana. Antonino di San Giuliano escreveu a Ferdinando Martini que "o planalto [etíope] é uma parte do nosso território nacional não menos importante do que Trento e Trieste; a verdadeira comparação é com a região de Trentino".[8] Esse modo de ver as coisas nunca conseguiu realmente criar raízes na política italiana. Em 1915, a Itália entrou de forma entusiástica na Primeira Guerra Mundial, contra a Áustria-Hungria, para conquistar Trento e Trieste na "terceira guerra de unificação", sem sequer pensar em pedir à Entente mais território na África (Monzali, 1996).

Depois dos reveses italianos nos anos 1890, os territórios irredentos adquiriram um lugar especial nos projetos coloniais italianos. Em um artigo sobre as escolas italianas no exterior, a revista *L'Italia Coloniale* observava como "nós temos um especial interesse [...] no estudo da nossa língua nessas províncias do Império Austro-Húngaro que etnograficamente pertencem à Itália" (Grossi, Vincenzo, 1901). O pertencimento cultural, mais do que as fronteiras políticas ou cidadania legal, era o princípio norteador da Grande Itália. As apagadas colônias italianas na África Oriental estavam agora em segundo lugar em vista dos brilhantes sucessos dos italianos nas Américas e no Adriático. Na Exposição de Milão de 1906, o pavilhão dos italianos do exterior foi dividido em três partes: "[em primeiro lugar], as regiões de língua italiana politicamente separadas do Reino da Itália: o cantão de Ticino, a Córsega, Dalmácia e Fiume, Grisons e S. Bernardino, Malta, Nice, S. Marino, Trentino e Alto Adige, Veneza Julia (Friuli Oriental, Trieste e Ístria); [em segundo lugar], os territórios coloniais italianos; e [em terceiro lugar], as comunidades italianas em países estrangeiros".[9]

No design dos organizadores, o pavilhão da Eritreia ficava entre o dos italianos na Argentina e o das escolas italianas no exterior.[10] Dessa forma, a custosa "colônia primogênita" italiana era colocada de forma equivalente a territórios sobre os quais a Itália não tinha reinvindicação política, mas afinidade cultural. Mais que isso, a Eritreia era claramente eclipsada pelos seus pares coloniais. A riqueza exibida pelos italianos fora da África Oriental tinha mais impacto visual do que as amostras de sementes e as coleções de lanças e peles enviadas da Eritreia. Acima de tudo, os organizadores dos pavilhões planejaram recriar as glórias perdidas da Itália no mar Adriático:

> a multidão, assim que entrava, parecia compreender a epopeia da nossa História – desde quando a Itália dominava os mares, que não são mais nossos, até a presente busca pela liberdade – e formava uma ideia, observando as abundantes coleções de fotografias dos monumentos das nossas gloriosas repúblicas marítimas, construídos como um testamento da prosperidade do nosso comércio, do perfil pensativo dos nossos mártires, dos nossos pensadores, dos nossos artistas e poetas, eternos peregrinos da beleza ao redor do mundo. (Frescura, 1907, p. 15)

A seção irredentista ofuscava completamente a colonial, para a consternação do governador da Eritreia, Ferdinando Martini. O rei Vittorio Emmanuele II se recusou a entrar no pavilhão, pois temia que exibidores de Trieste podiam aproveitar para promover manifestações políticas.[11] As demonstrações irredentistas levantavam questões particularmente embaraçosas para o governo italiano, que tinha que ponderar questões internacionais e domésticas. O rei da Itália não podia rejeitar o *Risorgimento* italiano, mas também não queria um incidente internacional com a aliada da Itália, a Áustria-Hungria. Dois anos depois, quando os italianos de Fiume, sob domínio húngaro, organizaram um comitê local para comparecerem ao Primeiro Congresso dos Italianos do Exterior em Turim e Roma, o rei deu a sua aprovação oficial ao Congresso e, indiretamente, à inclusão dos *fiumani* como seus súditos no exterior (Istituto Coloniale Italiano, 1910, pp. xiv-xxii). Sete anos mais tarde, a Itália declararia guerra à Áustria-Hungria para salvar Trento e Trieste. Fiume também se tornaria, no final, parte da Itália em 1924, no que foi um dos primeiros sucessos internacionais de Mussolini em política exterior.

Longe da publicidade ruidosa da Europa, a migração nas Américas fornecia um lugar ideal para o governo italiano exercitar, antes da Primeira Guerra Mundial, uma política irredentista de forma mais sutil. Os cônsules italianos na América forneciam serviços para todos os falantes de italiano que viessem a eles, cidadãos do Reino da Itália ou do Império Austro-Húngaro. Todos os falantes de italiano eram contados dentro dos censos de italianos no exterior. Como o cônsul de Florianópolis, no sul do Brasil, explicava, "é difícil enumerar com precisão aqueles que haviam perdido sua nacionalidade e os que a haviam mantido; ou separar os italianos do Reino daqueles que pertenciam às províncias irredentas, ou austríacos e dálmatas que falam italiano" (MacDonald, 1908, v. 3, n. 1, pp. 250-251). Todos eram incluídos, sem levar em consideração dialetos, províncias ou passaportes. As sociedades de socorro mútuo italianas muitas vezes incluíam membros da Áustria-Hungria, ainda que algumas vezes eles se dividissem seguindo essas linhas políticas (Coletti, 1908, v. 3, n. 2, p. 91, 133).

A organização católica Italica Gens, apoiada pelo governo, e a *Associazione per Soccorrere i Missionari Catolici Italiani* faziam questão de auxiliar todos os italianos, súditos do Reino ou austro-italianos. Um dos padres pertencentes ao grupo gabava-se, em 1915, que a declaração de guerra da Itália contra a Áustria apenas confirma a "validade dos nossos esforços e dava a eles uma sanção oficial [...] para difundir a *italianità* através de meios pacíficos mas efetivos, de forma a deixar a Pátria ainda mais unida e poderosa, fazendo valer a pena para Ela aqueles filhos que cedeu a outras nações, como difusores de energia e civilização" (Capra, 1915, p. 145). A emigração fornecia uma camuflagem política e uma oportunidade cultural para a atividade irredentista fora da Itália.

Os austro-italianos enfrentavam vários obstáculos para assumir a sua identidade como italianos do exterior. Para evitar a discriminação contra os italianos na América do Sul, alguns *triestini, trentini* e *friuliani* se diziam austríacos, para horror dos patriotas italianos (Colocci, 1892, p. 103-104). Esses emigrantes portavam passaportes austríacos e utilizavam a sua cidadania perante o ódio étnico que atingia não os seus compatriotas, mas seus companheiros de língua italiana. Os observadores italianos temiam que atitudes como essa dividiriam as comunidades italianas e diluiriam o significado cultural, politicamente mais amplo, da *italianità* no exterior. Os defensores do pangermanismo também se opunham à dissolução, na prática, do Império Austro-Húngaro no além-mar. Os comerciantes alemães boicotavam os austro-italianos do Brasil que reafirmavam a sua identidade italiana (Cusano, 1911, p. 229).

A obsessão da Itália com os italianos do exterior deu ao irredentismo um novo foco e novas armas políticas. A língua italiana ganhou um crescente prestígio enquanto elemento central da identidade italiana. O irredentismo deixou seu gueto político e reemergiu em um contexto político e cultural mais amplo. Os territórios irredentos foram colocados no mesmo patamar das possessões territoriais italianas no além-mar, como se já fossem uma parte constituinte da Itália. Parecia apenas uma questão de tempo antes que essa realidade cultural se transformasse em realidade política.

O PROJETO DO COLONIALISMO ETNOGRÁFICO

No início do século XX, o termo *italianità* adquiriu uma conotação científica através da disciplina da etnografia. Os intelectuais e os funcionários do governo italiano começaram a classificar todas as comunidades de falantes de italiano no exterior como "colônias etnográficas" e conectaram à identidade italiana toda a diversidade

Italianos no mundo

cultural da península itálica. Avaliar a influência internacional da Itália demandava uma definição legitima de "italiano" em oposição a culturas "estrangeiras". A etnografia – o estudo das tradições populares e do folclore – forneceria a bússola cultural necessária para a expansão colonial da Itália.

Como seus colegas em toda a Europa Ocidental, os etnógrafos italianos começaram por se especializar em culturas "exóticas" e seus primeiros sucessos estiveram conectados com o imperialismo europeu (Said, 1979). O governo italiano apoiou a coleta e a exibição de arte, instrumentos musicais e armas africanas e os museus italianos intercambiaram objetos com outros museus imperiais na Europa. Artefatos da Etiópia e da Eritreia formaram as coleções do Museu Etnográfico de Florença, fundado por Paolo Mantegazza em 1869, e do Museu Nacional de Etnografia em Roma, dirigido por seu fundador, Luigi Pigorini, de 1875 a 1925. Mantegazza representou a Itália, mais tarde, na Conferência de Berlim de 1884, a mesa de negociação diplomática que se provou decisiva para viabilizar a "Corrida pela África" europeia (Labanca, 1992).

A etnografia colonial patrocinada pelo Estado estava intimamente conectada com as ramificações do poder imperial. Os estudos europeus a respeito das "raças" e culturas da África Oriental prometiam uma conquista fácil e uma administração colonial sem problemas. A etnografia também retratava os africanos em termos convenientes: imaturos, diferente dos italianos, atrasados em termos de progresso, mas passíveis de prosperidade sob o domínio italiano. Exibições etnográficas apresentando os africanos foram incluídas nas exposições coloniais de Turim em 1898 e 1911 e em Gênova em 1914. Na de Turim, foram recriados vilarejos eritreus e somalis, enquanto na de Gênova havia tendas beduínas trazidas da Líbia, o que sugeria a ilusão de uma completa conquista colonial.[12]

No final do século XIX, a atração pelo exótico tinha distraído os cientistas sociais italianos dos assuntos domésticos. Os geógrafos italianos, por exemplo, se esforçaram para explorar a África, deixando grande parte do interior italiano sem ser pesquisado e mapeado até a

112

O grande império etnográfico

desastrosa derrota da Itália em Adua em 1896 (Carazzi, 1972). Com o declínio da África italiana, contudo, os cientistas começaram a abandonar os temas imperiais em favor de estudos locais na própria Itália. Em 1905, o etnógrafo Lamberto Loria foi convidado por Ferdinando Martini para o Congresso Colonial que aconteceria na capital da Eritreia, Asmara. Loria viajou para a África, mas o que ele encontrou no caminho o fascinou muito mais.

Na sua rota de viagem, ele parou em Circello del Sannio na Campânia e ficou impressionado pela originalidade do artesanato, das tradições e da psicologia local. A classe média se queixava de receber apenas 15% de juros, usurários, para os empréstimos que ela fazia aos pobres, enquanto seus pais tinham sido capazes de obter 30% antes da emigração em massa e a chegada das remessas financeiras dos emigrantes. Depois do seu retorno da África, Loria deu de cara com um grupo de emigrantes nas suas roupas tradicionais, dirigindo-se ao porto de Nápoles. Ele percebeu que, enquanto tinha estudado as culturas da África Oriental e de Papua Nova Guiné por tantos anos e com custos tão altos, tinha perdido uma vida inteira de possibilidades de pesquisa nas próprias e tão ricas tradições da Itália (Loria, 1912a). Loria se tornou membro do Instituto Colonial Italiano e parte do seu Conselho Central entre 1909 e 1912 (Istituto Coloniale Italiano, 1909, p. 6, 48). Mesmo assim, a sua paixão pelas culturas coloniais tinha dado lugar ao estudo e à preservação das culturas e sociedades italianas, em casa e no exterior (Loria, 1912b).

Para elevar o prestígio da etnografia italiana, Loria procurou relacionar os seus estudos com a antropologia mais tradicional. De forma condescendente, ele retratou os europeus rurais como semisselvagens pré-históricos, mas também demonstrou um genuíno respeito pela diversidade cultural da Itália. Ele se preocupava que a "uniformização do progresso" iria destruir a originalidade das culturas locais italianas antes que elas pudessem ser cientificamente documentadas (Baldasseroni, 1912c; Loria; Mochi, 1906, pp. 7-8, 13-15). Em um projeto patriótico, Loria elevou o folclore italiano a um padrão científico, no mesmo nível da antropologia arqueológica e da etnografia exótica:

Italianos no mundo

> nós iremos entender o pensamento e o sentimento nacionais na sua totalidade, não apenas a partir dos seus porta-vozes eleitos, da literatura ou da arte oficialmente reconhecidas como italianas, mas daquelas manifestações brutas e espontâneas que nascem entre milhões e milhões dos nossos irmãos de sangue, os quais ainda estão distantes da civilidade, mas que não são indignos de serem ouvidos e não são menos italianos do que nós. (Baldasseroni, 1912b, pp. 13-14; Loria; Mochi, 1906)

Utilizando argumentos etnográficos, Loria defendia leis especiais para promover um desenvolvimento mais efetivo no sul e em outras regiões da Itália. Ele acreditava que a Itália só podia atingir a unidade através da valorização da sua diversidade regional (Loria, 1912b).

De forma semelhante à de Loria, a carreira de Ferdinando Martini ilustra a superação do colonialismo africano pela emigração italiana. Depois de governar a Eritreia por dez anos e tendo falhado em fazer seus principais projetos frutificarem, Martini retornou para a Itália em 1907. Ainda um deputado no Parlamento, Martini permaneceu um especialista em assuntos coloniais, mas foi designado para outro hemisfério. Em 1910, nomeado diretamente pelo rei da Itália, Martini viajou para a Argentina, Uruguai e sul do Brasil para promover as ligações entre as colônias italianas e o governo da Itália e para buscar oportunidades para o capital italiano. Em um banquete em Buenos Aires, Martini se gabou da habilidade colonial dos italianos nos tempos antigos, medievais e modernos, sem mencionar a Eritreia: "hoje, os esforços dos italianos na Argentina também testemunham o gênio perseverante, o célere e variado gênio da nossa raça".[13] Depois de uma década de esforços na África italiana, Martini olhava para as Américas para demonstrar a bem-sucedida expansão colonial italiana.

Martini trabalhou diretamente com Lamberto Loria para renovar o Museu Etnográfico Italiano, fundado em 1907 em Florença, em um desvio radical da etnografia tradicional. Enquanto o museu etnográfico sob a direção Mantegazza exibia crânios de todo o mundo para demonstrar a suposta evolução física da humanidade, Loria coletava arte folclórica, músicas, vestuário, trabalhos em madeira, utensílios e outros artefatos culturais de toda a península italiana. Loria se preocupou quando o nobre que patrocinava o Museu entrou em falência, ameaçando o futuro da coleção. Martini, por então, participava do comitê que organizava as celebrações do aniversário de 50 anos da unidade italiana, especialmente a Exposição Nacional planejada para 1911. Martini tinha promovido anteriormente exibições eritreias, mas agora voltava a sua atenção para a etnografia e a emigração. Em 1908, ele convidou Loria para exibir a sua coleção em Roma como parte das comemorações de 1911. Graças a Martini e aos fundos da Exposição, o Museu Etnográfico Italiano foi permanentemente transferido para Roma.[14]

Loria tinha financiamento estável para o seu museu, mas ainda enfrentava vários desafios para montar exibições que representassem a diversidade cultural italiana sem reforçar divisões, preconceitos e competições regionais. Um Museu Etnográfico que documentasse a diversidade da península poderia atomizar uma já frágil cultura nacional italiana.

No Primeiro Congresso Etnográfico Italiano, em 1911, os acadêmicos debateram veementemente se o museu devia ser organizado por regiões ou por temas. Francesco Baldasseroni, que tinha trabalhado em estreito contato com Loria na organização da exibição de 1911 em Roma, fez um apelo apaixonado pela unidade cultural da Itália e contra o reforço das divisões que iria inevitavelmente acontecer no caso de apresentação de um mapa cultural excessivamente regionalizado. "A Itália nada mais é do que uma unidade política? Permitam-se ter minhas dúvidas [...] O regionalismo italiano não existe mais, e não é possível que um diretor de museu o queira recriá-lo" (Baldasseroni, 1912b). Baldasseroni queria "criar italianos" culturalmente, através de uma identidade cultural única que iria reforçar e refletir a solidariedade política nacional. Ele argumentava que as regiões italianas haviam se modificado no decorrer da história e que um foco geográfico era mais adequado para representar culturas primitivas e isoladas. A despeito da oposição de Pigorini e de outros, que eram a favor de um sistema mais regionalizado, o museu foi organizado por ocupações, ofícios e gêneros artísticos (Mochi, 1912, pp. 23-26).

Italianos no mundo

Os etnógrafos italianos imediatamente aplicaram seu método científico para a emigração, estudando a exportação de uma cientificamente estabelecida identidade cultural italiana. Baldasseroni pediu publicamente por um amplo, complexo e detalhado estudo das culturas expatriadas italianas, investigando as ligações com suas comunidades originais e a sua influência nas sociedades que as hospedavam. Isso geraria uma cartografia cultural para ajudar a resolver os problemas da Grande Itália:

> Nós devemos nos perguntar: em que medida os milhões de italianos que abandonam a Pátria preservam seus costumes e tradições e em que medida eles aceitam as tradições estrangeiras? Onde a adaptação dos emigrantes é mais fácil? Quando as mudanças acontecem? São os italianos meridionais ou setentrionais mais perseverantes em manter seus costumes e seus hábitos? Esse fluxo e refluxo de população, que vai para o exterior e volta para casa periodicamente, como ele altera e quando destrói os costumes locais? Esses homens em uma contínua relação tanto com a sua civilização como com uma estrangeira: quais elementos de sua cultura eles defendem com mais tenacidade e quais eles mais facilmente aceitam dos estrangeiros? (Baldasseroni, 1912a, pp. 179-181)

Mesmo sendo cruciais, essas questões se revelaram de difícil resposta para os acadêmicos italianos. Amy Bernardy, professora de italiano no Smith College, em Massachusetts, escreveu um relatório sobre a etnografia das comunidades italianas nos Estados Unidos. Ela observou como, apesar de os italianos dos Estados Unidos terem abandonado as suas roupas regionais e o artesanato de suas regiões, tinham preservado os seus passatempos, como o jogo de bocha e os shows de marionetes, e as suas tradições culinárias regionais (Bernardy, 1912). De forma afortunada para a Itália, a comida era justamente o aspecto mais rentável economicamente dentro do colonialismo etnográfico. Uma autêntica cozinha italiana demandava a importação de conservas, queijos, vinhos, vinagre e outros ingredientes, o que era uma oportunidade excepcional para as exportações italianas. Nos Estados Unidos, a culinária italiana se estabeleceu inicialmente como um sólido nicho de cozinha étnica, para só depois se expandir para o mercado nacional (Cinotto, 2001; Diner, 2001; Gabaccia, 1998; La Cecla, 1998).

A etnografia oferecia um poderoso alicerce científico para a missão colonial da Itália. Como previsto pelos colonialistas, a identidade cultural italiana triunfaria sobre os povos dominados na África e se sustentaria contra as pressões assimilacionistas nas Américas. Em 1915, o presidente do Instituto Colonial Italiano, Ernesto Artom, fazia a diferenciação entre as "colônias de domínio direto" na África e as espalhadas "colônias etnográficas". Ele enfatizava que o Instituto Colonial tinha se comprometido com ambas as formas de colonialismo, em múltiplas frentes de trabalho, tanto na Itália como no exterior:

> [...] promovendo dentro da nossa Nação o intenso movimento colonial, do qual todas as nações civilizadas tiram prosperidade e riqueza, e para o qual a Itália é convocada a participar, pelas suas tradições, posição geográfica, e desenvolvimento demográfico; organizando entre as colônias de povoamento no *grande império etnográfico* que nosso povo pode construir no mundo, substituindo os divididos membros da comunidade itálica por um organismo cheio de vitalidade, pulsando com a batida do coração de uma vigorosa vida nacional [e] preparando nosso país para a vida colonial nas colônias de domínio direto, tratando dos principais problemas das nossas possessões na Líbia, Eritreia e Benadir.[15]

Artom empregava metáforas orgânicas, justificativas históricas e a lei natural para definir a missão colonial da Itália. Um compromisso internacional com os italianos do exterior iria trazer vigor e vida à própria Itália. Com os incentivos adequados, o Instituto Colonial esperava promover a unidade, a solidariedade e a sinergia no interior da Grande Itália, através de uma organização mundial. As colônias não iriam se organizar localmente, mas também fariam comércio entre elas. Aplicar a teoria do império etnográfico iria, portanto, trazer riqueza tanto para as colônias de emigrantes como para a Itália.

Migração e capital

No projeto da Grande Itália, a cultura e a economia eram dois lados da mesma moeda. Homens e mulheres italianos, e suas famílias, transplantados para as colônias de emigrantes, se leais às tradições e à cultura alimentar italiana, necessitariam de constante aprovisionamento. Os exportadores e transportadores italianos confiavam nos emigrantes para a aquisição de produtos italianos e os italianos do exterior confiavam no comércio para manter contato com a terra de origem. Quando o comércio italiano não conseguia florescer em uma colônia expatriada, os emigrantes perdiam um vínculo vital com a pátria de origem.

O Brasil, a Argentina e os Estados Unidos do início do século XX fornecem exemplos contrastantes a respeito. O declínio da emigração italiana e das exportações para o sul do Brasil levou ao isolamento social e cultural dos assentamentos rurais ítalo-brasileiros, já que eles perderam suas comunicações regulares com a Itália. Na mesma época, o crescimento das exportações italianas para os Estados Unidos e para a Argentina injetou capital nas cidades portuárias de Nova York, Buenos Aires, Gênova, Nápoles e Palermo. Parte desse capital financiou associações culturais e de caridade nos dois lados do Atlântico. A frequente chegada de navios italianos nas Américas fez a migração de retorno econômica, fortalecendo os laços intercontinentais. Aqueles expatriados que vendiam produtos italianos se tornaram os líderes naturais no processo de criação das comunidades "italianas". Promover uma identidade italiana era do seu interesse econômico. Oportunidades profissionais no comércio italiano eram também um incentivo para a segunda geração aprender o italiano oficial. Da perspectiva dos italianos nas Américas, as relações econômicas justificavam e corporificavam a sua identidade italiana. Vagas ideias de *italianità* se convertiam em ganhos econômicos palpáveis. As remessas de fundos e o comércio a partir da emigração se tornaram a pedra angular da visão liberal de colonialismo emigratório.

Os benefícios econômicos sustentavam a vida das prósperas comunidades italianas no exterior. Entre várias outras preocupações, o comércio com a Itália era o princípio fundamental dos "Novos dez mandamentos dos emigrantes italianos", publicado em 1913 pelo proeminente jornal da Argentina *La Patria degli Italiani:*

1. Há apenas uma Pátria e a sua é a Itália. Você não deve amar nenhuma outra Nação como a Itália.
2. Você nunca deve se referir a sua Pátria sem respeito. Exalte as glórias da sua Itália, que é uma das mais antigas e nobres nações do mundo.
3. Siga as festas nacionais, não importa onde você esteja. Nessas ocasiões, ao menos, esqueça seu partido político e sua fé religiosa; lembre-se unicamente que você é italiano.
4. Honre o representante oficial [o cônsul] da Pátria e o respeite como um símbolo da Pátria distante, mesmo que às vezes ele não seja do seu agrado.

Migração e capital

5. Você não matará um cidadão da Pátria pela eliminação em você mesmo da sua cidadania, sentimento e identificação italianos. Você não deve disfarçar seu nome e nem seu sobrenome com uma transcrição bárbara.
6. Você não atacará, por inveja, a autoridade e o prestígio dos seus compatriotas que exercem cargos honorários.
7. Você não roubará cidadãos à Pátria, permitindo que seus filhos desperdicem a sua *italianità* ao serem absorvidos pelo povo entre os quais você emigrou.
8. Tenha orgulho em se declarar – sempre, em qualquer lugar e circunstância – italiano na origem e no sentimento; não seja servil e nem permita ser menosprezado por aqueles que te hospedam no novo país.
9. *Você deve sempre comprar e vender, consumir e distribuir, bens e mercadorias da sua Pátria.*
10. Você deve se casar apenas com uma mulher italiana. Apenas com isso e através dessa mulher você será capaz de preservar nas suas crianças o sangue, a língua e os sentimentos dos seus pais e da sua Itália.[1]

Esse difundido decálogo reunia os medos e os desejos econômicos e culturais da Grande Itália. Os líderes das comunidades italianas nas Américas que difundiam esses mandamentos se preocupavam, acima de tudo, com a integração e a aculturação dos imigrantes recém-chegados. Correntes novas de imigrantes revitalizavam as comunidades italianas no exterior, mas imigrantes independentes e sem acompanhamento poderiam também enfraquecer e fragmentar suas comunidades locais e alterar o relacionamento da colônia com a sociedade hospedeira. Comunidades emigrantes frágeis demandavam cuidadoso cultivo para crescer e prosperar. O prestígio e o sucesso material dos italianos já firmemente estabelecidos no exterior dependiam de uma comunidade próspera, patriótica, influente e ativa; daí a intensa pressão e o fervor quase religioso relacionado aos costumes italianos. Os emigrantes eram estimulados a exaltar sempre a cultura italiana, a indústria italiana e, acima de tudo, as importações italianas diante de seus compatriotas e dos não italianos, através de uma religião cívica com rituais de confissão e obediência. Dirigindo-se a leitores masculinos, *La Patria* ordenava aos imigrantes que preservassem a pureza de sangue através da fidelidade conjugal à raça italiana. Esse laço familiar sustentaria a obediência aos outros nove mandamentos e estenderia as conexões dos emigrantes com a Itália. O jornal conectava as "responsabilidades" étnicas dos emigrantes às interdições bíblicas relativas a assassinato, roubo e adultério, ao mesmo tempo que as colocava acima de qualquer religião em particular ou outros tipos de divisão: "lembre-se de ser apenas italiano". Longe de ser um apelo desinteressado, o decálogo revela as motivações econômicas dos importadores italianos.

Os ganhos financeiros eram uma motivação fundamental para a promoção da cultura italiana entre os expatriados. Dante significava cifrões em dólares na crua fórmula de Giuseppe Prezzolini, o diretor fascista da Casa Italiana da Columbia University, na cidade de Nova York:

> à medida que Dante e a língua italiana se tornarem mais conhecidas, mais produtos italianos serão vendidos; de fato, quanto mais crescer o prestígio da arte, da história e da literatura italianas, mais aumentará o número de americanos que viajam para a Itália, que começam a consumir produtos italianos, que se acostumam com os sabores italianos e que, após voltarem para casa na América, permanecerão consumidores da cozinha e da moda italianas. (Italian Chamber of Commerce, 1937, p. xxxix)

Outros intelectuais italianos eram mais sutis. No seu manual de 1913 sobre a Grande Itália, Pierto Gribaudi estimulava os mercadores e industriais italianos a "criar, com o auxílio da Grande Itália política e etnográfica da qual já falamos, uma Grande Itália comercial [...] o comércio italiano deve seguir os emigrantes [...] Vamos criar um *Made in Italy* para disputar com o bem conhecido *Made in Germany*; isso não é apenas patriótico, mas também extremamente útil para a nossa expansão comercial" (Gribaudi, 1913, pp. 199-200). Da perspectiva italiana, as colônias emigratórias eram sinônimo de grandes oportunidades econômicas e comerciais. Gribaudi observou como quase 6 milhões de italianos no exterior enviavam anualmente para a Itália meio bilhão de liras (Gribaudi, 1913, p. 6). Um jornal socialista de Feltre, Vêneto, imprimiu os Dez mandamentos dos emigrantes de Buenos Aires e adicionou um décimo primeiro, convocando os emigrantes a colaborar para o fim da própria emigração através do fortalecimento da pátria: "Trabalhe e colabore com todas as suas forças de forma que a Itália desenvolva a sua economia, sua indústria e seu comércio, de maneira a gradualmente ir diminuindo a sua emigração" (Filipuzzi, 1976, p. 399). Além de efetivamente representarem a Itália no exterior, os emigrantes deveriam ajudar em casa enviando remessas financeiras e comprando produtos italianos. A Itália acabou confiando na sua expansão étnica pelo mundo para apoiar a sua economia internamente.

De forma a compreender, aproveitar e explorar a dimensão econômica da migração, o Estado italiano implantou um extenso aparato estatístico. A expertise italiana em demografia e estatística se reflete até os dias de hoje nos censos realizados no mundo através do "coeficiente de [Corrado] Gini" e da "interpolação de [Vilfredo] Pareto". Com a emigração, os estatísticos italianos viveram o seu apogeu político e institucional.[2] O principal estatístico italiano, Luigi Bodio, tornou-se o primeiro comissário geral de emigração em 1901, sob aclamação geral. Sob o comando de Bodio e dos seus sucessores, o Comissariado Geral de Emigração abordou a emigração como um fenômeno estatístico. Em contraste, a Grã-Bretanha e a Alemanha seguiam uma política mais intervencionista, ligada a considerações políticas e imperiais. O Escritório de Informações para os Emigrantes, em Londres, e o *Zentral-Auskunftsstelle für Auswanderer* em Berlim publicavam panfletos dirigidos aos emigrantes, advertindo-os para não irem a certos países e aconselhando fortemente que se dirigissem às possessões coloniais britânicas ou alemãs em vez de arriscar sua sorte em outros lugares.[3]

O órgão oficial do Comissariado italiano, *Bollettino dell'Emigrazione*, publicado entre 1902 e 1927, refletia a centralidade da emigração para a economia italiana, transcendendo o império colonial do país (Cordasco, 1980). Em vez de ser um periódico produzido pelos próprios emigrantes, os milhares de páginas do *Bollettino* atendiam as necessidades de estatísticos, economistas, agências do Estado italiano, consulados e outras organizações que lidavam com os emigrantes. Essa orientação libertava o Comissariado da tarefa de articular uma política coerente e unificada para a emigração italiana, o que teria levado a controvérsias e divisões. O *Bollettino* se especializou em fornecer material empírico, estatístico e legislativo produzido na Itália e em uma ampla gama de países. As estatísticas sobre a emigração eram consolidadas mensalmente, trimestralmente, anualmente e por década. Os cônsules escreviam detalhados relatórios da situação dos emigrantes nas suas localidades. Esses longos textos eram reescritos e distribuídos aos emigrantes pelas organizações de apoio católicas e socialistas. Com o seu volumoso *Bollettino*, o Estado italiano também distribuía relatórios anuais sobre as atividades do Comissariado e sobre o uso do fundo emigratório, construído a partir do sacrifício de tantos emigrantes.

Uma rede de trocas comerciais e financeiras em contínuo desenvolvimento era capaz de definir a Grande Itália de uma forma muito mais quantificável e frequentemente mais bem-sucedida do que a expansão cultural italiana. O comércio e as remessas eram os benefícios mais tangíveis da emigração no período anterior à Primeira Guerra Mundial. Os emigrantes enviavam para casa centenas de milhões de liras todos os anos através dos canais bancários apoiados e geridos pelo Estado italiano, contribuindo para a "decolagem" industrial da Itália nos anos cruciais antes da guerra. As colônias de emigrantes, sob a guia das Câmaras Italianas de Comércio no exterior, deram às exportações italianas um impulso crucial em alguns mercados. Ainda que criticadas com ênfase pelos nacionalistas italianos posteriormente, o crescimento das remessas através da emigração foi absolutamente fundamental para o desenvolvimento econômico italiano.

AS REMESSAS NA ECONOMIA ITALIANA

Em retrospectiva, o longo período de paz entre 1870 e 1914 se destaca como um período crucial da história econômica da Europa. As tecnologias da Segunda Revolução Industrial permitiram a vários países reinventar suas economias em uma escala sem precedentes; apenas a revolução da informática ao final do século XX é comparável. O surto de crescimento da Itália começou em 1896, ano que marcou o fim de uma depressão econômica internacional e o fim da guerra etíope da Itália, e durou até 1913, depois da nova guerra italiana na Líbia e no Mediterrâneo. A produção industrial italiana dobrou nesses 17 anos, crescendo em média entre 4,3% e 5,4% ao ano. A força de trabalho italiana foi pouco a pouco passando para o setor industrial; entre 1901 e 1911, 54% do aumento populacional entre homens acima de dez anos foi absorvido pelo crescimento dos empregos industriais. A capacidade produtiva da indústria italiana, medida em termos energéticos, dobrou entre 1903 e 1911, atingindo 1,17 milhão de cavalos-vapor. Nesse período, a Itália entrou no time das mais ricas nações industriais do mundo (Cafagna, 1989, pp. 297-300).

As remessas dos emigrantes foram cruciais para manter esse boom econômico, assim como colaboram para o desenvolvimento econômico no início do século XXI (Terry; Wilson, 2005). As nações em industrialização usualmente enfrentam esse paradoxo: construir sua base industrial e tecnológica normalmente demanda extensas importações, mas essas importações têm que ser compensadas por exportações ou por empréstimos estrangeiros para manter o equilíbrio da balança de pagamentos internacional. Enfrentando um déficit comercial e tendo que manter a balança de pagamentos equilibrada, a maior parte das nações em desenvolvimento sofre uma desvalorização da sua moeda no mercado internacional, o que força para cima as taxas de juros e a inflação. As remessas permitiram à Itália escapar desse dilema financeiro.

Nos anos anteriores à Primeira Guerra Mundial, as exportações italianas cobriam entre 60% e 80% das importações, mas, mesmo assim, a Itália mantinha uma moeda sem grandes flutuações e baixas taxas de juros. Antes de 1890, a Itália financiava dois terços do seu déficit comercial com empréstimos estrangeiros, mas, depois de 1900, as remessas permitiam rolar os empréstimos e pagar as mercadorias importadas. De 1901 a 1913, em face de um déficit comercial de 10,23 bilhões de liras (2 bilhões de dólares), havia um "crédito invisível" de 12,291 bilhões de liras (2,45 bilhões de dólares). Mais da metade desse dinheiro vinha das remessas, mais de um terço do turismo e o resto de serviços de navegação. Esses recursos transformavam a Itália de uma nação devedora em uma com um leve saldo positivo. Diretamente através das remessas ou indiretamente através das exportações e dos serviços de navegação, a emigração se tornou um fator decisivo para manter a balança de pagamentos favorável, compensando o consumo interno italiano com fortes entradas externas. Graças aos recursos obtidos fora do país, a Itália foi capaz de se industrializar sem depender em excesso dos empréstimos externos, sem tensões excessivas nos preços e sem ser obrigada a diminuir os salários reais.[4]

As remessas fluíam através de diversos canais e incluía dinheiro enviado por intermédio de bancos, doado à Cruz Vermelha Italiana ou outras organizações de caridade ou trazido em espécie pelos emigrantes que retornavam. Até o final do século XIX, os emigrantes italianos normalmente enviavam dinheiro para casa através de vales postais. No período 1901-1915, 41% do ganho líquido italiano vinha dos Estados Unidos e 51,6% dos países europeus e do Mediterrâneo (ver "Anexos: mapas e gráficos", Gráfico 3.1).[5] Contudo, mesmo com a Itália recebendo dezenas de milhões de liras anualmente através dos bancos e do sistema postal, essas transferências de dinheiro davam margem a constantes abusos. Os emigrantes que se dirigiam às Américas normalmente não falavam a língua dos países que os recebiam e não podiam utilizar os bancos locais, que trabalhavam em espanhol, português ou inglês. Especialmente nos Estados Unidos, muitos italianos eram vítimas dos *padroni*, os chefões, que forneciam comida, alojamento, trabalho e serviços bancários, mas cobrando taxas abusivas. Muitos deles, na cidade de Nova York, se valiam das suas conexões internacionais com a *camorra* na cidade de Nápoles. Esses homens bilíngues eram recomendados aos imigrantes por compatriotas desonestos na colônia ou por agentes de emigração na Europa. A maior oportunidade de lucro deles estava nos serviços bancários, oferecidos convenientemente em bares, armazéns ou mesmo em bancas de engraxate. Quando enviavam remessas para a Itália, os *banchisti* normalmente atrasavam o envio de fundos para terem tempo para especulação, o que, muitas vezes, levava à falência bancária. De tempos em tempos, alguns desses "banqueiros" fugiam para a Europa com o dinheiro de seus bancos. Essas tragédias aparecem na canção "Se n'è fuiuto 'o banchiere" [O banqueiro fugiu], gravada na cidade de Nova York nos anos 1920:

> Maldito vizinho, por que você veio na minha casa,
> para me jogar nessa confusão.
> Minha esposa Maria tinha razão; ela me falou
> "Oh, cuidado com esse banqueiro, ele é um grande patife"
> Meu amigo Antoune me disse: "Você sabe, esse banqueiro é honesto,
> ele tem milhões"...
> Ah, ah, ah, o banqueiro me massacrou! Ah, ah, ah,
> meu vizinho me enganou!
> Minha esposa era uma lavadora de pratos, ganhando trinta centavos
> por semana.
> Nós comíamos pão seco, para poupar dinheiro
> Agora eu estou esgotado e arruinado.[6]

Enquanto muitos banqueiros imigrantes eram honestos, os canalhas davam a todos os banqueiros italianos uma péssima fama. Os imigrantes não tinham, contudo, muitas alternativas, pelo mesmo motivo pelo qual iam aos bancos ilegais em primeiro lugar: os funcionários dos bancos não entendiam os seus dialetos. Fraudes bancárias envolvendo imigrantes eram muito difíceis de serem resolvidas, já que os que as cometiam deixavam o país e os imigrantes raramente testemunhavam diante das autoridades. Os italianos nas coletividades maiores ao menos podiam contar com a competição entre os banqueiros italianos, mas aqueles em pequenas comunidades normalmente exerciam um monopólio, controlando muitas vezes até a agência dos correios local.[7]

O Estado italiano se envolveu diretamente nos serviços bancários para os emigrantes para protegê-los das fraudes e para preservar os ganhos do colonialismo emigratório. Legislação para a "proteção das remessas e das economias dos emigrantes italianos no exterior" foi promulgada pelo Parlamento em 1 de fevereiro de 1901, como uma legislação complementar à lei de emigração de 31 de janeiro. O renomado Banco di Napoli, fundado em 1539 como uma instituição financeira beneficente para o sul da Itália, firmou um contrato com o Parlamento para transferir fundos das Américas para a Itália a taxas especiais. "Ordens de pagamento de dinheiro emigrante" podiam ser transformadas, a baixo custo, em dinheiro em qualquer agência do Banco di Sicilia, Banca d'Italia, em todas as agências postais e, obviamente, no Banco di Napoli. Para limitar a competição entre o Banco di Napoli, entidade sem fins lucrativos, e os bancos privados e para garantir que ele manteria seu foco nas transferências de fundos, o Parlamento não autorizou o Banco a oferecer empréstimos ou emitir moeda no exterior. O Banco, contudo, oferecia taxas especiais para câmbio no porto de Nápoles e em todas as suas filiais e abriu sua própria agência na cidade de Nova York após a onda de falências bancárias nos Estados Unidos que se seguiu ao Pânico de 1907 (Banco, 1951, pp. 26-29; Balletta, 1972).

Mesmo o Banco di Napoli sendo uma instituição sem fins lucrativos, seu envolvimento na emigração provocou protestos e controvérsias em muitos momentos. Bancos e agências de câmbio na Itália e nas Américas enfrentaram enormes reduções nas suas abusivas especulações e lucros; afinal de contas, era esse o objetivo do Parlamento. Jornais ítalo-americanos simpáticos aos bancos afirmavam que o projeto era um esquema de vigilância fiscal, para determinar o valor exato que cada emigrante ganhava e enviava para casa. Os sicilianos resistiam a utilizar o Banco di Napoli por causa de antigos antagonismos regionais; o banco tinha sido excluído da Sicília desde 1848.

Ao contrário dos Estados Unidos, os governos sul-americanos se opuseram à intervenção italiana como uma competição indesejável contra os equivalentes locais. O Banco di Napoli organizou uma contraofensiva publicitária, apelando aos emigrantes e para garantir aos banqueiros legítimos que o Banco tinha a intenção de se opor apenas à desonestidade e à fraude. Os supervisores bancários em Nova York e Nova Jersey receberam de forma positiva a ajuda italiana contra bancos privados não regulados.[8] Para limitar a oposição popular, o Banco

Migração e capital

selecionou banqueiros locais dentro das comunidades italianas para agirem como seus representantes, como o Banco de Italia y Rio de la Plata para a Argentina e a Banca Ítalo-Americana de São Francisco para os estados americanos do Pacífico. Esse último competia dentro da comunidade ítalo-americana com o Bank of Italy de A. P. Giannini, mais tarde Bank of America. Nicola Miraglia, diretor do Banco di Napoli, rejeitou o pedido da American Express para intermediar remessas nos Estados Unidos ou em outros lugares do mundo: "nós acabaríamos nos colocando inteiramente nas mãos deles, talvez sem nenhum benefício e certamente levantando imensas dificuldades e agitação... esse serviço não foi pensado para ser confiado a estrangeiros".[9] Em vez da American Express, o correspondente para os Estados Unidos na Costa Leste foi o ítalo-americano Cesare Conti, cuja instituição entrou em falência em 1914. Apesar de atrasos e problemas com os bancos correspondentes, o Banco di Napoli aperfeiçoou seus serviços e processou centenas de milhões de liras em ordens de pagamento.

Graças ao sistema centralizado de remessas, o governo italiano podia agora medir de forma transparente o fluxo de dinheiro das colônias de emigrantes. Eles sempre tinham enviado dinheiro para casa, mas, depois de 1902, o Comissariado de Emigração confiava nas estatísticas do Banco di Napoli para justificar a importância da emigração para a Itália. Os números referentes às remessas tinham destaque no mais importante compêndio de estatísticas sobre a emigração italiana, o *Annuario statistico della Emigrazione italiana dal 1876 al 1925*, publicado pelo Comissariado de Emigração em 1926. Em 1902, seu primeiro ano de atividade, o Banco di Napoli processou 9,3 milhões de liras de remessas. O volume quase triplicou, para 23,6 milhões de liras, no ano seguinte. Os níveis de remessas antes da guerra se mantiveram na faixa de 84 milhões de liras por ano. Depois de 1916, por causa da inflação da época da guerra e flutuações cambiais, as remessas ascenderam até um pico de 980 milhões de liras em 1920. Para o período entre 1902 e 1915, 70,4% das remessas vinham dos Estados Unidos (ver "Anexos: mapas e gráficos", Gráfico 3.2). A Comissão Federal sobre Imigração dos Estados Unidos informava que, somente em 1907, 52 milhões de

129

Italianos no mundo

dólares tinham sido enviados para a Itália através de 2.625 bancos privados.[10] O Parlamento italiano tinha interferido para combater a injustiça, mas o Banco di Napoli criou um sistema funcional para remessas justamente na hora em que houve um boom sem precedentes na emigração para os Estados Unidos e uma transferência também sem precedentes de capital para a economia italiana.

Outros canais colaboraram para o crescimento inexorável das remessas. Muitos emigrantes carregavam dinheiro para casa em espécie, especialmente as "andorinhas" que migravam sazonalmente para a Argentina. Esses fundos não apareciam nas estatísticas oficiais italianas. As remessas enviadas como transferências bancárias internacionais eram ofuscadas pelas comerciais, de pagamento de exportações e importações, enquanto o dinheiro em espécie enviado pelo Correio era impossível de ser registrado. Uma forma indireta de avaliar as remessas vinha do valor dos depósitos mantidos por italianos do exterior nas contas postais. Graças aos salários maiores no exterior e a taxas de câmbio favoráveis, a porcentagem de depósitos mantidos por italianos do exterior cresceu exponencialmente, de 0,02% em 1890 para 31% em 1909. Os depósitos mantidos por emigrantes desabaram para 6,5% do valor total em 1910 em razão do pânico econômico de 1907 nos Estados Unidos, que resultou em desemprego e em migração de retorno. A porcentagem de depósitos de posse de emigrantes aumentou novamente com o crescimento da emigração a seguir e a onda que aconteceu depois da Guerra da Líbia, chegando a 12,3% em 1914. Quando a lira italiana e outras moedas europeias entraram em colapso ao final da Primeira Guerra Mundial, a porcentagem de posse dos italianos do exterior nas poupanças depositadas na Itália cresceu para 41% em 1919, 61% em 1920 e atingiu um pico de 63% em 1921. Centenas de milhões de dólares, pesos e réis se derramavam na Itália e revolucionavam a vida econômica em pequenas cidades e vilas por toda a península. A injeção de capital diminuiu os juros dos empréstimos, permitiu a construção de novas casas e de mais pompa nas festas dos santos locais, financiou o pagamento de impostos e aumentou o valor da terra, o que facilitou o investimento em pomares e em agricultura intensiva

(Commissariato Generale dell'Emigrazione, 1910, v. 8, pp. 55-58; 1918, p. 104; 1926c, pp. 1640-1653).

As remessas dos emigrantes estimulavam os maiores temores dos nativistas estadunidenses. Sem lealdade à sua nova terra e sem planos de longo prazo para a sua permanência na América, os imigrantes temporários pareciam pouco inclinados a investir seu dinheiro nos EUA e a participar de greves. Os nativistas temiam o excesso de mão de obra barata no mercado de trabalho e os efeitos da importação de fura-greves imigrantes. Em 1897, um promotor de uma legislação anti-imigração no Congresso estadunidense atacou violentamente todos os trabalhadores temporários: "Para nós, é sentimento universal que devemos excluir os paupérrimos, os criminosos e toda a escória que vem da Europa, junto com os trabalhadores temporários, sob contrato, e os 'pássaros de verão', que, mantendo seu domicílio e sua cidadania em outras terras, se alimentam da substância da nossa".[11]

Ironicamente, os italianos pensavam exatamente o mesmo dos imigrantes "alienígenas" que se dirigiam às suas próprias colônias. Como os nativistas nos Estados Unidos, Renato Paoli, do Instituto Colonial Italiano, lançava insultos racistas contra os gregos e indianos que eram proprietários de lojas na Eritreia e enviavam dinheiro para casa:

> Ambas as raças são as mais irredutíveis e as menos assimiláveis [...] Assim que eles conseguem dinheiro suficiente, [eles] voltam para a Grécia ou para a Índia e passam seus negócios para um compatriota. A eles falta qualquer sentimento patriótico com relação à colônia que os hospeda; procuram explorá-la, muitas vezes de maneira injusta, sem dar nada em troca. Esse é o pior tipo de pessoa, no meu julgamento, para o futuro da colônia [...] Silenciosos, disciplinados, calmos, parasitas, eles se fixam às partes vitais da colônia e lentamente sugam seu sangue vital, ou seja, seu capital. (Paoli, 1908, pp. 21-23)

Ainda que Paoli apelidasse a Eritreia de "A América dos abissínios", um imã de imigração que, na África, seria conhecida como "uma fantástica terra de inesgotável riqueza", ele se opunha à imigração de qualquer um para lá, a não ser da Itália (Paoli, 1908, p. 78). Essa antipatia imperialista, mesmo no momento em que milhões de italianos dependiam da boa vontade de outros países, mostra a dupla face tendenciosa da dicotomia emigração/imigração: aprovação da primeira, ódio e desconfiança da segunda (Bade, 1983; 1996). E mesmo os medos dos nativistas eram desproporcionados. Tanto a emigração temporária como a permanente tinham um importante papel no desenvolvimento econômico no século XIX, assim como no século XXI. Apesar da oposição, a imigração em massa fornecia uma força de trabalho essencial para o crescimento da indústria nos Estados Unidos e da agricultura na América do Sul.

AS CÂMARAS DE COMÉRCIO ITALIANAS NO EXTERIOR

A emigração significaria grandes oportunidades para a indústria italiana, já que, os otimistas expansionistas italianos esperavam conectar a exportação de produtos italianos com a exportação de pessoas (Fontana-Russo, 1906; Visconti, 1912). A indústria e a agricultura da pátria iriam ganhar ou perder muito nos mercados internacionais, especialmente na Argentina e nos Estados Unidos. Se os expatriados não comprassem produtos italianos no exterior, mas produzissem os seus próprios em estilo italiano e os enviassem a preço baixo para a própria Itália, a sua competição poderia arruinar setores inteiros da economia nacional. A Itália precisava manter um setor exportador competitivo entre as colônias de seus filhos expatriados, ou quaisquer ganhos econômicos temporários a partir da emigração poderiam se voltar contra ela.

Importante demais para ser deixada nas mãos invisíveis da ideologia do livre-mercado, a economia da expansão italiana era coordenada através das Câmaras de Comércio italianas no exterior. Diferentemente das Câmaras de Comércio dos Estados Unidos, que são independentes e, muitas vezes, críticas ao governo estadunidense, as italianas eram, na verdade, representantes oficiais do Estado, que defendiam os interesses da nação no tocante a exportações. O Ministério das Relações

Exteriores começou a organizar a rede em 1883 e deu ordens aos cônsules para fundar e apoiar Câmaras de Comércio onde fosse possível: elas eram mantidas pelo Ministério do Comércio, que procurava seu conselho e as apoiava com imensos subsídios.[12] As Câmaras tinham por objetivo fazer crescer o patriotismo no mundo emigratório italiano, como a de Montevidéu, Uruguai, fundada justamente em 1883:

> Nós estamos reivindicando as tradições coloniais da nossa Nação, que a fez grandiosa em todas as épocas, especialmente durante a grande história das Repúblicas – especialmente Veneza, que fez tremular a sua gloriosa bandeira nos mais distantes mares. A Inglaterra e a França impuseram a sua civilização a tiros de canhão, mas a Itália apresenta-se com uma missão pacífica, procurando apenas expandir a sua vitalidade em países distantes... Não vamos esquecer os benefícios morais e materiais que nossa Pátria leva para terras longínquas. Nós não queremos que a Câmara de Comércio seja uma casta; queremos unir todos os trabalhadores que amam a Pátria e querem honrá-la... Ninguém pode dizer que a Itália está se impondo, quando suas armas de combate são o ganho da civilização.[13]

Como Einaudi, a Câmara de Comércio de Montevidéu imaginava o colonialismo pacífico da expansão econômica unindo todas as comunidades italianas no exterior. A superioridade cultural italiana estava ligada a produtos tangíveis de exportação. Como observado por um jornal francês, a Câmara exibia vermute (incluindo Martini), mortadela (Bolonha), louças, presuntos e pastas "perfeitamente organizados segundo os seus propósitos, graças ao subsídio que o governo italiano tinha dado a essa útil instituição".[14] As Câmaras uniam os notáveis das colônias, os quais viam atendidos seus próprios interesses econômicos, e os da Itália em expandir o comércio com a pátria. A todo momento, elas encorajavam seus compatriotas italianos a comprar produtos italianos e enviar as suas economias para bancos italianos.

As Câmaras de Comércio italianas no exterior exerciam uma influência local, nas suas comunidades, e internacional através da sua rede global. Em 1911, havia Câmaras em Buenos Aires e Rosario na Argentina; Montevidéu, Uruguai; São Paulo, Brasil e na cidade do

México. Na Europa, Câmaras representando os interesses do comércio italiano estavam estabelecidas em Berlim, Londres, Paris, Marselha, Bruxelas e Genebra. Na bacia do Mediterrâneo, havia Câmaras em Constantinopla, Smirne (Izmir, Turquia), Túnis e Alexandria, Egito. Nos Estados Unidos, elas estavam em São Francisco, Nova York, Chicago e, mais tarde, em Boston, Nova Orleans e San Antonio. Essas organizações no exterior eram as joias da coroa da *Unione delle Camere di Commercio*, com sede em Roma, a qual incluía também quarenta câmaras em território italiano. As Câmaras de Comércio italianas no exterior publicavam boletins com a legislação relevante, tarifas e contratos de comércio, e mantinham museus públicos de produtos industriais e agrícolas italianos, que os importadores e comerciantes locais podiam provar, tocar e sentir. As câmaras também enviavam produtos locais para os museus comerciais em Milão, Turim e Veneza, de forma a encorajar o comércio internacional da Itália.[15]

Para coordenar as suas estratégias e táticas, as Câmaras de Comércio italianas no exterior organizaram uma série de congressos internacionais, em cooperação com as da península. O primeiro foi em Roma em 1901, seguido pelos de Paris (1911), Bruxelas (1912) e Nápoles (1913). A eclosão da Primeira Guerra Mundial abalou a coesão das câmaras, já que cada uma delas acabou se posicionando a favor do país onde elas estavam instaladas. Antes da guerra, elas pediram em uníssono para que a Itália e os outros países baixassem tarifas, criaram cooperativas de crédito no exterior, ajudaram a melhorar os serviços de transporte e comunicação e propuseram outras ações para beneficiar o comércio internacional. As Câmaras de Comércio italianas no exterior trabalhavam para destruir as barreiras administrativas e legais dentro da Grande Itália, propondo que o serviço postal italiano reduzisse as taxas do serviço internacional e as igualasse ao doméstico. Essa medida teria apagado as fronteiras nacionais no tocante às comunicações postais: para onde quer que um italiano enviasse uma carta, o preço seria o mesmo. O serviço postal entre Itália e Eritreia já seguia os preços internos. A proposta teria ampliado o sistema postal italiano para além das suas colônias formais, incluindo as colônias de emigrantes, no mesmo modelo que a Itália já tinha estabelecido, via acordo com os franceses, na Tunísia. Ainda que o projeto não tenha prosperado, as Câmaras de Comércio aconselhavam o governo italiano na elaboração da sua política comercial a partir de uma perspectiva independente, local e prática e forneciam informações cruciais e um ponto de apoio para os interesses italianos no exterior.[16]

Um exemplo de uma câmara muito bem-sucedida, com uma agenda política e social muito elaborada, foi a de Túnis. A criação do Protetorado da Tunísia pelos franceses em 1881 tinha frustrado as esperanças da própria Itália em dominar aquele território. A Tunísia estava a menos de 200 km da Sicília, e os italianos tinham estabelecido uma influente comunidade na corte do Bei. Quatro anos depois do estabelecimento do protetorado francês, a classe média italiana de Túnis criou uma Câmara de Comércio para defender os seus interesses, e os da Itália, sob o novo regime.[17] A Câmara se tornou uma peça fundamental da resistência italiana à assimilação francesa. Graças à contínua imigração, em 1900 os italianos eram sete oitavos da população europeia da colônia, de 80 mil pessoas. A Tunísia tinha sido pensada para ser uma colônia de povoamento, como a vizinha Argélia, mas os povoadores eram italianos, não franceses! O principal teórico francês do colonialismo, Paul Leroy-Beaulieu, mudou a sua definição de "colônias de povoamento" para converter a Tunísia em uma "colônia de exploração", como as da África Central; os italianos, assim como os tunisinos, estavam ali para serem explorados. A administração francesa barrava os imigrantes no emprego público ou no governo colonial, a menos que eles se naturalizassem cidadãos franceses. Mesmo depois de 1902, quando os governos de Roma e de Paris se reaproximaram diplomaticamente, os italianos e os franceses em Túnis continuavam em campos opostos.[18]

Apesar da intimidação e da perseguição, a comunidade italiana se mobilizava ao redor da sua Câmara de Comércio. Subsidiada pelo Ministério das Relações Exteriores italiano, ela publicava um jornal semanal, mais tarde diário: *L'Unione: Organo della Colonia e della*

Italianos no mundo

Camera Italiana di Commercio ed Arti, para servir de inspiração aos italianos da Tunísia.[19] A câmara unia as elites italianas e ressaltava uma presença italiana permanente em Túnis. Atacando-a, o jornal colonial francês *La Quinzaine Coloniale* retomou, em 1905, discussões sobre o "perigo italiano", ao mesmo tempo que observava como a atenção pública tinha se transferido para "o perigo negro, o perigo vermelho, o perigo amarelo [...] Que terrível policromia!"[20] Os colonialistas franceses concordavam que os imigrantes sicilianos de Palermo e Trapani eram necessários para construir a infraestrutura da Tunísia, mas que seus compatriotas representavam um problema para a França:

> Acima dos trabalhadores e dos agricultores, organizando-os e tentando liderá-los, há uma burguesia italiana em Túnis formada por industriais, comerciantes, advogados, médicos, engenheiros, professores e arquitetos [...] Excluídos do poder político e eliminados pouco a pouco de todas as funções públicas, eles querem formar e têm tentado manter uma comunidade italiana impenetrável à influência francesa. Para atingir esse objetivo, eles se reuniram na Câmara de Comércio, formada para defender os seus interesses comuns, e criaram numerosos serviços educacionais e de assistência.[21]

Os colonialistas franceses se queixavam das celebrações que essa burguesia fazia da religião cívica italiana, utilizando o cerimonial e os rituais para mobilizar a comunidade: "para apoiar o culto da *italianità*, a burguesia italiana em Túnis não perde nenhuma ocasião para manifestar a sua fidelidade à Pátria-mãe (*la Mère-Patrie*). Todos os aniversários patrióticos são pretextos para que se realizem cortejos, com bandeiras e faixas, nas ruas de Túnis".[22] De forma nefasta, os trabalhadores italianos na Tunísia celebravam as festas italianas em vez do Dia da Bastilha. Por que os italianos da Tunísia resistiam à assimilação, enquanto os da Argélia se tornavam franceses naturalizados? Os colonialistas franceses respondiam: "é a presença de líderes burgueses, há muito estabelecidos no país e que, através das instituições de crédito, sociedades de socorro mútuo e escolas, se esforçam para manter a massa dos seus compatriotas longe da influência francesa e no culto da *italianità*".[23] Apesar da incômoda independência da comunidade italiana, o governo francês decidiu não a considerar indesejável, como as autoridades estadunidenses tinham feito, mas, no lugar, procurou novas formas de lucrar a partir do trabalho dos imigrantes.

Para limitar a influência social e política da Câmara de Comércio italiana, autoridades em Paris ordenaram a criação de uma Câmara de Comércio francesa em Túnis. Como a Itália e outras nações europeias, a França tinha começado a criar a sua rede de Câmaras de Comércio no exterior em 1883. Para o embaraço dos franceses, contudo, o plano deu errado porque quase todos os comerciantes franceses "sérios" de Túnis se recusaram a participar em uma Câmara de Comércio francesa em um protetorado francês. Eles sentiam que se oporem abertamente aos italianos iria ser péssimo para seus negócios. O cônsul observou que "a criação da câmara francesa iria, ao final, justificar a existência da italiana e reavivar o conflito entre as duas colônias [francesa e italiana]" na Tunísia.[24] O melhor que a França poderia fazer seria criar uma câmara "internacional" em uma parceria amigável com a italiana. Para a França, a Tunísia permanecia uma nação estrangeira, administrada através do Ministério das Relações Exteriores e não pelo Ministério das Colônias. Ainda que a França exercesse um protetorado formal na Tunísia, a colônia italiana tinha uma influência superior. Túnis parecia mais italiana do que francesa.

Depois da saída do poder de Crispi em 1896, Paris e Roma finalizaram a sua guerra de tarifas e rapidamente desenvolveram laços de amizade. A Itália reconheceu a posse italiana da Tunísia; a França garantia a existência das escolas italianas em Túnis, Bizerta, Goletta, Sfax e Sousse, e estabeleceu o preço de 20 centavos para o envio de uma carta entre a Tunísia e a Itália, o mesmo praticado dentro da Itália, em vez dos 25 centavos de tarifa internacional. Em 1905, o governo italiano abaixou o valor da sua tarifa postal doméstica para 15 centavos e pediu à França que fizesse o mesmo para a correspondência entre a Tunísia e a Itália (ISTAT, 1958, p. 203; Serra, 1967). O governo francês ficou mortificado por ter que contemplar o pedido do embaixador italiano:

Há dois tipos de problemas para aceitar o pedido italiano. Em primeiro lugar, nós daríamos a impressão à população italiana da Tunísia e ajudaríamos a reforçar o sentimento entre os italianos na Itália, de que a Tunísia, do ponto de vista territorial, assim como do postal, é, em algum nível, um anexo da Itália. O cônsul indicou um exemplo muito convincente disso: no dia seguinte ao rebaixamento da tarifa na Itália, quase todas as cartas que vieram de Palermo (no dia 6 de setembro de 1905), já vieram com o carimbo de 0,15 centavos ao invés de 0,20. Sem dúvida, tudo o que nós fizermos para facilitar as comunicações entre os italianos da Tunísia e a península irá fortalecer os laços já muito fortes entre os imigrantes e seu país de origem. Isso iria retardar e complicar o trabalho de assimilação da colônia siciliana na Regência, para o qual temos dedicado todos os nossos esforços.[25]

O Ministério das Relações Exteriores francês ressaltou que a base da economia da Tunísia era a sua população italiana, que chegava a 100 mil pessoas em 1906. Se a França baixasse as tarifas postais nas 860 mil cartas que eram enviadas todos os anos da Tunísia para a Itália, a administração colonial perderia 43 mil francos de renda por ano e se tornaria insolvente. Explorar esses pobres imigrantes italianos continuava a ser, portanto, uma alta prioridade. O primeiro-ministro francês rejeitou o pedido italiano em 1905 e, novamente, em 1907, observando que "o governo italiano não esconde seu ardente desejo de obter uma concessão que representaria um importante benefício para a sua política e para a sua influência na Regência".[26] A correspondência dos emigrantes com suas famílias e amigos fornecia uma ligação crítica entre a colônia e a metrópole, e as autoridades coloniais francesas queriam taxar, explorar e atenuar essa conexão o máximo possível.

A simpatia pelos emigrados, contudo, podia também afetar os interesses da indústria italiana. Os italianos demoraram a perceber que seus primos expatriados podiam se tornar poderosos rivais comerciais, favorecidos pelas altas tarifas alfandegárias estadunidenses que prejudicavam os produtos europeus. Na primeira exposição dos italianos no exterior, a Exposição Ítalo-Americana de Gênova de 1892, o júri generoso, mas de pouca visão, deu um prêmio especial aos vinhos produzidos pelos herdeiros de Colombo na "jovem América Latina". O júri deu aos brasileiros e aos argentinos louvor oficial mesmo com os competidores italianos tendo mais méritos: "se, em alguns casos, o prêmio parece maior do que o merecido, é porque nós queremos encorajar e estender uma mão amiga para aqueles que são pioneiros em novos e desconhecidos caminhos... Nós desejamos e devemos ajudar nossos compatriotas [...] [a partir] dos nossos sentimentos de irmandade e gratidão" (Cavagnari, 1893, pp. 373-374). Os italianos viam os americanos como seus alter egos econômicos: "ao final, eles são carne da nossa carne, sangue do nosso sangue; mas é fácil perceber que eles têm uma quase indestrutível supremacia sobre nós. Eles podem começar onde nós terminamos; às forças livres da natureza primitiva eles agregam o poder da nossa civilização, que nós herdamos com o ônus de muitas antigas tradições e incômodos grilhões" (Cavagnari, 1893, p. 378). O júri genovês via os italianos da América não como rivais, mas com a mesma confiança e condescendência mística de Luigi Einaudi. Ele insistia que as indústrias dos emigrantes nunca competiriam com as da pátria e iriam, na pior das hipóteses, habituar os americanos aos gostos e sabores italiano (Einaudi, 1900).

Em contraste, as Câmaras de Comércio italianas nos Estados Unidos lutavam por apoio dentro da comunidade italiana e por reconhecimento fora dela. Os italianos de São Francisco tinham criado uma em 1885, mas os de Nova York não conseguiram entrar em acordo sobre como se organizarem até 1887. O maior temor da de Nova York era que a Itália e os assuntos italianos iriam projetar uma má reputação na América do Norte. No início, a câmara apenas fornecia informações sobre as exportações italianas e exibia amostras de produtos, mas ela logo começou a desempenhar um papel ativo na oposição às restrições para a imigração, apoiando as comemorações do Dia de Colombo no estado de Nova York e fazendo *lobby* para mudanças na alfândega e transportes mais baratos de forma a garantir uma melhor distribuição de produtos italianos pelo país (Italian Chamber of Commerce, 1937, pp. 131-138, 199). A instituição pressionou o governo italiano para abrir uma filial do Banco di Napoli na cidade de Nova York para lutar contra os banqueiros ilegais italianos.

A Câmara de Nova York também lutou sem tréguas contra a distribuição de produtos italianos falsos ou adulterados, que podiam dar uma má fama ao *Made in Italy*. Nos Estados Unidos, produtos estadunidenses podiam ser legalmente chamados de "florentino" ou de "italiano" mesmo sem terem vindo de Florença ou da Itália. Bares vendiam "martinis" sem uma gota de vermute Martini e donos de queijarias vendiam queijo "parmesão" que não tinha vindo da província de Parma. Atacadistas no ramo de óleos vendiam "puro óleo de oliva" que era composto de um terço, metade ou dois terços de óleo de algodão; vendedores de vinhos enchiam as garrafas de vinho Chianti, tão características, com péssimos vinhos estadunidenses e as vendiam como italianas.

A câmara de Nova York tentava alertar a Itália para o perigo da competição estadunidense. Ela insistia para que fosse proibida a exportação de garrafas de vinho vazias e convenceu o governo italiano a vetar a exportação de coalho (*caglio*), essencial para a fabricação de queijos no estilo italiano. A câmara era particularmente hostil às "míopes" exposições industriais italianas que premiavam vinhos estadunidenses que competiam diretamente com os italianos (Italian Chamber of Commerce, 1937). Produtos baratos eram falsamente classificados como "italianos" nos Estados Unidos, mas, na Grã-Bretanha, as exportações italianas sofriam o problema oposto. Alguns varejistas britânicos não permitiam que os produtos italianos fossem nomeados como tal. Mobília italiana era vendida como inglesa; seda de Como sinalizada como de Lyon e lã do Biellese era vendida como de Manchester (Gribaudi, 1913, p. 200; Zampini-Salazar, 1902, p. 200). A visão de Einaudi dos produtos italianos conquistando o mundo enfrentava os obstáculos da adulteração, do preconceito e da fraude pura e simples. Apenas a organização da comunidade de expatriados, e a permanente defesa dos seus interesses sociais e econômicos, poderia melhorar a reputação de uma minoria étnica em apuros.

A longamente buscada ligação entre a emigração e o aumento das exportações provou-se tênue. Não obstante, algumas indústrias italianas viram um espetacular crescimento nas exportações para países que recebiam imigrantes italianos, especialmente a Argentina e os Estados Unidos. Mesmo com a produção doméstica de vinho e massas aumentando em ambos os países, eles importavam cada vez mais massas, vinho, vermute, queijo e doces. Adolfo Rossi tinha observado em 1882 que os vinhos italianos eram praticamente desconhecidos na parte oriental dos Estados Unidos, mas que os vinhedos italianos da Califórnia perseveraram na tarefa de criar um novo mercado para o vinho nos Estados Unidos e para aumentar a demanda pelo vinho italiano, como Einaudi tinha previsto (Cafagna, 1973, pp. 300-303; Gli italiani negli Stati Uniti d'America, 1906, pp. 253-256; Rossi, 1899).

Outras das principais exportações italianas naquela época incluíam tecidos e fios de algodão, mármores, frutas secas e cítricas. Piero Gribaudi observou que os fabricantes de luvas ítalo-americanos se aproveitavam das altas taxas alfandegárias para vencer os importadores italianos, mas "que não devemos ser pessimistas e acreditar que a emigração será mais danosa do que útil para as exportações italianas". A Itália tinha se beneficiado de uma repentina demanda no exterior por queijos (parmesão e pecorino), tomates em lata, peixe salgado, vegetais e óleo de oliva (Gribaudi, 1913, pp. 198-199; ISTAT, 1976, p. 118). As exportações italianas para os Estados Unidos quase dobraram entre 1901 e 1914, atingindo 272 milhões de liras em 1909. Esse sucesso esteve intimamente relacionado com a população emigrante: os importadores se concentravam quase que exclusivamente no mercado italiano imigrado, sem atingir um mercado nacional mais amplo antes da Primeira Guerra Mundial (Italian Chamber of Commerce, 1937, pp. 65-66).

A EMIGRAÇÃO E A MARINHA MERCANTE ITALIANA

A parte exportadora da indústria italiana se beneficiou indiretamente da emigração, mas a indústria naval conseguiu ganhos diretos. Mesmo a família real italiana entrou no negócio, fundando a companhia marítima Lloyd Sabaudo e até batizando vários de seus navios com o nome de príncipes. Os economistas afirmavam que a emigração garantiu a sobrevivência da marinha mercante italiana durante um período de intensa competição com a Grã-Bretanha e a Alemanha e no qual os antigos navios à vela se tornavam obsoletos e eram substituídos por navios a vapor (Ferrari, 1983; Longhitano, 1908, pp. 6-20; Surdich, 1983a, p. 504). Os novos, custosos, tinham uma tripulação menor e reduziam o tempo de viagem pelo Atlântico de dois meses para duas semanas, mas exigiam, para sua produção e funcionamento, de ferro e carvão que não abundavam na Itália. No início do século XX, o novo mercado da emigração ofereceu a solução para uma crise iminente na indústria naval. Os principais portos, companhias de navegação e estaleiros rapidamente se especializaram no transporte de pessoas durante o boom emigratório dos anos 1905-1914, sob a jurisdição do Comissariado de Emigração.

Quando a emigração em massa começou na Itália nos anos 1880 e 1890, a especulação brutal e a total falta de regulamentação levaram a condições horríveis para os emigrantes. Os agentes de emigração, condenados como "traficantes de carne humana", recrutavam pessoas no campo para que viajassem em companhias de navegação mal equipadas. Os agentes mentiam para os clientes e os colocavam em contato com a empresa que pagasse o maior bônus, não com aquelas com linhas mais rápidas, seguras ou mesmo com o destino escolhido pelo emigrante (De Courten, 1989, pp. 192-197). Pequenas companhias de navegação especulavam em cada viagem colocando emigrantes e carga no mesmo lugar. Os emigrantes eram mais lucrativos que trigo ou outras cargas, mas a competição era tão intensa que o preço da passagem de 60 liras (12 dólares) não cobria o custo da alimentação do emigrante durante a viagem.

Escrevendo em 1894, Ferruccio Macola condenou esses "traficantes de escravos de 1893", que arrendavam antigos navios construídos para o transporte de carvão e os lotavam de carga humana: "Com a lâmina da competição em suas cabeças, eles amassam os emigrantes nos porões de carga como anchovas em lata, pois os números compensam as despesas [especulativas]. Os vapores equipados por essas pessoas gananciosas se tornam sinistros navios-fantasmas, que marcam a sua lenta travessia pelo mar com uma fila de cadáveres".[27] Lentos veleiros podiam levar de 40 a 60 dias para cruzar o Atlântico e poderiam facilmente ficar sem água fresca. Macola observou que, em uma única viagem, duas ou três dúzias de crianças podiam morrer de doenças, porque 500 passageiros eram espremidos em 500 metros cúbicos (Macola, 1894, pp. 91-96).

Essas viagens desastrosas foram bloqueadas pelo Comissariado de Emigração, criado pela Lei de 1901. O Comissariado estabeleceu normas para todos os navios que transportassem emigrantes a partir de portos italianos e de Le Havre, França. Companhias de navegação que partiam de outros portos não podiam vender bilhetes ou recrutar passageiros na Itália; o Comissariado de Emigração subentendia que os agentes iriam dar falsas esperanças a seus clientes e enganá-los. Inspetores e médicos italianos viajavam em cada navio às custas dos transportadores, com poderes para impor as normas do Comissariado. Tal intervencionismo ia contra os princípios liberais e se tornou a marca de uma verdadeira legislação social. Para preservar o livre-mercado no transporte dos emigrantes, o governo italiano permitia que companhias estrangeiras competissem livremente com as italianas nos portos da Itália, mesmo que essas últimas não tivessem o mesmo direito no exterior. Os lobistas pediam para excluir as empresas estrangeiras do mercado italiano, pois isso iria produzir maravilhas para a marinha mercante da Itália. Do mesmo modo, algumas companhias britânicas pediam a seu governo para pressionar o italiano para que ficassem livres das normas deste.[28] Os italianos rejeitaram todos esses pedidos, no interesse dos emigrantes italianos.

As empresas de transporte se agitaram ainda mais quando o Comissariado proibiu os navios inseguros ou incapazes de viagens marítimas de transportarem os emigrantes. Em 1907, o Comissariado retirou a permissão para os navios Sicilian Prince e Neapolitan Prince transportarem emigrantes. A Prince Line colocava os emigrantes, trigo e outras cargas no porão dos navios e eles iam tão sobrecarregados que um dos dois navios "se inclinou quarenta e dois graus, mesmo

Italianos no mundo

num mar calmo" (de Courten, 1978, pp. 178-179). Para aumentar seus lucros, a Prince Line se aproveitava dos mais vulneráveis entre os emigrantes, aqueles que não tinham superado as inspeções obrigatórias de saúde. Nos portos italianos, as autoridades italianas examinavam cada passageiro utilizando os mesmos critérios da estação de processamento estadunidense em Ellis Island, verificando a saúde, a sanidade mental, a moralidade e a capacidade para o trabalho.

Os Estados Unidos exigiam essa inspeção prévia para poupar aos emigrantes a rejeição nos centros de imigração e uma viagem de volta para casa paga pelas companhias de navegação. A Prince Line e outras companhias, contudo, aceitavam esses passageiros rejeitados como "tripulação" por uma alta soma em dinheiro. Essa "tripulação" iria convenientemente desertar do outro lado do oceano. Essa estratégia reduzia a tripulação real ao mínimo e comprometia a segurança do navio.[29] A Prince Line era, em teoria, uma companhia italiana que arrendava navios britânicos, mas seus operadores italianos eram, na verdade, testas de ferro de uma empresa britânica. A empresa apelou ao embaixador britânico pedindo ajuda, mas ele se recusou a apoiá-la. Outra companhia britânica, a Anchor Line, se queixava de discriminação injusta em 1903, alegando que seus envelhecidos, mas "fortes" navios tinham sido colocados na lista negra por inspetores italianos, "que são, de forma muito frequente, médicos que nunca foram para o mar e são totalmente ignorantes das coisas marítimas, assim como das naturais exigências e desconfortos que se podem esperar em um navio de passageiros". O embaixador britânico ficou do lado dos inspetores italianos, muitos dos quais tinham sido cirurgiões na Marinha italiana, e informou que o governo daquele país recebia muito bem a presença de companhias de navegação britânicas honestas e eficientes.[30]

Ao restringir as atividades de companhias como a Prince Line e a Anchor Line, o Comissariado aumentou dramaticamente a segurança, a confiabilidade e o decoro da emigração italiana após 1901. Isso encorajava mais pessoas a emigrar e expandia a indústria como um todo. A pressão da competição estrangeira logo levou a navios mais rápidos, seguros e melhores. Entre 1904 e 1909 praticamente toda a

Migração e capital

frota transatlântica italiana foi modernizada com novos navios construídos na Itália e na Inglaterra (De Courten, 1989, p. 185). Mesmo assim, as tragédias continuaram: em 4 de agosto de 1906, o navio Sirio, da Navigazione Generale Italiana, viajando de Gênova ao Brasil, naufragou perto da costa de Portugal e mais de 150 pessoas se afogaram. As listas de passageiros não estavam em ordem e por várias semanas o Comissariado foi incapaz de determinar quem tinha falecido.[31]

Para os políticos desse período, o impulso que a emigração deu à marinha mercante italiana tinha uma conexão evidente com o poder internacional da Itália. O comércio marítimo era considerado um anexo e um apoio para a Marinha de guerra: de 1860 até 1946, a "marinha mercante" e a "marinha militar" italianas estavam ambas sob a jurisdição do *Ministero della Marina*. Um antigo subsecretário desse Ministério, almirante Leone Reynaudi, se tornou o segundo comissário de emigração em 1904, depois do estatístico Luigi Bodio, com o objetivo de aumentar o poder internacional da Itália através da emigração (D'Angiolini; Pavone, 1981, v. 1, pp. 177-193; Cantalupi, 1905, pp. 153-154).

Os pensadores italianos frequentemente invocavam a *marina*, que incluía a mercante e a militar, como parceira e protetora da expansão emigratória no exterior. Logo após o breve bloqueio anglo-teuto-italiano da Venezuela em 1903, a revista *L'Italia Coloniale* recordava ao Parlamento a importância da presença de navios italianos em portos estrangeiros:

> Até que o Parlamento italiano perceba que a Itália necessita de um poderosa Marinha, será inútil propugnar boas estratégias e políticas [...] sem navios o crédito da Pátria não poderá ser mantido. Os italianos no exterior [...] não podem ser protegidos sem navios. Navios que carregam a bandeira italiana para que ela tremule em portos estrangeiros previnem desordens, dão sutis advertências, consolam (*ricuorano*) os nossos [...] É necessária uma forte *marina* e o dinheiro gasto com esse objetivo é tudo menos improdutivo. (Gobbi Belcredi, 1903, p. 20; Vernassa, 1980)

Navegação, comércio e construção naval se articulavam, assim, dentro do eixo central que era a grande emigração.

145

O IMPACTO DA EMIGRAÇÃO DE RETORNO

As enormes vantagens econômicas que a Itália extraía da emigração dependiam em boa medida da emigração de retorno. No tocante às remessas, o Parlamento observava que "é notório que praticamente nenhum valor em economias é enviado para casa no ano da partida e que no terceiro ou quarto ano o emigrante ou retorna para casa [com suas economias] ou leva a sua família para se reunir com ele no seu novo país" (1910, v. 8, p. 52). Ainda que planos pudessem ser alterados, os verdadeiros emigrantes "permanentes" imaginavam que nunca iriam retornar para a pátria de origem: eles investiam todo o seu tempo e o seu dinheiro na sua vida lá fora. O Banco di Napoli enfrentou essa realidade em 1908; como explicado pelo cônsul italiano em Florianópolis, Brasil, que tentava esclarecer a razão pela qual nenhum banco local aceitava processar as remessas dos emigrantes: "Nossos compatriotas no estado de Santa Catarina são todos pequenos proprietários de terras, definitivamente estabelecidos aqui. Eles não enviam mais suas economias para a pátria não apenas porque seus magros ganhos são suficientes apenas para a sobrevivência, mas também porque a maioria deles não tem mais parentes na Itália".

O cônsul italiano de Salônica (Tessalônica), Grécia, também se desculpava: "Eu certamente apoiarei o esforço para facilitar as remessas na região. Mas acredito que isso será muito difícil aqui, porque não há uma verdadeira emigração, mas uma colônia estável com apenas duzentos ou trezentos trabalhadores. E há também agora uma agência postal italiana que providencia o envio de dinheiro a custo mínimo".[32] Os trabalhadores temporários, em contraste, enviavam ou carregavam suas economias para casa para se aposentarem. Mais ou menos metade dos emigrantes italianos retornou para casa, um índice muito mais alto do que outras emigrações nacionais daquela época (Vecoli, 1995, pp. 114-116).

A realidade da emigração de retorno, contudo, apenas gradualmente se tornou clara. Em 1882, os estatísticos italianos postulavam que "os emigrantes têm a intenção de nunca retornar para a Pátria" (Direzione

Generale di Statistica, 1882, p. iii). Ainda em 1905, o famoso economista Vilfredo Pareto argumentava que os emigrantes estavam "perdidos" para a pátria e podiam ser subtraídos dos seus ativos. Os custos da educação e da criação dos filhos dos emigrantes não seriam "recuperados" se as crianças, após se tornarem adultas, emigrassem para trabalhar em outro lugar. De acordo com o argumento de Pareto, a Itália subsidiava as economias estrangeiras ao pagar os custos do crescimento físico dos trabalhadores desde a infância e então os enviava, nos seus anos produtivos, para trabalhar no exterior. Pareto estimava que a Itália perdia, dessa forma, entre 400 e 450 milhões de liras todos os anos através da emigração. Seus críticos diziam que a falta de postos de trabalho na Itália fazia da perda de trabalhadores "em excesso" puramente hipotética (Beneduce, 1904; Coletti, 1905; Pareto, 1905). Apenas uma cuidadosa coleta e análise de dados estatísticos poderia resolver o problema.

As estatísticas revelaram uma tendência crucial: uma espetacular migração de retorno, tanto dos destinos americanos como dos europeus. A migração através do Atlântico, medida através das listas de passageiros na terceira classe nos navios que vinham para a Itália, indicava um saldo líquido para a Itália nos anos de recessão nos Estados Unidos e no início da Primeira Guerra Mundial (ver "Anexos: mapas e gráficos", Gráfico 3.3). Outros registros estavam disponíveis em nível municipal, do número de pessoas registradas como emigrando permanentemente ou retornando em definitivo da emigração (ver "Anexos: mapas e gráficos", Gráfico 3.4). Na década entre 1901 e 1910, uma média de 119.749 pessoas emigravam por ano, número maior do que as que retornavam. Na década seguinte, contudo, houve um saldo líquido de 23.311 pessoas a mais que retornavam do que partiam.[33] O maior número de retornos aconteceu no começo da Primeira Guerra Mundial e ao seu final, quando era novamente seguro atravessar os mares.

A migração de retorno das Américas variava enormemente de país para país. Isso refletia uma tendência geral da emigração italiana: famílias italianas inteiras se instalavam no Brasil, enquanto trabalhadores masculinos migravam temporariamente para os Estados Unidos e para a Argentina. Entre 1905 e 1915, o governo italiano apurou que três quartos dos emigrantes que retornavam dos EUA e dois terços dos repatriados da Argentina viajavam sozinhos. Do Brasil, contudo, entre metade e três quartos dos italianos que voltavam estavam com suas famílias. Mulheres que retornavam para a Itália compreendiam entre um décimo e um quinto da migração de retorno dos EUA e Argentina, mas mais da metade da do Brasil, sempre entre 1905 e 1915. Essa característica da emigração nos Estados Unidos mudou apenas em 1922, quando as barreiras anti-imigração reduziram a imigração italiana a quase zero (Beneduce, 1911, pp. 33-43; Comissariato Generale dell'Emigrazione, 1926, pp. 676-677, 688, 739-742, 791-799, 803-805). Como os imigrantes que deixavam os Estados Unidos não iriam mais ser admitidos de volta nos portos estadunidenses, a migração de retorno para a Itália praticamente cessou. A migração transatlântica cíclica e temporária da Itália se tornou uma diminuída emigração em um só sentido.

Por que taxas de retorno tão altas antes de 1922? Para a genuína surpresa dos estadunidenses, muitos italianos deixavam seus vilarejos com a intenção de voltar. Para eles, a América era a "terra do dólar", um lugar para fazer dinheiro, mas não para viver com uma família (Caroli, 1973, pp. 75-99; Penne, 1908, p. 21; Rossi, 1893; Wyman, 1993, pp. 75-80). Fortes laços com uma rede familiar estendida também trouxeram muitas pessoas de volta. O impressionante desenvolvimento econômico italiano entre 1890 e 1920 também persuadiu, sem dúvida, muitos italianos da América do Sul a retornarem para casa. Se, em vez disso, a economia italiana tivesse colapsado, ou se Brasil e Argentina tivessem superado a Itália economicamente em longo prazo, mais italianos teriam permanecido nas suas terras na América do Sul. No século XX, contudo, o *bel paese* atraiu seus emigrados de volta com leis de cidadania favoráveis, adulação por parte do governo, uma economia forte e aproveitando-se dos laços dos emigrantes individuais com as tradições de suas comunidades de origem, suas paisagens e clima. Os bilhetes de navio eram baratos, já que os vapores que cruzavam o oceano tinham normalmente muito espaço vazio para a volta para a Itália.

Atraídos pelos laços com sua terra de origem, os migrantes também eram empurrados de volta através do oceano pelos ciclos econômicos de crescimento e queda. Os imigrantes nos EUA trabalhavam nos setores industriais em crescimento e eram os primeiros a perderem o emprego quando havia uma retração econômica. Alguns membros do governo afirmavam que Ellis Island "é um termômetro muito mais sensível e preciso da economia nacional do que Wall Street" (Commissariato Generale dell'Emigrazione, 1903-1909, v. 3, t. 3, pp. 89-90). Depois do pânico de 1907 e a consequente depressão nos EUA, os italianos deixaram o país em números recordes, enquanto os números daqueles que voltavam do Brasil e da Argentina permaneceram constantes (ver "Anexos: mapas e gráficos", Gráfico 3.5). Essa súbita volta de trabalhadores italianos causou consternação no Parlamento italiano, mas trouxe importantes benefícios econômicos de longo prazo. Os emigrantes que retornavam trouxeram suas economias, suas experiências sociais e treinamento industrial para a economia em desenvolvimento da Itália.[34]

Graças à emigração de retorno, os emigrantes italianos não eram "perdidos" para sua nação como tantos políticos italianos tinham temido. Ao contrário, a emigração efetivamente expandia o mercado de trabalho italiano para além dos limites dos recursos nacionais. As remessas contribuíram para fortalecer o mercado de capitais e a indústria italianas, de forma que futuros trabalhadores podiam encontrar emprego dentro da própria Itália. Muitos intelectuais e políticos italianos esperavam que a emigração forneceria dinheiro e pessoal extras para futuras emergências nacionais, especialmente a tão esperada guerra europeia. De fato, a emigração se revelou um recurso crucial para a Itália durante a Primeira Guerra Mundial, pois a população da Itália cresceu durante esse período, ao contrário de todos os outros países beligerantes na Europa. Centenas de milhares de pessoas retornaram para a Itália da Europa e das Américas quando da deflagração do conflito e outros 300 mil o fizeram como reservistas do Exército, quando a Itália entrou na guerra em 1915. Nos anos 1930 e 1940, a Itália fascista também esperava que uma migração de retorno similar serviria para alimentar os quadros militares e sustentar suas guerras de agressão. Esse retorno em massa nunca aconteceu (Bianchi, 1992; Briani, 1970; Comissariato Generale dell'Emigrazione, 1923; Mitchell, 1998, pp. 85-87; Nobile, 1974).

Italianos no mundo

Depois de extensiva análise estatística, os italianos perceberam que a emigração não estava drenando a população em escala nacional. Na Europa, apenas a Irlanda enfrentava realmente essa ameaça. Em todas as partes, os índices de emigração permaneceram abaixo do crescimento natural proporcionado pela diferença entre nascimentos e mortes (Guinnane, 1997; Direzione Generale di Statistica, 1904, p. 141). O anuário estatístico italiano de 1895 revelou como, apesar do aumento da emigração, o aumento natural da população, de 326.563 pessoas, superava largamente o da emigração total, de 225.346, que estavam divididos entre emigrantes permanentes para além-oceano (101.207) e emigração temporária para a Europa (124.139). Em nível provincial, contudo, a emigração permanente realmente afetou drasticamente a população de províncias como Catanzaro, Potenza, Campobasso, Salerno, Rovigo e Turim (Direzione Generale di Statistica, 1896, pp. 73-74; 1900, pp. 86-89). A emigração temporária, especialmente para a França, a Áustria, a Alemanha e a Suíça, tinha um impacto menor. A província de Udine, na fronteira nordeste da Itália, era responsável por mais de um terço de toda a emigração temporária italiana, mas os migrantes retornavam para casa após uns poucos meses (Direzione Generale di Statistica, 1896, pp. 73-74).

Em 1897, a situação demográfica tinha se alterado dramaticamente. No norte, Udine continuou a crescer e Turim também ganhou população, já que o crescimento na cidade compensava as perdas nas regiões montanhosas nos Alpes. Rovigo também reverteu seu declínio populacional. No sul, contudo, as estatísticas revelavam um êxodo em massa, gerando um vazio demográfico na Campania e na Basilicata (Direzione Generale di Statistica, 1900, pp. 86-89). Depois de 1900, os anuários estatísticos italianos não registravam mais os números de nascimentos, mortes e emigração permanente em nível provincial. O despovoamento local tinha se convertido de frias estatísticas a uma desesperadora realidade.

O censo italiano de 1901 documentou severo despovoamento em algumas pequenas vilas e cidades com alta taxa de emigração ao analisar aqueles relativamente poucos municípios (*comuni*) que perderam

Migração e capital

população entre 1º de janeiro de 1882 e 10 de fevereiro de 1901 (para economizar dinheiro, Francesco Crispi tinha cancelado o censo nacional de 1891). Em 20 anos, 613 municípios do Piemonte tinham perdido 83.758 pessoas, enquanto apenas 176 vilarejos na Campânia tinham contado 59.682 habitantes a menos. De forma ainda mais impressionante, 93 vilarejos da Basilicata tinham perdido 59.682 pessoas.[35] Através da Itália, 71 municípios tinham perdido mais de 800 habitantes, 24 deles em Basilicata. Em nível nacional, a população crescia num ritmo tão acelerado que qualquer declínio localizado era incomum. Apenas a Basilicata combinou uma emigração em massa com uma base populacional pequena. Centenas de milhares venderam seus pequenos lotes de terra para começar uma nova vida nas Américas, especialmente nos Estados Unidos. O censo de 1901 também registrava municípios que tinham perdido ao menos 20% da sua população: 32 eram da Basilicata. A própria capital, Potenza, perdeu 20,6% dos seus habitantes, caindo para 16.163 residentes: foi a única capital regional ou provincial a perder mais de um quinto da sua população (Direzione Generale di Statistica, 1901-1904, pp. 28-32).

Dez anos depois, o censo de 1911 confirmava essas tendências. O Piemonte perdeu 108.095 pessoas de 873 municípios, enquanto as perdas da Sicília foram ainda maiores: 108.909 pessoas de 116 cidades. Outras regiões do sul continuavam a se despovoar: a Campânia perdeu 55.126 em 249 municípios; Abbruzzi-Molise 30.715 de 173 cidades e vilas; a Calábria 24.331 de 101 municípios e Basilicata 21.153 de 76 comunidades. O censo também listava as municipalidades que tinham perdido mais de 10% da sua população entre 1901 e 1911: a província de Potenza registrava 23 municípios, e a vizinha de Salerno, outros 33. A província de Turim liderava a lista, com 87; a de Novara, que incluía Biella, vinha a seguir com 64 vilarejos que tinham perdido mais de 10% da população. A emigração temporária, contudo, não tinha levado ao despovoamento. Apenas uma vila na província de Udine tinha perdido um décimo dos seus habitantes, ainda que 2,7% da província como um todo estava "temporariamente ausente" no dia do censo. Esse foi, de longe, o mais alto índice de ausência no país em razão da emigração temporária e contrastava fortemente com a Basilicata. Nos 30 anos entre 1881 e 1911, ela tinha perdido 10% dos seus habitantes.[36]

Esses números refletiam sofrimento e medo. Ainda que a emigração trouxesse o benefício das remessas e do comércio para a Itália como um todo, os impactos locais da emigração excessiva ameaçavam destruir o próprio tecido social tradicional. Algumas cidades nunca se recuperariam de uma perda populacional tão rápida. E, no entanto, muitos emigrantes voltariam para casa. Os laços religiosos e familiares ligavam os italianos à sua terra natal; o Estado italiano trabalhou para criar outras ligações, culturais e econômicas. A emigração de retorno logo adquiriu uma dinâmica própria e levantou um debate por si só.

OS DEBATES SOBRE DESPOVOAMENTO E DEGENERAÇÃO

Giuseppe Zanardelli foi o primeiro-ministro italiano do norte da Itália precursor a visitar o sul e ficou chocado pelo que viu. Em uma visita a Moliterno, na Basilicata, em setembro de 1902, o prefeito o saudou dizendo: "Eu o saúdo em nome dos meus 8 mil concidadãos, dos quais 3 mil emigraram para a América e 5 mil estão se preparando para fazê-lo" (Sereni, 1968, p. 351). Em 1910, uma comissão parlamentar que investigou as condições no sul relatou a respeito de "casas abandonadas, pomares transformados em moitas de espinho, famílias formadas apenas por mulheres, crianças e uns poucos idosos [...] como um vilarejo vazio que tivesse sido atingido por uma praga" (1910, v. 8, pp. 50-51). A emigração parecia ter se tornado uma parte fundamental da vida na Itália Meridional. Alternativas para a emigração eram impensáveis. Giustino Fortunato escreveu que "em nome de todos os meridionais, eu rezo a Deus para que os Estados Unidos da América nunca decidam fechar as suas portas para a crescente torrente de nossos miseráveis conterrâneos" (Fortunato, 1926b, v. 2, p. 35).

Tão ruim quanto a perda populacional – ou ainda pior, de acordo com os nacionalistas italianos – era o retorno de migrantes com a saúde e a vida destruídas. Ao mesmo tempo que os oponentes da imigração em massa nos Estados Unidos tentavam impedir a chegada de doentes, os oponentes italianos da emigração em massa procuravam limitar a partida de trabalhadores italianos saudáveis. Eles se baseavam em histórias aleatórias e em inspeções sanitárias para afirmar que os italianos partiam saudáveis para a América e retornavam doentes e morrendo. Os italianos meridionais teriam descoberto as bebidas fortes e o uísque apenas nas Américas, e os emigrantes que retornavam alcóolatras chocavam os moralistas (Bernardy, 1913, pp. 310-337; Inchiesta, 1910, v. 8, p. 57; La Sorte, 1985, pp. 189-202). Tuberculose, a praga da pobreza urbana, tinha sido desconhecida na Itália rural antes da migração de retorno. Entre 1903 e 1925, os médicos a bordo dos navios de passageiros ficaram chocados ao descobrir 9.678 casos de tuberculose entre emigrantes que retornavam para casa, em comparação com apenas 356 casos entre aqueles que deixavam a Itália. Mesmo a malária, uma doença comum na Itália, estava presente entre os que voltavam: 2.701 pessoas partiram com a malária e 1.013 retornaram com ela, frequentemente apenas para morrer. As doenças venéreas foram encontradas em 626 italianos em viagens de volta, contra 225 que partiam. Essas estatísticas eram certamente pouco realistas, havendo muita subnotificação. Os dados mais confiáveis indicam que dos 3,3 milhões que voltaram nesses anos quase todos estavam com saúde (Comissariato, 1926, pp. 676-677, 791, 803, 1631-1634; ISTAT, 1958, p. 65; Stella, 1906). Mesmo assim, os oponentes da emigração afirmavam que os migrantes retornavam doentes e desesperados, e não ricos e prósperos.

Alguns desses emigrantes haviam sido barrados nas inspeções de saúde nos portos estadunidenses. Os inspetores examinavam os candidatos à entrada selecionando as pessoas saudáveis e aptas moral e civicamente para entrarem no país: "idiotas, insanos, paupérrimos, doentes, condenados, polígamos, mulheres (imigrando) para propósitos imorais, estrangeiros com contrato prévio, anarquistas ou proxenetas" eram rejeitados de acordo com a lei estadunidense. Imigrantes com doenças contagiosas, mesmo que adquiridas durante a viagem, podiam ser proibidos de desembarcar; o mesmo para aqueles com varicosas e artrite (Commissioner-General of Immigration, 1904, p. 8; Kraut, 1994, pp. 273-276).

Italianos no mundo

Entre 1902 e 1925, uma média de 0,87% dos homens e 0,48% das mulheres e crianças italianos eram rejeitados nos portos de imigração. Todos esses emigrantes retornavam para a Itália às custas das companhias de navegação. Muitos mais emigrantes em potencial eram barrados nos portos italianos, já que as companhias faziam seus próprios exames antes do embarque, como exigido por uma lei estadunidense de fevereiro de 1907. Pela regulamentação italiana de 1914, as empresas de transporte naval eram obrigadas também a reembolsar aos emigrantes rejeitados as despesas de alojamento e transporte entre suas cidades natais e os portos.[37] A ênfase estadunidense na saúde dos imigrantes acabava por conduzir o debate sobre as vantagens da emigração na Itália. Os nacionalistas italianos sustentavam que apenas os emigrantes mais fisicamente aptos e mais produtivos economicamente deixavam o país, enquanto doentes mentais, aleijados e outros rejeitados ficavam na Itália. Com as nefastas teorias do darwinismo social ecoando por trás, os oponentes da emigração em massa previam que essa "seleção ao revés" e as doenças importadas através da emigração de retorno iriam causar o declínio da raça italiana (Stella, 1906; Villari, 1912, pp. 303-304).

Além da saúde comprometida, muitos emigrantes chegavam à Itália falidos e com os sonhos desfeitos. Os agentes do governo italiano registravam quantos não haviam podido pagar suas passagens e tinham retornado para casa às custas dos cônsules italianos ou de organizações de caridade italianas do exterior. Entre 1902 e 1925, 1,6% dos italianos que retornavam dos Estados Unidos e 3,1% dos que vinham da Argentina e do Uruguai chegavam a um porto italiano como indigentes. Do Brasil, contudo, impressionantes 12% dos migrantes vinham para a Itália na pobreza. Por que tal diferença? O Comissariado de Emigração explicava que as organizações de caridade italianas nos Estados Unidos não eram melhores do que as do Brasil, mas que os emigrantes italianos com melhores condições financeiras e de saúde preferiam ir para a América do Norte ao invés da do Sul (Commissariato Generale dell'Emigrazione, 1914, p. 14; 1926c, pp. 1631-1634). Muitos emigrantes que tinham sido rejeitados pelos inspetores norte-americanos emigravam para portos sul-americanos, apenas para encontrar oportunidades econômicas ainda piores do que as que tinham deixado na Itália. Eles eventualmente retornavam para casa, quebrados e em desgraça. Os críticos raciocinavam que, se a emigração tinha infectado e arruinado tantas vidas, sem dar aos emigrantes a riqueza que eles buscavam, era certo que a emigração em si representava uma desgraça nacional.

Os interesses dos emigrantes e os objetivos estratégicos da Itália eram veementemente debatidos. O grupo católico *Italica Gens* aspirava transferir a emigração italiana para o Brasil e a América Latina por causa das maiores possibilidades de influência política italiana lá, mesmo quando os Estados Unidos ofereciam mais possibilidades econômicas para os trabalhadores (L'emigrazione in Brasile, 1913). Alguns imperialistas ainda esperavam limitar a emigração para as Américas para aumentar o número de italianos na Eritreia e na Somália (Penne, 1908; Sonnino, 1904). Outra controvérsia, que colocava em campos opostos os interesses dos emigrantes e os de política externa, era o debate entre a colonização urbana ou rural. Os emigrantes ganhavam melhores salários nas cidades, nas minas e fábricas e se agrupavam em comunidades compactas; mas isso era o melhor para eles?

Os políticos estadunidenses se movimentavam contra o amontoamento de estrangeiros nas grandes cidades e preferiam imigrantes para colonizar e cultivar as grandes planícies. Adolfo Rossi, como inspetor do Comissariado de Emigração e, mais tarde, cônsul italiano em Denver, Colorado, agradou às autoridades estadunidenses ao encorajar os italianos a se instalarem nas pradarias do oeste no lugar das cidades na costa leste. Em 1905 e 1906, durante uma viagem oficial, Rossi enfatizou para a imprensa americana que a Itália não encorajava a emigração, não aconselhava os italianos a se agruparem nas cidades e não se opunha à americanização dos emigrantes.[38] Rossi pessoalmente acreditava que era essa a melhor política e era certamente o que os estadunidenses queriam ouvir. Alguns italianos mencionavam a colônia de Tontitown, Arkansas, como um assentamento italiano modelo sob a liderança de Padre Bandini, um sacerdote escalabriniano. Longe dos males dos aglomerados urbanos cheios de doenças e imoralidade, aqui os italianos trabalhavam os campos sob o olhar vigilante de seu pároco. A maioria dos emigrantes ignorava esse conselho oficial e se agrupava nas grandes cidades, lutando juntos contra o preconceito racial e religioso.

A longo prazo, essa era uma decisão, em termos econômicos, sábia. Como os imigrantes italianos se concentravam na costa leste e nas áreas metropolitanas dos Estados Unidos, seus filhos e netos herdavam propriedades de valor em dinâmicos centros urbanos, onde podiam conseguir também salários mais altos do que a média nacional.[39] Os descendentes de italianos na cidade de Nova York desfrutam de um padrão de vida mais alto, nos dias de hoje, do que aqueles que permaneceram na pequena Tontitown, Arkansas.

O choque de perspectivas e interesses afetou também as relações entre imigrantes e residentes locais. Por causa do preconceito religioso e racial e da competição no mercado de trabalho, muitos estadunidenses não conseguiam ver nada além da pobreza dos recém-chegados. A despeito dos interesses de estadunidenses e italianos realmente entrarem em conflito às vezes, também havia um trágico fosso de incompreensão mútua. Alguns estadunidenses consideravam que os imigrantes só queriam dinheiro fácil; se entregando ao culto de Mamon; muitos italianos pensavam o mesmo dos EUA e da sua cultura de infinitos ganhos monetários, sem consideração com o espírito humano. Depois de organizar uma exposição de arte para imigrantes em Chicago, Jane Addams observou que "um italiano manifestou grande surpresa que nós, ainda que estadunidenses, gostássemos de pinturas e disse, até ingenuamente, que não sabia que os estadunidenses se importassem com qualquer coisa que não fossem dólares – que ir a uma exposição de arte era algo que as pessoas só faziam na Itália" (Addams, 1910, p. 372; DiGiovanni, 1989, pp. 142, 193-194; Rossi, 1893; Shumsky, 1992). Ambos os lados acusavam o outro de uma avareza excessiva nos Estados Unidos, a "terra dos dólares".

Migração e capital

Boa parte da incompreensão mútua e das controvérsias sobre a imigração e a emigração vinham de interpretações diferentes – econômicas, culturais, étnicas e políticas – a respeito do mesmo fenômeno. O modelo "push-pull", com seus indicadores econômicos e diferenciais de renda, é tentador ao oferecer uma fácil explicação para o fenômeno da emigração, mas ele trazia consigo implicações muito mais profundas. Os riscos e os custos humanos da emigração em massa, ainda mais dolorosos em nível pessoal, perturbavam os cálculos das suas vantagens evidentes, como remessas, exportações, lucros e industrialização em escala nacional. A emigração em massa, com alta taxa de retorno, combinava os problemas e as oportunidades das políticas doméstica e internacional através das consequências locais e internacionais do movimento de pessoas. O envolvimento italiano com a emigração nos leva, dessa forma, para além do econômico. A população em movimento trazia consigo identidades culturais e costumes sociais que iriam se tornar o foco para a construção de uma nação global.

O obelisco de Dogali, erguido em 1887 na Piazza dei 500, Roma, realocado em 1924. Foto de Mark I. Choate

Os italianos da Argentina. Álbum para a Exposição dos italianos do exterior de 1898 em Turim. A filha da Itália saúda a estrela italiana brilhando sobre o mar.
Fonte: Biblioteca del Ministero delle Risorse Agricole, Alimentari e Forestali, Roma.
Foto de Mark I. Choate

Italianos no mundo

Imagem de cartão-postal dirigida aos emigrantes: o monte Vesúvio libera seus gases sobre a baía de Nápoles e um farol guia o navio em direção a uma ordem de pagamento internacional emitida pelo Banco di Napoli, ancorada no sólido Castel dell'Uovo. Fonte: Arquivos Históricos do Banco di Napoli, Nápoles. Foto de Mark I. Choate

A agência de Rocco Gualtieri, Nova York, 1912. Correspondente do Banco di Napoli e importadora. Fonte: Center for Migration Studies of New York, Inc.

Estudantes italianos em Trípoli realizando exercícios de ginástica com escadas móveis. Fonte: Ministero delle Colonie.
La Mostra coloniale di Genova 1914 (2. ed., Roma, G. Bertero, 1914)

Migração e capital

O Farol da Pátria. Janículo, Roma, construído em 1911.
Foto de Mark I. Choate

"The heroes of the Italian trenches in New York".
Il Carroccio: The Italian Review (novembro, 1918)

Migração e capital

Os descendentes de Colombo retornam para a Grande Guerra. Monumento aos ítalo-americanos mortos em combate. Pátio do Palácio Real de Turim, 1923.
Foto de Mark I. Choate

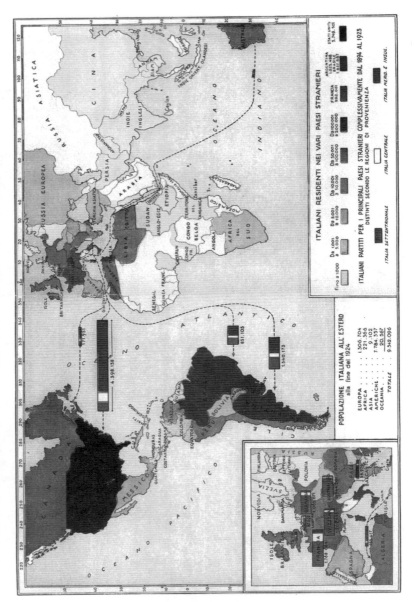

Mapa-múndi conforme a população italiana residente, mostrando a emigração para cada continente da Itália do Norte, Meridional e do Sul. Fonte: Commissario Generale dell'Emigrazione. *L'Emigrazione italiana dal 1910 al 1923* (Roma, 1926)

A língua de Dante

Em 1867, Massimo d'Azeglio resumiu muito bem o dilema enfrentado pelo novo Estado italiano com a sua famosa frase: "Infelizmente, nós fizemos a Itália, mas ainda não fizemos os italianos".[1] A emigração em massa complicou as coisas com um desafio novo mas relacionado: poderia um Estado inventar uma identidade nacional para emigrantes transnacionais? O governo italiano trabalhava nas fronteiras da política, confiando na cultura e na religião para que os emigrantes se tornassem ou continuassem italianos. O sucesso do colonialismo emigratório dependia de uma identidade étnica que se sustentasse no tempo – mesmo que subsidiada pelo Estado e, num certo sentido, artificial – e que os emigrantes pudessem levar consigo para fora e trazer para casa quando da sua provável volta. Enquanto os governos das Américas encorajavam a assimilação, os políticos

167

italianos buscavam a essência da *italianità*, que não se dissolveria em nenhum caldeirão cultural de imigrantes, não importando quais as pressões que fossem aplicadas.

O ingrediente principal dessa identidade italiana insolúvel era a língua italiana, o elemento de união, de coesão da vida internacional da Itália. Giuseppe Prato argumentava que "a língua é a mais sólida defesa das nacionalidades ameaçadas, a única esperança de salvação dos povos oprimidos, o instrumento mais efetivo de expansão para as raças mais fortes e para os povos superiores" (Prato, 1900, p. 109). Nas palavras de Ferdinando Martini, "a alma da Pátria é a sua língua" (Martini, 1912, p. 811). Se a primeira geração de migrantes, que falavam dialetos, aprendesse o italiano padrão, a comunidade italiana poderia se unir ao invés de se separar em grupos regionais. Se a segunda geração também falasse a "língua de Dante", eles estariam ligados à cultura e à sociedade italianas, não importando onde vivessem. A conservação da cultura e da língua nacionais, especialmente pelos filhos e netos dos emigrantes, se tornou o Cálice Sagrado do colonialismo emigrante.

Criar uma forte identidade italiana acima das tradicionais lealdades regionais era o objetivo da educação italiana tanto em casa como no exterior. O papel didático da emigração já tinha sido explorado em *Cuore* [Coração: um livro para meninos, 1886], um livro escolar que se tornou o primeiro best-seller italiano. Edmondo de Amicis estruturou o seu livro como o diário de um jovem estudante, com destaque para as leituras patrióticas que seu professor lhe atribuía todos os meses. O capítulo mais longo – "Dos Apeninos aos Andes" – registrava a busca de um menino de 13 anos por sua mãe emigrante desaparecida. Ele viajava sozinho de Gênova para a Argentina, com encorajamento de um conterrâneo italiano: "Vá, e não se preocupe, lá você terá compatriotas (*compaesani*) por todos os lados – você não estará nunca sozinho". Marinheiros de Gênova mais tarde o repreendem dizendo: "Mas, que diabos! Um genovês que chora porque está longe de casa! Os genoveses viajam pelo mundo gloriosos e triunfantes!". Um lombardo em Rosário o ajuda a conseguir dinheiro entre os italianos que estão numa taverna, que o recebem calorosamente: "Um patrício! Venha aqui, pequeno. Nós estamos aqui, os emigrantes!". Eles coletam dinheiro suficiente para enviá-lo para Córdoba e depois Tucumán, onde consegue assistência médica para sua febril e moribunda mãe, salvando sua vida (De Amicis, 1972, pp. 290-316).

As lições desse melodrama são claras. Os italianos de todas as regiões são um só; eles podem e devem confiar uns nos outros; as lealdades familiares se dissolvem simplesmente com a nacionalidade. De Amicis utilizou a solidariedade entre os emigrantes como modelo para a solidariedade nacional em casa. O seu best-seller estimulou escolares na Itália, mas também atingiu os expatriados, já que seu livro foi distribuído nos navios de emigrantes e nas escolas italianas do exterior. Esse projeto de construção nacional amalgamava de forma bem-sucedida as identidades italianas em casa e no exterior: para ter sentido em casa, a *italianità* também devia fazer sentido nos países estrangeiros.

A expansão cultural foi sempre uma parte fundamental da política externa italiana. Fiel a suas origens românticas, o governo italiano criou o seu primeiro programa de escolas italianas no exterior logo após a unificação em 1862. Francesco Crispi o expandiu em 1889 para sustentar sua ambiciosa política externa para o Mediterrâneo. Ensinar e educar eram instrumentos para grandiosos projetos políticos. Um intelectual simpático a Crispi observou mais tarde que "ele enviou para fora professores com pouca educação, mas muito entusiasmo, que aceitavam a tarefa como uma missão nobre".[2] Seu governo estabeleceu normas rigorosas a seguir por parte das escolas religiosas que desejassem um subsídio estatal e financiava também as escolas anticlericais que estavam em direta competição com as primeiras. Depois que Crispi perdeu o poder, Rudini e Giolitti restringiram os enormes gastos em subsídios para as escolas, mas também expandiram o foco do programa escolar do Mediterrâneo para as Américas e melhoraram a colaboração com as escolas religiosas (Floriani, 1974, pp. 7-47; Salvetti, 2002).

O apoio italiano para as escolas no exterior, com foco na instrução linguística básica, se destaca na comparação com outras políticas culturais europeias daquele período. A Alliance Française, fundada em 1884, tinha como objetivo consolidar o prestígio e a influência da cultura francesa no exterior através do contato com as classes superiores e as elites culturais (Bruézière, 1983; Dubosclard, 1998). O projeto italiano, focado na alfabetização, era mais democrático e esperava ser capaz de difundir a influência italiana a partir de baixo, nas escolas primárias e nas escolas noturnas para adultos. A ênfase italiana na alfabetização e na cultura popular acabou por ser um modelo para o Império Alemão. Em 1896, um pouco antes da derrota italiana em Adua, o Conselho Colonial alemão debateu sobre a melhor maneira de explorar os eventuais benefícios da emigração alemã. O Conselho acreditava que os instrumentos diplomáticos tradicionais não poderiam proteger adequadamente os emigrantes uma vez que eles se instalassem no exterior. Organizações mais sutis, como as igrejas e as escolas, teriam que nutrir a identidade dos alemães transplantados. O comitê recomendava alterações na lei de emigração em discussão, para seguir o exemplo italiano na educação dos emigrantes:

> Não faz diferença se os alemães se agrupam em vilarejos ou em pequenas cidades, ou se estabelecem comunidades em cidades maiores; se eles permanecem por mais tempo em uma terra estrangeira, irão assumir obrigações que restringirão o exercício da sua germanidade (*Deutschtum*). Nós devemos empregar instrumentos para preservar as especificidades do nosso povo, influenciando a vida pública e privada, de forma que a lealdade à Pátria possa permanecer intacta nas gerações futuras. A Igreja e, acima de tudo, as escolas, devem assumir a liderança. O Estado não pode fazer muito no tocante à Igreja, mas o caso das escolas é diferente. *A Itália, apesar da sua condição financeira menos favorável, gasta muitos milhões anualmente para a fundação e a manutenção de escolas no exterior. O Reich deveria fazer o mesmo.* Através das escolas, preservaremos a nossa língua; através da nossa língua, nossos costumes e a solidariedade familiar; e, através desses, nosso caráter nacional [*Volksthum*] irá sobreviver.[3]

As escolas podiam fazer a diferença entre lealdade e apatia no exterior. Como recomendado, a Alemanha iniciou uma campanha séria para apoiar a cultura emigrante. Ironicamente, o Império Alemão podia mobilizar riquezas e recursos para seguir os métodos italianos de forma mais eficiente do que a própria Itália era capaz (Herwig, 1986; Mitchell, 1999). As escolas e igrejas das comunidades alemãs nas Américas desfrutavam de uma vantagem sobre as mais novas e menos estáveis comunidades italianas. A Sociedade Dante Alighieri, subsidiada pelo Estado italiano, via a União das Escolas Alemãs no Exterior como uma inimiga mortal na disputa por um "império informal", particularmente no Brasil e nas regiões de língua italiana na Áustria.[4] O apoio à língua e à cultura dos emigrantes se tornou outro campo de batalha na luta por influência internacional.

Os italianos no exterior não esperaram por comandos da pátria para organizar eles mesmos uma rede de associações regionais, religiosas, políticas e sociais. A sua própria diversidade enfraquecia a influência italiana como um todo. Um observador comentou de forma pessimista em 1902 que "os italianos no rio da Prata estão unidos em cerca de 300 associações, o que significa que eles estão perfeitamente divididos" (Barzini, 1902, p. 166). O impressionante número de associações italianas acabava por deixar evidente a falta de sinergia e a intensa luta intestina entre elas. As sociedades italianas de socorro mútuo frequentemente se dividiam seguindo linhas regionais e algumas vezes até provinciais, o que levava à pulverização de recursos. Os grupos se formavam de acordo com suas próprias crenças políticas e religiosas, celebrando seus próprios heróis e festas. Com apoio dos cônsules, os monarquistas celebravam os aniversários do rei e da rainha, o dia 20 de setembro – data de entrada das tropas italianas em Roma – e o aniversário da Constituição italiana de 1848, o *Statuto* (Filipuzzi, 1976, pp. 169-172). Os republicanos italianos se opunham a isso honrando Garibaldi e Mazzini. Os pios católicos, por outro lado, respondiam a Garibaldi e ao 20 de setembro com comemorações homenageando o papa Pio IX.

Com relação aos seus compatriotas italianos, os emigrantes frequentemente reproduziam nas Américas as mesmas divisões que eles tinham conhecido na Itália. Quando se relacionavam, contudo, com a Itália ou com outros grupos nacionais, eles apresentavam uma identidade comum mais coerente. Por exemplo, a Associação dos Trabalhadores Italianos de Buenos Aires organizou uma exposição artística e industrial italiana em 1881 que envolveu boa parte da comunidade italiana. Os organizadores esperavam ampliar o prestígio dos italianos na Argentina, de forma a obter benefícios sociais e econômicos. Eles dedicaram a exposição ao trabalhador italiano: "Para Você, ó nobre filho do trabalho, com a distante Pátria fixa na sua mente, quando você fizer uma pausa do seu duro trabalho diário... Para Você, cidadão compatriota, que há muito glorifica, com o seu trabalho, a Pátria distante e a terra que o hospeda".[5]

O Presidente da Argentina, Julio Roca, foi o patrono da exposição, que durou dois meses, recebeu 48.500 visitantes e arrecadou 784 mil pesos. As receitas de um dia foram doadas ao Hospital Italiano de Buenos Aires. Numa cerimônia especial, crianças das escolas italianas locais recitaram poemas como "As duas pátrias", "O primado da Itália" e "À minha bandeira" e as duas bandas italianas locais tocaram os hinos italiano e argentino.[6] Os organizadores da exposição ficaram, com razão, orgulhosos do seu sucesso, porque os italianos foram a primeira colônia de imigrantes a organizar um evento como esse na Argentina: "A ideia da Exposição dos Trabalhadores Italianos em Buenos Aires – vista inicialmente como uma quimera, combatida, ridicularizada pelos apóstolos da indolência – se tornou uma realidade, deixando na Argentina uma marca indelével de estima e simpatia pelos italianos".[7] Esse sucesso foi precursor das exposições na Itália que reuniam as comunidades de expatriados italianos pelo mundo, como as exposições internacionais de 1898 em Turim e a de 1906 em Milão (Catálogo, 1898; Guida, 1907).

No início do século XX, as políticas culturais italianas relacionadas à emigração englobavam várias perspectivas políticas. A

"Sociedade Dante Alighieri para a Língua e a Cultura Italianas fora do Reino" tinha forte influência maçônica e ligações com os liberais. Do outro lado do espectro político italiano, estavam as ordens missionárias católicas que se dedicavam aos emigrantes e que incluíam os escalabrinianos, os salesianos e a *Opera Bonomelli* (Trincia, 2002). Através do fundo emigratório, a Itália era capaz de obter o apoio público do clero católico que não tinha outras conexões com o habitualmente anticlerical Estado liberal. Organizações humanitárias de socialistas moderados também recebiam fundos estatais, já que o governo italiano coordenava uma ampla rede de programas para reforçar a vitalidade cultural da emigração italiana.

As comunidades de italianos expatriados eram construídas através de tênues redes de correspondência transatlântica, interesses econômicos, laços culturais e associações *ad hoc*. Pequenos grupos de exilados políticos foram precursores na criação de vibrantes comunidades nos anos 1870 e 1880, enquanto a Itália em si ainda estava em processo de unificação. A despeito do interesse do Estado pela emigração, a história regionalizada e fraturada da península desafiava a ideia de uma única "Itália". Nenhuma comunidade expatriada italiana seria identificável sem uma nacionalidade comum, mas os emigrantes eram obrigados a construí-la a partir do zero. A cultura emigrada italiana teve que ser inventada imediatamente, sem a possibilidade de esperar uma sociedade italiana unificada se desenvolver. Com extenso apoio público, privado e eclesiástico da Itália, essa frágil expansão cultural se desenvolveu em uma *italianità* internacional, frequentemente mais convincente e persuasiva no exterior do que em casa. O nacionalismo transnacional, transplantado em vários contextos diferentes, se tornou a espinha dorsal da Grande Itália e encorajou o desenvolvimento de uma unidade nacional em casa.

ITALIANITÀ E A LÍNGUA
DOS ITALIANOS NO EXTERIOR

A língua italiana tornou-se o aglutinador da Itália expatriada, por razões tanto românticas como práticas. Como os outros Estados-Nação formados nos séculos XIX e XX, a Itália era uma expressão geográfica do seu idioma. A existência de uma língua italiana única, contudo, era, em si, um acontecimento tanto cultural como político. Depois que a unidade política da península foi perdida no século VIII, várias línguas se desenvolveram graças ao isolamento geográfico e cultural. Nas áreas montanhosas, cada vilarejo criou seu próprio idioma. As línguas menores que surgiram na Itália incluíam o lombardo, o vêneto, o napolitano, o piemontês, o friulano, o siciliano e o toscano, cada uma com sua própria literatura. A diferença entre essas línguas era equivalente àquela existente entre os modernos espanhol e romeno. Dante, Petrarca e Boccaccio fariam do dialeto toscano a mais importante língua literária italiana a partir do século XIV e a Academia Crusca de Florença começou a publicar o seu *Dizionario* em 1612. O dialeto toscano se tornou o italiano padrão, mas, para a maioria dos italianos, ele parecia uma língua estrangeira, muito distante da fala do dia a dia. Ainda no ano de 2007, mais da metade dos italianos fala dialeto com suas famílias e amigos. De forma pouco surpreendente, são os toscanos que falam "italiano" mais frequentemente, entre todas as regiões do país.[8]

A literatura, a escrita e a língua se tornaram partes essenciais do projeto de construção nacional italiano. Para apoiar a unificação italiana no século XIX, o novelista e poeta milanês Alessandro Manzoni liderou uma campanha para o uso nacional de um italiano padronizado. Em 1840, ele revisou a sua novela de 1827, *I promessi sposi* [Os noivos], utilizando palavras de Florença e de Siena, ainda que seus personagens estivessem na Lombardia do século XVII. Manzoni deliberadamente transformou a sua obra de ficção histórica em uma ficção patriótica de unidade cultural, precursora da política. Mazzini e Gioberti, do mesmo modo, postulavam a unidade cultural, geográfica e linguística da nação italiana, mesmo dividida em nove Estados diferentes. Os visionários românticos disfarçavam as divisões na península itálica e insistiam que a nação deveria incorporar territórios até as suas "fronteiras naturais" nos Alpes. A coroação do rei da Itália em 1861 e a sua invasão a Roma em 1870 não completaram a unificação dos italianos; no máximo, os planos para a expansão nacional se tornaram mais ambíguos, já que o novo reino era deliberadamente um projeto em aberto. Dependendo da sua inclinação, os políticos italianos ainda esperavam obter a Malta de língua italiana da Grã-Bretanha, Nice e Córsega da França ou Trento e Trieste da Áustria. Fortalecer a língua italiana nessas regiões e entre os emigrantes e seus filhos era um elemento essencial dentro dos sonhos e projetos para que a Itália atingisse a grandeza internacional.[9]

Além de expressar uma visão romântica de "italiano", uma língua padrão era necessária para administrar qualquer tipo de política colonial. Emigrantes analfabetos falando dialetos locais dificilmente poderiam se comunicar com os cônsules italianos ou com outros representantes do governo. Sem uma língua comum, os representantes do Estado dificilmente poderiam transpor as divisões entre os italianos nas Américas. Em 1888, o arcebispo de Nova York procurou sacerdotes italianos para ministrar os sacramentos aos imigrantes italianos, mas descobriu, desolado, que os padres escalabrinianos que vinham da Itália do Norte não conseguiam se comunicar direito com os italianos meridionais. O arcebispo teve que especificar qual o tipo de missionários italianos ele queria para suplementar os escalabrinianos: padres jesuítas que não falassem inglês e que tivessem familiaridade com os dialetos e os costumes da Itália Meridional. O idioma também dividia famílias. Se o marido e a esposa fossem de regiões diferentes da Itália, eles falariam espanhol em casa na Argentina ou inglês nos Estados Unidos. Se, em vez disso, os emigrantes aprendessem a falar e a escrever o italiano padrão, a Itália expatriada poderia adquirir uma forma mais concreta (DiGiovanni, 1994, pp. 148-149; Rava, 1912, p. 282; Weber, 1976).

A campanha contra o analfabetismo dos emigrantes mostrou as dificuldades imensas do projeto de construção de uma Itália unida. Ainda que muitos emigrantes fossem analfabetos, a maioria deles vinha do grupo mais alfabetizado do país: homens jovens, que talvez tivessem aprendido italiano na escola primária e no serviço militar. Isso, obviamente, atrapalhava os esforços para ampliar o índice de alfabetização na península. O analfabetismo entre os italianos acima de 6 anos era de 68,8% em 1871, caindo para 37,9% em 1911. Não obstante, as populações do Sul com alta emigração ainda tinham um alto índice de analfabetismo: em 1911, 58% na Sicília, 65,3% em Basilicata e 69,6% na Calábria (Clark, 1996, pp. 34-39; De Mauro, 1970, pp. 53-63, 292). A emigração em cadeia de aldeias para vizinhanças específicas nos Estados Unidos também reforçava os dialetos em detrimento do italiano oficial. Em Chicago, os italianos se dividiam em 16 bairros separados, cada um deles com o seu próprio dialeto regional (Vecoli, 1983). Seja na Europa, seja nas Américas, falar o dialeto era o símbolo maior da tradição local, incompreensível para estrangeiros e intrusos. A confortável insularidade de uma identidade local intacta fazia a migração transatlântica mais suportável e bem-sucedida. As unidades regionais expatriadas formavam pequenos nichos econômicos e aliviavam as incertezas da emigração de retorno.

De forma oposta, o estudo do italiano escrito não trazia nenhuma vantagem imediata e aparecia frequentemente supérfluo. O italiano padrão não tinha algumas palavras para o uso cotidiano, familiar: por exemplo, a palavra italiana para "neto" era a mesma para "sobrinho". Apenas os toscanos falavam italiano; para os outros, o italiano era uma língua estéril, artificial. O professor napolitano Pasquale Villari, presidente da Associação Dante Alighieri, pintava um retrato sombrio da situação:

> Os italianos nas Américas se tornaram o único povo forçado a se dividir em grupos separados de piemonteses, lombardos, napolitanos, sicilianos, etc. Isso não acontece apenas por diferenças de costumes e tradições; o problema também se origina da ignorância do italiano e da grande diversidade de dialetos, o que torna praticamente

> impossível aos emigrantes se entenderem uns com os outros. Dessa forma, eles aprendem o idioma local e rapidamente perdem o seu sentimento nacional. (Villari, 1909a, p. 388)

Se um emigrante italiano aprendia a ler e a escrever uma nova língua nas Américas, era usualmente a língua local – inglês, espanhol ou português – e não o italiano padrão.

Poderiam esforços políticos reverter a desintegração cultural? As escolas em língua italiana eram apenas uma parte de um programa maior e bem integrado dirigido ao mundo emigrado. Para ampliar a influência italiana nos vales do sul da Áustria, Bonaldo Stringher, presidente do Banco di Italia e vice-presidente da Sociedade Dante Alighieri, contava tanto com o turismo italiano como com as escolas em língua italiana na Áustria meridional. Ele convocou o Clube Alpino italiano para se contrapor a Sociedade Alpina Germano-Austríaca e ampliar a sua influência localmente.[10] A Dante Alighieri, com financiamento estatal, subsidiava hospitais, bibliotecas e sanatórios e coordenava festividades locais por todo o mundo, de forma a unir todos os grupos emigrantes italianos. Os patriotas italianos viam a aquisição da língua não como o objetivo primário da Grande Itália, mas como a cola que manteria as suas muitas partes juntas.

Com uma mistura de banquetes, recitais, música e atividades esportivas, as sociedades criaram rituais comunitários para italianos de todas as idades. Em Morteros, Argentina, a sociedade italiana União e Benevolência, que "também admitia italianos das províncias irredentas [da Áustria]", possuía um teatro para "comemorações patrióticas", durante as quais as crianças das escolas italianas se reuniam para "cantar hinos e canções patrióticas" (Notari, 1908, v. 3, t. 2, p. 91). Em Túnis, a comunidade italiana organizava eventos esportivos no salão da Sociedade de Ginástica Pro-Patria, acompanhados pela banda musical "Estrela da Itália", com 57 integrantes. A sociedade de ginástica local promovia atividades como esgrima e malabarismo e participava nos campeonatos de ginástica nacionais, na Itália (Comitato della Camera Italiana di Commercio ed Arti, 1906, pp. 101-103). Os

Italianos no mundo

italianos de Buenos Aires também apoiavam uma banda musical, a "Lago de Como", e tinham um clube de tiro ao alvo (Comitato della Camera Italiana di Commercio ed Arti, 1898, v. 11, pp. 503-511). As escolas italianas em Trípoli ofereciam aos estudantes que viviam na colônia o mesmo modelo de ginástica, marchas militares, canto, tiro ao alvo e bandas de metais (Ministero delle Colonie. Mostra Coloniale di Genova, 1914, p. 16). A colônia italiana de Nova York ficou extremamente orgulhosa quando a sua Sociedade Nacional de Tiro ao Alvo, fundada em 1884 por Giuseppe Garibaldi e por italianos locais, venceu o campeonato nacional estadunidense: "antes, os estadunidenses tratavam os nossos atiradores com ironia, como alguma coisa negligenciável. Mais tarde, houve uma notável mudança de postura".[11] Essas exibições esportivas, artísticas e de treinamento militar davam às colônias expatriadas de italianos orgulho próprio e o respeito dos locais.

Para consolidar as conexões com o Estado italiano, os grupos culturais italianos tinham por hábito fazer do cônsul local o presidente ou o chefe do conselho de administração *ex officio*, o que era prova pública de lealdade política. Sociedades de socorro mútuo, surgidas de forma paralela à difusão do mutualismo na Itália, estavam em um trabalho contínuo de autoaperfeiçoamento (Briggs, 1978; De Luca, 1995; Tomassini, 1996). As sociedades literárias e os grupos atléticos italianos buscavam construir uma reputação como italianos no exterior. Falando o italiano padrão e utilizando o termo "italiano", elas davam às suas atividades culturais um significado político. A sociedade Juvenes Carthaginis, de Túnis, que patrocinava teatros, bailes e concertos, começou como uma "sociedade internacional" em 1883, mas trocou o "internacional" pelo "italiana" em 1894 (Carletti, 1906, pp. 375-378). A Sociedade Nacional de Tiro ao Alvo se recusou a se unir à National Rifle Association (RNA), até que a NRA tornou obrigatório ser membro para a participação nas competições nos anos 1890. Os italianos só se uniram à NRA, contudo, após a permissão do cônsul italiano local; a sua lealdade permanecia com a Itália (Gli italiani negli Stati Uniti d'America,1906, p. 438).

178

Os atiradores italianos também eram patrióticos no tocante às suas obras de caridade. Ainda que eles estivessem orgulhosos das medalhas que ganharam em Paris, Roma e Nova York, eles estavam bastante orgulhosos também do dinheiro que arrecadaram para apoiar os soldados italianos feridos nas guerras africanas, os sicilianos desabrigados pelas enchentes de 1903 e os calabreses prejudicados pelo terremoto de 1905 (Gli italiani negli Stati Uniti d'America, 1906). Os desastres nos Estados Unidos na mesma época – como a guerra hispano-americana de 1898 e o terremoto de São Francisco de 1906 – não provocaram respostas equivalentes. Os estatutos de inúmeras associações italianas no exterior destacavam a intenção de ajudar a pátria em época de guerra ou durante desastres naturais. Alguns grupos, especialmente associações de ajuda mútua para veteranos, chegavam a prometer subsídios para as famílias daqueles que se voluntariassem para o serviço militar em época da guerra. Quando os membros das associações morriam pela Itália, suas viúvas e famílias recebiam pensões.[12]

As impressionantes similaridades entre grupos italianos espalhados pelo mundo vinham em parte da experiência emigratória comum, cuidadosamente regulamentada pelo governo italiano. Entre 1900 e 1910, a viagem entre Nápoles e Nova York levava mais ou menos duas semanas, e os passageiros eram uma audiência cativa. As viagens para a América do Sul eram ainda mais longas. Essas semanas de viagem e de transição serviam como um primeiro curso de educação e aculturação, promovido pela Sociedade Dante Alighieri.

OS DESAFIOS DA SOCIEDADE DANTE ALIGHIERI

O analfabetismo criava oportunidades para atingir a vida dos emigrantes e modelar seus sentimentos com relação à Itália. Sob o comando de Pasquale Villari, a Sociedade Dante Alighieri liderou esforços para utilizar os recursos governamentais, a influência econômica e a persuasão moral para ensinar o italiano padrão para os

Italianos no mundo

emigrantes da Itália. A Sociedade orgulhosamente anunciava que sua "caridade patriótica" (*carità di patria*) "não visa ideais vazios; ela ajuda nossas escolas no exterior a educar as novas gerações no amor à Itália e vincula a ela muitas energias dispersas pelo mundo que são úteis".[13] Com grandes ambições e programas criativos, os decentralizados comitês da Dante combinavam literatura, patriotismo e alfabetização para forjar uma *italianità* expatriada em meios sociais diversos e em rápida transformação.

Os portos de emigração se tornaram locais cruciais para assistir e influenciar os emigrantes. Em Nápoles e Gênova, os comitês locais da Dante Alighieri estabeleceram escritórios para a distribuição de folhetos informativos e ajudar os viajantes de terceira classe a escrever ou ditar sua correspondência pessoal. Com subsídio do Comissariado de Emigração, o comitê de Nápoles tinha criado, em 1909, mais de quarenta bibliotecas móveis para os navios de passageiros. Os livros eram entregues para os inspetores e médicos navais italianos que acompanhavam cada navio de emigrantes que saía de Nápoles, italiano ou não. Os médicos podiam distribuir os livros durante as visitas diárias ou os emigrantes podiam emprestá-los a partir das enfermarias a bordo dos navios que os levavam cada vez mais longe de casa. Uma biblioteca similar criada pelo comitê de Bolonha fornecia material de leitura para os italianos que viajavam de trem para trabalhar na Suíça, em coordenação com o consulado italiano na Basileia.[14]

Os livros doados e de propaganda eram divididos em três categorias: "livros para a educação primária: cartilhas, aritmética simples, ciências físicas e naturais, agricultura e higiene"; "livros especialmente escolhidos para aumentar o sentimento patriótico: histórias da nossa unificação, notas sobre a história romana, manuais geográficos" e "livros de viagens e aventuras de [Samuel] Smiles, [Massimo] D'Azeglio, [Tommaso] Grossi, [Edmondo] De Amicis, assim como obras sobre a família real da França e o Guerin Meschino".[15] As obras de autoajuda e de patriotismo popular estavam disponíveis para empréstimo apenas, assim como os dicionários, mas as mais abertamente nacionalistas podiam ser levadas pelos emigrantes para suas novas residências. Dante, Petrarca e Manzoni estavam ausentes dessas bibliotecas e mesmo a literatura "popular" italiana não era popular o suficiente. O comitê da Dante pediu ao Comissariado de Emigração para encorajar escritores e editores italianos a produzirem mais livros que os emigrantes pudessem apreciar. A leitura poderia proteger e redimir os emigrantes ao mesmo tempo que eles se dirigiam para longe de casa: "Talvez para alguns, a leitura é um simples passatempo, uma diversão inocente, uma defesa contra outras possibilidades, como o jogo, a fofoca e as brigas; para todos, o 'livro da Dante' é uma memória da língua e da Pátria italianas".[16]

Uma vez que os emigrantes chegavam a seus destinos, os comitês locais da Dante esperavam educá-los na gramática e literatura italianas. Eles patrocinavam as escolas italianas no exterior com prêmios, bolsas de estudo para estudantes pobres e grandes subsídios. O Ministério das Relações Exteriores italiano ajudava fornecendo livros patrióticos como *Fábulas morais em italiano* ou *Biografias e contos da história da nossa pátria*.[17] O Ministério também providenciava manuais patrióticos para as 128 escolas Berlitz que ensinavam italiano na Europa e nas Américas (Istituto Coloniale Italiano, 1911a, pp. 415, 437). Trabalhando através da Sociedade Dante Alighieri, o governo também estabeleceu, em 1903, 2 mil bibliotecas para as escolas italianas, com 200 livros cada uma.[18] Mesmo assim, era insuficiente para apoiar plenamente a precária existência das escolas italianas. O governo italiano também não fornecia subsídios para os professores de italiano nas escolas privadas no exterior, mesmo quando eles frequentemente ensinavam migrantes muito pobres por uma retribuição pequena.[19]

Assim como acontecia com as escolas, muitos dos comitês da Dante Alighieri tinham vida curta, mesmo quando tinham o apoio dos consulados. O quartel-general da Associação em Roma celebrava quando um comitê conseguia sobreviver à mudança de sua presidência. Como o presidente Villari se lamentava em 1903, "a constante e total instabilidade é o nosso principal inimigo. Quando nós pensamos que conseguimos estabelecer algo sólido, tudo muda subitamente e

Italianos no mundo

temos que começar tudo de novo, do início" (Villari, 1903, pp. 6-7). O vice-presidente Bonaldo Stringher confessou que a Dante Alighieri nos Estados Unidos não tinha conseguido se tornar popular. Em Chicago, a Dante era "elegante e acadêmica", enquanto o comitê de Boston tinha se tornado uma "notável academia de estudos italianos, de cavalheiros e damas que sentem afeto pela Itália", mas que fazia muito pouco além de algumas visitas para caridade na colônia italiana no North End (Stringher, 1904, p. 11). Em comparação com a Sociedade Germânica da América ou a Alliance Française, a Dante nos Estados Unidos tinha uma trajetória pouco elogiável: "desacordos, invejas e conflitos pessoais, falta geral de interesse e deficiência cultural no público-alvo colocam a sua existência em constante perigo" (Gentile, 1911). A preocupação pelos pobres e pouco educados emigrantes frequentemente era colocada em segundo plano por pequenas rivalidades e conflitos.

Uma derrota marcante da Dante foi o seu fracasso em Marselha, França. Em 1903, Pasquale Villari, então senador, superou a oposição parlamentar para conseguir um subsídio inicial de 10 mil liras do Comissariado de Emigração, destinado a financiar uma escola primária italiana e um comitê da Dante nessa cidade mediterrânea, na qual mais de 100 mil italianos de todas as idades viviam. No entanto, graças à influência de Jules Ferry, o governo francês impediu a criação de uma escola primária italiana em Marselha, permitindo apenas uma escola pré-primária e uma noturna para adultos (Villari, 1903). Como ministro da Educação e, mais tarde, primeiro-ministro, Ferry declarou que a República Francesa deveria fortalecer a si própria através de escolas primárias patrióticas. Apesar da pressão política italiana, a educação primária continuou exclusivamente nas mãos do Estado francês. De forma similar, a França não permitiu que a Itália abrisse novas escolas na Tunísia, mesmo que a população italiana tivesse triplicado de tamanho desde o tratado de 1896 (Serra, 1967, pp. 428-430).

Villari argumentou em vão que a Suíça tinha ajudado a criar escolas para os imigrantes italianos e que algumas cidades alemãs tinham, por iniciativa própria, apoiado a fundação de escolas italianas.

O sul da França, contudo, era alvo de pretensões irredentistas: a cidade de Nice (Nizza), terra natal de Giuseppe Garibaldi, tinha passado do domínio italiano para o francês apenas em 1860. Ao final, os franceses permitiram que uma organização de caridade em Marselha gerenciasse algumas escolas para os meninos e meninas. A liderança da Dante reconhecia, contudo, que eles enfrentavam dificuldades até mesmo para formar um comitê local na cidade. Stringher atribuía os atrasos a padres desleais e às divisões de classe que separavam a massa de emigrantes italianos dos poucos intelectuais emigrados (Stringher, 1904, p. 7). Essas queixas indicam o caráter, em termos políticos, evidentemente liberal da organização e as crescentes frustrações com o mundo emigratório. Se eles eram incapazes de organizar uma filial em uma das maiores concentrações de imigrantes italianos no mundo (em 1904) e a menos de 100 km das fronteiras da Itália, como poderiam imaginar alterar a história da emigração italiana nas Américas?

Os debates sobre a orientação geográfica dividiam a Sociedade Dante Alighieri, dispersando seus esforços e pressionando os fundos governamentais. Não havia dinheiro suficiente para subsidiar escolas em todos os continentes. Deveria a Itália se concentrar na Europa, na América do Sul, na América do Norte ou no Mediterrâneo? O foco do governo Crispi foi nas escolas no Mediterrâneo e, em 1901, apenas 10% do orçamento das escolas italianas no exterior ia para as do continente americano, enquanto 90% (900 mil liras) bancavam as escolas italianas na Tunísia, Tripolitânia, Egito, Grécia e Império Otomano, incluindo a Albânia (Villari, 1901, p. 9). Em 1910, 5/6 do orçamento financiava 93 escolas mantidas pelo Estado, com 16.721 alunos; o resto subsidiava 545 escolas não governamentais, com 55.877 estudantes (Istituto Coloniale Italiano, 1911a, pp. 395-437).

O governo de Roma administrava as escolas estatais de forma direta e ineficiente. O cônsul em Túnis, por exemplo, enviou um telegrama em 1889 para o ministro das Relações Exteriores, pedindo autorização urgente para a construção de um toalete em uma creche em uma escola italiana local.[20] Além de caras, as escolas instaladas nas costas sul e oriental do Mediterrâneo normalmente não eram dirigidas aos emigrantes italianos, que não viviam em grandes números ali, mas aos filhos dos dignitários locais. Isso tinha por objetivo elevar o prestígio italiano entre os gregos, árabes, judeus, turcos ou albaneses, à espera do momento em que a Itália assumiria o controle desses territórios.[21] A Tunísia era a exceção dentro do Mediterrâneo, já que ali a imensa comunidade enchia os bancos das escolas italianas.

Pasquale Villari criticava as prioridades do governo italiano, que preferia financiar as escolas nos países vizinhos no Mediterrâneo àquelas dirigidas aos "irredentos" emigrantes nas Américas:

> Já foi dito, em defesa dessa política, que ensinar italiano aos estrangeiros também é útil. Isso pode ser verdade, e, em alguns casos, pode efetivamente servir a propósitos políticos válidos. Mas inundar o mundo com analfabetos, para nosso prejuízo e vergonha, aos quais não fomos capazes de dar a instrução mais elementar, apenas para ganhar dinheiro, e então ensinar italiano aos turcos, aos árabes e aos alemães no Oriente pode não ser a coisa mais lógica e prática a fazer. (Villari, 1903, p. 9)

Nem todos na Sociedade Dante Alighieri concordavam com a oposição de Villari às escolas estatais. Os italianos da Tunísia confiavam nelas como prova do apoio italiano para a sua colônia dentro da regência francesa. O comitê da Dante em Túnis se opunha às reduções no financiamento para as escolas do Mediterrâneo e compartilhava a avaliação de Crispi sobre quais escolas a Itália deveria apoiar: "não tanto pelo número de italianos locais que, provavelmente, as frequentariam, e mais pela importância dos interesses italianos nessas nações: parece-nos que a Itália deve, ao ensinar aquelas populações que, inevitavelmente, logo deixarão o domínio [do Império Otomano], espalhar as bases da sua moderna civilização juntamente com a sua língua".[22] Enquanto a Itália esperava a queda do Império Otomano no Mediterrâneo, as escolas americanas receberiam apenas escassos subsídios de Roma.

O programa de Crispi priorizava a política externa diante dos interesses domésticos, ensinando italiano a todos, menos aos italianos. O problema do analfabetismo dos emigrantes, contudo, estava em casa e o dinheiro poderia ser muito mais bem gasto na educação deles, antes e após a partida. Para melhorar a qualidade da emigração italiana, os emigrantes precisavam aprender a ler e a escrever antes de deixar a Itália. Dessa forma, eles iriam ganhar mais dinheiro e ter mais chances de escapar da exploração e de condições de vida degradantes no exterior.

As raízes domésticas do analfabetismo dos emigrantes foram debatidas com ardor no Congresso da Sociedade Dante Alighieri, em 1904, em Nápoles. Napoleone Colajanni, presidente do comitê napolitano e deputado socialista, apresentou um longo relatório sobre pobreza e analfabetismo. Ele então pedia à Sociedade para pressionar o governo italiano de forma a triplicar suas contribuições para as escolas italianas no exterior, ao mesmo tempo que as escolas católicas deviam ser tratadas "com benevolente reserva, porque elas podem difundir a língua italiana e dar a aparência de serem veículos da *italianità*, mas falsificam a verdadeira alma italiana" (Debate, XV Congresso dei Rappresentanti dei Comitati a Napoli, 1904; Colajanni, 1904).

A análise de Colajanni sobre como diminuir o analfabetismo estava permeada pelo seu ataque ao catolicismo. O anticlericalismo era atraente para apenas uma parte da Sociedade Dante Alighieri. Seus membros austro-italianos vinham da urbana, secular e maçônica Trieste, mas também do rural e católico Trentino (Pisa, 1995). Depois de um longo debate sobre catolicismo e analfabetismo, o Congresso de Nápoles aprovou uma confusa resolução a respeito. Outro delegado pediu à Sociedade que se engajasse no combate ao analfabetismo na própria Itália chamando a atenção para a gravidade do problema e dando apoio às sobrecarregadas escolas locais, além de pedir mais recursos ao governo nacional. O presidente da Dante naquele momento, Luigi Rava, condenou a moção e assegurou-se da sua derrota, "porque iria alterar completamente a própria natureza da Sociedade Dante Alighieri" (Debate, XV Congresso dei Rappresentanti dei Comitati a

Italianos no mundo

Napoli, 1904). Esse Congresso foi o capítulo final do envolvimento da Sociedade nas causas sociais que levavam ao analfabetismo.

A despeito das disputas sobre prioridades e métodos, a Sociedade Dante concordava que emigrantes abandonados à sua própria sorte iriam perder a sua identidade. Os emigrantes desenvolviam rapidamente uma língua híbrida, formada por uma mistura de dialetos italianos com a língua falada nos seus novos países. Para o horror dos acadêmicos da Dante como Villari, os italianos em Nova York utilizavam expressões híbridas como *"Il capitano ha stoppato la stima"* (de "The captain stopped the steamer" [O capitão parou o navio]), *"vischio"* (de "whiskey" [uísque]) e *"ai don ché"* (de "I don't care" [não me importo]) (Del Bosco, 1997; Penne, 1908, pp. 22-23). Ridicularizados pelo uso de um vernáculo absurdo, os italianos eram defendidos pelo jornal de Nova York *Il Progresso Italo-Americano*, que retrucava que os italianos na América estavam apenas falando "a língua do dinheiro (*la lingua del guadagno)".*[23] Essa língua híbrida, mesmo horrível, era útil na comunicação com os americanos e com os outros italianos. Eles tinham vindo para os EUA para ganhar dinheiro.

Associações culturais na Itália portanto começaram a promover o comércio como um veículo cultural: fortes relações comerciais entre a Itália e as Américas poderiam persuadir os emigrantes que falar um bom italiano teria um valor prático (Gentile, 1911, v. 2, pp. 1092-1093). Os interesses materiais eram a base mais sólida para gerar fidelidade a uma comunidade cultural. A classe média emigrada de advogados, banqueiros, farmacêuticos e médicos eram agentes de mobilização das comunidades italianas em boa medida para terem uma clientela cativa.[24] Nos locais onde a emigração consistia apenas de trabalhadores, cuja única preocupação com relação à Itália era, muitas vezes, conseguir trazer suas famílias para as Américas, a memória da cultura e das tradições italianas podiam rapidamente desaparecer.

A língua de Dante

O BILINGUISMO COMO UM CAMPO DE BATALHA PARA O IMPÉRIO INFORMAL

O projeto educacional da Itália para os emigrantes enfrentava uma oposição aberta no exterior. Assim como a Itália se voltava às escolas para criar uma identidade italiana para os seus emigrantes, as nações na Europa e nas Américas começavam a utilizar as escolas públicas como laboratórios nacionalistas. O aprendizado do idioma era apenas uma parte de um programa cultural mais amplo para os jovens, com o objetivo de instigar neles a identidade nacional. Governos anticlericais fechavam ou se apoderavam de escolas católicas, de forma que os professores promovessem, entre seus alunos, uma lealdade incondicional ao Estado. Em 1882, o Parlamento francês promulgou a legislação proposta por Jules Ferry, que garantia a educação gratuita e obrigatória para meninos e meninas entre os 3 e os 13 anos. As escolas deveriam criar cidadãos alfabetizados e leais, conectando-os dentro de uma religião cívica. O fechamento das escolas católicas aumentou a oposição clerical à República Francesa, mesmo quando muitas freiras e padres permaneceram como professores nas escolas seculares (Déloye, 1994). No Império Alemão, a Kulturkampf de Bismarck contra a Igreja Católica estabeleceu supervisão estatal de todas as escolas a partir de 1871, de maneira que fossem formados nacionalistas alemães, não católicos ou socialistas internacionalistas (Craig, 1978, pp. 73-78, 186-192).

Nos Estados Unidos, a educação tinha um papel político diferente. Os nativistas se preocupavam que os imigrantes se manteriam fiéis às suas raízes europeias e enfraqueceriam a identidade nacional, americana. O comitê sobre sistemas escolares da National Educational Association (NEA) relatou em 1891 que os estrangeiros "estavam destruindo o americanismo" através da difusão "de um sistema de colonização que tem por objetivo preservar as tradições e costumes estrangeiros" (O'Leary, 1999, p. 173; Relazione Generale della R. Commissione d'Inchiesta sulla Colonia Eritrea, 1891, pp. 295, 298). Esse era, de fato, o sonho dourado da Itália e da Alemanha e os nativistas

Italianos no mundo

americanos organizaram uma reação desproporcional. Henry Ford, por exemplo, estabeleceu que todos os seus funcionários estrangeiros tinham a obrigatoriedade de frequentar as escolas instaladas nas suas fábricas e a primeira frase que eles aprendiam era "Eu sou um bom americano" (Higham, 1988, pp. 247-248).

A NEA decidiu fazer da educação compulsória uma arma contra a influência europeia. As escolas públicas pressionariam as crianças a irem contra suas famílias e sua herança. Em 1890, George Balch compôs um juramento a ser pronunciado pelas crianças das escolas públicas da cidade de Nova York; "Nós damos nossas Cabeças! E nossos Corações! Para Nossa Nação! Uma Nação! Uma Língua! Uma Bandeira!" (Bodnar, 1992; Harris, 1971, p. 177; King, 2000; O'Leary, 1999, pp. 150-152). A cada dia, as crianças prometiam esquecer a língua dos seus pais. Nenhum deveria ter duas lealdades. O juramento de lealdade de Francis Bellamy se tornou famoso na Celebração da Escola Pública em Columbia em 1893, patrocinada pela NEA: "Eu juro fidelidade à minha Bandeira e à República que ela representa: uma Nação, indivisível, com Liberdade e Justiça para todos" (Harris, 1971, pp. 175-180, 187, 191-196). O juramento de lealdade estimulou uma campanha nacional para instalar mastros com a bandeira dos EUA em cada prédio escolar da nação. Nas palavras de Bellamy, a bandeira possuía "um potencial tão grande para americanizar as crianças estrangeiras como para liderar regimentos para a morte".[25] Tornou-se norma nas escolas um juramento diário para as suas (novas) bandeiras, uma tradição que começou a desaparecer apenas nos anos 1980.

Rituais patrióticos como o juramento de lealdade reforçavam o papel das escolas públicas como caldeirões culturais assimilacionistas. Em contraste, as escolas italianas no exterior ostentavam bandeiras italianas e celebravam as festas italianas de forma a promover uma religião cívica entre os emigrantes, trazendo os símbolos nacionais para um palco transnacional. As escolas italianas na América do Sul, Europa e Mediterrâneo usavam o selo real para indicar seu caráter de representantes oficiais do governo italiano. Para impedir a assimilação, os italianos desenvolveram cuidadosamente uma cultura política participativa para suas escolas espalhadas pelo mundo. O Segundo Congresso dos Italianos do Exterior, em 1911, decidiu que os alunos italianos deviam "desenvolver sentimentos de respeito e ligação à bandeira nacional – um símbolo dos ideais da nossa raça – hasteando a bandeira no início de cada dia e a baixando ao seu final".

Para competir com o Juramento de Lealdade americano, o Congresso pediu que fosse criado um concurso de poesias que permitisse selecionar uma "breve e ardente 'Invocação à Itália', que sintetizaria a fé e as aspirações da nossa renascida nação, para ser cantada em cada sala de aula das escolas italianas no exterior, no início e no fim de cada dia" (Istituto Coloniale Italiano, 1911b, v. 2, pp. 562-563). No entanto, nas escolas públicas dos Estados Unidos, as crianças italianas celebravam o Memorial Day em vez do 20 de Setembro, o aniversário de Washington em vez do aniversário do rei da Itália e a independência estadunidense em vez do dia da Constituição italiana. As crianças filhas de imigrantes e eles próprios aprendiam a língua, os costumes e as festas da sua terra de adoção.

Os italianos frequentavam as escolas públicas nos EUA não por causa da sua retórica nacionalista, mas porque eram compulsórias e gratuitas. O sucesso das escolas italianas, por outro lado, estava ligado às forças do mercado. Escolas públicas gratuitas eram imbatíveis, mas as escolas italianas na América do Sul rural não tinham competidores locais. Isso fazia a América do Sul parecer um lugar mais adequado para a construção da Grande Itália. Ranieri Venerosi, editor de *Italica Gens*, observou que as escolas italianas nas cidades da América do Norte "dão frutos modestos porque são ultrapassadas pela competição das escolas locais". Ele sugeria um aumento dos subsídios para as escolas italianas no sul do Brasil, "o lugar que melhor conservou os vestígios da nossa expansão étnica na América" (Venerosi, 1914a, pp. 1-3). Na remota área entre as fronteiras do Brasil e da Argentina, as escolas italianas floresciam, já que eram a única opção para as famílias italianas e para muitas não italianas, que pagavam de bom grado pela educação de seus filhos. Em 1905, o governo italiano subsidiava 32 escolas italianas na Argentina e 155 no Brasil (Stringher, 1905, pp. 9-10).

Os Estados Unidos, contudo, já tinham substituído o Brasil como o principal destino para a emigração da Itália. Depois que a Itália proibiu a emigração subsidiada para o Brasil em 1902 para impedir a exploração dos emigrantes pelos antigos senhores de escravos, os italianos pararam de chegar ao país e as comunicações com a Itália cessaram. Como as companhias de navegação italianas contavam com os lucros da emigração para bancar suas rotas, nenhum navio italiano passou a frequentar, desde então, os portos do sul do Brasil. Se nenhum emigrante italiano chegava, poucos produtos italianos chegavam igualmente, já que os comerciantes italianos teriam que embarcar suas mercadorias em navios britânicos ou alemães via Hamburgo. Isso dava aos produtos alemães uma vantagem em termos de custos e preços e fez as exportações italianas para o Brasil desabarem (Surdich, 1983a, pp. 490-498; Venerosi, 1914b, pp. 65-68). Sem comunicações com a Itália, os assentamentos nas fronteiras ficaram completamente isolados da pátria e os imigrantes preservaram suas tradições e dialetos originais. Depois de 100 anos, uma brecha cultural profunda ainda divide essas colônias rurais dos seus modernos e cosmopolitas primos da Itália (Petrone, 1995; Schneider, 2000).

Nem o isolamento rural nem a concentração urbana de emigrantes italianos podia preservar a sua *italianità* de forma confiável. Quando os emigrantes se espalhavam pelo sul do Brasil, em cidades com menos de mil habitantes, os esforços dos cônsules e dos inspetores italianos se tornavam difusos demais para serem efetivos (Stringher, 1905, p. 32). Quando os emigrantes se concentravam em cidades, as escolas e organizações italianas eram facilmente sobrecarregadas pelo excesso de pessoas. Em 1899, as escolas italianas em Buenos Aires tinham 4 mil alunos, mas o número de vagas necessário era de 18 mil (Baily, 1999, pp. 191-216; Barbèra, 1899). Os imigrantes nas cidades tinham dificuldades em manter sua cultura italiana e ainda mais para aprender o italiano padrão, porque "eles têm um contato muito maior com os povos locais, até por necessidade" (Castiglia,

A língua de Dante

1908, p. 190). A situação só piorou com o tempo. Muitos políticos italianos tinham preferido a América do Sul ao invés da do Norte em parte porque as línguas latinas eram mais próximas do italiano do que o inglês. Para os imigrantes na América do Sul, contudo, espanhol ou português eram muito mais fáceis de aprender do que o italiano, e muito mais úteis (Villari, 1900, p. 12). Os esforços para promover a língua italiana podiam ser tão bem-sucedidos quanto, ou ainda mais, nos países de língua inglesa.

Ensinar italiano não era um objetivo em si, mas era um instrumento para reforçar a identidade cultural italiana no exterior. Uma visão semelhante estava presente nos Estados Unidos com relação à língua inglesa. Os educadores atacavam o bilinguismo, alegando que ele confundia as crianças e as fazia aprender com mais dificuldades. Em 1889, Wisconsin e Illinois fizeram do inglês a única língua a ser utilizada nas escolas primárias públicas e privadas. Depois da Primeira Guerra Mundial, 15 outros estados aprovaram leis semelhantes, até que a Suprema Corte as considerou inconstitucionais em 1923 (Crawford, 1999; Ross, 1994).

Theodore Roosevelt condenou o bilinguismo a partir de considerações sociais e políticas. Ele insistia que os imigrantes deviam abandonar as suas línguas de origem:

> Nós não temos lugar para qualquer povo que não aja e vote simplesmente como estadunidenses, e nada mais... Nós acreditamos que o inglês, e nenhum outro idioma, é aquele que deve ser utilizado em todas as atividades escolares... se a parte boa ou a parte má [da imigração] será predominante, isso vai depender principalmente dos recém-chegados se jogarem ou não de coração dentro da vida nacional, deixando de ser europeus e se tornando estadunidenses como qualquer um de nós. (Roosevelt, 1897, pp. 26, 28)

Combinando acusações com falsa simpatia, Roosevelt tinha por objetivo cortar as conexões entre os imigrantes nos Estados Unidos e suas famílias europeias, começando pelo idioma. Os colonialistas italianos, que não conseguiam deixar de admirar a ousada política

191

externa de Roosevelt, eram obrigados a concordar que os Estados Unidos tinham o "direito a exigir" que todos os imigrantes "se tornassem completamente americanizados" (Roosevelt, 1897, p. 29). Roosevelt inteligentemente culpava os próprios imigrantes por qualquer mal-entendido:

> [...] se os imigrantes, ou os filhos dos imigrantes, não unem de coração o seu destino conosco, mas permanecem ligados ao idioma, aos costumes, ao jeito de viver e aos hábitos de pensamento do Velho Mundo que eles deixaram, prejudicam a eles e a nós [...] ainda que soframos pela sua abominação, eles é que sofrem mais [...] O imigrante não tem maneira de permanecer o que ele foi e continuar a ser um membro da sociedade europeia, do Velho Mundo. Se ele tentar manter a sua antiga língua, em algumas gerações ela se tornará uma corruptela bárbara; se ele tentar conservar seus antigos costumes e maneiras de viver, em algumas gerações será um grosseirão incompreensível na sociedade de origem. Ele já se afastou do Velho Mundo e não há como ele manter a sua conexão com ele.[26]

A despeito das tentativas italianas para manter um relacionamento aberto com os imigrantes italianos nos Estados Unidos, os costumes e idiomas estrangeiros se tornaram tão estigmatizados no país que muitas crianças estadunidenses não conseguiam se comunicar com seus próprios avós imigrantes.

Os interesses em jogo iam muito além do idioma, como Theodore Roosevelt sabia. Para os nacionalistas italianos, alfabetização e língua eram instrumentos para a grandeza patriótica. A Sociedade Dante Alighieri tinha sido assim batizada como um símbolo de patriotismo, não como ícone literário. O governo italiano revelou as suas prioridades depois de uma negociação diplomática a respeito da educação italiana no exterior. Em 1916, quando a Argentina reformou os seus programas de língua estrangeira nas escolas públicas, o ministro das Relações Exteriores Sidney Sonnino pressionou o governo argentino para que o italiano continuasse obrigatório. Sonnino informou orgulhosamente à Dante Alighieri que a Argentina tinha decidido que "nos liceus argentinos, ao invés do ensino da gramática, será obrigatório o estudo da literatura italiana, já que é mais apropriado para transmitir as glórias da Itália".[27] O objetivo não era falar bem italiano, mas falar bem da Itália. A língua era o eixo central do império informal.

PRESERVANDO A EXPANSÃO ÉTNICA

A despeito de todos os progressos, o colonialismo emigratório nunca se tornou um sucesso incontestável. A Sociedade Dante Alighieri lutava continuamente para conseguir novos membros e novas fontes de financiamento. Movidos por um senso de frustração e por um senso de dever moral, muitos intelectuais interessados na Grande Itália se tornaram apóstolos autonomeados das responsabilidades da Itália com relação a seus filhos no exterior. Pietro Gribaudi enfatizou a obrigação moral da Itália de apoiar os emigrantes no seu livro texto para o nível colegial a respeito da Grande Itália:

> Não há nenhuma nação na Terra onde não haja algum italiano. Esse pensamento, ao mesmo tempo em que pode despertar em nós grandes esperanças e sonhos a respeito do destino da nação italiana, deve nos estimular a não esquecer nossos irmãos distantes, que, com o seu trabalho honesto, difundem de forma intensa o conhecimento e o apreço pela Itália, em todo o mundo. Esses nossos compatriotas merecem todo o nosso afeto e, em caso de necessidade, a nossa assistência. (Gribaudi, 1913, p. 8)

O alcance internacional da emigração italiana era obscurecido pelo esquecimento doméstico; um sentimento de triunfo combinado com culpa e receio pelo futuro. Isso era expresso com clareza nas exposições e congressos organizados para exibir os trunfos dos italianos no exterior e para documentar a expansão da cultura italiana. A Exposição Ítalo-Americana de 1892 em Gênova e o Pavilhão dos Italianos no Exterior na Exposição Nacional de Turim em 1898, que tanto impressionaram Luigi Einaudi, foram seguidos pela Exposição dos Italianos no Exterior em Milão em 1906, em articulação com a Exposição Internacional da cidade (Cavagnari, 1893; 1898; 1907). O Primeiro e o Segundo Congressos dos Italianos no Exterior, patrocinados pelo Instituto Colonial Italiano em 1908, em Turim e Roma e, em 1911, em Roma, deram uma nova representatividade para a emigração (Istituto Coloniale Italiano, 1910; 1911b). Esses congressos se tornaram espaços não apenas para celebrar as realizações dos emigrantes, mas para reclamações a respeito da falta de apoio e dos obstáculos insuperáveis que as colônias de emigrantes enfrentavam.

As exibições dos italianos no exterior também exerciam um importante papel na criação de uma identidade e imagem nacionais italianas para aqueles que haviam permanecido em casa. A maior parte das exposições italianas enfatizavam indústrias ou regiões em particular, reforçando as divisões e rivalidades que marcavam a história peninsular. Os pavilhões dos italianos no exterior, contudo, normalmente não tinham relação com uma região em particular; eles eram apresentados como triunfos do gênio italiano em outros países. Visual e retoricamente, a emigração era um verdadeiro projeto nacional. Fora da Itália, os observadores podiam apreciar as características e as realizações da "raça" italiana, em competição com outras "raças", de acordo com os princípios pseudocientíficos tão caros ao mundo do final do século XIX e que definiam a etnia através da comparação e do contraste (United States Immigration Commission, 1970a; b; Foerster, 1919).

Nas celebrações da expansão da Itália no exterior, a imprensa internacional em língua italiana era um especial motivo de orgulho. A Exposição de Milão de 1906 organizou uma sala especial para homenagear os 472 periódicos italianos no exterior, incluindo 60 diários, que eram escritos quase que inteiramente em italiano. Apenas nos Estados Unidos, havia 135 periódicos, incluindo 11 diários e 89 semanários: "muitas vezes mais regulares e, normalmente, muito superiores aos de qualquer outra colônia" (Fumagalli, 1909, pp. lxxix-lxxx,

129). Esses números tinham se multiplicado por quatro desde que o Ministério do Comércio tinha, em 1893, contado 130 publicações italianas no mundo, das quais 82 na Europa, 17 na América do Norte e 27 na América do Sul.

Para a exposição milanesa, Giuseppe Fumagalli classificou a imprensa italiana em boletins de notícias, revistas literárias, suplementos de propaganda, publicações das Câmaras Italianas de Comércio, boletins informativos para os emigrantes, jornais revolucionários que se opunham ao governo italiano – que ele comparava com a imprensa exilada da época do *Risorgimento*, nos anos 1840 – jornais religiosos, publicados pela ordem dos salesianos, e comerciais, dirigidos a operários da construção civil, pedreiros, carpinteiros e mineiros. Seja qual fosse o seu conteúdo, se um periódico era publicado em italiano, ele promovia a alfabetização e a vida associativa nas comunidades emigradas italianas no exterior. Mesmo o jornal anarquista *Questione Sociale* de Paterson, Nova Jersey, enviou para a exposição de Milão seu número de 29 de julho de 1905, que comemorava o quinto aniversário do assassinato do rei Umberto por Gaetano Bresci. O jornal tinha apoiado a fatídica viagem de Bresci de Paterson para Monza. Como Fumagalli observou posteriormente, o presidente Roosevelt ordenou a proibição da distribuição do jornal em 1908.

Os periódicos italianos eram vitais na tarefa de perpetuar a identidade italiana dos emigrados. A metrópole dava aos jornais coloniais uma missão elevada: "defender a língua e a cultura italianas da invasão por parte de raças estrangeiras [...] [esses jornais] são instrumentos para defender e difundir a *italianità*" (Briani, 1977; Deschamps, 2002; Fumagalli, 1909, p. 80; Miller, 1987; Park, 1922). Nessa perspectiva, os migrantes italianos não eram invasores cruzando fronteiras, mas eram eles próprios linhas de defesa contra o ataque cultural das "raças estrangeiras". Nas palavras de Guglielmo Marconi, o inventor do rádio, os jornais emigrantes "elevavam o espírito da italianità" no exterior, ajudando os emigrantes a se recordarem da Itália.[28] No melhor dos casos, os jornais forneciam notícias sobre a Itália, uniam a comunidade

Italianos no mundo

italiana em causas beneficentes comuns e serviam como um fórum econômico e cultural de utilidade.

O jornal *Il Progresso Italo-Americano* de Nova York, o mais antigo diário em língua italiana nos EUA, se orgulhava de uma longa lista de campanhas de subscrição: para construir monumentos em homenagem a Garibaldi, em 1888, no Washington Square Park, a Colombo, em 1892, no Columbus Circle, a Verdi, em 1906, na Verdi Square, e a Dante, em 1912 (dedicado em 1921 no Dante Park); para a defesa de Giovanni Verrazano como o descobridor do rio Hudson e de Antonio Meucci como inventor do telefone; para assegurar que o Dia de Colombo não recebesse o nome de Dia da Descoberta no estado de Nova York e para construir um panteão na antiga casa de Garibaldi em Staten Island.[29] O jornal também procurou defender italianos condenados à morte pelo sistema judicial americano. Embebidos de patriotismo, a maioria dos italianos de Nova York ficou mortificada quando um italiano anarquista de Nova Jersey assassinou o rei Umberto. Como penitência, *Il Progresso* encomendou relevos de bronze e uma coroa para a tumba real no Panteão, em Roma; o diário também ofereceu uma lápide para o túmulo do presidente William McKinley após ele ter sido morto a tiros pelo anarquista polonês Leon Czolgosz.[30] O jornal comprovava e consolidava o status da comunidade italiana de Nova York. De forma mais sutil, ele dirigia os leitores para a Itália, informando extensivamente sobre a política, as novidades e os assuntos italianos.

A despeito da quantidade de periódicos italianos pelo mundo, sua qualidade era notoriamente desigual. Jornais apareciam e desapareciam "como cogumelos" (Carletti, 1906, p. 377). Fumagalli calculou que 1 em cada 15 periódicos italianos fechou as portas entre 1905 e 1907, ou seja, 31 de 472 (Fumagalli, 1909, pp. lxxix-lxxx). O número elevado de publicações diminuía os lucros e dificultava a criação de periódicos italianos com circulação nacional e um maior peso. Em alguns casos-limite, alguns jornais de emigrantes sobreviviam da chantagem, ameaçando arruinar reputações dentro da comunidade italiana. Luigi Villari, que dava assistência aos emigrantes na Filadélfia, chamava os jornais ítalo-americanos de "uma paródia de jornalismo", mas Giovanni Preziosi os defendia como "a única ligação que o emigrante tem com o seu país de origem".[31] Quando as escolas e as igrejas italianas entraram em colapso em razão das pressões nativistas, os grandes jornais se tornaram o último baluarte da língua italiana nos Estados Unidos. Os periódicos fortaleciam um público leitor em língua italiana no exterior, ampliando o mercado para a produção cultural italiana. O Segundo Congresso dos Italianos no Exterior de 1911 também elogiou a imprensa colonial como "um meio efetivo, e às vezes o único meio, para que nossos emigrantes não percam as noções da língua italiana que eles aprenderam na escola e o seu interesse pelas coisas da sua distante Pátria" (Gentile, 1911, pp. 1088-1089). Observando a imensa quantidade de jornais ítalo-americanos, o Congresso considerava positiva uma maior competição entre eles. Os que sobrevivessem iriam superar as pequenas rivalidades pessoais para formar veículos de maior qualidade, como já tinha acontecido na comunidade germano-americana.

Outro poderoso instrumento de mídia italiano para influenciar os emigrantes, e que era pesadamente promovido na imprensa colonial, era o cinema mudo. A Itália estava na vanguarda da sétima arte até o desastre da Grande Guerra, lançando os primeiros *blockbusters* da história, arrecadando milhões e atraindo multidões pelo mundo. Em razão da ausência de falas, o cinema mudo era especialmente apropriado para a distribuição internacional, já que os gestos e o cenário, suplementados por intertítulos traduzidos, comunicavam a essência do filme, sem serem comprometidos pelos diálogos ou legendas que vieram depois, nos filmes falados. Os filmes italianos enfatizavam temas nacionalizadores, em sintonia com a nascente comunidade italiana internacional. *L'Inferno* (1911), o primeiro longa-metragem italiano e o primeiro a ser distribuído nos Estados Unidos, terminava com uma cena final que mostrava a estátua monumental de Dante Alighieri em Trento. A releitura do elaborado épico religioso

Italianos no mundo

de Dante se transformou rapidamente em um manifesto para os italianos que viviam no exterior, exilados e oprimidos, especialmente os sob domínio austríaco em Trento, mas, na verdade, em qualquer lugar fora da Itália.

O épico romano *Cabiria* (1914), de Gabriele d'Annunzio, apresentou o personagem Maciste, um poderoso herói punido pelos inimigos de sua pátria, acorrentado a uma pedra em uma praia estrangeira e concentrando, na sua pessoa, a saga de todos os nobres italianos oprimidos no exterior. A figura de Maciste se tornou uma espécie de "homem comum" e o seu personagem atingiu o estrelato em mais de 50 filmes, incluindo dois como soldado na Grande Guerra. Filmes curtos também tiveram grande importância para as audiências italianas emigrantes, já que os italianos no exterior formavam uma audiência cativa para filmes regionais de Nápoles ou Veneza, especialmente dramas locais e releituras das lendas dos santos padroeiros locais. Comunidades italianas transplantadas também encomendavam filmagens das suas cidades natais para celebrar, recordar e consagrar a sua identidade de grupo com um registro visual único (Bertellini, 1999; Brunetta, 1981, pp. 41-44; 2004, v. 1, pp. 50-62; Bruno, 1993, pp. 122-146; Redi, 1999).

Jornais e filmes italianos proliferaram no início do século XX, mas a educação em língua italiana minguou nas escolas no exterior. Os colonialistas italianos perceberam que, mesmo na Argentina, a mais idealizada colônia italiana na América, as crianças italianas estavam perdendo rapidamente a sua herança cultural. A Dante conseguiu uma grande vitória em 1899, quando a Argentina fez a educação em língua italiana obrigatória nas escolas públicas, supostamente "como forma de deferência".[32] Em 1910, a Argentina também criou uma cátedra de estudos sobre Dante na Universidade Nacional em Buenos Aires (Rava, 1912, p. 284). Contudo, após 15 anos de trabalho, mesmo a Dante tinha que admitir a derrota. Os cursos de língua italiana ocupavam apenas cinco horas por mês durante oito meses, dificilmente suficientes para que as crianças aprendessem corretamente o italiano. Em 1912, Luigi Rava, antigo presidente da Sociedade Dante Alighieri, concluiu que o governo italiano tinha se envolvido muito tarde no problema e que a instituição carecia dos meios necessários para alterar a programação mental de uma geração:

> Vamos ser francos: nós nos enganamos por um longo tempo a respeito das condições dos italianos na Argentina; nós acreditávamos que os filhos dos nossos emigrantes, nascidos na prosperidade e abençoados pelo trabalho duro dos seus pais, iriam cair de amores pela Itália [...] Os pais emigrados mantiveram vivo, e até fortaleceram, o amor pela sua terra natal! Mas esse afeto não se repetiu no tocante a seus filhos. As escolas os ensinaram a considerar apenas a Argentina a sua Pátria. Eles nunca aprenderam algo sobre a Itália; não sabem nada das glórias, da economia, da arte e das belezas da Itália. Eles não conhecem os milagres e os sacrifícios para a nossa ressurreição política nem as condições da nossa civilização. Nossas Universidades não os receberam, e Paris substituiu Roma. (Rava, 1912, pp. 282-284)

Os filhos dos emigrantes sentiam que, se a Itália fosse tão maravilhosa assim, seus pais não teriam sido obrigados a deixá-la. Além disso, muitos emigrantes se lembravam da Itália provinciana, acometida pela pobreza do final do século XIX e não sabiam nada sobre seus recentes progressos. Rava sentia que tanto fazia que agora a emigração italiana se dirigisse aos Estados Unidos, ainda que a Argentina tivesse sido considerada o destino ideal por 30 anos. O nacionalismo italiano simplesmente não conseguia englobar a Itália do exterior na sua segunda geração.

Para sobreviver, as escolas italianas tinham que se tornar uma parte orgânica de uma comunidade italiana maior. Como um desiludido membro da Sociedade Dante Alighieri na Argentina observou em 1901, as escolas elementares italianas se baseavam numa premissa educacional falsa:

Que influência podem as breves, incompletas e quase sempre vãs noções de língua e cultura italianas ter nas crianças italianas nascidas no exterior quando a sua tendência juvenil é a de assimilar a vida, os costumes e o idioma do ambiente no qual elas vivem e amam; não o da escola, onde elas passam tristemente horas de... tédio... Quando [um estudante] atinge a puberdade, a idade em que o caráter e as tendências indeléveis se formam, a escola italiana o abandona.[33]

O programa escolar italiano concentrava-se em excesso na educação primária, sem a possibilidade de educação secundária ou profissional. O observador citado pedia por um aumento na imigração burguesa e de profissionais da Itália para organizar os humildes e esforçados trabalhadores e aumentar o prestígio da comunidade. Os professores, advogados e médicos italianos seriam essenciais para garantir a sobrevivência e o desenvolvimento das colônias italianas.

No entanto propostas para exportar os profissionais mais bem educados da Itália geravam controvérsias. Oponentes da emigração na Itália lamentavam a perda de capital humano que significaria a partida desses homens e argumentavam que a nação tinha investido muitos recursos na sua educação para simplesmente deixá-los partir (Pareto, 1905). Pasquale Villari (1907a; b) argumentou que o governo deveria tolerar essa emigração, mas nunca a promover ou encorajá-la. Os defensores do colonialismo emigratório, contudo, respondiam que, sem uma liderança italiana de classe média, os emigrantes analfabetos e com pouca especialização seriam assimilados nos países das Américas. O "proletariado intelectual" desempregado italiano poderia, em teoria, encontrar emprego mais fácil do que no saturado mercado italiano (Penne, 1906).

A Alemanha e a Grã-Bretanha eram os modelos: através do envio de mercadores, banqueiros e engenheiros para a América do Sul, eles tinham criado um "império informal" de companhias ferroviárias, minas e instalações portuárias (Gallagher; Robinson, 1953; Grossi, 1904; Platt, 1977). Para igualar esses sucessos, a Itália tinha que aumentar a sua emigração qualificada e de profissionais. No entanto a Argentina, a nação com a mais alta porcentagem de italianos nas Américas, decidiu impedir a imigração de profissionais. Começando em 1890, o governo argentino se recusou a dar licenças de trabalho para advogados, farmacêuticos e médicos, a menos que eles tivessem se formado na Argentina. Com o número de estudantes de nível médio e universitário crescendo rapidamente na Argentina, os estrangeiros eram simplesmente considerados inadequados para exercerem suas profissões no país.[34] Apenas trabalhadores manuais eram autorizados a emigrar para a Argentina e buscar trabalho. Isso condenou à morte qualquer possibilidade de uma estrutura de classes mais equilibrada dentro da comunidade ítalo-argentina, inviabilizando quaisquer chances de criação de uma Itália dentro da sociedade argentina. Os italianos se tornaram "abelhas-operárias", trabalhando para o lucro dos outros, em vez de administrarem suas próprias carreiras (Barzini, 1902, pp. 145-152).

Enquanto a emigração qualificada se revelava controversa na América do Sul, a migração de pessoas pouco educadas ou analfabetas enfrentava oposição em toda parte. Em 1901, a Austrália baixou uma legislação para diminuir a imigração extremamente severa, utilizando um ditado para excluir os grupos "indesejáveis". Para restringir a imigração nos Estados Unidos, por quatro vezes o Congresso aprovou projetos de lei exigindo que os imigrantes fossem aprovados em testes de alfabetização, em qualquer língua escrita, para serem admitidos; essas medidas nativistas foram vetadas pelos presidentes Grover Cleveland em 1897, William Taft em 1913 e Woodrow Wilson em 1915. Em 1917, o Congresso finalmente reuniu os votos necessários para derrubar o veto do presidente Wilson e o teste de alfabetização se tornou lei, com outras restrições aos imigrantes sendo aprovadas em 1921 e 1924.

Durante a longa gestação dos testes de alfabetização anti-imigratórios, os colonialistas italianos seguiram com muita atenção todos os debates nos Estados Unidos. Em 1903, um antigo inspetor em

Italianos no mundo

Gênova observou que apenas os imigrantes turcos tinham índices de analfabetismo maiores do que os italianos. Ele concluía que um teste de alfabetização se tornaria lei logo e que a Itália deveria transferir o fluxo da sua emigração da América do Norte para a do Sul.[35] No Primeiro Congresso dos Italianos no Exterior, em 1908, os delegados debateram sobre o que fazer no caso de aprovação de uma lei estadunidense nesse sentido. Nicola Mariani assinalou que o analfabetismo dos imigrantes "era a causa da opinião negativa dos estadunidenses" no tocante a Itália. Ele defendia a proibição da emigração dos analfabetos como uma questão de honra nacional. Enquanto os outros delegados concordavam, o deputado socialista Angelo Cabrini, que tinha ajudado a fundar a Sociedade Humanitária em Milão, de ajuda aos emigrantes temporários, se opôs a testes de alfabetização tanto para emigrantes como para imigrantes e exortou a Itália a impor a educação elementar obrigatória e combater o analfabetismo, "especialmente no Sul".[36]

Escrevendo dos Estados Unidos, Luigi Villari culpava o governo liberal da Itália por permitir que analfabetos emigrassem. Ele argumentava que isso ia contra os interesses dos próprios emigrantes; apenas com educação eles poderiam se defender contra a fraude e a exploração desenfreadas.[37] Ao mesmo tempo, Villari romantizava os trabalhadores analfabetos como os verdadeiros representantes do gênio italiano no exterior, em contraste com os banqueiros exploradores, donos de bares e agentes de emigração.[38] Os ítalo-americanos já estabelecidos eram suspeitos porque muitas fraudes contra novos imigrantes italianos eram cometidas pelos seus próprios compatriotas. Luigi Villari escreveu a seu pai Pasquale do consulado de Filadélfia para condenar o Primeiro Congresso dos Italianos no Exterior, que ele via como uma "farsa":

> A ideia é trazer para a Itália os mais "proeminentes líderes" das colônias italianas na América para ouvir as suas observações sobre as melhores maneiras para proteger os emigrantes. São precisamente esses "proeminentes líderes" que ganham a vida explorando e

enganando os recém-chegados! Aos "proeminentes líderes" dessas colônias não devia ser pedida a opinião, nem a "orientação iluminada"; no lugar, deviam ser jogados na cadeia ou enforcados.[39]

Como consultor legal dos imigrantes italianos, Villari estava cansado e desiludido pelos infinitos casos de exploração que arruinavam a saúde, as finanças e a moral dos imigrantes. Villari atacava a visão limitada dos governos liberais, que inevitavelmente protegiam os ricos e poderosos no lugar dos pobres e fracos, e confiava na emigração como uma muleta para os problemas econômicos e sociais da nação: "uma das piores consequências da emigração é que ela leva o governo a negligenciar sérios problemas sociais, acreditando que pode se livrar deles fazendo as pessoas emigrarem; soluções reais são, portanto, adiadas". Ele propunha reformas internas e o fim da emigração para a América como a única solução moral.[40]

Não obstante, muitos colonialistas queriam construir uma estrutura mais permanente nas Américas sob as correntes mutáveis da emigração. Novos emigrantes eram pouco influenciados pela sociedade americana e eram a esperança para o futuro das "colônias espontâneas". Imigrantes italianos com pouca instrução interagiam menos com seus vizinhos americanos. Isso os fazia menos inclinados a serem assimilados e aumentava as possibilidades de que voltassem para a Itália com o dinheiro que haviam economizado. A *Italica Gens* argumentava que a maneira mais efetiva para preservar as comunidades italianas nas Américas seria "alimentá-las com sangue italiano novo; que é o elemento mais adaptado para entender e fazer nossos objetivos patrióticos frutificarem. É necessário, antes que as correntes emigratórias cessem, concentrar e consolidar, de um ponto de vista nacional, os núcleos italianos dispersos e estabelecer solidamente neles a *italianità*" (Italica Gens, 1913a, p. 5).

Essa confiança na continuidade da emigração, no "novo sangue italiano" no lugar de interesses estabelecidos, provou ser a fraqueza fundamental nos projetos da Grande Itália. Os defensores do colonialismo emigratório sempre esperaram que as colônias mais estáveis iriam se desenvolver por si só, mas, para a construção dessas comunidades, as suas esperanças estavam no imprevisível fluxo de migrantes transnacionais. Mudanças na emigração levavam a imensos estragos. Depois que o governo italiano abruptamente limitou a emigração para o Brasil, por exemplo, os expatriados tiveram cortados os seus vínculos com o comércio, a cultura e a sociedade italianos. As colônias italianas no sul do Brasil, estabelecidas durante três décadas, de repente se tornaram atrasadas e isoladas.

Estados, grupos e atores individuais em todo o mundo se combinavam numa dinâmica de emigração livre que ninguém podia controlar, ainda que cada um tivesse alguma margem de atuação. Como resultado, a *italianità* representava uma ampla coleção de significados sociais, culturais e econômicos, repleta de complexidades e competições, de unidade e divisão, mas fortalecida pelas instituições transnacionais e a ciência etnográfica italiana. Os italianos no exterior se uniam em inúmeras instituições tanto para propósitos práticos como outros mais nobres, formando grupos de caridade para apoiar hospitais e a repatriação dos indigentes; associações para recreação e esportes; sociedades de socorro mútuo e cooperativas e círculos culturais para teatro, poesia e música. Os nomes das sociedades italianas refletem a diversidade da experiência, incluindo Conde Cavour, Giuseppe Mazzini, Giuseppe Garibaldi e sua esposa Anita Garibaldi, Dante Alighieri, nomes geográficos do norte e do sul da península, vários príncipes e princesas, União e Fraternidade, Cristóvão Colombo, a Virgem Maria e o 20 de setembro, data no ano 1870 em que o papado perdeu o poder em Roma.

Essas sociedades representavam a aplicação prática da cultura italiana nos novos ambientes imigratórios. Em 1911, o Instituto Colonial Italiano contava 1.467 associações italianas no exterior, das quais 430 nos Estados Unidos, 316 na Argentina, 277 no Brasil, 49 no Chile, 46 no Uruguai, 79 na Suíça e 69 na França.[41] Números não são sinônimo de força; como comentava Luigi Barzini em 1902, "os italianos no rio da Prata estão unidos em cerca de trezentas associações, o que significa que eles estão perfeitamente divididos" (Barzini, 1902, p. 166). No entanto, a despeito das amargas divisões e disputas, fora da península itálica esses homens eram chamados de "italianos" por brasileiros, argentinos, americanos e franceses. A emigração fortaleceu o desenvolvimento de uma identidade italiana, codificada com o desenvolvimento dos estudos etnográficos italianos.

A migração em massa abriu uma nova fronteira para a experiência italiana, repleta de possibilidades. Juntamente a novas iniciativas no campo editorial, através das exposições e com uma nova política irredentista, a emigração se configurava em uma oportunidade única para projetos beneficentes e educacionais. A Igreja, como o Estado, apoiou religiosos para ajudar os emigrantes italianos tanto espiritualmente como em termos práticos. Essa cooperação ligaria as tradições católicas ao pensamento italiano, com consequências imediatas e duradouras.

Pela fé e pela pátria

À medida que centenas de milhares de pessoas deixavam a Itália para uma vida de duro trabalho no exterior, os clérigos católicos e a burocracia estatal trabalhavam juntos para ajudar, encorajar e fazer proselitismo entre os emigrados italianos. A emigração se tornou um campo missionário, no qual se procurava garantir a lealdade patriótica dos emigrantes para a Itália e cimentar a sua lealdade ao catolicismo. Igreja e Estado encontraram um objetivo comum e utilizaram métodos semelhantes para que seu rebanho permanecesse fiel às tradições da pátria. Na ausência de uma cultura nacional, a antiga, firmemente estabelecida e ativa identidade católica romana se tornou um elemento-chave da *italianità*, especialmente a cultivada no exterior. Com limitações para a sua atuação política, o Estado italiano colaborou com a

Italianos no mundo

Igreja Católica para aumentar o engajamento cultural e social dos emigrantes com a Itália.

Ao focarmos na emigração, fica fácil esquecer a amarga relação existente entre o rei da Itália e o papa católico. O papado não reconheceu oficialmente a existência da Itália até 1929. O governo liberal do Piemonte-Sardenha tinha unificado a península italiana entre 1859 e 1870, expropriando territórios que pertenciam ao papa, ao imperador austríaco, ao rei de Nápoles e a outros soberanos católicos. O último ato foi em 20 de setembro de 1870, quando forças italianas atacaram a cidade de Roma, defendida por tropas papais. O papa Pio IX recuou para o palácio do Vaticano e o novo rei da Itália se instalou no antigo palácio papal na colina do Quirinal em Roma (Jemolo, 1960; Kertzer; Hogan, 1989; Spadolini, 1976). Ainda que inimigos declarados na península itálica, a Igreja e o Estado uniram forças no exterior para ajudar os emigrantes por razões práticas, e com resultados positivos. No início, o Vaticano deplorava a emigração como mais uma prova do fracasso do Estado liberal italiano; sob a administração papal, a Itália certamente faria melhor. No entanto, depois da queda de Crispi em 1896, o governo italiano começou a subsidiar centenas de escolas e hospitais católicos no exterior que atendiam emigrantes italianos. Os católicos atingiam locais que o Estado italiano não era capaz, particularmente nos Estados Unidos, e os líderes italianos estavam dispostos a pagar a ajuda da Igreja. Objetivos comuns no exterior acabaram por conduzir a uma nova era de cooperação em casa.

A assistência filantrópica fazia toda a diferença para os emigrantes italianos. Eles trabalhavam nas margens de economias capitalistas em formação, contratados por baixos salários quando a economia florescia e rapidamente descartados quando ela entrava em crise. Os homens italianos, a maioria sem as suas famílias, trabalhavam em fábricas e projetos de construção nas cidades, mas também 24 horas por dia construindo ferrovias, cavando minas e abrindo túneis em áreas remotas. Mesmo quando as famílias emigravam juntas, elas trabalhavam sem uma rede de suporte social.

Pela fé e pela pátria

Uma mulher italiana retornando da fronteira agrícola no Brasil admitiu as lamentáveis condições de vida lá ao bispo de Cremona, Geremia Bonomelli.

> Um dia, eu e meu marido e filhos deixamos nossa cabana e fomos arar a terra. Depois de cavar alguns sulcos, meu marido parou, colocou a sua mão na testa, como se estivesse sentindo alguma coisa, e nos chamou para dizer: Eu contei os dias e hoje deve ser o dia de Natal. Eu nunca trabalhei no dia de Natal. Vamos para casa. Nós fomos para o nosso lar silenciosos e nos sentamos próximos uns dos outros. Eu estava chorando. Meu marido então se levantou e disse que não poderia continuar desse jeito. Nós voltaríamos para casa [na Itália] e assim o fizemos. (Esposizione Generale Italiana – Esposizione delle Missioni, 1899, p. 18)

Além da distância da família estendida e das suas aldeias natais, os emigrantes perdiam as suas tradições culturais e religiosas. Essas identidades tradicionais podiam se misturar facilmente com a consciência nacional. O bispo Bonomelli concluiu que essa história "demonstra como nossos camponeses são e como para eles a Pátria e a religião estão intimamente relacionados" (Esposizione Generale Italiana – Esposizione delle Missioni, 1899). Com as iniciativas políticas e religiosas, Bonomelli esperava afastar as massas emigradas do socialismo e aproximá-las do catolicismo transnacional, com uma única rede de apoio nacional e internacional.

RELIGIÃO E SEPARATISMO ÉTNICO NAS AMÉRICAS

Ao mesmo tempo que se opunha a uma Itália unida, o Vaticano apoiava vigorosamente uma identidade italiana entre os emigrantes do país. Muitos na hierarquia acreditavam que os italianos eram intrinsecamente católicos. Além disso, a melhor maneira de manter os emigrantes da Itália católicos seria reforçar os seus laços com a pátria (D'Agostino, 1997). Apenas como italianos unidos, e católicos, os emigrantes poderiam resistir às pressões assimilacionistas em seus novos países. Para desgosto dos irlandeses-americanos, Roma ainda considerava os Estados Unidos uma nação protestante. Até 1908, o Canadá e os Estados Unidos ainda eram considerados áreas missionárias, sob a jurisdição da Propaganda Fide, em Roma. Dentro dessa perspectiva, os italianos estavam emigrando em massa para uma terra de infiéis. Italianos liberais, socialistas e anarquistas, todos anticlericais, dominavam várias comunidades italianas nas Américas e protestantes ítalo-americanos conseguiram muitas conversões (Farmelant, 2001). A migração de retorno trazia para casa essa influência religiosa e política adquirida no exterior, diminuindo a influência da Igreja Católica na própria Itália. Já do ponto de vista americano, o fluxo maciço de pobres imigrantes italianos ameaçava submergir a Arquidiocese de Nova York, o que tensionou as relações entre a hierarquia católica americana e o Vaticano. A situação demandava uma resposta religiosa e política coordenada a partir dos dois lados do Atlântico.

A difícil situação dos emigrantes italianos inspirou uma série de esforços missionários para atender as necessidades culturais, sociais, educacionais e espirituais dos migrantes. O pioneiro foi monsenhor Giovanni Battista Scalabrini, o bispo de Piacenza, que era a favor de uma reconciliação colaborativa entre Igreja e Estado para resolver os mais urgentes problemas da Itália. Scalabrini, nascido em 1839 perto de Como, na Lombardia, se tornou famoso no seu período como reitor de um seminário pelo seu ensino do catecismo. Pio IX o nomeou bispo em 1876 e o chamou de "o apóstolo do catecismo"; mais de 100 anos depois, em 1997, ele seria beatificado como o "apóstolo dos emigrantes". Em ambos os campos, Scalabrini via a educação como a solução para os problemas sociais. O sucessor de Pio IX, Leão XIII, pediu a Scalabrini, em 1885, para escrever um panfleto anônimo a respeito da prejudicial divisão entre o papado e o Estado italiano, que perturbava a vida social, religiosa e política da Itália. Clérigos intransigentes que se opunham a qualquer discussão sobre um compromisso com a Itália atacaram cruelmente o panfleto e Leão nunca permitiu que Scalabrini assumisse a sua autoria. Ele, contudo, continuou a procurar meios de diminuir as divisões na sociedade italiana (Francesconi, 1985).

À medida que a emigração transatlântica crescia nos anos 1880, Scalabrini percebeu que um décimo da sua congregação em Piacenza tinha emigrado da Itália. Ele voltou-se para a América como área missionária, para ajudar os emigrantes e para construir um patriotismo italiano fundado no catolicismo. Levado à emigração pela sua preocupação com as famílias da sua diocese, Scalabrini interveio na questão uma década antes do Estado italiano. Em 1887, Scalabrini escreveu para Propaganda Fide e começou a organizar uma rede de padres e freiras para ajudar os emigrantes italianos na Itália e nas Américas.

Scalabrini também publicou o seu trabalho mais famoso – *Observações sobre a emigração italiana na América* – difundindo suas ideias e planos. Ele alterou significativamente as ideias pré-concebidas a respeito da emigração ao apresentar o fenômeno como uma consequência inevitável da necessidade econômica e como uma válvula de segurança indispensável, que demandava a atenção e a proteção da Igreja italiana e a cooperação entre ela e o Estado:

> Religião e Pátria, essas duas supremas aspirações de todo bom coração, se tornam interligadas, se tornam completas nesse trabalho de amor, que é a proteção do fraco e se fundem em maravilhosa harmonia. As miseráveis barreiras, erguidas pelo ódio e pela raiva, desaparecem [...] cada distinção de classe ou partido removido [...] Possa a Itália, sinceramente reconciliada com a Santa Sé, emular suas antigas glórias e adicionar uma nova, imortal, qual seja, a de conduzir mesmo os seus filhos mais distantes para os brilhantes caminhos da verdadeira civilização e do progresso. (Scalabrini, 1997a, p. 35; Tomasi, 1983)

Scalabrini exortava um amplo suporte para as duas identidades dos emigrantes, ou seja, católicos e italianos. A política mesquinha da península não deveria obstruir a proteção dos vulneráveis emigrantes italianos no exterior. O papa Leão XIII aprovou especificamente a chamada de Scalabrini por uma reconciliação com os governantes do Estado italiano, desde que eles dessem os primeiros passos (Marcora, 1983, pp. 282-283).

Nos 30 anos seguintes, os projetos do bispo Scalabrini para escolas, associações de beneficência e locais de culto se tornaram uma realidade. Em 1887, ele criou o Instituto Missionário Cristóvão Colombo em Piacenza para honrar o italiano "que primeiro trouxe o Cristianismo para as Américas" (Francesconi, 1985, pp. 689; 1004). Ele se tornou a base para a Congregação Missionária de São Carlo Borromeo. Os primeiros dez missionários deixaram Piacenza em julho de 1888, viajando para a cidade de Nova York e para o Brasil. Seguindo o exemplo da alemã Raphaelsverein, Scalabrini também ajudou a organizar uma organização leiga de apoio, a Sociedade São Rafael, fundada em 1889 pelo Marquês Giambattista Volpe Landi. Ao redor de 1895, Scalabrini também tinha organizado uma ordem missionária feminina. O Vaticano criou igualmente várias instituições adicionais, como o Colégio Pontifício para a Emigração Italiana, fundado por Pio X em 1914 como um seminário especializado, e o Prelado para a Emigração Italiana, criado por Benedito XV em 1920.

O bispo Scalabrini recebeu incondicional apoio da hierarquia da Igreja na Itália. O jornal jesuíta *Civiltà Cattolica* elogiou os esforços de Scalabrini para tomar conta dos italianos que deixavam sua pátria em condições famélicas. O jornal lamentou que, mesmo que eles "emigrassem da terra mais católica do mundo, muitos, muitos italianos se corrompiam completamente" nos Estados Unidos. Os objetivos patrióticos de Scalabrini também receberam aprovação geral. Se a emigração continuasse ao longo do seu presente curso "logo, os emigrantes perderão, junto com a sua fé, mesmo o seu caráter nacional, de italianos, e cada princípio do seu sentimento patriótico".[1] O apoio à consciência nacional dos emigrantes era tão importante quanto a ajuda beneficente: "esse trabalho sagrado combina os mais caros e nobres sentimentos que podem aquecer o coração de um homem e de um cristão: o amor pela glória de Deus, o amor pelos nossos irmãos pobres, o amor pela Santa Igreja e o amor pela nossa

Pátria comum (*Patria comune*), que é gravemente ferida quando seus membros são amputados, passando para outras nações como fardos desprezados da nossa fé e da nossa nacionalidade".[2] As identidades católica e italiana dos emigrantes tinham que ser protegidas, apoiadas e promovidas pelos prelados italianos e estadunidenses.

Em dezembro de 1888, o papa Leão XIII lançou a Carta Apostólica *Quam Aerumnosa*, baseada num rascunho escrito pelo bispo Scalabrini, na qual ele convocava os bispos estadunidenses a apoiar o seu programa (Francesconi, 1985, p. 1026). A carta abordava especificamente os males da emigração italiana, observando que os emigrantes frequentemente deixavam a Itália para encontrar situações ainda piores no exterior. O papa recebia com simpatia os esforços de Scalabrini para enviar missionários italianos "para consolar seus cidadãos na sua própria língua" (Carlen, 1990, v. 3, pp.191-193). A língua italiana era fundamental para resgatar os emigrantes nas suas novas casas.

Enquanto o bispo Scalabrini trabalhava para construir o patriotismo italiano entre os emigrantes dentro de programas sociais católicos, seu irmão mais novo, Angelo, trabalhava dentro do governo italiano para construir alianças com o catolicismo. Depois de 1896, Angelo trabalhou como inspetor geral, mais tarde diretor, do Programa de Escolas Italianas no Exterior, obtendo subsídios do Estado para a Sociedade Dante Alighieri e para as instituições católicas que trabalhavam com os emigrantes. A politização da migração católica trouxe maior apoio da Itália, mas causou uma tensão renovada nas Américas.

Os planos do papado para a emigração italiana irritaram a hierarquia católica nos Estados Unidos. No seu ponto de vista, a América não era uma nação protestante e nem uma terra para trabalho missionário. Em oposição aos nativistas protestantes, os católicos estadunidenses lutavam para se identificar como americanos, não estrangeiros. Eles sentiam que a intervenção direta do papa era desnecessária e indesejável: os problemas dos emigrantes vinham da sua herança europeia, não de alguma falha do clero estadunidense. Um autor irlandês alegou que a única esperança para os católicos italianos estava em americanizar suas crianças:

> de alguma forma, o dever da mais rudimentar instrução e treinamento nos princípios e práticas da religião cristã tem sido grosseiramente negligenciado por um grande número de párocos [na Itália]; o nível de ignorância não pode ser responsabilidade nossa... O fato é que, para a grande massa dos emigrantes italianos, a Igreja Católica na América é quase uma nova religião. Não é provável que os mais velhos possam se adaptar. Eles devem seguir os irlandeses e, aos poucos, seus filhos poderão fazer grandes coisas por Deus na América. (Lynch, 1888, pp. 70-72)

O clero italiano não apreciava esse sentimento. No fim, muitos padres italianos ignoraram a hierarquia estadunidense: franciscanos, capuchinos, servos de Maria, agostinianos se reportavam diretamente às suas ordens em Roma. O Vaticano insistia em considerar a América uma área missionária, e Leão XIII designou um cardeal italiano como o novo Núncio Apostólico nos Estados Unidos, em 1893, mesmo com os protestos dos bispos estadunidenses. Leão também decretou a coroação de várias estátuas populares da Madonna em Nova Orleans e no East Harlem italiano, em Nova York (D'Agostino, 1997, pp. 125-126; Orsi, 1985; Wishes, 1981). O papa prestou atenção especial à emigração italiana, que estava se tornando a maior da Europa, era quase inteiramente católica e tinha uma importância política crucial para o Vaticano. Em contraste, a Igreja Católica estadunidense recebia imigrantes de todas as partes do mundo e via os italianos como apenas um grupo a mais entre os católicos que chegavam e que incluíam poloneses, eslovenos, eslovacos, gregos, libaneses, sírios e franco-canadenses. Em 1884, o Terceiro Conselho Plenário dos bispos e arcebispos estadunidenses em Baltimore tinha recomendado uma abordagem católica geral para os migrantes, sem divisões por nacionalidade. A carta apostólica de Leão XIII desapontava os bispos ao mencionar apenas os imigrantes italianos.

De um ponto de vista bem distante do estadunidense, Scalabrini defendia a cultura dos emigrantes e argumentava que uma rápida americanização iria destruir a sua fé. Em 1899, os bispos Scalabrini e

Geremia Lunardelli fizeram palestras públicas em Turim como parte da Exposição Nacional. Scalabrini convocou os italianos para lutarem contra esse caldeirão cultural:

> Não muitos anos atrás, havia, nos Estados Unidos, um esforço imenso para americanizar... os emigrantes de várias nações europeias. A Fé e a Pátria choravam pelos seus milhões de filhos perdidos. Apenas um tipo de gente sabia como resistir a esse violento esforço de assimilação: aqueles que seguem esse lema: nossa Igreja, nossa escola, nossa língua. Não devemos esquecer esse fato. Devemos trabalhar, cada um conforme as suas forças, para que todos os italianos no exterior sigam esse lema e tenham a mesma tenacidade, a mesma coragem: pela Fé e pela Pátria. (Scalabrini, 1899, p. 39)

Ele defendia a continuidade das relações íntimas dos emigrantes com Deus, a família e a cultura à medida que pessoas e famílias se transferiam da Europa para as Américas.

As tradições católicas dos migrantes europeus tinham causado, contudo, um intenso debate nos Estados Unidos (Francesconi, 1985, pp. 966-974; Tomasi, 1972; 1989). Preocupados com os nativistas protestantes, os católicos "liberais", liderados pelo arcebispo John Ireland, de St. Paul, Minnesota, conclamavam os imigrantes a se tornarem estadunidenses assim que desembarcassem, participando da vida religiosa em paróquias escolhidas unicamente pelo viés geográfico e com os sermões em inglês. O grupo mais "conservador", sob a liderança do arcebispo Michael Corrigan, de Nova York, considerava que as paróquias em língua estrangeira podiam ajudar a transição dos imigrantes para o catolicismo estadunidense sem a eliminação da sua língua e cultura (Barry, 1953, pp. 183-236; Curran, 1978; DiGiovanni, 1994, pp. 68-69). Scalabrini tentou evitar a controvérsia ordenando a seus missionários obedecerem estritamente a hierarquia americana local. Ele se tornou amigo pessoal dos arcebispos Ireland e Corrigan, que doou mil liras para a Congregação de Scalabrini (Francesconi, 1985, p. 100).

Mesmo sem desejar, Scalabrini acabou envolvido em uma controvérsia a respeito da identidade católica estadunidense através do

Italianos no mundo

infame "Memorial de Lucerna" de 1891. Esse memorial ou memorando, uma carta ao papa Leão XIII sobre os ministérios emigrantes, foi rascunhada no Congresso de Lucerna que reuniu as sociedades de São Rafael da Alemanha, Áustria, Bélgica e Itália, juntamente a delegados da França e da Suíça. Bispo Scalabrini escreveu um rascunho preliminar e o Congresso votou o texto final. O bispo então agendou uma audiência papal para Peter Paul Cahensly, o rico mercador alemão que tinha fundado a Raphaelsverein, e para o Marquês Volpe Landi, presidente da Sociedade de São Rafael na Itália, para apresentar as resoluções aprovadas, mas Volpe Landi adoeceu e não pôde comparecer. Dessa forma, apenas Cahensly ficou associado ao memorando, que se tornou um para-raios que catalisou os conflitos étnicos entre os bispos irlandeses-americanos e teuto-americanos.

Para apoiar os imigrantes nos Estados Unidos, o documento defendia o estabelecimento de paróquias especiais para cada grupo nacional, juntamente a escolas e catequese na sua língua e padres e até bispos da sua nacionalidade. Essa última sugestão irritou tanto os bispos conservadores como os liberais nos Estados Unidos. Os prelados liberais Dennis O'Connell, reitor do Colégio Americano em Roma, e o arcebispo Ireland, de St. Paul, falsificaram o texto para a imprensa americana, adicionando que "bispos irlandeses nos Estados Unidos nomeiam apenas padres irlandeses, que não sabem a língua falada pelos imigrantes".[3] Os liberais na hierarquia católica aproveitaram a oportunidade para atacar as tradições católicas alemãs, as paróquias em língua alemã e os bispos teuto-americanos, todos associados com o "cahensylismo". Mesmo o presidente Benjamin Harrison se envolveu, à medida que cresciam as preocupações com a infiltração pró-germânica nos Estados Unidos. O arcebispo Corrigan, que tinha ajudado a organizar a Sociedade de São Rafael na cidade de Nova York, escreveu uma contundente carta para Cahensly, atacando a sua ignorância sem tato (Barry, 1953, pp. 156-157, 313-316).

A resposta de Scalabrini para Corrigan, escrita a favor de Volpe Landi e Cahensly, esclarece melhor o objetivo do memorando. O bispo italiano explicava que o que havia acontecido tinha sido "uma tempestade em um copo d'água [...] O objetivo deles era muito simples: que as várias nacionalidades europeias tivessem um representante no Episcopado americano e que não fosse um estrangeiro, mas um cidadão americano".[4] As Sociedades de São Rafael teriam planejado apoiar as culturas étnicas emigrantes dentro do catolicismo americano, não a criação de jurisdições eclesiásticas isoladas. Eles queriam preservar a etnia, independentemente da cidadania legal. O memorando, contudo, serviu como um trampolim para as polêmicas a respeito dos invasores europeus dentro da sociedade e da cultura americanas. O Vaticano rejeitou rapidamente o memorando e assegurou aos bispos americanos que não implementaria as recomendações de Cahensly. A reputação de Scalabrini saiu ferida. Em 1897, o Propaganda Fide se recusou a deixá-lo visitar os Estados Unidos por temor da reação dos bispos locais (Francesconi, 1985, p. 1160). Isso foi provavelmente uma reação exagerada: quando Scalabrini visitou os Estados Unidos em 1901 e o Brasil em 1904, foi bem recebido pelas hierarquias locais.

A controvérsia sobre como defender e apoiar os emigrantes continuou (Tomasi, 1975). A Igreja deveria ajudar os imigrantes a aprender inglês e melhorar as suas chances de sucesso na sua nova nação? Ou deveriam os imigrantes evitar os serviços sagrados em uma língua que eles não conheciam e se voltarem para os protestantes, os socialistas e anarquistas italianos para apoio? Um dos missionários de Scalabrini, Giacomo Gambera, demitiu-se da ordem quando o bispo insistiu que ele ensinasse italiano, e não inglês, aos emigrantes (Brown, 1996a).

A irmã Frances X. Cabrini (1850-1917) que, em 1946, se tornou a primeira cidadã americana a ser canonizada como santa, também discordava do ponto de vista de Scalabrini no tocante ao ensino de idiomas. Cabrini tinha nascido em Pavia como a mais nova de 13 irmãos. Depois que dois conventos a recusaram por causa da sua má saúde, ela fundou, em 1880, as Irmãs Missionárias do Sagrado Coração perto de Como, com planos de viajar para a China. Bispo Scalabrini a persuadiu a mudar seu foco e a trabalhar com os italianos nas Américas e Leão XIII a apoiou na sua nova missão.

Italianos no mundo

Irmã Cabrini e suas sete companheiras chegaram na cidade de Nova York em 1889, mas a relação de trabalho com os missionários escalabrinianos ali se deteriorou rapidamente. Os desorganizados irmãos foram incapazes de alojar Cabrini e eventualmente entraram em falência parcial, para horror do arcebispo Corrigan (DiGiovanni, 1994, pp. 173-194; Francesconi, 1985, pp. 1050-1070; Sullivan, 1992, pp. 379-382). Ele recomendou que Cabrini retornasse para a Itália, mas ela optou por permanecer e encontrou um lugar para abrigar suas irmãs e seis crianças italianas órfãs. Em 1892, no aniversário de 400 anos da viagem de Colombo, irmã Cabrini fundou o Hospital Colombo para os italianos em Nova York. Cabrini explicou que apenas a simbologia do nome de Colombo seria capaz de unificar a comunidade italiana, dividida entre as facções monárquica e anticlerical.[5] Com o passar do tempo, ela criou escolas, orfanatos e hospitais em Nova Orleans, Chicago, Seattle, Buenos Aires e Paris e também na Nicarágua, na Espanha, no Panamá e na Inglaterra.

Cabrini insistia em uma educação bilíngue nas escolas instaladas nos seus orfanatos. "O ensino puramente em italiano seria contrário ao bom-senso e contra os interesses dos próprios italianos, que tem que buscar o seu ganha-pão falando a língua do país em que vivem". No orfanato de Nova Orleans, todas as aulas eram em inglês, com uma hora em língua italiana por dia, abordando "poesia ou algum tema histórico" (Sullivan, 1992, pp. 157-158). Irmã Cabrini concentrava os seus esforços na melhoria da vida dos imigrantes ítalo-americanos no seu novo lar e não na preparação para uma provável volta para a Itália. Ela se tornou cidadã americana em Seattle em 1909 e condenou o patriotismo dos escalabrinianos em Nova York: "me agradaria mais ir a algum lugar onde os missionários de Piacenza não estejam presentes porque eu não estou satisfeita com o seu modo de pensar, que parece mais ligado à bandeira tricolor do que ao papa" (D'Agostino, 1997; Sullivan, 1992, p. 380; Vecoli, 1969). Bispo Scalabrini, por outro lado, esperava solucionar as divisões políticas italianas, assim como os problemas dos emigrantes, através da construção de uma rede de suporte internacional para eles que combinasse os recursos da Igreja e do Estado.

Pela fé e pela pátria

MISSIONÁRIOS NA ÁFRICA ITALIANA

Bispo Scalabrini advertiu contra o colonialismo emigratório, mas ao final acabou colaborando com o governo italiano nas colônias na África Oriental e nas Américas. No seu panfleto a respeito da emigração publicado pouco depois da derrota italiana em Dogali em 1887, Scalabrini observou que "a Itália não tem colônias, a menos que alguém chame de colônias dois pedaços de terra ocupada nas margens do Mar Vermelho, e não pode obtê-las sem conflitos sangrentos em patente violação da lei internacional" (Scalabrini, 1997b, p. 13). Ele defendia que a Itália abandonasse a busca por colônias de povoamento na África e mencionava justamente a falta de locais próprios para enviar os emigrantes como mais uma razão para apoiá-los nas Américas. No entanto, nos anos 1890, a amizade de Scalabrini com o bispo Geremia Bonomelli o levou a expandir a sua atividade missionária nos assentamentos italianos na África.

Bonomelli era bispo de Cremona, vizinho da diocese de Piacenza de Scalabrini, e também se opunha à linha dura católica com relação ao Estado italiano. Ele temia que o abstencionismo do Vaticano levasse à vitória do verdadeiro inimigo do catolicismo, o socialismo ateu. Bonomelli considerou criar uma ordem missionária para os emigrantes na mesma época que Scalabrini, mas esse último colocou a ideia em prática mais cedo. Bonomelli era um amigo próximo de Oreste Baratieri, um piedoso católico da região do Trentino, que tinha deixado a Áustria em 1860, aos 18 anos, para se incorporar à Expedição dos Mil de Garibaldi.

Em 1890, quando Baratieri era um coronel em Massawa, ele pediu a Bonomelli se padres italianos poderiam substituir os franceses na Eritreia. A nova colônia italiana estava sob a jurisdição do vicariato dos lazaristas franceses na Etiópia, e o Vaticano teria que negociar e aprovar qualquer transferência de autoridade. Bonomelli apresentou a ideia a Scalabrini e registrou que ele tinha "aderido com entusiasmo à ideia e está pronto a abrir imediatamente uma seção para a nossa colônia da Eritreia na sua estrutura dedicada aos emigrantes americanos. Ele é um homem de ação e de ampla visão das coisas. Mas e os meios? Esse é maior problema para ele também". Bonomelli perguntou a Baratieri se o governo italiano poderia manter os missionários se eles fossem para a colônia.[6] Na Eritreia os missionários poderiam servir como capelães para o Exército italiano e como párocos nos futuros assentamentos de imigrantes italianos. Scalabrini esperava que, através dessa cooperação, o governo italiano poderia isentar os padres italianos do serviço militar, permitindo que, no lugar, eles passassem os três anos de serviço como missionários entre os emigrantes (Francesconi, 1985, p. 1032).

Contudo, o Vaticano não queria ofender os missionários de Lyon, França, através de um apoio aberto à colônia italiana. O trabalho missionário permanecia sendo um canal importante de comunicação entre a Igreja e a secular República Francesa porque a França pensava o trabalho dos missionários nas colônias como um instrumento político: por exemplo, depois que a Tunísia se tornou um protetorado francês em 1881, os missionários italianos que ali estavam foram substituídos por franceses.[7]

Transferir os missionários franceses da Eritreia iria certamente ofender a França, porque a Grã-Bretanha tinha apoiado a colonização italiana na região justamente para bloquear qualquer expansão para o norte da colônia francesa no Djibouti. Em 1893, após se tornar o general comandante na Eritreia, Baratieri retomou as negociações para substituir os missionários franceses com italianos "porque com a identidade da língua, as populações nativas iriam ser persuadidas com mais facilidade que o catolicismo é a religião dos dominadores".[8] Baratieri estava preocupado que os eritreus percebessem os missionários franceses como estrangeiros e considerava que os senhores da colônia e os missionários deviam compartilhar a mesma língua e identidade. Bonomelli e Baratieri concordavam que isso "era do interesse da Religião, da Civilização, da Colônia e da Itália, e também da *Propaganda [Fide]*".[9] No entanto Bonomelli não conseguiu nenhum avanço depois da dupla recusa à proposta por parte de Propaganda Fide em 1890 e 1891 (Francesconi, 1985, p. 1032; Marcora, 1983, p. 313). A desastrosa derrota de Baratieri em Adua em 1896, que arruinou os assentamentos italianos e levou a uma retirada das tropas italianas, tornou a proposta obsoleta.

COOPERAÇÃO E COMPETIÇÃO
ENTRE IGREJA E ESTADO

Em 1900, bispo Bonomelli criou uma nova organização missionária para assistir os emigrantes italianos na Europa, Oriente Médio e na bacia do Mediterrâneo, sob os auspícios da *Associazione Nazionale per Soccorrere i Missionari Cattolici Italiani*. Bonomelli era um aliado natural dessa associação. Com sede em Florença, o grupo apoiava iniciativas patrióticas para reconciliar a Igreja e o Estado e para difundir a fé católica e a cultura italiana; "para socorrer os missionários católicos italianos e para promover, sob a sua direção e vigilância, a fundação de novas escolas e a difusão da língua italiana, especialmente no Oriente e na África, e para manter vivos o amor pela Pátria e a fé dos numerosos italianos que se encontram em distantes regiões" (Istituto Coloniale Italiano, 1911a, p. 508). A associação tinha doado 7 mil liras para a criação da congregação de Scalabrini em 1887 e tinha organizado um assentamento católico italiano na Eritreia em 1896 (Confessore, 1989, pp. 524-531).

Bonomelli concordava com os objetivos políticos da associação e se alinhava com eles, apesar da predileção do papa pelo envolvimento em questões sociais através da intransigente *Opera dei Congressi* [Obra dos Congressos]. Com a benção do papa, esses congressos tinham por objetivo aumentar o envolvimento católico na sociedade italiana ao mesmo tempo que mantinham a reivindicação papal por soberania na cidade de Roma. Na opinião de Bonomelli, contudo, a Igreja precisava adotar novas táticas se queria se opor ao ateísmo político. A ascensão do socialismo em Cremona, sob a liderança de Leonida Bissolati, enfurecia o bispo: "[Bissolati] perverteu, no sentido mais amplo da palavra, um grande número de pobres camponeses [...] Eu não poderia estar mais enojado".[10] Bonomelli se preocupava com a propaganda socialista dirigida aos emigrantes temporários que viajavam para a Alemanha e a Suíça e receava que a Igreja Católica necessitaria responder com uma nova organização e mobilização política. Isso se concretizou na sua *Opera di Assistenza* [Obra de Assistência] para os trabalhadores emigrantes italianos na Europa e no Oriente Médio.

Italianos no mundo

Scalabrini desapontou Bonomelli por se distanciar da nova Congregação. Em abril de 1900, Bonomelli defendeu diante de Scalabrini o seu ponto de vista de que deveriam existir duas organizações católicas separadas para o apoio aos emigrantes:

> o público irá entender que entre as nossas duas organizações não existe nem uma sombra de rivalidade. Você ajuda os emigrantes permanentes na América; eu, os emigrantes temporários na Europa. Os meios são diferentes: você, de forma independente; Eu, junto com a Associação para os missionários católicos italianos [...] Você desconfia dos elementos laicos, e tem as suas razões, mas eu quero um componente secular na *Opera,* porque é sem dúvida lucrativo e porque os recursos morais e materiais se tornam mais seguros. Eu tenho a convicção íntima de que os famosos Congressos são completamente inúteis.[11]

Bonomelli apelou à laica Associação Nacional para obter fundos e pessoal e se manteve independente da *Opera dei Congressi.* De forma contrária, Scalabrini aceitava doações da Associação Nacional e também da Propaganda Fide em Roma. Ele apoiava os congressos papais em sua diocese e discursou no seu encontro nacional de 1899, mesmo discordando da sua postura política intransigente (Francesconi, 1985, p. 1006; Scalabrini, 1997b, pp. 139-149). Scalabrini advertiu Bonomelli sobre os riscos de se associar a uma organização laica: "Eu não tenho problemas em trabalhar com organismos seculares de cooperação, mas, em assuntos estritamente religiosos, eu não confio nos laicos, pois é difícil para eles abandonarem objetivos secundários, especialmente os políticos".[12]

De qualquer forma, Bonomelli se tornou presidente e Ernesto Schiaparelli secretário na nova *Opera Bonomelli,* reunindo lideranças clericais e leigas em um relacionamento instável. Schiaparelli tinha fundado o respeitado Museu Egípcio de Turim e era também secretário da Associação Nacional em Florença. O papa Leão XIII se recusou, porém, a dar a sua aprovação à nova organização em 1900, pois ele não concordava com a presença da Associação Nacional, ligada ao governo italiano, como uma das suas patrocinadoras. A *Opera* acumulou sucessos rapidamente: em 1901, ela publicou uma enquete sobre o tráfico de crianças trabalhadoras entre a Itália e a França e abriu igrejas, bibliotecas e escolas noturnas nas comunidades de trabalhadores italianos na Suíça e no sul da Alemanha.[13] Essas aldeias temporárias surgiam ao redor das grandes obras de construção de túneis, ferrovias e pontes, e já tinham atraído a atenção dos grupos socialistas italianos, especialmente da Sociedade Humanitária de Milão. O grupo de Bonomelli intervia para evitar divórcio, alcoolismo e propaganda marxista. A tensão entre clérigos e seculares, contudo, rachou a *Opera Bonomelli*. Ernesto Schiaparelli renunciou ao seu cargo de secretário em 1907, afastando a *Opera* da Associação Nacional. O sucessor de Leão XIII, Pio X, finalmente deu a aprovação oficial à associação em 1909, quando ela já estava sob nova direção.[14]

Depois de perder o controle da *Opera Bonomelli*, a Associação Nacional foi excluída do Congresso dos Italianos do Exterior de 1908, mas fundou, no ano seguinte, uma nova organização: "*Italica Gens*. Federação para a Assistência dos Emigrantes Transoceânicos", sendo Schiaparelli novamente o secretário geral (Confessore, 1989, pp. 535-536; Tomasi, 1991). A *Italica Gens* esperava unir os missionários e o clero na Itália e nas Américas "em uma vasta federação com o objetivo patriótico de ajudar com todas as suas forças os emigrantes italianos, sem distinção de fé religiosa ou de partido político, desde que eles sejam honestos e precisem de assistência". De forma ainda mais ambiciosa, a associação tencionava desviar os emigrantes das fortalezas anticlericais que eram as cidades para as "colônias" rurais, mais conservadoras e tradicionais: "[Nós iremos] aconselhar os emigrantes italianos para que eles evitem os perigos de se amontoarem nas cidades, guiando-os às homogêneas e compactas colônias, nas quais uma condição econômica estável e próspera é mais simples de ser atingida e onde, graças ao auxílio dos padres italianos, na Igreja e na escola, eles serão capazes de preservar a sua fé ancestral, sua língua e personalidade nacionais".[15]

Como outras organizações, o novo grupo combinava o catolicismo romano com a cultura italiana, esperando minimizar os problemas de ajustes sociais dos emigrantes quando partiam para as Américas e para o resto do mundo. Se os emigrantes mais tarde voltassem para a Itália, esperançosamente retornariam ao menos tão devotos e patriotas como quando haviam partido e, talvez, ainda mais. Enquanto a *Opera Bonomelli* apoiava os capuchinos, os salesianos e os frades menores italianos na França, Romênia e Oriente Médio, a *Italica Gens* criava redes com salesianos, escalabrinianos, franciscanos, servos de Maria, jesuítas, agostinianos e párocos individuais espalhados pelas Américas do Norte e do Sul.[16] Os missionários de Monsenhor Coccolo, as Irmãs do Sagrado Coração de irmã Cabrini, as Filhas de Maria e a *Opera Bonomelli* apoiavam a *Italica Gens,* mas o quartel-general da Ordem dos escalabrinianos não.

Como a laica Sociedade Dante Alighieri, a católica *Italica Gens* fazia do ensino da língua italiana a sua principal missão. Além de escrever cartas e traduzir documentos para os emigrantes, ela planejava promover o patriotismo italiano diretamente através das escolas. Os governos sul-americanos permitiam aos governos estrangeiros a criação de escolas, mas os Estados Unidos as proibiam. *Italica Gens* propunha, portanto, que, no caso estadunidense, as necessidades nacionalistas italianas fossem atendidas através das escolas religiosas. Econômicas escolas paroquiais, com padres e freiras como professores, seriam as únicas rivais viáveis diante das escolas públicas estadunidenses. *Italica Gens* citava orgulhosamente a opinião do filho de Pasquale Villari, Luigi, vice-cônsul italiano na Filadélfia:

> as escolas paroquiais são a melhor chance que temos para manter a língua e os sentimentos italianos entre os emigrantes, porque os padres têm influência nas crianças e nas famílias fora do ambiente escolar. Eu posso comprovar, por experiência própria, que as escolas paroquiais realmente ensinam italiano e difundem sentimentos patrióticos. Os resultados são certamente mais positivos do que os produzidos por quaisquer outras escolas e instituições laicas, as quais tem o ciclo de vida dos cogumelos. (Italica Gens, 1910, p. 11)

O Segundo Congresso dos Italianos no Exterior, em 1911, também informou que as escolas paroquiais tinham feito mais que qualquer outras para manter a língua italiana nos Estados Unidos (Gentile, 1911). Escolas privadas italianas que cobravam mensalidades simplesmente não podiam competir com as escolas públicas e gratuitas estadunidenses. *Italica Gens* concluía que "às [escolas] paroquiais, mais do que qualquer outra instituição, deve ser confiada a tarefa de incentivar o sentimento da *italianità*" (Italica Gens, 1911, pp. 142-143). Ao subsidiar as escolas e outras atividades católicas, a associação esperava ser possível preservar algo "da *italianità* e da língua italiana [nos Estados Unidos] por 50 ou 100 anos no futuro" (Italica Gens, 1912, p. 357; Brown, 1995).

Contudo, muito além da questão da educação, *Italica Gens* se aliava descaradamente com um beligerante nacionalismo e monarquismo italianos. A capa da revista mensal *Italica Gens*, publicada desde o início de 1910 na sede da associação, em Turim, exibia as armas da Casa de Savoia em vermelho e branco. Fotografias produzidas pela Liga Naval Italiana e retratando os novos encouraçados italianos – *Dante Alighieri, Giulio Cesare* e *Vittorio Emanuele* – apareciam por todo lado. *Italica Gens* publicava essas fotografias na esperança que elas circulassem amplamente entre os emigrantes, promovendo "a memória e o conhecimento das grandes coisas que a Pátria está fazendo [...] A Marinha é uma das maiores manifestações do espírito e da vitalidade de um povo" (Italica Gens, 1910, pp. 45-46). Navios de guerra e crianças em idade escolar se tornaram os símbolos gêmeos da organização. A religião ficava, portanto, em segundo plano perante o nacionalismo. *Italica Gens* convocava os padres a seguir o exemplo dos seus colegas alemães e recusarem os sacramentos aos pais que não enviassem seus filhos para as escolas italianas (L'Emigrazione in Brasile, 1913, pp. 405-407).

Com sentimentos hostis diante dos alemães, *Italica Gens* tinha uma agenda irredentista, antiaustríaca. O editor do jornal do grupo, Conde Ranieri Venerosi, também recebeu positivamente a Guerra da Líbia a partir da belicosa retórica da guerra racial: "uma Nação com um exército como esse, expoente das viris atitudes e do alto espírito patriótico do seu povo, pode olhar com orgulho para o futuro, porque ele tem em si a semente vital das raças superiores" (Venerosi, 1911b, p. 362). A associação iria depois trabalhar de forma próxima com o governo de Mussolini para "fascistizar" as comunidades italianas no exterior.

O ativismo político de *Italica Gens* divergia de outras instituições católicas, que continuavam a se opor à monarquia liberal e ao seu nacionalismo agressivo. Enquanto o patriotismo católico muitas vezes se aproximava do liberal, os dois frequentemente entravam em choque por causa de objetivos diferentes. O Vaticano e a monarquia italiana competiram pelos dólares arrecadados para ajudar a Calábria e Messina devastados pelo terremoto de 1908. Os italianos no exterior tinham que decidir onde estava a sua lealdade e fazer doações ou através de sua paróquia ou pela secular Cruz Vermelha.[17] Contudo, para além dessa competição, o envolvimento da Igreja Católica na emigração influenciou diretamente a abordagem do governo liberal perante a questão. O bispo Scalabrini ajudou a definir o debate político sobre a emigração através dos seus discursos e publicações e seus esforços junto ao governo foram fundamentais para a elaboração da crucial lei de emigração de 1901. A cooperação na reforma da emigração ajudou a diminuir o medo e a desconfiança mútuos entre os liberais e os católicos no tocante às supostas conspirações maçônicas ou dos jesuítas. Pasquale Villari, por exemplo, persuadiu a Sociedade Dante Alighieri a repudiar suas origens maçônicas e anticlericais para obter o apoio católico na Itália e no exterior.[18]

Através de subsídios e coordenação, o Estado italiano e a Igreja chegaram a uma reconciliação prática no campo da emigração, a despeito de desacordos pontuais persistentes. O Fundo de Emigração é um bom exemplo do espaço neutro que tanto o clero como o governo podiam ocupar. Criado a partir de uma taxa aplicada nas passagens de terceira-classe, o fundo era administrado de acordo com termos fixados pelo Parlamento. Irmã Cabrini, que era uma amiga pessoal de Leone Reynaudi, comissário de emigração entre 1904 e 1908, racionalizava como ela podia aceitar dinheiro do Estado italiano sem problemas de consciência para construir o Hospital Colombo em Chicago: "Você sabe que os fundos do Comissariado são administrados por uma companhia privada, ainda que sob o comando do governo, mas não é necessário apelar ao governo para obtê-los. Se fosse dinheiro do governo, eu não aceitaria" (Sullivan, 1992, pp. 171, 213). Ao estabelecer condições para o financiamento, o Estado italiano sutilmente controlava e coordenava o esforço para difundir a cultura italiana.

Esforços coordenados por décadas a fio produziram resultados impressionantes. Em 1911, o Instituto Colonial Italiano documentou cuidadosamente o sucesso das escolas em língua italiana no seu anuário sobre os italianos no exterior. Em 1910, o governo italiano tinha gastado 1,65 milhão de liras nas escolas no exterior. Três quartos desse orçamento foram destinados às 93 escolas mantidas diretamente pelo Estado e um quarto para as escolas não governamentais: 270 mil liras para as escolas laicas e 130 mil para as religiosas. As 244 escolas subsidiadas religiosas eram todas católicas (salesianas, beneditinas, carmelitas, Irmãs do Sagrado Coração e outras), com a exceção de quatro: uma episcopal na cidade de Nova York, uma batista em New Haven, Connecticut e duas evangélicas, uma em Trenton, Nova Jersey e outra em Assunção, no Paraguai. As 301 escolas laicas recebiam duas vezes mais subsídios do que as religiosas, mas as últimas tinham o mesmo número de estudantes: 27.786 nas religiosas ante 28.091 nas seculares. O Instituto Colonial observava que outras 1.667 escolas ensinavam italiano fora da Itália sem subsídios do governo. Destas, 1.553 eram laicas e 114 religiosas, principalmente das ordens franciscana e jesuíta. Apenas 3 escolas nas Américas tinham recusado subsídios italianos (Istituto Coloniale Italiano, 1911a, pp. 395-437). Sob a direção de Angelo Scalabrini, o programa de escolas italianas no exterior tinha sido extremamente bem-sucedido em atrair escolas religiosas para a sua órbita.

Especialmente quando em combinação com as escolas, a religião oferecia um espaço fundamental para a manutenção da identidade nacional de todos os tipos de emigrantes. Antigos rituais conectavam os migrantes à terra natal, enquanto as igrejas locais reforçavam os laços com os compatriotas emigrados no Novo Mundo. Na América do Sul, as paróquias nacionais eram fundamentais para a consolidação dos assentamentos alemães e italianos. O esforço cooperativo necessário para estabelecer uma congregação e frequentar os serviços regularmente fornecia um cimento necessário para manter unidas as novas e crescentes comunidades de emigrantes. A ação católica vinda da Itália era fundamental para manter a língua italiana além-oceano. Em contraste, as colônias de protestantes valdense originários dos vales alpinos do Piemonte para a América do Sul se comunicavam em espanhol, sem nunca terem aprendido o italiano padrão (Fumagalli, 1909, p. 91).

A identidade étnica das igrejas ressoava entre os imigrantes nas Américas. Gregos, russos e ucranianos se congregavam em igrejas ortodoxas diferentes, o que gerava uma notável coesão social e econômica ao redor da mesma fé e idioma (Zotos, 1976). A liturgia católica romana, contudo, era celebrada em latim com apenas a homilia na língua local. A divisão por nacionalidades dentro da Igreja tinha sido condenada explicitamente como uma heresia em um documento papal de 1864.[19] Ainda assim, as necessidades especiais dos grupos católicos imigrantes levavam a tensões e divisões dentro do catolicismo estadunidense. Em 1897, imigrantes poloneses na Pensilvânia se afastaram da hierarquia católica estadunidense, questionando o controle das propriedades pertencentes à igreja local e reclamando que nenhum bispo de origem polonesa tinha sido designado até então. A cismática Igreja Católica Nacional Polonesa da América, estabelecida em 1904, se reuniu a antigas congregações católicas que tinham rompido com Roma em 1873, depois do Primeiro Concílio Vaticano (Wielewinski, 1990; Wozniak, 1998). Os católicos italianos, em contraste, podiam contar com o firme apoio de bispos, cardeais e papas além-oceano para superar os obstáculos colocados por pouco simpáticos padres e bispos estadunidenses. Para muitos emigrantes, esse apoio se revelou crucial nas suas novas vidas em paróquias e comunidades na América.

O envolvimento da Igreja com o nacionalismo italiano teve, contudo, um preço. Com o passar do tempo, os custos morais de se associar com o Estado italiano iriam se tornar maiores do que os compromissos éticos que os missionários italianos tinham

Pela fé e pela pátria

enfrentado na África colonial. Depois do colapso da Itália liberal em 1922, o papado se sentiu livre para conviver com seu sucessor. O novo movimento fascista de Benito Mussolini não tinha sido marcado por uma longa história de anticlericalismo e, em 1929, o cardeal Gasparri negociou um Concordato e um tratado, o de Latrão, para estabelecer a cidade do Vaticano como uma nação independente e o catolicismo como a religião oficial da Itália. O papa Pio XI elogiou Mussolini como "um homem que a Providência trouxe para nós", um endosso do qual ele logo se arrependeria (Jemolo, 1960; Pollard, 1985; Viglione, 1987). Mussolini, ateu, enfraqueceu os programas sociais da Igreja muito antes de começar devastadoras guerras na África e na Europa e trazer o Holocausto para a Itália. Nos anos 1920, os fascistas se infiltraram na *Opera Bonomelli* para coordenar a ação dos missionários com os fascistas no exterior. Pio XI dissolveu a organização em 1928 após reconhecer o seu colapso espiritual (Cannistraro; Rosoli, 1979; D'Agostino, 1998). A versão de Bonomelli de catolicismo político tinha falhado na sua adaptação às rápidas mudanças na Itália e no mundo.

Antes da Primeira Guerra Mundial, os missionários católicos italianos, com apoio do Vaticano, facilitaram a transição dos emigrantes para o ambiente religioso e social desorientador das Américas. Ainda que fossem amargos inimigos em casa, a Igreja Católica e o Estado italiano foram capazes de trabalhar juntos para "fazer italianos" e católicos nas colônias de emigrantes no exterior. Os esforços de Scalabrini e Bonomelli demonstram a abordagem colonialista comum com relação aos italianos que emigravam para a África e as Américas e os governos liberais italianos subsidiavam os missionários como seus embaixadores culturais da *italianità*. O Estado italiano, contudo, tinha objetivos muito mais amplos para os italianos expatriados do que a sua salvação depois da morte. Os emigrantes deviam ser uma parte integrante da nação, da economia e das forças militares da Itália. Os interesses da Itália e os dos emigrantes muitas vezes entravam em conflito. Intelectuais e políticos debatiam as vantagens e as desvantagens em ajudar os emigrantes a se assimilarem nas suas novas sociedades na América ou em encorajá-los

Italianos no mundo

a permanecer o mais próximo possível da sociedade italiana, em antecipação do seu retorno das Américas. Deveriam os italianos formar novas culturas e comunidades, e "novas Itálias", ou deveriam se manter fiéis à sua herança europeia? (Baldasseroni, 1912a).

A Igreja Católica trabalhava essas questões de uma forma diferente, com mais sensibilidade às necessidades de longo prazo dos emigrantes e mais apoio à assimilação. As nações que recebiam imigrantes italianos também tinham mais boa vontade com os missionários católicos do que com os representantes do Estado italiano. A colaboração entre a Igreja e o Estado desempenhou um papel crucial no sucesso de uma Grande Itália cultural além das fronteiras italianas e dos canais diplomáticos. Tristemente, o inevitável confronto entre fascismo e Igreja levaria a Grande Itália a uma morte prematura.

A emigração
e o novo nacionalismo

A emigração da Itália era tão massiva e disseminada que se tornou um fator fundamental para as políticas externa e interna italianas. A análise dos governos liberais a respeito dos custos e benefícios econômicos da emigração ignorava um elemento crucial: a questão da glória e do prestígio. A emigração recompensava milhões de italianos com salários melhores e uma maior qualidade de vida, especialmente na América do Norte, mas era um problema para o prestígio nacional. Observadores na Itália ficavam chocados e enfurecidos ao descobrirem que, na costa Leste dos Estados Unidos, os italianos eram associados com o crime, a máfia e a infame "Mão Preta". Os emigrantes italianos eram mais "burros de carga internacionais" ou "abelhas operárias", sob o comando inglês ou alemão, do que os "príncipes mercantis" que Einaudi tinha admirado.[1] O que tinha acontecido com o grande papel internacional italiano, como profetizado por Mazzini e Giobetti?

Enrico Corradini forneceu novas respostas para todos aqueles incomodados ou embaraçados pelos compromissos e deficiências do Estado Liberal. Giuseppe Mazzini tinha sonhado com uma Europa de nações unidas e em paz, mas Corradini elaborou um novo nacionalismo, militarista. Depois de uma viagem à América do Sul em 1908, ele se utilizou do tema da emigração para atacar as falhas do liberalismo. Corradini utilizou a emigração como símbolo arquétipo, com repercussão entre todos os italianos, para traduzir suas estranhas teorias e ideias em um programa político de unidade nacional e de transformação nacional beligerante. Nos seus romances e peças, Corradini retratava emigrantes frustrados e miseráveis, separados de suas famílias e da sua terra natal por causa das políticas liberais. Ele abria seu romance de 1910 *La Patria Lontana* [A pátria distante] com um debate entre as visões nacionalista e liberal do expansionismo italiano. O economista liberal Luigi Einaudi tinha defendido que o comércio com os expatriados iria construir a Grande Itália, mas o protagonista de Corradini, o personagem imperialista Pietro Buondelmonti, condenava as complexas lealdades de um produtor de vinho ítalo-argentino:

– Então, você espera arruinar a venda dos vinhos italianos na Argentina?
– Claro.
– A noite passada você me disse que enviou todos os seus filhos para estudarem na Itália e que você sente que deve voltar para a Itália ao menos uma vez por ano.
– Isso é verdade.
– Mas é também verdadeiro que você não tem o direito de se gabar da sua *italianità* como fez a noite passada.
– Por quê?
– Simplesmente porque você é um produtor de vinho em Mendoza e portanto um concorrente à importação de vinho italiano na Argentina. Você mesmo disse isso.

– Mas você esquece que eu dou emprego a muitos italianos na Argentina e que quanto mais o meu negócio crescer, mais eu poderei fazer por meus compatriotas.

– Seus, mas não meus... Esses [expatriados] se colocaram fora da *italianità*, porque eles não pertencem mais ao campo de concentração italiano. Eles talvez ainda sejam patriotas se você der à palavra um sentido emocional, mas eles não são mais nossos compatriotas no sentido prático, ativo, dessa palavra. Para eles permanecerem italianos, nacionalmente falando, a terra na qual trabalham e enriquecem a si próprios teriam que se tornar italianas. Se você não quer colocar a Nação em um beco sem saída, a única alternativa para sermos nacionalistas, ou patriotas, é nos tornarmos imperialistas.[2]

Para Corradini, uma Grande Itália baseada na emigração era uma autossatisfação hipócrita: ela atomizava as energias nacionais italianas e deixava cada emigrante individual como uma presa de exploração e desilusões. A imagem de um campo de concentração étnico, inventado pelos britânicos na sua campanha de terra arrasada contra os bôeres na África do Sul, sintetizava o conceito de luta nacional de Corradini. Contra o individualismo destruidor e os conflitos de classe, ele pregava o novo evangelho da unidade nacional, governo forte e conquista imperial: um "socialismo nacional". Em 1911, Corradini fundou a Associação Nacionalista Italiana, um grupo de elite com ampla influência política. Até 1923, quando eles se fundiram com o Partido Fascista, os nacionalistas tinham virado de cabeça para baixo os pontos de referência tradicionais da política externa italiana (Knox, 1991, pp. 127-146; Sternhell; Sznajder; Asheri, 1994).

Não obstante, o papel central da emigração na criação, desenvolvimento e crescimento do nacionalismo ainda não foi suficientemente ressaltado. A emigração era a chave para o sucesso nacionalista ao cristalizar sua retórica e atrair uma ampla audiência. As pressões da política de massas e a manipulação da opinião pública, começando com os temas da emigração e da guerra, arrasaram o mundo da diplomacia secreta e das pacientes negociações dos liberais. Dinamismo ousado e guerra se tornaram fins em si mesmos.

Os nacionalistas italianos conseguiram a sua primeira vitória ao defenderem a conquista da Líbia. Nos anos 1870, os italianos tinham iniciado negociações diplomáticas a respeito da Tripolitânia e da Cirenaica, as quais, na época dos romanos, eram conhecidas como a província da Líbia. Uma a uma, as potências europeias assinaram notas de apoio à demanda italiana: Alemanha em 1887, Grã-Bretanha em 1902, França em 1900 e 1902, Áustria-Hungria em 1902 e Rússia em 1909. Todos concordavam que, se o *status quo* se alterasse no Mediterrâneo, a Itália iria herdar a Líbia do decrépito Império Turco (Bosworth, 1979, pp. 135-138). Em 1911-1912, a Itália realmente adquiriu a Líbia, mas não através de uma conferência diplomática. A Guerra Ítalo-Turca começou uma nova fase no imperialismo europeu e revolucionou a política italiana. A Itália não tinha lutado desde a batalha de Adua de 1896; incitada pelos nacionalistas, a Guerra da Líbia se converteu na chance italiana de provar seu valor em batalha, vingar a derrota de Adua e se reinventar enquanto potência colonial.

A EMIGRAÇÃO
COMO UM TESTE DE LIBERALISMO

Muitos intelectuais se irritavam com as restrições e as deficiências da "pequena Itália", ou *Italietta*, cujos assuntos cívicos eram uma série de maledicências, querelas e compromissos sórdidos. O pai da pequena política parece ter sido o velho rival de Francesco Crispi, Giovanni Giolitti. Ele se tornou primeiro-ministro em 1892, mas perdeu o seu posto rapidamente para Crispi depois da questão dos fasci sicilianos e de uma série de escândalos. Quando Crispi deixou o poder depois da derrota em Adua, seus sucessores tentaram governar através de políticas repressivas, conservadoras, mas elas também falharam. Isso permitiu a Giolitti, em 1901, voltar ao poder como ministro do Interior, onde ele criou um sistema político baseado em corrupção, intimidação e reformas que dominaria a política nacional italiana por mais de uma década. Giolitti governou como primeiro-ministro de 1903 a 1905, 1906 a 1909, 1911 a 1914 e, finalmente, de 1920 a 1921.

Enquanto estava no poder, Giolitti falseava as eleições nacionais, utilizando a sua autoridade sobre a polícia para modificar contagens de votos e para chantagear membros do Parlamento. Os candidatos de oposição no Sul eram reprimidos pela polícia e por violentos *mafiosi* [mafiosos] contratados. Muitos deputados meridionais eram notoriamente leais às benesses oferecidas pelo governo no poder, não importando qual fosse. Já no Norte, Giolitti estimulou a aliança de radicais, liberais e socialistas para criar uma aliança progressiva no Parlamento. Giolitti desculpava o seu cinismo manipulatório comparando a si próprio com um alfaiate que precisava costurar roupas malfeitas para atender um cliente corcunda (a Itália).[3] Ele concentrou a sua atenção na manutenção da paz, na promoção da indústria e no aumento dos salários, mas negligenciou os assuntos ainda pendentes do irredentismo, das disparidades entre o sul e o norte e a falta de prestígio internacional. Esses assuntos eram o ponto cego de Giolitti. Insensível ao seu apelo popular, ele via essas questões como ultrapassadas e irrealizáveis. Sob a liderança dos nacionalistas, contudo, o tema da unificação nacional inconclusa se tornou uma plataforma para a oposição conservadora e revolucionária. A política internacional e a guerra iriam polarizar a política interna italiana e destruir o sistema político montado por Giolitti.

A nova atmosfera política da Itália pós-unificação levava a uma crescente oposição da esquerda e da direita, assim como dos expoentes da cultura italiana. O Estado italiano tinha confiado por muito tempo nos artistas e intelectuais para conseguir prestígio e respeitabilidade. O grande romancista Alessandro Manzoni tinha sido membro do primeiro Senado, junto a Giuseppe Verdi. Giosuè Carducci se tornou o primeiro "poeta nacional" italiano ao ter um papel importante na unificação da Itália e ao expressar os valores italianos em versos memoráveis. Mesmo assim, vozes subversivas também surgiram, ameaçando o prestígio da Itália liberal. Um dos intelectuais mais proeminentes

Italianos no mundo

da Itália, Gabriele d'Annunzio, se tornou deputado em 1898 pela direita radical. Frustrado com a política parlamentar, ele transferiu-se, em 1900, para a extrema-esquerda, unindo-se aos anticonstitucionais republicanos e socialistas. No centro político, permaneciam os ministros no poder, os quais, desde o tempo de Cavour na década de 1850, tinham transformado os oponentes políticos de ambos os lados em seguidores leais (Alatri, 1983, pp. 189-199; Mack Smith, 1997, pp. 103-105). Insatisfeita com os arranjos políticos indecentes, a elite intelectual italiana agora desejava resultados mais nobres e imaginativos do Estado italiano.

Depois de Adua, o poeta Giovanni Pascoli começou a formular uma nova retórica nacionalista, uma síntese da humilhação, do ressentimento e do descontentamento dos italianos pelos fracassos coloniais e pela emigração. Em 1904, Pascoli tinha herdado o manto de Carducci ao sucedê-lo como professor de literatura na Universidade de Bolonha. Como Carducci, Pascoli compunha hinos a Roma e a Garibaldi, e escrevia poemas e discursos para as comemorações solenes. Seus melhores trabalhos são seus poemas em latim e seus versos sobre a vida camponesa, que conjugavam os seus interesses na emigração e na política contemporâneas. Pascoli ficou muito abalado pela vergonha da derrota italiana em Adua e homenageou os soldados mortos com vários versos. Em 1899, quando Messina inaugurou um monumento em homenagem aos seus artilheiros mortos em Adua, Pascoli escreveu: "Em homenagem às baterias sicilianas", citando em nota as observações de Ferdinando Martini sobre os selvagens e inumanos guerreiros etíopes.[4] Com seu poema "Em homenagem a Ciapin", assim denominado por causa do nome de um vinho italiano, Pascoli jurou um ódio imortal e uma sede de vingança pela derrota em Abba Garima (Adua):

> Aquela colheita fermentada em choque
> toda da grande emoção da primeira
> noite de março, como a onda vermelha de Abba Garima
> que agora se mantém em seu robusto copo
> como em um forte e silencioso coração, confinando

a ira do passado e o longo e negro pensamento de vingança.

...

Preservado naquele dia, resolvido no coração
com nossos canhões, pois os selvagens ghebi
são como cachorros e, com nossa honra, agem como mensageiros.[5]

A Itália tinha sido humilhada, mas iria conseguir a sua vingança no devido tempo.

Com esse sentimento de que a missão internacional da Itália era de vingança e civilização, Pascoli começou a lamentar as divisões internas em casa. Em 1900, ele propôs um "socialismo patriótico" unificador, que iria superar a doutrina socialista da luta de classes entre ricos e pobres:

> Um problema a evitar é a concentração de riqueza excessiva nas mãos de poucos e, eventualmente, em um único Moloch. Outro problema é evitar que todos os povos sejam absorvidos pelo mais forte até que todos se tornem parte de um único império. Logicamente, aqueles que se opõem à riqueza excessiva de uns poucos também devem se opor a que os povos mais fracos e pequenos sejam presa fácil dos mais fortes e maiores; assim como eles apoiam os trabalhadores contra os proprietários na luta econômica [...] devem apoiar as nações contra os impérios e as tradições únicas e singulares contra ambições unificadoras [...] Como homem, e como italiano, eu desejo [...] a chegada de um "socialismo patriótico"; uma religião [...] anunciada com uma longa série de atos, sacrifícios e martírios íntimos [...] na qual queimará apenas um fogo: a chama perpétua mantida por um amor único.[6]

Essa era a concepção de Pascoli de socialismo nacional: a precedência da disputa entre as nações sobre a luta de classes e a necessidade de união de todos os italianos em uma nova religião cívica, para lutar contra o esmagador poder dos impérios multinacionais da Áustria, Grã-Bretanha e França. Pascoli definia a Itália como a "mais empobrecida e ameaçada Nação no mundo".[7] Sob sítio e acuada por inimigos gananciosos, a Itália precisava ir para a ofensiva e afirmar a sua própria força imperial.

Muito além da vergonha da derrota colonial, Pascoli escrevia frequentemente a respeito da vergonha da emigração italiana. No seu livro *Nuovi poemetti* (1909), Pascoli fez a seguinte dedicatória a dois dos seus poemas: "Sagrado para a Itália errante" e "Sagrado para a Itália em exílio". O primeiro poema, "Italy" (em inglês) incluía linhas escritas em um italiano mesclado com o inglês de uma família de imigrantes em Cincinnati, Ohio: *"Trova um farm. You want buy?"*. O segundo, "Pietole", incorporava trechos do glossário de um manual para italianos emigrantes, apresentando frases úteis para a vida no exterior: *I am Italian, I am hungry; Soy italiano, tengo hambre; Ich bin Italiener. Ich bin hungrig* [Sou italiano, tenho fome].[8]

Pascoli tinha ensinado em escolas secundárias italianas por muitos anos e ressaltava continuamente a importância da educação como uma ferramenta fundamental para garantir o sucesso dos emigrantes. Seus poemas estão entre os mais tocantes dentre os textos literários produzidos a respeito da emigração de massas italiana. No entanto uma agenda política estava inserida nas suas rimas. Em 1912, ele escreveu a letra para um hino para o monumento a Dante construído pelos imigrantes italianos na cidade de Nova York. Com a sua primeira estrofe – *"Exile to whom everyone was cruel"* [Exílio que a todos era cruel] – Pascoli desenvolvia o tema do exílio em Dante e Virgílio, contrastando a grandeza passada da Itália com a miséria dos emigrantes italianos do presente. Ele usou a gíria anti-imigrantes italianos nos Estados Unidos "dego" várias vezes na sua poesia, explicando para a audiência europeia sua associação com o crime e a máfia.[9]

Pascoli convertia os seus tributos a Giosuè Carducci em um ataque ao sistema político italiano:

> A Terceira Itália (depois da antiga Roma e da Itália do Renascimento) emergiu inferior, em todos os aspectos, às expectativas dos seus apóstolos [...] A Terceira Itália é, em quase tudo, tão pobre como era antes e, nos poucos casos em que parece rica, o trabalho é, sim, sempre italiano, mas a riqueza fica com os estrangeiros. E os agricultores abandonam em massa a terra generosa (*la terra saturnia*)... A Terceira Itália perdeu as suas batalhas.[10]

A emigração era prova suficiente dos fracassos da Itália unida. Os italianos serviam mestres estrangeiros em casa e no exterior. De acordo com Pascoli, o país precisava de novos líderes, novas políticas e novas ideias para atingir o seu destino nacional.

Poetas e políticos lamentavam especialmente o triste destino dos italianos na América do Sul. As políticas italianas para a Argentina se tornaram o catalizador para a oposição a Giolitti e aos liberais de esquerda. Ainda que a visão de Einaudi se tornasse a política oficial do governo, sua visão de crescimento econômico através da emigração atraía críticas e desprezo. A Argentina, que tinha parecido a terra mais promissora para os planos italianos, se recusava a cooperar. Pouco depois da publicação do marcante trabalho de Einaudi, Luigi Barzini viajou à Argentina como enviado do jornal *Corriere della Sera* de Milão. Barzini comentou que Einaudi, que nunca tinha visitado o país, tinha pintado um retrato róseo em excesso da situação:

> Nossa emigração, como é hoje, é como a exportação de matéria prima para ser processada e transformada. Ela passa pelo processo sem se queixar porque é ignorante e, portanto, fraca, empobrecida e, frequentemente, passiva. Sob essas condições, a nossa emigração entra na nova sociedade apenas pelos extratos inferiores, ocupando a posição menos invejada e mais desprezada.

Os relatos de Barzini eram uma "revelação" para ele e para os outros: "esse fato nos condena [...] nosso crime tem o nome de indiferença". Antes da partida, era necessário que os emigrantes fossem preparados e armados com educação, orientação, fatos e números, de forma que eles pudessem garantir um futuro melhor para eles e suas famílias. Ainda assim, Barzini estava desanimado com as possibilidades de mudança, já que os horrores enfrentados pelos emigrantes eram "vastos, profundos e antigos" (Barzini, 1902, pp. 155-156, 214, 217-218).

Um problema parecia ser a ineficiente diplomacia italiana na América do Sul. Para assegurar concessões de boa-fé a seus emigrantes, o Estado italiano era forçado a capitulações sempre maiores, unilaterais e não correspondidas. O diretor do programa de escolas italianas no exterior, Angelo Scalabrini, explicava à Sociedade Dante Alighieri a sua política de inação ao invés de ação:

> Os núcleos da Itália futura lá estão e se formaram de forma espontânea. O que eles não poderiam se tornar, se apoiados pela ação organizada da Pátria? Contudo, eu estou igualmente convencido de que qualquer ação será muito mais eficiente se silenciosa [...] Esses povos [da América do Sul] são amargos e desconfiados: eles têm um orgulho nacional sem limites, como o tamanho de seus países [...] Atividade discreta é a máxima que tenho adotado [...] Eu espero demonstrar que silêncio não significa inércia [...] Dado o estado das coisas, o menos que se fale da Argentina e das nossas aspirações lá melhor e, se alguém fala da Argentina, deve ser apenas para louvá-la ou talvez admirá-la. Desse jeito, nós vamos conseguir o que queremos. Os povos da América Latina devem ser tratados um pouco como mulheres ou crianças mimadas; deve-se acariciá-los e elogiá-los; na realidade, os argentinos especialmente têm grandes qualidades, de forma que as carícias não são indevidas e os elogios não são simples adulação.[11]

Baseado na condescendência e na dissimulação, o plano de Scalabrini para silenciosamente conquistar mentes e almas era mal concebido e tinha poucas chances de dar certo. A falta de divulgação na Itália não colaborava para o sucesso, igualmente; no lugar, os italianos da Argentina eram simplesmente esquecidos. Quando Pasquale Villari, em um pronunciamento no Senado italiano, criticou a postura argentina de proibir o ensino de italiano nas escolas públicas, Scalabrini implorou a ele para eliminar a sua fala do registro público.[12] O Instituto Colonial Italiano seguia uma linha similar, obsequiosa, com relação à Argentina, promovendo um grande festival perto do Fórum romano para celebrar o centenário da independência argentina (Istituto Coloniale Italiano, 1911c). Em vez de negociar com a Argentina, a Itália estava na posição de suplicar por concessões culturais, sempre temendo que a situação dos emigrantes poderia se tornar pior. Que "grande estratégia" para as Américas a Itália tinha sido capaz de promover?

A QUESTÃO DO SUBDESENVOLVIMENTO

O impacto da emigração dentro da Itália se provou tão problemático como as suas consequências internacionais. Ao exportar a sua população, os políticos italianos tinham esperado resolver problemas domésticos-chave e que dividiam a nação, especialmente a Questão Meridional, ou o fato de que o sul da Itália se mantinha subdesenvolvido em comparação com o norte depois da unificação em 1860 (Lumley; Morris, 1997; Lupo, 1990; Wong, 2006). Mesmo quando as condições na Itália Meridional melhoravam, as da Setentrional melhoravam ainda mais rápido em termos de emprego, renda e desenvolvimento industrial. A despesa pública no sul ficava atrás daquela feita no norte e boa parte desse dinheiro era desperdiçado pela corrupção. Muitos deputados meridionais no Parlamento apoiavam qualquer primeiro-ministro que estivesse no poder, em troca de recursos legais e ilegais para as eleições e por proteção contra as desconfortáveis reformas sociais (Salvemini, 1962). A disparidade entre o sul e o norte da Itália só crescia. A emigração parecia amplificar isso. Ao mesmo tempo que as remessas ajudavam a criar uma base industrial no norte, o sul vivenciava despovoamento e decadência social. Escassas oportunidades de bons investimentos faziam as remessas serem desperdiçadas. O norte continuava à frente do sul.

As profundas disparidades regionais vinham de diferentes causas. A parte meridional da península e a Sicília sofriam os efeitos da malária, do desflorestamento, da presença de enormes latifúndios sob péssima administração e de minifúndios inviáveis economicamente, de péssimas estradas e comunicações e, em algumas áreas, da influência criminosa mafiosa em governos locais indiferentes. O clima da bacia do Mediterrâneo tinha se alterado desde a Antiguidade, quando a Sicília e a Líbia eram celeiros do Império Romano, mas o cultivo extensivo do trigo, sem irrigação ou fertilizantes, continuava dominante. O cultivo intensivo de oliveiras, videiras e pomares de árvores cítricas tinha que enfrentar impostos mais altos.

Os filósofos da época do *Risorgimento* tinham assumido que os problemas do *Mezzogiorno* vinham do domínio dos Bourbon e desapareceriam sob governo liberal. Ainda que a partir do final da década de 1870 tenha se tornado evidente que as raízes sociais e políticas da estagnação eram mais complexas, o governo de Roma foi incapaz de promover reformas reais. A superpopulação parecia a explicação mais simples e a emigração a solução mais fácil para todos os problemas, mesmo que o caso da Basilicata indicasse altos índices de emigração a partir de uma base populacional limitada. De fato, a emigração regional variava enormemente, mesmo quando os índices de fertilidade entre as várias regiões da Itália permaneceram semelhantes, até 1911 (Bell, 1979; Franchetti, 1985; Livi-Bacci, 1977; Sonnino; Franchetti, 1974).

Depois do fracasso da reforma agrária e das mudanças políticas, a emigração em massa do Sul parecia ser a mais dramática força social jamais posta em movimento em séculos. Famílias decidiam seu próprio destino, atacando a pobreza e a exploração a partir de baixo. Basilicata foi a região que iniciou a emigração em massa nos anos 1870, seguida pela Calábria, o Abbruzzo, a Campânia e a Sicília nos anos 1890, enquanto na Apúlia, em contraste, surgia um violento e bem-sucedido movimento de sindicatos contra os grandes proprietários (Gabaccia, 1988; Inchiesta, 1910, v. 8, pp. 72-73; Macdonald, 1963; Snowden, 1986). Os liberais meridionais acreditavam que a emigração, não a violência, era a solução para o subdesenvolvimento estrutural do sul. Em 1897, Giustino Fortunato teve que reconhecer a importância da emigração para a sua nativa Basilicata:

> Ao invés de sonharmos com impérios ou colônias na África, vamos pensar em como proteger e defender, na sua partida, viagem e chegada, os milhares de nossos irmãos que não se resignam mais à fome como um destino inevitável, cruzam voluntariamente os traiçoeiros oceanos e desembarcam em Nova York, no Rio de Janeiro ou em Buenos Aires, e enviam para a Itália, todos os anos,

à custa de muito esforço e sacrifício, entre cento e cinquenta e duzentos milhões de liras. São esses milhões, e não outros, que salvam províncias inteiras do nosso *Mezzogiorno* da fome. (Fortunato, 1973b, p. v. 2, p. 342)

Os sonhos dos assentamentos na África tinham ficado para trás. Abandonados pelo governo, os próprios camponeses tinham encontrado um jeito de resolver seus problemas. Francesco Saverio Nitti retrabalhou o aforismo de Fortunato – "ou emigrantes ou bandoleiros": a emigração era a alternativa pacífica para as inúteis revoltas armadas que tinham assolado o sul da Itália nos anos 1860, após a unificação. A emigração iria reduzir a disponibilidade de mão de obra e aumentar os salários, diminuindo a distância entre arrendatários, trabalhadores avulsos e os proprietários e administradores das grandes propriedades. As remessas para o sul iriam injetar o capital necessário para criar uma classe média de pequenos proprietários bem-sucedidos trabalhando a sua própria terra (Nitti, 1888; 1896).

A despeito do entusiasmo de Nitti, a emigração não resolveu a Questão Meridional. As divisões sociais e econômicas entre os italianos do sul e do norte foram replicadas nas colônias além-mar. Depois de um *tour* nos Estados Unidos em 1905, o político siciliano Antonino di San Giuliano observou como "A Questão Meridional cruzou o Atlântico", já que os meridionais eram mais pobres e menos educados do que seus compatriotas setentrionais. "A Questão Meridional reaparece, dolorosa e ameaçadora, complicando e agravando todos os problemas nacionais, em casa e no exterior".[13] Di San Giuliano não podia controlar a sua raiva perante o fato de que a Comissão de Imigração dos Estados Unidos tinha classificado os italianos setentrionais e meridionais como raças diferentes, uma "desejável" e a outra não. Os critérios estadunidenses eram flagrantemente absurdos: O Comitê Dillingham no Senado teve muito trabalho para explicar que os "italianos do norte" eram "celtas" e que os "italianos do sul" eram "ibéricos", mas ponderavam que "mesmo Gênova (no noroeste italiano) pertence à Itália do Sul" (United States Immigration Commission, 1970b, pp. 81-82).

Italianos no mundo

Os americanos citavam cientistas da Itália do Norte, como Cesare Lombroso, para provar que os italianos meridionais eram biologicamente inferiores (Gibson, 2002; Lombroso-Ferrero; Lombroso, 1911; Lombroso, 1896; Stella; Franzina, 2002).

As barreiras legais e os preconceitos entre o norte e o sul eram reforçados pela rápida industrialização do Norte. Os meridionais não ficavam atrás dos setentrionais na sua capacidade de economia. Mais remessas chegavam aos bancos do Sul, mas a Itália do Norte se beneficiava muito mais dos seus recursos naturais, melhor infraestrutura, oportunidades de investimento e localização favorável ao comércio internacional. O Comissariado da Emigração comentava como "as remessas aumentavam progressivamente conforme se vai do norte para o sul do Reino, o que é mais uma prova da maior sobriedade e tendência a economizar entre os meridionais" (Comissariato, 1926; Dickie, 1999).

O influxo de dinheiro novo do exterior realmente acabou com a prática da usura na zona rural do sul, mas o capital que os emigrantes traziam para casa não rejuvenesceu as estagnantes sociedade e economia meridionais. Os emigrantes que retornavam, chamados de "americanos", normalmente preferiam comprar um lote de terra e construir uma nova casa na sua aldeia natal ou nas proximidades. Ricos proprietários de terras e especuladores se aproveitaram disso para cobrar preços absurdos pela terra, forçando os "americanos" a fazerem financiamentos em condições muito duras. Muitos perderam suas novas propriedades e tiveram que retornar ao mercado de trabalho nas Américas, amaldiçoando seu destino e seus sonhos desfeitos. Leopoldo Franchetti tentou prevenir tragédias como essas formando uma associação para comprar grandes extensões de terras a serem vendidas aos "americanos" a preços justos. O Comissariado de Emigração se recusou a financiar o projeto, que se converteu em mais um dos sonhos frustrados de Franchetti.

Na Basilicata, muito do dinheiro enviado para casa pelos emigrantes era destinado a pagar impostos, de forma que as famílias pudessem manter seus lotes de terra e evitar a prisão. Isso foi uma benção para o

Estado italiano, mas não ajudou a prosperidade das famílias. Enquanto o porto de Nápoles se beneficiou imensamente da emigração, o crime organizado também se fortaleceu, impondo contribuições forçadas a cada pessoa ou mercadoria que passava pela cidade. A emigração acabou por encorajar a máfia napolitana a se estabelecer no além-mar, nas Américas, e criminalizou todos os aspectos da vida dos emigrantes. A emigração em massa não alavancou a prosperidade do sul como no norte porque as remessas investidas em terras e propriedades urbanas davam muito menos lucro do que o dinheiro injetado na próspera economia setentrional.[14]

Quando as remessas dos emigrantes se revelaram incapazes de regenerar a economia do sul, a famosa teoria econômica criada por Luigi Einaudi começou a parecer enganosa ou irrealista. Einaudi tinha louvado um empreendedor, Enrico Dell'Acqua, como o modelo de "príncipe mercante". A migração em massa certamente beneficiou alguns indivíduos, mas e quanto às massas populares? O livro comemorativo *Gli italiani negli Stati Uniti* [Os italianos nos Estados Unidos], publicado em Nova York quando da Exposição dos Italianos do Exterior de 1906, afirmava que "muitos *self-made men* tinham conseguido, a partir de origens humildes, amassar grandes fortunas. Um antigo engraxate italiano agora possuía um estábulo cheio de cavalos de corrida; um marinheiro, uma fortuna de dezenas de milhões de dólares. Da massa amorfa, dúzias e dúzias de homens inteligentes e tenazes emergiram e emergirão".[15] Quantos *self-made men* eram celebrados em 1906, entre os 2 milhões de italianos que tinham emigrado para os Estados Unidos? Apenas algumas poucas dezenas.

À medida que a emigração transoceânica atingia níveis ainda mais altos, se tornando maior do que aquela para a Europa, sua aprovação política começou a se desvanecer. Ainda que Pasquale Villari tenha sido um pioneiro no estudo da Questão Meridional e dos potenciais benefícios da emigração, seu filho Luigi se voltou contra a política de emigração a partir de duas preocupações: prestígio e moralidade (Villari, 1909b; 1972). Ele rejeitava os termos do problema conforme Einaudi tinha concebido (remessas e exportações); seus novos argumentos

Italianos no mundo

contra a emigração não eram nem objetivos nem quantitativos. Villari concluía que a Itália devia primeiro conquistar o respeito dos Estados Unidos antes de enviar seus emigrantes além-mar.

> Nosso verdadeiro interesse econômico é promover as nossas exportações de produtos, não de homens. Os estadunidenses irão nos admirar mais quando perceberem um aumento nas nossas exportações, e nossos emigrantes serão mais respeitados quando todos souberem que eles vêm de uma Nação rica e produtiva [...] Em última instância, a melhor proteção para os nosso emigrantes são encouraçados e grandes batalhões. Nos Estados Unidos, assim como na Argentina e no Brasil, os ingleses, os franceses, os alemães e os japoneses são respeitados porque os estadunidenses sabem que a Inglaterra, a França, a Alemanha e o Japão têm frotas poderosas e que não hesitariam em utilizá-la se necessário. (Villari, 1912, pp. 306-307)

Villari defendia que a Itália deveria reconstruir a sua frota, que tinha sido recentemente a segunda maior do mundo, e desenvolver a sua potência industrial e do Exército, de forma que o país pudesse ter força no cenário internacional através do seu prestígio, e não infiltrando terras estrangeiras com pobres imigrantes, com o boné nas mãos. A Itália não deveria mais ser identificada com catadores de sucata analfabetos e pedintes miseráveis nas ruas, nem com as infames "Mão Negra" e *camorra* [a máfia], que atraiam tanto a atenção do público estadunidense (Blakeman, 1908; Lupo, 2002; Zucchi, 1992).

O segundo argumento não econômico de Villari era que as remessas não eram o mais importante resultado da emigração. Ele argumentava que as Américas corroíam a saúde moral dos emigrantes e minavam as bases da sociedade italiana:

> Nós ouvimos muito sobre as remessas dos emigrantes, mas não tanto sobre os inúmeros casos de emigrantes que, após um ou dois anos na América, perdem o interesse nas suas famílias na Itália e, mesmo já casados, arrumam um nova esposa no Novo Mundo. A esposa que ficou em casa não pode imitar o seu marido, já que nossas leis proíbem a bigamia, mas ela se consola com

outros amores, portanto temos dois escândalos no lugar de um [...] A moralidade é geralmente mais relaxada nas Américas do que na Europa e no ambiente colonial é ainda mais escassa [...] A má semente retorna para a Pátria.

Villari dinamitava a emigração em massa sem oferecer alternativas. Ele confiava em dados circunstanciais para argumentar que a emigração destruía as famílias italianas e que os dólares que chegavam não compensavam a decadência social. Na verdade, a maioria dos casamentos sobrevivia à separação e ao deslocamento da emigração, mas as crianças eram prejudicadas em termos educacionais, já que elas tinham que trabalhar a terra na ausência dos pais. Um inquérito parlamentar de 1910 também informava que "frequentemente, entre os expatriados, há uma forma especial de crime, a *vendetta* (vingança) pela traição conjugal". Alguns esposos que emigravam apenas alguns dias depois do casamento com suas passagens pagas pelo dote das esposas, voltavam para casa anos depois para assassinar suas esposas infiéis (Inchiesta, 1910, v. 8, pp. 51, 57-58). A emigração pode ter inflacionado igualmente os índices de infanticídio. Certamente, o dinheiro para as remessas era obtido a partir de tremendos esforços pessoais e de sofrimentos familiares (Cabrini, 1911, pp. 265-266; Lanciano, 1984; Palombarini, 1998; Reeder, 2003). Enquanto o Estado e os industriais italianos lucravam com a emigração, milhares de emigrantes sofriam.

A EMIGRAÇÃO E O SOCIALISMO NACIONAL

O novelista e dramaturgo Enrico Corradini foi quem forneceu respostas radicais para as contradições da emigração italiana. Como Pascoli, Corradini se irritava com o sistema político italiano do final do século XIX, que ele considerava medíocre. Sua visão idealizada para a regeneração da Itália parecia fora do lugar. Após fundar e ser editor de várias revistas culturais de pouca duração, Corradini chegou a um ponto de virada na sua vida após uma visita aos italianos

Italianos no mundo

na América do Sul. A emigração, ele descobriu, podia ser uma metáfora perfeita para a doença individualista que afligia a Itália. Essa descoberta marcou o início da trajetória bem-sucedida de Corradini para criar um Partido Nacionalista italiano. Com seus talentos retóricos e de organização, Corradini foi além de Pascoli e desenvolveu uma proposta política poderosa e efetiva (Filippi, 1989). A emigração era um problema causado pelo liberalismo; o nacionalismo seria a solução. O constrangimento internacional representado pela emigração atraiu uma grande atenção pública para as soluções de grande envergadura propostas por Corradini. Ele tinha encontrado a sua audiência.

Corradini recontou a sua experiência com a emigração na sua novela autobiográfica *La Patria Lontana* (1910). O protagonista, Pietro Buondelmonti, é um rústico filho da Toscana, impetuoso, generoso e um sincero defensor do imperialismo e do nacionalismo italianos. Frustrado com o fato de que ninguém prestava atenção à sua mensagem na Itália, Pietro aceita a oferta de uma amiga para viajar para o Rio de Janeiro com ela e seu marido burguês, e estudar as condições dos emigrantes italianos. O personagem é uma idealização de Corradini sobre si mesmo. Nascido em Samminiatello di Montelupo Fiorentino em 1865, Corradini tinha estudado literatura na Universidade de Florença e criado uma revista literária, *Germinal,* em 1891. A derrota italiana em Adua em 1896 se tornou um momento definidor na sua vida.

Corradini mais tarde escreveu: "Eu me converti à fé da Pátria. Como outros que se converteram a partir do socialismo mais tarde, eu me converti a partir da 'literatura', na qual eu perambulava, cego e dissoluto. Minha conversão veio a partir da derrota de Adua".[16] De fato, teve dificuldades em uma série de iniciativas nesses anos. Após o fracasso de *Germinal* em 1893, ele ajudou a fundar a revista florentina *Il Marzocco* em 1896 e foi seu editor de 1897 a 1900, quando foi forçado a deixar o cargo pelos proprietários do periódico. Corradini se tornou editor em chefe da *Gazzetta di Venezia* por seis meses e então correspondente em Florença, por um curto período, do *Corriere della Sera.*

Além de escrever romances e peças de teatro, em 1901 ele começou a dar palestras por toda a Itália. Em 1903, Corradini fundou o jornal nacionalista *Il Regno* [O Reino] em Florença, mas renunciou ao cargo de diretor em 1905 e o jornal faliu em 1906 (Drake, 1981; Filippi, 1989, pp. 136-138; Taeye-Henen, 1973).

Entre 1908 e 1909, como seu personagem Buondelmonti, Corradini escapou dos seus fracassos viajando por vários países e regiões (Brasil, Argentina, Tunísia, Dalmácia e Ístria) como correspondente do *Corriere della Sera* e do *Il Marzocco* e como representante da Sociedade Dante Alighieri. Essa longa viagem ressuscitou a carreira de Corradini. Ele adquiriu uma aura de autoridade em assuntos internacionais, expressando-a em várias publicações e conferências por toda a Itália. Além de encontrar novos leitores, Corradini adquiriu uma nova autoconfiança em suas ideias: "no local, é fácil reunir documentos e fatos; a intuição se torna observação e documentação; apenas assim alguém pode experimentar diretamente com são más as políticas da Itália" (Corradini, 1910a, pp. 6-7, 35-36; 1911e, p. 159; 1923b, p. 73). A partir das suas experiências na América Latina, Corradini criou uma nova retórica e uma nova audiência para seus argumentos nacionalistas.

Nos seus últimos dois romances e na sua última peça, Corradini desenvolveu sua temática nacionalista a partir de uma análise da emigração em massa. Como Pascoli, Corradini utilizava a emigração para criticar a grandeza perdida e o potencial desperdiçado da Itália. Quando seu herói Buondelmonti chega ao Rio de Janeiro em *La Patria Lontana* (1910), ele identifica uma série de divisões mesquinhas dentro da comunidade italiana local. Entre as figuras mais notáveis, estava um rico e patriota italiano que tinha emigrado da região do Abbruzzo aos 12 anos. Piero também encontra o fundador da seção local da Sociedade Dante Alighieri, que, em 1896, teria matado um italiano que tinha ousado gritar "Longa Vida a Menelik!".[17] Esse patriota fictício levava uma cicatriz na face, a "marca de Menelik", resultado da sua luta para defender a honra colonial italiana. Corradini também dedicou muito espaço do seu livro à figura de Giacomo

Italianos no mundo

Rummo, o líder socialista revolucionário exilado da Itália. Piero se convenceu de que seu nacionalismo tinha muito em comum com o sindicalismo radical de Rummo; ambos odiavam os decadentes socialistas reformistas.

O enredo do romance é secundário e inteiramente previsível: depois de um longo período de flerte, a amiga de Piero abandona o seu brutal (e liberal) marido por ele; o marido então a mata e fere severamente Piero, que recebe cuidados do sindicalista Rummo. O fim do romance tem uma reviravolta profética. Quando Piero está preparando a sua volta para a Itália, chegam notícias de que a Europa está prestes a embarcar na longamente antecipada Grande Guerra. A colônia italiana no Brasil levanta 2 milhões de cruzeiros em doações para a pátria e Piero incentiva todos os homens em idade militar a retornarem para a Itália como soldados voluntários: "se você sobreviver à guerra, você verá as cidades mais lindas! Roma, Florença, Veneza" (Corradini, 1910b, p. 256; Isenghi, 1970, pp. 9-21). O rico patriota fica triste por estar velho e por estar envolvido demais com seus negócios para poder seguir com Piero. O sindicalista Rummo planeja impedir o discurso patriótico de Piero à colônia, mas, vencido pelo amor à pátria e excitado pela notícia da declaração italiana de guerra, faz o contrário e se junta a Piero e a outros 400 voluntários para se unirem ao Exército italiano.

Corradini recebeu críticas severas pelo fraco enredo de *La Patria Lontana*. Na sequência, *La Guerra Lontana* (A Guerra Distante, 1911), Corradini incluiu um prefácio explicando a moral implícita em ambos os romances: "*La Guerra Lontana* transcende o nacionalismo muito mais do que *La Patria Lontana*. Certamente, o romance contém um ethos nacionalista e imperialista, mas o transcende. De qualquer forma, eu espero que os críticos parem de dizer que eu escrevo romances apenas para fazer propaganda para os ideais nacionalistas" (Corradini, 1911d, pp. x-xi; 1980, p. 196). O segundo romance é efetivamente um trabalho mais complexo e bem-sucedido, incorporando mistério, romance e reviravoltas na narrativa. A ação acontece em Roma e no Lácio em 1896, antes da época dos personagens de *La Patria Lontana* e enquanto o Exército italiano lutava a sua guerra na África, longe da mesquinharia política da península.

O protagonista é um gigantesco romano, Ercole Gola, que se inspirou no Poeta (Giosuè Carducci) na juventude, mas que desperdiçou seus talentos como editor de jornal em luxúria, vícios e chantagem. Gola se apaixona perdidamente por Carlotta Ansparro após tê-la estuprado; ela tinha tentado persuadi-lo a se opor ao Ministro (Francesco Crispi), mas ele o apoia. Como forma de vingança, ela se casa com um rico e afluente deputado do Parlamento, que se torna um demagogo anticolonial e funda um jornal antiministerial. Tudo isso por motivos pessoais: o sobrinho do Ministro tinha rompido o coração de Ansparro. Gola quer assassinar Ansparro, mas o Poeta o dissuade; o personagem Lorenzo Orio, baseado no escritor Alfredo Oriani, faz uma rápida participação especial como si mesmo, discursando contra o lamentável comportamento da Itália durante a guerra colonial. Gola contrata como correspondente Piero Buondelmonti, o qual é motivado pelo mais puro amor pela pátria. Piero tenta se voluntariar para a guerra na África, mas é rejeitado. Gola e seu jornal encontram a redenção apoiando o Ministro com todas as suas forças, mesmo depois da derrota de Adua. Contudo, o marido de Ansparro desafia Gola para um duelo e Gola o assassina. Todos se voltam contra o assassino e ele é obrigado a emigrar com a sua mãe camponesa para o Brasil, em desgraça. Corradini, dessa forma, contrasta "a emigração, o tempo presente da Itália, que espalha os italianos pelo mundo para a servidão em terra estrangeira; e a guerra, que acontece longe da Itália, mas que um dia faria da Itália uma Nação de senhores" (Corradini, 1911d, p. xi; Oriani, 1912; 1935).

A emigração se torna o eixo do pensamento de Corradini e o instrumento para fazer o seu ideal político mobilizador, dramático e concreto. Ele defendia que "a emigração [...] força a Itália a ter uma política externa [...] A emigração é um dos pontos de partida para o nacionalismo e, talvez, a sua mais importante fundação" (Corradini, 1911a, p. 178). Na sua última peça, *Le Vie dell'Oceano* (Os Caminhos do Oceano, 1913), Corradini aborda a emigração e a política italiana durante os anos de 1911-1912. O protagonista, Giuseppe Carrera, é um rico construtor de Mendoza, Argentina, que tinha emigrado da Calábria aos 12 anos. No Ato 1, ele celebra o seu aniversário de 57 anos dividindo a sua fortuna entre os quatro filhos. Seu primo, recém-chegado da Itália, é um patriota italiano que orgulhosamente anuncia que a Itália tinha proibido a emigração para a Argentina. Esse é um momento de virada para Carrera, que pela primeira vez na vida tem orgulho de suas raízes italianas. Claramente, a Itália não precisava mais da emigração para alimentar o seu povo.

No Ato 2, a Itália tinha declarado guerra à Líbia e Carrera levanta uma grande soma em contribuições que ele quer levar para a Itália pessoalmente. As mais humildes famílias italianas da Argentina enviam seus filhos para se unirem ao Exército italiano e Carrera quer que seus filhos façam o mesmo. No entanto, seus três filhos mais velhos, todos nascidos na Argentina, são amigos de uma família anti-italiana, os Gallegos, e não querem se envolver com o redescoberto patriotismo do pai. Os rapazes mais velhos sequestram o mais novo e, na confusão, Carrera assassina um dos seus filhos. No Ato 3, Carrera tinha retornado para a Calábria com seu primo e com seu filho mais novo. Ele encontra um grupo de emigrantes prontos para partir e promete pagá-los para que ficassem na Itália, mas ele não tem mais dinheiro. O filho quer voltar para casa para ver a mãe; Carrera o envia de volta para a Argentina com o primo e então comete suicídio. O final sombrio ilustra a convicção de Corradini de que a emigração era um desastre irreparável e que os emigrantes eram literalmente "perdidos para a Pátria". Enquanto ganhava dinheiro na América, Carrera tinha negligenciado o seu dever patriótico de educar seus filhos como italianos. Seu trágico erro destruiu a ele e a sua família (Corradini, 1929). Corradini concluía que a emigração tinha que ser erradicada, com um nacionalismo imperialista sendo colocado no seu lugar.

Nos seus amplamente difundidos discursos, Corradini se utilizava dos seus talentos literários para liderar os nacionalistas italianos na nova doutrina do "socialismo nacional". Corradini fez da "nação" um objeto sagrado para um culto secular. Os nacionalistas estavam destinados a liderar a nação, porque socialistas, liberais ou membros dos partidos clericais tinham agendas restritas e limitadas.[18] Como Pascoli, Corradini adotou uma retórica de unidade em face da hostilidade internacional. Afundada no pântano da emigração, a Itália tinha que contra-atacar, através da conquista:

> O cerco das nações conquistadoras, o cerco moral e econômico, se apertou ao nosso redor enquanto nós nos nutríamos com a utopia filosófica, a cegueira geral e covardia burguesa. Nós podemos romper esse cerco? Nós agora apenas o transbordamos. Como? Pela emigração.
>
> Damas e cavalheiros, seja lá o que vocês pensem sobre a emigração e seja lá o que vocês tenham ouvido, pensem novamente! A emigração é a dispersão do nosso povo por todas as partes do mundo, em solo estrangeiro, entre povos estrangeiros e sob leis estrangeiras. Não levem em conta apenas o enriquecimento de uns poucos indivíduos, nem apenas os milhões que os emigrantes enviam para a Pátria. Avaliem em termos nacionais e considerem que a emigração é, se posso utilizar esse termo, um anti-imperialismo de servidão. A emigração, e a necessidade de tantos milhões de italianos de buscarem o pão e o trabalho além-oceano, e a pressão das nações estrangeiras ao nosso redor, me leva a chamar a Itália, por analogia, uma Nação proletária.[19]

A emigração não era, a partir de agora, um simples instrumento emocional para criticar as falhas e defeitos italianos; ela agora justificava a posição especial da Itália na luta entre as nações. Como uma nação proletária, a Itália representava a maioria, atualmente oprimida, mas que seria redimida por uma guerra revolucionária. Utilizando a linguagem marxista, Corradini descrevia o emigrante como "uma árvore arrancada do seu solo natal e jogada além-oceano com suas raízes no ar. Não mais um cidadão, ou seja, alguém pertencente a uma civilização, ele era reduzido a um instrumento de trabalho e produção".[20]

A trágica alienação dos emigrantes tanto da sua cultura nativa como daquela dos povos estrangeiros demandava uma solução radical.

Com os seus trabalhadores presos em uma existência feudal nas *fazendas* da América Latina, a Itália precisava ascender a um status mais elevado de desenvolvimento econômico: o colonialismo demográfico da conquista imperial. Unindo o nacionalismo de Mazzini com o social-darwinismo, Corradini proclamava a necessidade de

> alterar o velho estado de espírito dos italianos, o do emigrante, para o espírito dos povos superiores que vivem em um estado mais elevado da existência: o do conquistador imperialista. Nesse dia, a Itália terá a força e a vontade para se livrar dos seus laços de vassalagem [...] passando a ter a liberdade de ser ativa na história do mundo e adicionar a sua própria civilização às de outros povos. (Corradini, 1923b, pp. 80, 85-86)

O socialismo nacional de Corradini ligava emigração e imperialismo em termos dramáticos: prestígio internacional ou mendigagem transnacional; dominação ou subserviência; império ou miséria.

A expansão imperial foi o corolário do nacionalismo de Corradini. Na sua visão, as guerras pelo império modificariam completamente a dinâmica política interna da Itália, unindo seus recursos, fortalecendo a sua economia e disciplinando seu espírito:

> A consciência nacional, como concebida pelo nacionalismo, pode e deve ser uma escola de disciplina e dever [...] O cidadão adquire uma nova alma ao acreditar que obedece a uma ordem superior e que colabora em um grande esforço coletivo; um esforço tão grande que ultrapassa os limites das suas forças e da sua percepção, mas que precisa da sua colaboração para ser efetivo. O cidadão sente uma nova satisfação, ele sente algo religioso crescendo dentro dele e começa a acreditar que está obedecendo a algo divino. Ele começa a agir de acordo com essa religiosidade da consciência nacional. Cavalheiros, no dia em que essa religiosidade for real para muitos, os trens finalmente irão chegar no horário. [21]

Essa frase de Corradini se tornaria um dos mais conhecidos refrões de propaganda do regime de Mussolini, durante o qual os trens "sempre chegavam no horário".

A nova religião difundida por Corradini atraiu a muitos. Não apenas cada italiano encontraria um papel no grande projeto nacional à medida que a nação proletária se afirmasse, como os industriais teriam imensos lucros. A Itália precisava seguir os exemplos da Alemanha, França, Grã-Bretanha e os Estados Unidos em um "imperialismo industrial que aparenta ser a forma moderna e definitiva do imperialismo, mas que amanhã se revelará apenas o primeiro passo para um novo imperialismo, militar e político" (Corradini, 1923b, p. 87; Webster, 1975). Corradini apelava assim à grande burguesia, aos industriais e aos interesses tradicionais, ao mesmo tempo que elogiava o dinamismo do socialismo e do sindicalismo. Essa estratégia garantiu financiamento para o periódico de Corradini por parte da Società Miniere di Cogne, da Fiat e da Società Anonima Meccanica di Milano em 1914, assim como o apoio de sindicalistas como Antonio Labriola, Angelo Olivetti, Paolo Orano e Libero Tancredi para a Guerra da Líbia. O jornal e o partido de Benito Mussolini iriam procurar atingir esses mesmos grupos após a Primeira Guerra Mundial.

Os liberais, contudo, eram incapazes de compreender a visão de mundo imperialista de Corradini. Este se opunha à frieza da política liberal com romances cheio de emoção, discursos ardentes e referências históricas. O estatístico Luigi Bodio, que foi o primeiro comissário de emigração da Itália, se queixou em julho de 1911 que

> os nacionalistas, com o seu expansionismo extremista, gostariam de fazer convergir todas as forças da Nação na direção dos seus objetivos e sonhos. Eles obviamente não entendem a força maravilhosa que a nossa emigração se tornou, o enorme benefício – não apenas financeiro, mas também civil e social – que ela traz para a Itália todos os anos e como é do interesse de todos facilitar o seu pacífico desenvolvimento.[22]

Bodio era incapaz de compreender o desprezo de Corradini pela economia liberal. O apelo dos nacionalistas tinha ido além das referências dos liberais.

Corradini citava uma famosa frase de Francesco Coletti – "Devemos colocar a questão dessa forma: se a emigração não tivesse ocorrido, o que teria acontecido com a Itália?" e respondia:

> Na verdade, os que tentam combater a visão nacionalista da emigração parecem não entender o nosso pensamento nacionalista. Nós ficamos tristemente espantados ao perceber que [nossos oponentes] elogiam a emigração, porque eles só conseguem ver duas alternativas: emigrar ou ficar na Itália e morrer de fome... Nosso pensamento nacionalista, cavalheiros, é muito diferente... A Itália deve ter suas próprias colônias, as quais, na pior maneira com que podemos defini-las, também são uma forma de emigração, mas não uma de indivíduos em farrapos, abandonados à própria sorte, mas da Nação como um todo no máximo da sua força. (Coletti, 1911; Corradini, 1911f, pp. 221-222)

Essa mensagem carismática triunfava sobre as estatísticas. No lugar do colonialismo emigratório, com seus compromissos diplomáticos e pequena influência no mundo, Corradini anunciava a gloriosa conquista de territórios para o assentamento de italianos sob o domínio italiano. A visão de Luigi Einaudi de uma Argentina italiana tinha falhado; Corradini questionava porque os judeus da Antiguidade lamentavam a sua diáspora, ou dispersão, enquanto os italianos se vangloriavam das suas colônias ocas nas Américas. Ao politizar e condenar a diáspora italiana, ele tornava mais aguda a sua crítica ao liberalismo. O desapontamento com a Argentina e a decadência da diplomacia cultural italiana abriam espaço para a nova visão de Corradini: uma religião cívica de conquista imperial (Corradini, 1923b, p. 73; Gentile, 1986).

O RETORNO DO IMPERIALISMO DEMOGRÁFICO

O apelo de Corradini por um renascido imperialismo romano e seus ataques à emigração diminuíram o apoio ao colonialismo emigratório pacífico. Suas doutrinas elitistas atingiam uma audiência limitada, mas influente. O pequeno grupo de nacionalistas era formado por pessoas de talento, bem conectadas e dinâmicas que se aproveitavam do sentimento de inferioridade da Itália, reforçado pela emigração. A Itália tinha sido completamente eclipsada pelo Império Alemão, que, como a Itália, só tinha se unificado em 1870. Podia a Itália competir internacionalmente? Corradini liderava os nacionalistas com a sua retórica da conquista imperial, comparando a "Itália do presente", um país de segundo time, à Suíça e saudando a "Itália do futuro", digna herdeira do Império Romano no Mediterrâneo (Corradini, 1912; 1923b, p. 74; Gentile, 1997).

Nem todos os nacionalistas concordavam com Corradini. O grupo nacionalista de Milão, que gravitava ao redor do jornal *La Grande Italia,* privilegiava o republicanismo e o irredentismo no lugar do autoritarismo imperialista. No Primeiro Congresso Nacionalista, em 1910, Corradini procurou diminuir o fosso entre os grupos, argumentando que "nós somos um povo de irredentismo e emigração ao mesmo tempo [...] O irredentismo, o cerco das grandes potências ao nosso redor e a emigração para terras distantes, frutos do nosso sangue através do Oceano!" (Corradini, 1914b, p. 58; De Grand, 1978, pp. 32-36). Com os mesmos argumentos que Pasquale Villari tinha utilizado na Sociedade Dante Alighieri para defender todos os expatriados italianos, Corradini relacionava o irredentismo com os italianos espalhados ao redor do Mediterrâneo e no mundo, não apenas com aqueles de Trento e Trieste. Privadamente, contudo, Corradini condenava a tradição irredentista como algo "sentimental" já que a Itália poderia recuperar Trento e Trieste depois de provar o seu valor como uma potência imperial.[23]

Para competir com os nacionalistas irredentistas de Milão, a ala imperialista da Associação Nacionalista fundou um semanário em Roma, *L'Idea Nazionale,* editado por um talentoso grupo que incluía Enrico Corradini, Luigi Federzoni e Roberto Forges Davanzati. Eles lançaram o primeiro número em 1º de março de 1911, para comemorar o 15º aniversário da derrota de Adua. Corradini incluiu um extrato do seu *La Guerra Lontana* e Federzoni escreveu um longo e detalhado retrospecto da derrota de Adua, intitulado "O dever de recordar". Cuidadoso para disfarçar os erros de Crispi, ele lançava a culpa do desastre numa conspiração socialista e maçônica que envolveria Turati, Rudini e Martini (Federzoni, 1936, pp. 33-52). A imaginativa reinterpretação do mito de Adua de Federzoni associava os inimigos presentes dos nacionalistas com a perfídia passada da Itália, quando Rudini tinha buscado fazer a paz com a Etiópia em vez de se vingar. Colocando a história do seu lado, os nacionalistas tinham a convicção do inevitável sucesso. O jornal nacionalista se tornou uma plataforma ideológica e organizacional fundamental, ofuscando com o tempo os jornais nacionalistas que favoreciam o irredentismo ou o liberalismo (De Grand, 1978, pp. 17-40).

A reescrita da história era fundamental para a revitalização do colonialismo demográfico na Itália. Assim como Einaudi tinha substituído o mito imperial da Veneza medieval pelo da Roma clássica, os nacionalistas criaram uma mitologia trágica ao redor da figura de Francesco Crispi. Os liberais tinham culpado e difamado Crispi como o causador do colapso imperial, mas os nacionalistas agora reabilitavam a sua reputação como a personificação heroica do colonialismo italiano. O problema não tinha sido a derrota em Adua, mas a reação italiana a ela: "não porque a Itália foi derrotada pela Abissínia, mas porque a Itália tinha sido derrotada pelos italianos [...] que jogaram a nossa bandeira na lama [...] A anarquia triunfou" (Corradini, 1914a, pp. 245-254). Corradini escreveu que "a tragédia de Francesco Crispi pode ser resumida nas seguintes palavras: ele agiu pela Itália, distante da Itália do seu tempo" (Corradini, 1911d, p. vii). Em outras palavras, se Crispi tivesse vivido 15 anos mais tarde, a nação teria seguido a sua liderança. O secretário da Associação Nacionalista, Gualtiero Castellini, publicou uma biografia apologética sobre Crispi em 1915 e o líder dos nacionalistas em Turim, Mario Viana, compôs uma hagiográfica vida de Crispi em 1923 (Castellini, 1915; Viana, 1923). Apenas através da expansão imperial poderia a Itália se penitenciar pelo pecado do martírio de Crispi.

Os nacionalistas reverteram outro pilar do colonialismo liberal através do ataque à Argentina. Giuseppe Bevione viajou para a

A emigração e o novo nacionalismo

Argentina em 1910 como correspondente do *La Stampa* de Turim e retornou desiludido com a xenofobia e com o "arrogante chauvinismo" do povo argentino (Bevione, 1911, p. 138). Bevione, que logo se tornou nacionalista, lamentava que o governo italiano e a colônia italiana na Argentina tinham sido incapazes de realizar a visão de Einaudi.

> Para nós, retardatários na divisão colonial do globo, nossas verdadeiras colônias, de homens não de terras, estão na América [...] Era nosso dever acompanhar esses movimentos e os acontecimentos com ciúme cuidadoso e amor infinito: dirigir os fluxos migratórios de uma forma astuta e iluminada, de forma a assegurar o máximo número de vitórias e para limitar as derrotas ao menor percentual possível; defender os direitos e a dignidade dos nossos conacionais com energia inflexível, de forma que nem uma pitada da riqueza e do nosso prestígio seriam injustamente sacrificados. Acima de tudo, devíamos ter mantido o nome e o afeto pela Itália vivos nesse milhão de corações, de forma que nossa Nação não perdesse os frutos do seu titânico esforço e que a riqueza e as crianças que eles produziram não trouxessem benefício apenas para uma terra estrangeira [...] Em vez disso, não fizemos nada. Os emigrantes, com 50% de analfabetos, precisavam se organizar [...] O mais impressionante e organizável dos fenômenos sociais modernos foi abandonado para seu desenvolvimento espontâneo e aleatório. (Bevione, 1911, pp. 123-124).

Para Bevione, o colonialismo emigratório tinha colapsado. Seu clímax tinha sido o assassinato do rei Umberto em 1900: ao receberem as notícias, bandeiras italianas tinham surgido em praticamente todas as casas, mas "atualmente, bandeiras estrangeiras não podem ser hasteadas sem que a bandeira argentina esteja ao seu lado, à esquerda". Bevione acreditava que os argentinos temiam essa exibição da potência italiana e procuravam oprimi-los e excluí-los injustamente. Ainda assim, Bevione via esperanças: a Itália podia seguir o exemplo do Japão, outra nação com limitados recursos econômicos e uma população em crescimento. "O Japão estudou [o problema emigratório], encontrou uma solução para ele e agora está implementando

259

Italianos no mundo

as medidas devidas, com uma agilidade, uma meticulosidade, uma visão de futuro e uma determinação que nos deixa surpreendidos a nós, netos de Maquiavel, herdeiros da sabedoria colonial romana". Depois de vencer a guerra com a Rússia, os japoneses tinham optado por expandir o seu império através do desenvolvimento econômico e a "a política emigratória é uma das suas armas mais poderosas" (Bevione, 1911, pp. 99-100, 159, 166). Como o Japão, a Itália poderia povoar o seu império, em vez de se submeter aos caprichos dos países estrangeiros.

Os nacionalistas expandiram o debate para muito além dos destinos individuais dos emigrantes. Bevione argumentava que "os italianos podiam e deviam ser tudo na Argentina. No entanto, como um grupo, eles não têm importância e, como indivíduos, eles devem gastar a sua energia em um ambiente de constante ódio dissimulado" (Bevione, 1911, p. 137). No Primeiro Congresso Nacionalista de dezembro de 1910, em Florença, Corradini parafraseou Bevione, usando a linguagem do Manifesto Comunista: "O que é o trabalho italiano na Argentina? Tudo. O que são os italianos? Nada. Isso é exatamente igual à relação dos proletários com a burguesia, como visto pelo socialismo" (Corradini, 1914b, pp. 53-54). O estudo de Bevione sobre a emigração deu suporte, portanto, para a construção do socialismo nacional. A solução de Corradini para o dilema italiano, novamente na esteira de Marx, seriam a guerra internacional e a revolução.

Com uma torrente de publicações e através de seus contatos pessoais, os nacionalistas conseguiram converter o colonialismo italiano em sinônimo de conquista imperial. O Instituto Colonial Italiano convidou os nacionalistas para o Segundo Congresso dos Italianos do Exterior, patrocinado pelo rei nas comemorações do 50° aniversário do Reino da Itália. O Congresso reuniu representantes de 84 cidades de 22 nações, nos cinco continentes. Depois de visitar o recém-inaugurado Altar da Pátria em Roma, os delegados, reunidos entre 11 e 20 de junho de 1911, discutiram temas relacionados à emigração italiana pelo mundo, ainda que a controvérsia relacionada com a Líbia tivesse dominado os debates. Os delegados aprovaram por unanimidade a proposta de Luigi Federzoni defendendo uma ação enérgica por parte dos militares como forma de defender os interesses italianos na Tripolitânia.

O dramático apelo do Congresso por guerra foi condenado pela imprensa italiana, particularmente por Stefano Jacini do jornal *La Voce*, e um editorial hostil foi publicado no jornal *La Tribuna*, ligado ao primeiro-ministro Giovanni Giolitti, ainda que *La Tribuna* entrasse em contradição ao ressaltar a importância da Líbia para a Itália.[24] Ao contrário do pretendido, o Congresso dos Italianos do Exterior teve mais efeito na política interna italiana do que nas relações internacionais com os emigrantes italianos. Todo o detalhado trabalho do Congresso no tocante a cidadania, educação e necessidades econômicas dos emigrantes foi rapidamente esquecido na urgência da conquista. A Guerra da Líbia eliminou a memória do colonialismo americano da Itália.

LÍBIA, A NOVA AMÉRICA

Os nacionalistas italianos elaboraram a sua ideologia imperial em um momento perigoso da política europeia. O longo período de paz europeu desde 1870 tinha impulsionado as ideologias pacifistas da competição econômica liberal e do crescimento infinito das economias. Quarenta e três nações tinham participado das convenções de Haia de 1899 e 1907, comprometendo-se com a arbitragem pacífica das disputas internacionais. As guerras seriam reguladas pelo Direito e prevenidas pelos acordos racionais entre as partes. Ironicamente, contudo, a revolução na Turquia em 1908 reviveu a agressão europeia no Mediterrâneo. As propostas dos Jovens Turcos para fortalecer o cambaleante Império Otomano aceleraram os planos europeus para conquistar seu território antes que as novas defesas pudessem ser concluídas. A competição pela herança otomana entre os Estados europeus, grandes e pequenos, gerou uma crescente tensão entre as grandes alianças europeias e dentro delas. Crises estouraram em 1905 pelo Marrocos e em 1908 pela Bósnia-Herzegovina, estando em risco o equilíbrio do poder no Mediterrâneo.

Todos os países ficaram insatisfeitos com as tentativas diplomáticas de resolver as crises: a longamente temida Grande Guerra entre as potências europeias parecia iminente (Antonoff, 2006; Isnenghi, 1970). A segunda crise do Marrocos, em 1911, piorou ainda mais as coisas. O cruzador alemão "Panther" ancorou no porto marroquino de Agadir em 1º de julho de 1911, exigindo que a França cedesse seus territórios no Congo para a Alemanha como compensação pela sua hegemonia informal no Marrocos. Apoiado pela Inglaterra, o governo francês abriu então negociações sobre o futuro do Sultanato do Marrocos como um protetorado francês. O *status quo* no Mediterrâneo estava mudando novamente, em prejuízo dos países islâmicos.

A pressão simultânea da política doméstica e da diplomacia internacional levaram o governo italiano, sob Giolitti, a declarar guerra pela Líbia otomana. Os diplomatas italianos tinham trabalhado extensivamente para facilitar a ocupação, fundando escolas em língua italiana e uma agência dos Correios em Trípoli.[25] Eles esperavam conseguir a colônia sem a necessidade de uma custosa e sangrenta campanha, talvez na futura conferência que iria decidir sobre o destino final do Império Otomano. O acordo entre a França e a Alemanha no Marrocos pressionou a Itália e a forçou a agir.

A convenção Prinetti-Barrére tinha garantido o apoio italiano para a ação francesa no Marrocos e o apoio francês para a italiana na Líbia. O ministro das Relações Exteriores da Itália, Antonino di San Giuliano, entendia que, assim que a França conseguisse o que desejava no Marrocos, o governo francês não teria mais razões para apoiar o projeto da Líbia italiana. Os franceses já tinham enganado os italianos no norte da África antes: em 1881, a França tinha surpreendido a Itália ao marchar virtualmente sem oposição da Argélia francesa até o vizinho da Líbia, a Tunísia otomana, após negociações secretas em Berlim. Di San Giuliano agora previa que a França iria "tunisificar" a Líbia. A Tunísia francesa, que tinha atraído 60 mil imigrantes do sul da Itália entre 1881 e 1911, era um objeto, ainda que pouco realista, de comparação e fonte de inspiração para uma Líbia italiana. Depois da "perda" da Tunísia para a França, os diplomatas italianos tinham informado as potências europeias que a Itália tinha a intenção de conquistar a Líbia como um prêmio de consolação. O destino humilhante do primeiro-ministro italiano em 1881, Benedetto Cairoli, pesava muito na mente de Giovanni Giolitti 30 anos depois. Giolitti sabia que um fracasso em adquirir a Líbia depois da crise marroquina significaria o fim da sua carreira.[26]

Bem antes da segunda crise marroquina de julho de 1911, Corradini e seus amigos nacionalistas tinham começado uma campanha de imprensa bem-organizada em defesa da conquista italiana da Líbia. No primeiro número do periódico *L'Idea Nazionale*, em 1º de março de 1911, os nacionalistas imperialistas condenaram a política de Giolitti como "distorcida, incerta, fraca, exaurida" e advertiam que a Itália poderia perder a sua posição na Líbia para outros países. O segundo número afirmava que a Tripolitânia "é o coração da nossa política exterior"; a Associação Nacionalista também aprovou uma resolução sobre "a necessidade de forçar o governo italiano a uma ação enérgica [...] para atingir nossas aspirações na Tripolitânia".[27] Os imperialistas trabalhavam em diversos frentes. Corradini serializou o seu romance *La Guerra Lontana* em *L'Idea Nazionale* e republicou suas observações sobre a emigração na América Latina em duas coleções, *Il volere d'Italia* [A Vontade da Itália] e *L'ora di Tripoli* [A hora de Trípoli]. O secretário da Associação Nacionalista, Gualtiero Castellini, publicou seu livro *Tunisi e Tripoli*, sobre suas viagens no norte da África, no início de março de 1911. Castellini mobilizava o fervor irredentista ao comparar as férteis Líbia e Tunísia com Trento e Trieste e defendia que a Itália deveria se expandir na direção sul e não para o leste, na direção do Adriático: "Eu vejo em El Giem um anfiteatro romano maior do que aquele de Pola e, em Susa, eu testemunhei uma devoção à causa italiana tão grande como as de Zara e Gorizia".[28]

Ao pregar o novo evangelho de conquista imperial, unidade nacional e redenção da emigração italiana, os nacionalistas conseguiram importantes conversões entre as elites da grande indústria e do campo editorial. Os nacionalistas conseguiram, dessa forma, uma repercussão de alcance nacional, muito além dos seus minguados números. Ao mesmo tempo que trabalhava no semanário *L'Idea Nazionale*, o grupo de Corradini também colaborava com os dois maiores jornais da Itália: Luigi Federzoni era um editor do *Giornale d'Italia* de Roma, enquanto Domenico Oliva, Giovanni Borelli, Roberto Forges Davanzati e Enrico Corradini escreviam para o *Corriere della Sera* de Milão. Ambos pertenciam à oposição conservadora a Giolitti. Além disso, Corradini e Mario Missiroli escreviam para o *Il Resto di Carlino* de Bolonha e Gualtiero Castellini escrevia para a *Gazetta di Venezia*[29]. Um pouco depois do retorno de Giolitti ao cargo de primeiro-ministro em março de 1911, dois dos seus mais leais (e pesadamente subsidiados) jornais começaram campanhas pela Líbia, sob a liderança de Giuseppe Pevione (*La Stampa*, Turim) e de Giuseppe Piazza (*La Tribuna*, Roma). Ambos os jornais pressionavam pela guerra com mais ardor do que seu próprio patrono desejava. De acordo com Gaetano Salvemini, Giolitti tinha perdido o controle até mesmo dos seus próprios jornais, percebendo, em 17 de setembro, "que os jornais o tinham ajudado mais do que ele tinha desejado e que *a opinião pública tinha escapado do seu freio*".[30] Salvemini lançou a hipótese que Giolitti tinha a intenção de ameaçar com uma invasão da Líbia um ano mais tarde, no verão de 1912. Num surto de retórica nacionalista, contudo, lentos preparativos e análises racionais não eram mais possíveis.

Mesmo com jornais simpáticos à causa, como poderiam os nacionalistas excitar o fervor popular para a conquista de um deserto africano? A Partilha da África, de 1881 a 1898, tinha criado um clima de competição e de especulação. Os diplomatas refletiam que as "terras frágeis" do Saara podiam não ter grande valor, mas não podiam permitir que elas fossem conquistadas por potências rivais. As colônias podiam abrigar riquezas escondidas para exploração futura, como as minas de ouro de Victoria, Austrália, descobertas em 1851, ou as minas de diamante da África do Sul, descobertas em 1867.

Por volta de 1911, os europeus já tinham explorado e ocupado a maior parte da superfície do continente africano. A partilha da África tinha terminado, mas, mesmo assim, os italianos seguiram a mesma lógica na Tripolitânia e na Cirenaica. Essas províncias desérticas poderiam ser um dreno para os recursos italianos, mas elas não podiam ser de ninguém mais e poderiam gerar lucros no futuro. De fato, a Líbia se tornou uma das maiores produtoras mundiais de petróleo duas décadas depois que a Itália perdeu o controle do seu território, em 1942. Mussolini tinha cortado o orçamento destinado à exploração mineral na Líbia depois da sua conquista da Etiópia em 1936. De acordo com a sua propaganda, a Etiópia tinha vastos recursos minerais que esperavam para serem descobertos e explorados sob a tutela italiana. Não obstante, era apenas uma questão de tempo para que as explorações petrolíferas italianas na Líbia dessem resultado.[31] A primeira grande descoberta de petróleo na região aconteceu na Argélia, perto da fronteira líbia, em 1955; o primeiro campo produtivo líbio surgiu em 1959, em uma zona que tinha sido considerada promissora por exploradores italianos, mas só se concretizou bem mais tarde através da atuação de grandes companhias de petróleo dos Estados Unidos.[32]

No lugar do petróleo, os nacionalistas mencionavam continuamente os fosfatos, o ouro e, especialmente, as férteis terras da Líbia, que estariam à espera da colonização italiana. Essas três riquezas foram superestimadas. Depois da queda do Império Romano, o deserto do Saara tinha se expandido quase até a costa do mar Mediterrâneo. A Líbia pode se vangloriar, igualmente, de uma das temperaturas mais altas já registradas na superfície terrestre, em al'Aziziyan em 13 de setembro de 1922: 58°C, na sombra. As riquezas minerais também nunca tinham sido comprovadas, mas isso não impedia os nacionalistas de afirmarem que, nas mãos de uma potência estrangeira, a produção líbia iria levar à falência as minas de enxofre da Sicília. Corradini também previa que as minas líbias levariam à expansão da rede ferroviária, que abriria o interior do país para uma lucrativa colonização agrícola (Corradini, 1911b, p. 56; Guinness, 2000, p. 172).

Mais importante do que o valor econômico da conquista era o seu significado político. A Itália iria recuperar a sua herança imperial romana em um ponto estratégico do Mediterrâneo. Os nacionalistas recuperaram o antigo nome romano *Libya* ao invés de utilizarem os nomes

Italianos no mundo

das províncias otomanas, Tripolitânia e Cirenaica. Os emigrantes não iriam mais se humilhar na América Latina; como herdeiros dos romanos, os italianos eram os governantes de direito da África do Norte. Os nacionalistas enfatizavam que os árabes eram bárbaros inferiores e não mereciam misericórdia, mas que iriam receber o Exército italiano como libertador da opressão turca. A campanha militar seria rápida, fácil e triunfal (Corradini, 1911c; Piazza, 1911; Venerosi, 1911b).

A campanha organizada da imprensa intimidou o governo de Giolitti. Em um memorial de 28 de julho de 2011, após a segunda crise do Marrocos, o ministro das Relações Exteriores Di San Giuliano fez referências às pressões domésticas dentro da Itália, assim como à situação internacional no Mediterrâneo. Escrevendo ao rei e a Giolitti, Di San Giuliano registrava: "Eu acredito que é *provável* que, em alguns meses, a Itália será *constrangida* a lançar uma expedição militar na Tripolitânia", a despeito dos perigos de um envolvimento austríaco e de guerra nos Balcãs:

> Nós devemos examinar a maior ou menor probabilidade que uma decisão como essa será imposta ao Governo (o atual ou um que o substitua), pela opinião pública italiana. Essa probabilidade se torna maior a cada dia que passa... porque se espalha cada vez mais pela Itália o sentimento, mesmo que infundado, de que a política externa atual é excessivamente submissa e que os interesses e a dignidade da Itália não são respeitados o suficiente; que a energia nacional precisa de uma autoafirmação vigorosa de alguma forma. Cada pequeno incidente em Trípoli e entre a Itália e a Turquia é magnificado pela imprensa por vários motivos, incluindo o dinheiro e a intriga do *Banco di Roma*.[33]

Muitos grupos de interesse pressionavam pela guerra. O católico Banco di Roma tinha investido pesadamente na Líbia durante a presidência de Tommaso Tittoni, o predecessor de Di San Giuliano como ministro das Relações Exteriores e irmão do vice-presidente do Banco. Em Trípoli, o banco estabeleceu os seus escritórios no interior do antigo Arco da Vitória de Marco Aurélio, substituindo uma loja de embutidos que ali funcionava antes, de forma a ressaltar as renovadas ambições imperiais de Roma (Castellini, 1911, p. 78; Malgeri, 1970, pp. 17-36). O banco também era proprietário do jornal católico *Corriere d'Italia*, outro periódico a favor da guerra que atacava a política externa e interna de Giolitti.

Para resolver o impasse, Di San Giuliano recomendou a preparação de uma expedição para ameaçar a Turquia. Se os Jovens Turcos não cedessem mais direitos aos italianos na Líbia, a Itália deveria então ocupar a costa, de forma a apresentar às potências europeias um fato consumado. A pressão da imprensa italiana continuava a pesar sobre Di San Giuliano. Duas semanas mais tarde, ele se queixou a Giolitti que a Turquia nunca cederia "pacificamente, dado o estado de ânimo da opinião pública em ambos os países e o linguajar agressivo dos nossos jornais, que reflete os sentimentos predominantes na Itália. Eu já trouxe para sua atenção as consequências das palavras publicadas por um jornal, *La Stampa*, que apoia o nosso governo em tudo, menos na política externa".[34] Luigi Albertini, editor do *Corriere della Sera*, se vangloriou em suas memórias que o jornalismo italiano tinha levado o país para a guerra: "o governo foi levado por essa vasta e impetuosa corrente da opinião pública [...] um fato que nós podemos provar irrefutavelmente" (Albertini, 1950-1953, v. 2, p. 123; Bono, 1972; Pincherle, 1969). A fúria da opinião pública tornou anacrônicas a diplomacia secreta e as negociações desapaixonadas.

Giolitti era um militarista improvável. Em 7 de outubro de 1911, no início da guerra, ele anunciou que a Itália tinha invadido a Líbia por causa "dos caprichos da História (*una fatalità storica*)", revelando seu pouco entusiasmo pelo contexto diplomático da guerra. No lugar da guerra, seu discurso enfatizava suas propostas de reformas internas, como a extensão do direito de voto e o monopólio estatal sobre o setor de seguros (Albertini, 1950-1953, v. 2, pp. 205-206). Onze anos depois, quando Mussolini já tinha ascendido ao poder, Giolitti confessou, em suas memórias de 1922, que "nós fomos forçados, por razões imprevistas, a abalar a paz na Europa" (Giolitti, 1922, v. 2, p. 362). Como o seu Ministro das Relações Exteriores, Giolitti mencionava pressões tanto internas como externas para justificar a guerra.

No campo internacional, ele ponderava que

> se não tivéssemos ido para a Líbia, outra potência o teria feito [...]
> E a Itália, tão profundamente abalada pela ocupação francesa da
> Tunísia, certamente não teria aceitado que algo semelhante acon-
> tecesse na Líbia; dessa forma, nós tivemos que aceitar os riscos de
> um conflito com uma potência europeia que teria sido muito mais
> sério do que um com a Turquia. Persistindo a situação em que está-
> vamos – de exigir direitos na Líbia para impedir outros de ocuparem
> o território e, ao mesmo tempo, não o ocupar – teria sido algo tolo
> e teria criado dificuldades para nós em todas as questões europeias,
> especialmente nos Balcãs. (Giolitti, 1922, v. 2, p. 334)

Giolitti racionalizava que uma campanha bem-sucedida na Líbia
ajudaria a Itália em todas suas intrigas no exterior, principalmente
nos Bálcãs. Por um salto lógico, a guerra na Líbia traria a paz para a
Europa.[35] Giolitti também observava que a pressão turca sobre o Banco
di Roma na Líbia estava em aumento e que uma expedição militar se
tornaria mais difícil com o passar do tempo à medida que os turcos reforçavam a sua presença na sua colônia. Internamente, "os italianos estavam colocando seus nervos à prova novamente, dezesseis anos após
o desastre da guerra na Abissínia" (Giolitti, 1922, v. 2, pp. 238, 362).
Giolitti acreditava que conseguiria o apoio dos conservadores através
da guerra. Ainda que ele preferisse uma solução diplomática para o
problema líbio, Giolitti percebeu que uma breve e gloriosa guerra fortaleceria a sua posição diante da opinião pública italiana.

De qualquer modo, os cálculos políticos de Giolitti estavam fun-
damentalmente errados. Suas reformas liberais dependiam da paz e
entraram em colapso sob a pressão de uma guerra colonial e, depois,
de uma guerra mundial. Ao entrar em guerra com a Turquia, Giolitti
dividiu o Partido Socialista e diminuiu a sua base de apoio na população. Os fundadores do Partido Socialista, que por anos tinham
apoiado as políticas de Giolitti no Parlamento, perderam o controle do partido para uma nova geração, mais radical, que perseguia
um programa "máximo": a revolução e não a reforma. Ainda que

A emigração e o novo nacionalismo

a esquerda tenha se dividido no seu apoio à guerra quando do seu início, o lento progresso das operações alimentou uma crescente alienação. Antes do final da guerra, o Partido Socialista Italiano tinha se dividido, no Congresso do Partido de julho de 1912, em facções reformistas e revolucionárias.

O jovem e ardente socialista Benito Mussolini fez então a sua estreia na política nacional: depois de um período de prisão de cinco meses por suas atividades contra a guerra de setembro de 1911, ele se destacou no congresso do partido ao condenar a liderança burguesa. O partido votou com maioria esmagadora para expulsar das suas fileiras quatro dos seus próprios deputados no Parlamento – Leonida Bissolati, Angelo Cabrini, Ivanoe Bonomi e Guido Podrecca – como forma de puni-los pelo seu apoio à guerra na Líbia e pela visita feita por eles ao rei da Itália depois que este escapou de um tentativa de assassinato por parte de um anarquista.[36] Os quatro deputados imediatamente fundaram um partido rival, o Partido Socialista Reformista. Em dezembro de 1912, com a idade de 29 anos, um triunfante Mussolini se tornou o editor chefe do principal jornal socialista, o *Avanti!* O Partido Socialista se tornou cada vez mais violento e revolucionário, em oposição intransigente a Giolitti e a qualquer forma de liberalismo.

Os nacionalistas também recusaram o abraço dos liberais. Eles permaneceram desconfiados de Giolitti e detestavam suas mentiras, intrigas e o princípio do "transformismo", que diluía todas as ideologias em favor do partido dominante.[37] Corradini declarou asperamente que o seu nacionalismo "é um modo de substituir o governo" (Corradini, 1911). A adoção completa do programa militarista dos nacionalistas ameaçava a sobrevivência da nova Associação, mas os nacionalistas perceberam de imediato o perigo e manobraram para anulá-lo. Ao mesmo tempo que elogiavam a entrada da Itália em guerra, os editores de *L'Idea Nazionale* atacavam impiedosamente a liderança de Giolitti. Era por culpa de Giolitti (Corradini, 1911f, p. 29) que a Itália estava despreparada; que a guerra se arrastava; que, ao final, a Itália tivesse que pagar uma indenização à Turquia em vez de os turcos indenizarem os italianos (Turati, 1912).

Constringida pela diplomacia, a campanha militar contra a Turquia realmente refletia incertezas e improvisação. A Itália não tinha reconhecido o Império Otomano como um igual dentro da Europa, mas a guerra ítalo-turca não foi realmente um conflito colonial na África, mas uma guerra entre duas das principais potências europeias através do Mediterrâneo. Tudo o que estava em jogo naquele conflito e a sua magnitude não estava perfeitamente claro para os participantes. Giolitti tinha solicitado ao comandante do Estado-Maior do Exército, general Alberto Pollio, quantos soldados seriam necessários para derrotar os turcos na Cirenaica e na Tripolitânia. Com a expectativa de uma resistência meramente simbólica por parte da guarnição turca, Pollio estimou o número em 22 mil homens. Giolitti praticamente dobrou esse número ao mobilizar 40 mil militares. Ao final, 100 mil soldados italianos foram enviados para a Líbia, com imensos custos. A guerra custou ao governo italiano 1,3 bilhão de liras, quase 1 bilhão a mais do esperado por Giolitti e arruinou os dez anos anteriores de responsabilidade fiscal (Albertini, 1950-1953, v. 2, pp. 124-126; Del Boca, 1985; 1986; Giolitti, 1922, v. 2, pp. 357-358; Mack Smith, 1997, p. 248; Moore, 1940; Romano, 1977; Roncagli, 1918; Segrè, 1976; 1991, pp. 133-138).

No início, a guerra se desenvolveu bem para a Itália. Depois de um ultimato de 24 horas, a Itália declarou guerra à Turquia em 29 de setembro, bombardeando Trípoli em 3 de outubro e desembarcando 1.700 fuzileiros navais para ocupar a cidade no dia 5 de outubro. Os fuzileiros heroicamente mantiveram o controle da cidade por seis dias, até a chegada do grosso do corpo expedicionário. Conquistar Trípoli, contudo, foi apenas o primeiro dos problemas da Itália. A guarnição turca de Trípoli, totalizando 5 mil homens, tinha evacuado a cidade, depois de ter recebido, em 25 de setembro, 35 mil rifles e milhões de cartuchos. A guerra já tinha se transferido para o interior. Dessa forma, enquanto o Exército e a Marinha da Itália ocupavam Benghazi, Tubruq, Darnah e al Khums em outubro, os italianos não controlavam nada além da costa. O general Carlo Caneva, o comandante italiano, foi cuidadoso para evitar a repetição do desastre de Adua. Suas táticas cautelosas levaram a um número relativamente pequeno de baixas: 4.250 soldados foram feridos e 3.380 morreram durante a guerra, incluindo 1.948 que morreram de cólera e outras doenças. A Itália usou aviões em combate pela primeira vez na história mundial, tanto para reconhecimento como para bombardeio aéreo, abrindo uma nova era na história da guerra no século XX.[38] Não obstante, a campanha líbia chegou a um impasse em dezembro.

Para evitar as ofertas europeias de mediação e os pedidos de negociações, Giolitti tinha declarado a anexação da Líbia em 5 de novembro de 1911. Isso evitava os problemas diplomáticos que a Áustria tinha encontrado em 1908, depois de transformar a sua ocupação da Bósnia-Herzegovina em uma anexação. Contudo, agora os turcos não tinham motivos para desistir da luta. Nem tinha a Itália permissão das outras potências europeias para ameaçar os turcos com ataques em outras partes do seu império (Albertini, 1950-1953, p. v. 2, pp. 149-153). À medida que a guerra continuava, a Itália confiscou dois navios franceses acusados de contrabandear armas para os "rebeldes" líbios na costa da Tunísia. Giolitti foi capaz de aplacar os ânimos exaltados pela lembrança de 1881, quando a França tinha humilhado a Itália na Tunísia.

Finalmente, a Áustria permitiu que a Itália atacasse o Império Otomano no mar Egeu. Em maio de 1912, a Itália ocupou as ilhas do Dodecaneso e Rodes e as reteve como fichas de barganha. Os turcos tinham aceitado a oferta italiana de paz quando os pequenos Estados independentes dos Balcãs – Grécia, Sérvia, Montenegro e Bulgária – aproveitaram a oportunidade para atacar o território otomano na Europa. A Primeira Guerra dos Balcãs começou em 8 de outubro de 1912, logo seguida pela Segunda Guerra dos Balcãs, com implicações funestas para a paz na Europa. Com o tratado secreto de Ouchy de 15 de outubro de 1912 e o tratado público de Lausanne de 18 de outubro, os turcos reconheceram a anexação italiana da Cirenaica e da Tripolitânia, em troca de um pagamento italiano equivalente a 4% da dívida nacional turca e o reconhecimento da autoridade religiosa do Sultão na Líbia como califa. A Itália agora tinha a sua "base sólida no Mediterrâneo" (Albertini, 1950-1953, v. 2, pp. 118-204; Askew, 1942, pp. 237-245).

Italianos no mundo

Apesar do aparente final feliz após 13 meses de guerra, Giolitti não conseguiu atingir nenhum dos seus objetivos em casa. No seu congresso de dezembro de 1912, os nacionalistas atacaram a má gestão de Giolitti na guerra e começaram a criar o seu próprio partido político, com apoio católico para a sua plataforma antimaçônica. A política italiana estava mudando rapidamente: as eleições gerais de 1913 foram as primeiras depois da aprovação do sufrágio masculino universal quase absoluto, proposto por Giolitti.[39] Cinco líderes nacionalistas, incluindo Luigi Federzoni em Roma, foram eleitos para o Parlamento naquele ano e Giuseppe Pevione foi eleito em Turim logo depois. A aliança católico-nacionalista derrotou a campanha de Ernesto Nathan pela reeleição em Roma; Nathan era um livre-pensador judeu, anteriormente tinha sido Grande Mestre da Maçonaria italiana e era o prefeito desde 1907. Enrico Corradini, contudo, foi derrotado em Marostica, no Vêneto, apesar da sua aliança com os católicos locais; essa derrota foi o marco inicial da sua perda de influência dentro do movimento nacionalista.

No Congresso de 1914, os nacionalistas expandiram a sua base ideológica de forma significativa ao incorporar as ideias de Alfredo Rocco à sua plataforma política. As teorias de Rocco sobre economia e política corporativas prometiam um fim para as lutas de classe. Os nacionalistas reivindicaram uma nova vitória quando a Itália entrou na Primeira Guerra Mundial em 1915. Quatro meses após a Marcha sobre Roma de outubro de 1922, o movimento nacionalista se fundiu ao Partido Fascista, fornecendo a ele uma ideologia consolidada e um prestígio conservador para o radical movimento dos camisas-negras (De Felice, 1966; De Grand, 1978; Gentile, 1989; Perfetti, 1977). Rocco se tornou ministro da Justiça de Mussolini depois de 1925, enquanto Federzoni serviu como ministro das Colônias de outubro de 1922 a junho de 1924 e depois como ministro do Interior até novembro de 1926. Os fascistas rapidamente aboliram várias das reformas de Giolitti. Em vez de cooptar a energia política dos nacionalistas, Giolitti tinha, com a guerra, apenas deixado evidente a fragilidade da sua base política.

A guerra na Líbia trouxe imensa popularidade aos nacionalistas e à sua retórica antiemigração. Os jornais escolheram especialistas em assuntos coloniais, que tinham escrito sobre a emigração italiana para a Argentina, como correspondentes de guerra na Líbia: Giuseppe Pevione para o *La Stampa*, Luigi Barzini para o *Corriere della Sera* e Enrico Corradini para o *L'Illustrazione Italiana*.[40] Cada um deles utilizou a sua antipatia pela América do Sul como forma de fortalecer a ideia da colonização italiana nos novos territórios. Líbia e Argentina se tornaram polos opostos; um covarde, pobre e emasculado, o outro verdejante, promissor e glorioso. Enquanto o Exército italiano lutava na Líbia, Giovanni Pascoli publicava um poderoso texto em *La Tribuna*, no qual desenvolvia a ideologia da "nação proletária": "a Grande [Nação] Proletária se movimentou. Antes, ela enviava os seus trabalhadores para todas as partes; havia um excesso deles na Pátria e eles tinham que trabalhar por muito pouco. Ela os enviou, atravessando as montanhas e os oceanos, para abrir canais e perfurar montanhas [...] para fazer tudo o que fosse difícil, exaustivo e humilde [...] Eles se tornaram o equivalente aos negros da América; os compatriotas do descobridor da América, como os negros, foram colocados além da lei e da humanidade e chegaram a ser linchados".[41]

Para reforçar o seu ataque ao racismo estadunidense, Pascoli mencionava o desprezo pela história e cultura italianas e todas as suas realizações:

> [os italianos] ouviam: Dante? Mas vocês são um povo de analfabetos! Colombo? Mas vocês fazem parte da Camorra e da Mão Negra! Garibaldi? Mas seu exército foi derrotado por africanos descalços! Longa vida a Menelik! Os milagres do nosso *Risorgimento* são esquecidos ou mencionados como resultado da sorte e da improvisação [...] [os italianos] sabiam apenas como usar um punhal. Dessa forma, esses *trabalhadores* retornavam para a Pátria tão pobres e menos satisfeitos do que antes, ou se perdiam na obscuridade no redemoinho de outras nacionalidades.[42]

Pascoli estava criando um novo mito emigratório, no qual não havia nenhum ganho para os emigrantes individuais e nem para a Itália. Pela dignidade dos seus emigrantes e pela memória dos seus heróis, a Itália precisava de uma heroica e dinâmica política imperialista.

Ele argumentava que a emigração tinha roubado a nação da sua glória, explorado seu povo e empobrecido a população moral e materialmente. Apenas através da conquista da Líbia os italianos tinham redimido a si mesmos:

> a grande [Nação] Proletária encontrou um espaço para todos, uma vasta região banhada pelo nosso mar... Ela respondeu ao chamado para contribuir com a humanização e a civilização das Nações, ao seu direito em não ser sufocada e bloqueada nos oceanos, ao apelo maternal de prover aos seus filhos necessitados o que eles desejam – trabalho; ao compromisso com os séculos das suas duas Histórias (clássica e a medieval/renascentista) de que a sua terceira (a era moderna) não será menor... A nossa não é uma guerra ofensiva, mas defensiva. (Pascoli, 1946, pp. 558, 560, 564)

Como Bevione, Pascoli olhava para o Japão como um modelo para o renascimento imperial da Itália:

> outra Nação na nossa época também despertou inesperadamente. Em poucos anos, ela silenciosamente se transformou; colocou em prática todas as modernas invenções e descobertas, os imensos navios, os monstruosos canhões... Não eram os conscritos e legionários da Itália também chamados de *pequenos soldados*? A nova Itália, na sua primeira grande guerra, não usou toda a ousadia da ciência e a história antiga? Ela não trouxe a morte a partir dos céus, pela primeira vez na história do mundo, sobre os acampamentos inimigos?

Pascoli ia ainda mais longe ao acusar os críticos da guerra como membros de uma conspiração para explorar a Itália, "a grande mártir entre as nações", "a *Nação Proletária*, provedora de trabalho manual a preços baixos":

Nós sabemos porque nós somos falsamente acusados. O exemplo do Japão, que era para ser único, foi replicado depois de um pequeno período de tempo. Os *trabalhadores* do mundo também se revelaram, no tempo e no espaço devidos, formidáveis *pequenos soldados*. A Grande Proletária entre as Nações (industriosa e populosa no Ocidente como a outra Nação no Oriente) tinha se dirigido ao campo de batalha e se revelado tanto em terra como nos céus como uma potência, porque é mais simples, mais trabalhadora, mais acostumada ao sofrimento do que à alegria; mais conhecedora dos seus direitos.[43]

A fala de Pascoli foi apenas a mais famosa declaração da nova ideologia italiana, combinando vitimização, agressão e glória fatal. A triunfante barragem de retórica nacionalista, a partir de todos os maiores periódicos, desacreditaram as velhas políticas liberais do Parlamento, especialmente no campo da assistência aos emigrantes. Os italianos eram agora convocados para um destino superior.

Internacionalmente, da mesma forma, a Guerra da Líbia rompeu o velho equilíbrio de poder. Editores em toda a Europa condenaram as notícias da "brutalidade" italiana contra os turcos na Líbia. Em 30 de setembro de 1911, o editorial de um jornal britânico afirmava que "uma Nação que tem a Apúlia e a Calábria entre suas províncias não tem necessidade de ir para o exterior para exercer uma missão civilizatória. A Itália tem uma África em casa" (Askew, 1942, pp. 69-70). Comentários como esse ganharam uma especial resposta de Di San Giuliano. Os comentaristas europeus temiam que a guerra poderia voltar o mundo muçulmano contra a Europa ou dissolver o debilitado Império Turco. As reinvindicações sobrepostas das potências europeias pelos territórios otomanos iriam certamente deflagrar uma guerra pan-europeia. A Primeira e a Segunda Guerra dos Balcãs de 1912 e 1913 apenas apressaram a eclosão da guerra mundial em 1914 (Giolitti, 1922, pp. 472-473; Joll, 1992).

Apesar das repercussões internacionais, a Guerra da Líbia se revelou popular entre os italianos espalhados pelo mundo. Em 1913, Adolfo Rossi fez um tour por assentamentos italianos na zona rural argentina e escreveu que "muitos, não apenas trabalhadores, mas também pequenos

proprietários, afirmaram que eles estão prontos a vender suas propriedades aqui e ir viver na Líbia, assim que o governo [italiano] garantir que
algumas áreas já estão prontas. No mínimo, eles me disseram, nós seremos capazes de contribuir para o desenvolvimento de uma colônia italiana e, um dia, morrer sob a sombra da nossa bandeira". Mesmo padres
e monges italianos exibiam mapas da campanha da Líbia como uma forma de se preparar para, um dia, liderar os seus paroquianos para a África
italiana.[44] O radical Gaetano Salvemini se opôs à campanha da Líbia em
1912, com pouco sucesso. Em 1914, ele publicou uma coletânea de argumentos de 16 autores contra a guerra, com um prefácio sóbrio "desejan-
do que essa obra irá mostrar que nem todo mundo na Itália em 1911 e
1912 perdeu a cabeça em meio às mentiras dos jornais e que mesmo em
nossa geração houve homens capazes de nadar contra a corrente e ser
submergido por ela ao invés de apoiá-la" (Salvemini, 1914, p. x). Para demonstrar os "efeitos da colossal campanha de mentiras", Salvemini citou
a tocante carta de um emigrante em Buenos Aires, escrevendo para sua
esposa na Apúlia em 3 de março de 1912:

> Você quer muito vir para a América. Eu não desejo isso. Primeiro,
> porque as coisas aqui não são mais como eram antes e, em segundo
> lugar, porque quando a guerra terminar eu tenho que estar pronto
> para levar para casa um pouco de dinheiro e, então, nós poderemos
> ir para a linda Trípoli. A partir desse momento, a América será lá
> e não mais aqui; todo mundo aqui está se preparando para ir para
> Trípoli. Eu sei que você quer vir para cá, mas eu não gosto dessa
> terra americana e não quero ficar aqui.[45]

Desapontado com a América argentina, o emigrante tinha fé na
nova América italiana na Líbia. A frustração de Salvemini com essa
fascinação pela Líbia contrastava com o contentamento demonstrado
pelo seu conterrâneo do sul, Giustino Fortunato. Ele não era favorável
à guerra; considerava que a Líbia só era útil por causa da sua posição estratégica, o que se provou verdadeiro durante a Segunda Guerra
Mundial. Mesmo assim, Fortunato se maravilhou com o apoio maciço
que a guerra tinha desencadeado na zona rural:

agora está claro para mim que os últimos cinquenta anos da vida nacional não foram em vão e que a nova Itália é algo novo, belo e promissor!... Me encontrando em Gandiano no vale de Olanto, entre os camponeses da Basilicata e da Apúlia, pela primeira vez na minha vida eu vi e soube, com uma alegria que nunca senti antes, que eles também, finalmente, sabem que são italianos. (Fortunato, 1926b, pp. 58-59)

A alegria de Fortunato se converteu mais tarde em trágico desespero com a conquista do poder pelo fascismo.

O entusiasmo pela nova conquista, contudo, se difundiu mesmo entre os soldados conscritos italianos lutando na Líbia. Em 17 de outubro de 1911, um soldado escreveu para casa: "Caro pai, se acalme e fique feliz porque nós estamos seguros [...] Caro pai, peço para não se preocupar porque aqui nós realmente temos a América [*qua abbiamo l'America addirittura*]" (Bono, 1992, p. 57). Não havia mais necessidade de emigrar para as Américas agora que a Itália possuía a Líbia. O mito estava completo: a Líbia era a nova América, madura para a colonização italiana.

O MINISTÉRIO DAS COLÔNIAS ITALIANO

Com a aquisição da Líbia, a Itália finalmente se tornou uma verdadeira potência colonial. Pouco lucrativas, impopulares, esquecidas e pobremente financiadas, Eritreia e Somália tinham falhado na tarefa de fornecerem "a chave do Mediterrâneo", como Mancini tinha prometido em 1885. O senador Faina resumiu o desapontamento com a Eritreia em 1912: "O fato que, após um quarto de século de ocupação e quinze anos de profunda paz, não tenha havido nenhuma emigração para a Eritreia faz qualquer um duvidar da sua viabilidade para a colonização de trabalhadores". Sobre a Somália ainda era possível ter esperanças "já que ainda é muito menos explorada" (Faina, 1912, pp. 17-19). A Líbia, contudo, trouxe muito ao portfólio colonial italiano. A nova colônia era rica em história e restos arqueológicos romanos, tinha riquezas minerais inexploradas e, ainda mais importante, estava a

Italianos no mundo

apenas 420 km da Sicília. Depois de meses de propaganda colonialista e nacionalista, a Itália esperava grandes coisas da sua conquista imperial. Em contraste, o prestígio e o peso político da emigração tinham sido irremediavelmente comprometidos. Com a Líbia como colônia de povoamento tão perto do sul da Itália, o colonialismo emigratório nunca recuperaria sua posição dentro do pensamento colonialista italiano. Chega de Congressos dos Italianos do Exterior, chega de planos para colônias italianas na América do Sul; no lugar, o Parlamento italiano relegou as colônias etnográficas a um status legal inferior, separando-as do novo Ministério das Colônias.

O governo Giolitti apresentou planos para um Ministério das Colônias em 1912, muito antes que a Itália tivesse conseguido qualquer aparência de controle sobre a Líbia. A tribo dos senussi, na Cirenaica, liderou uma longa e heroica oposição ao controle colonial da Itália. A "pacificação" ainda não tinha sido obtida quando da eclosão da Primeira Guerra Mundial. Em 1915, a Itália retirou as suas tropas da Líbia para uso na Europa; Benito Mussolini ordenou uma renovada ocupação da Líbia em 1926. A resistência senussi no interior não foi completamente superada até 1932, quando a colonização finalmente começou, sob o comando dos fascistas (Cresti, 1996; Finocchiaro, 1968; Nobile, 1990). Ao promover a Guerra da Líbia, o jornal *L'Idea Nazionale*, de Corradini, tinha irresponsavelmente afirmado que, à maneira dos impérios francês e inglês, "uma luta de guerrilhas que durasse vários anos seria uma excelente escola para nosso Exército, cuja reputação estava manchada por seus anos atuando como uma força policial [em casa]" (Molinelli, 1966, p. 303). A Líbia deveria ensinar aos italianos o quão confusas e debilitadoras as guerras coloniais podiam ser e que a guerra de guerrilhas nunca melhora a reputação de um Exército.

Apesar do caos embaraçoso no norte da África, Giolitti esperava consolidar alguns ganhos políticos internos. Criar um Ministério das Colônias para a Líbia fornecia uma oportunidade para celebração e autocongratulação. Ao contrário, Eritreia e Somália tinham sido sempre governadas por um escritório no Ministério das Relações Exteriores e não foram incorporadas ao novo ministério até 1922. Depois de

Adua, as duas colônias na África Oriental tinham sido sempre órfãs, nem sequer lembradas como colônias: foram omitidas no relatório em sete volumes que informava sobre os interesses coloniais italianos em todo o mundo, *Emigrazione e Colonie* (1903-1909). A Tripolitânia e a Cirenaica ocuparam dois terços do espaço na Exposição Colonial de Gênova de 1914, ainda que esses territórios não tivessem ainda sido totalmente conquistados. O Ministério das Colônias exibia as obras públicas na Líbia, os hospitais, as obras arqueológicas e a agricultura, reduzindo ao mínimo as exibições da Somália e da Eritreia e o pavilhão especial da agência italiana em Gondar, Etiópia (Commissariato Generale dell'Emigrazione, 1903-1909, pp. 2-4; Giglio, 1971, pp. 1, xxi-xxiii; Ministero delle Colonie, 1914).

Com a nova colônia e o novo ministério, o debate sobre a própria definição do colonialismo italiano se renovou. Especificamente, deveria o vasto império etnográfico italiano ser colocado sob a jurisdição legal e administrativa do prestigioso Ministério das Colônias? Quinze anos antes, o general Giacomo Sani tinha argumentado que um possível Ministério das Colônias devia "controlar e administrar não apenas as colônias territoriais (Eritreia, Benadir, etc.), mas também aquelas [colônias] que viviam organicamente nos territórios de outras nações. O método de administração deveria ser, naturalmente, diferente, mas os objetivos seriam os mesmos" (Fabbri, 1897, pp. 58-59). No Parlamento, contudo, a sessão que avaliou a proposta de criação do Ministério das Colônias chegou à conclusão oposta. Apresentado por Giovanni Abignente, o relatório de 15 de junho de 1912 justificava a necessidade italiana por colônias a partir da insegurança e das flutuações da emigração para o exterior:

> núcleos para comércio e assentamento populacional em territórios sob soberania estrangeira seriam o ideal, já que menos custosos, mas apenas se sua segurança e continuidade absolutas puderem ser garantidas. Onde isso não é verdade e quando tudo o que é necessário é o deslizar de uma caneta para danificar imensos interesses e mesmo destruir essas colônias, então a necessidade de criação das nossas próprias colônias e protetorados se torna ainda mais imperativa.[46]

Italianos no mundo

Por muitos anos, os colonialistas italianos tinham acompanhado os debates nos Estados Unidos a respeito das restrições à imigração. Parecia ser apenas uma questão de tempo antes que as exigências de alfabetização ou cotas racistas fechassem as portas do mais importante e lucrativo destino da emigração italiana. O debate no Parlamento concluiu que os interesses da Itália justificavam a conquista e a apropriação da Líbia. Abignente comparou os motivos puramente expansionistas da Itália com as motivações dos seus iguais europeus:

> Para povos que sofrem de 'abundância de população', ou de uma febre de crescimento populacional, a necessidade de dispor de suas próprias colônias não é, como para os outros, uma questão de ambição ou tendências imperialistas, mas uma de vida e morte. Eles não podem esperar pela chegada da irmandade universal – desejada, mas distante – para aliviar a necessidade imperativa de expansão e subsistência.[47]

Com potentes metáforas orgânicas, o Parlamento italiano reafirmou a necessidade da Itália de seu próprio espaço vital, de forma a abrigar, alimentar e apoiar a sua crescente população. Outras alternativas eram ingênuas e irrealistas. De forma pouco surpreendente, os políticos italianos ignoraram os interesses dos nativos da Líbia ao mesmo tempo que proclamavam a necessidade dos italianos por colônias.

Ao ressaltar a instabilidade das colônias de emigrantes e a necessidade de colônias territoriais, o Parlamento estabeleceu uma clara divisão entre as duas formas de *colonie*. Obviamente, o Ministério das Colônias iria administrar as colônias territoriais. Com a aquisição da Líbia, a Itália tinha se tornado uma genuína potência colonial e era necessário seguir o exemplo das outras potências europeias. A sessão mencionada do Parlamento citou os exemplos de Inglaterra, Portugal, França, Bélgica, Alemanha, Holanda e Espanha, países que deixavam os assuntos relacionados aos emigrantes com seus diplomatas. A emigração italiana devia, portanto, permanecer sob a tutela do Ministério das Relações Exteriores, através da Secretaria das Escolas no Exterior e do Comissariado de Emigração. A sessão concluía que o colonialismo emigratório englobava toda a política externa da Itália: "porque uma política colonial entendida dessa forma – especialmente para a Itália, dada a importância das assim chamadas *colônias livres* – é a essência, se poderia afirmar, da sua política exterior".[48] Se a questão da emigração fosse removida do Ministério das Relações Exteriores, ele teria muito pouco para supervisionar.

O colonialismo emigratório tradicional, pacífico, rapidamente perdeu sua atratividade, apoiadores e financiamento. A Sociedade Dante Alighieri tinha previamente defendido a emigração como "a escola da nação", suprindo literatura patriótica para os que se aventuravam nas viagens transatlânticas. Em 1912, contudo, inspirada pela nova política colonial italiana, a Sociedade alterou seu discurso. Ela lançou uma revista mensal, *La Patria*, com leituras patrióticas para os emigrantes italianos, "perto ou longe [Ai vicini e ai lontani]".[49] A capa da revista exibia uma imagem da Mãe Itália vestindo uma toga e levando nos braços um fascio e seu filho, que se prepara para ir para o mar. Essa referência pictórica à emigração é rodeada por símbolos de guerra: uma espada e um escudo romanos, um esporão naval com as marcas de proas inimigas destruídas, a loba romana e ramos de oliveira quebrados.

No seu número de novembro de 1912, a revista alterou seu nome para o mais agressivo *Patria e Colonie* [Pátria e Colônias]. Para reafirmar a importância da emigração italiana no exterior, a revista da Dante Alighieri italianizou os nomes de locais tradicionais de emigração italiana; New York se tornou Nuova York (Corrispondenze, 1912, p. 267). De acordo com a revista, a criação do Ministério das Colônias enquanto ainda estava ocorrendo a guerra ítalo-turca "não foi apenas um gesto distinto, como uma necessidade administrativa e política". A revista concordava com o argumento do Parlamento de que todas as "colônias livres" na América eram inferiores à nova conquista (Alemanni, 1912, v. 4, pp. 7-8). Os colaboradores escreveram com desprezo da "chamada política italiana de emigração [...] [e] de todos os castelos no ar construídos a partir de Congressos cheios de tagarelas, nas torres de marfim e nas declarações humanitárias de proteção em nome de Deus e dos homens" (Biasi, 1912, pp. 81-82). A América era um assunto encerrado para os italianos; eles agora tinham que voltar a sua atenção para a Europa e para a África: "Os povos europeus estão desempenhando a missão [...] de transformar socialmente o continente africano, como eles já fizeram nas Américas [...] A nova história da Itália está apenas começando" (De Marinis, 1912, pp. 1-2). Abandonando todos os seus outros interesses, a Itália deveria iniciar a colonização da Líbia imediatamente.

Depois da formação do Ministério das Colônias, o Instituto de Agricultura Colonial em Florença abandonou seus projetos na América do Sul. Originalmente, o Instituto tinha planejado estudar a situação dos italianos trabalhando na agricultura no exterior. O fundador e secretário do Instituto, Gino Bartolommei Gioli, declarou em 1905 que a Itália devia adquirir expertise no tema, "para guiar da melhor forma possível as nossas energias para a conquista de mercados estrangeiros e para a organização econômica daqueles núcleos de *italianità* transplantados no solo de países estrangeiros" (Bartolommei Gioli, 1905, p. 8; Mori, 1909). Oito anos depois, ele declarava as colônias de expatriados uma causa perdida:

> A contribuição dos acadêmicos italianos para o estudo dos problemas agrários em países estrangeiros tem sido muito menos importante [do que o estudo da África italiana]. Mesmo se a nossa emigração para fora da Europa desde a virada do século tenha sido bem-sucedida na criação de fortes e florescentes colônias agrícolas em solo estrangeiro, as classes dominantes [da Itália] não estavam interessadas [...] Nossa emigração, de natureza eminentemente proletária, sua dispersão e as dificuldades para conduzir estudos técnicos e científicos em países distantes não permitiram aos acadêmicos italianos se dedicarem de forma devida aos problemas da agricultura colonial. (Bartolommei Gioli, 1913, p. 5)

Frustrado, Bartolommei Gioli não conseguiu um financiamento estável para seu estudo da migração para as Américas. No entanto, depois da conquista da Líbia, seu instituto agrícola conseguiu subsídios do novo Ministro das Colônias, do governo da Líbia, do Ministério das Relações Exteriores e do Ministério da Educação. Em retrospecto, Bartolommei Gioli declarou que os primeiros sete anos de atividade do

A emigração e o novo nacionalismo

Instituto, os quais incluíram estudos sobre a emigração, eram apenas um prelúdio para o trabalho verdadeiramente importante, na África. Esquecendo completamente o colonialismo emigratório, ele destacava como o Instituto tinha realizado muito em pouquíssimo tempo porque "a Itália tinha apenas recentemente se tornado uma Nação colonizadora [...] com a expansão do nosso domínio na Áffrica [sic], nossa associação foi capaz de realizar grandes progressos [...] sob o impulso do novo e fortemente sentido estímulo da vida nacional" (Bartolommei Gioli, 1913, pp. 4-5; 1914, p. 20; 1916, v. 2, pp. 12-13).

Ao ignorar completamente o colonialismo emigratório, Bartolommei Gioli involuntariamente ligava seu instituto ao sucesso ou ao fracasso da Itália em conquistas territoriais. Isso se mostraria uma visão imediatista. A conquista da Líbia realmente ofereceu, contudo, oportunidades para o Instituto participar no desenvolvimento da África do Norte. Bartolommei Gioli apoiou a proposta de um oficial do Exército italiano para uma colonização militar da Líbia nos moldes das antigas legiões romanas. Em nome do seu Instituto, Bartolommei Gioli propôs ao escritório colonial, em novembro de 1911, a realização de uma missão de exploração da Tripolitânia em grande escala antes da chegada dos colonos italianos. Esse estudo preliminar iria evitar "a sucessão alternada de entusiasmo e desilusão que distinguiu a nossa colonização na África [Oriental]".[50] Em 1913, o presidente do Instituto, Leopoldo Franchetti, levou a cabo o projeto de investigação, com financiamento do Ministério das Colônias e da Associação Nacionalista.[51] Ferdinando Martini, um dos primeiros apoiadores do Instituto, foi o ministro das Colônias entre 1914 e 1916.

Em comparação com o Instituto de Agricultura Colonial de Florença, o Instituto Colonial em Roma mostrou mais relutância em abandonar seus estudos relacionados às colônias livres nas Américas. Mesmo em 1915, o presidente do Instituto, Ernesto Artom, anunciava os objetivos duplos do Instituto, de promover as "colônias de população [...] no grande império etnográfico" e "as colônias de domínio direto [...] da Líbia, Eritreia e Benadir (Somália)".[52] Ao apoiar a emigração, o Instituto tinha conseguido um substancial apoio político,

Italianos no mundo

atravessando todo o espectro dos partidos. Já em janeiro de 1913, o ministro das Colônias da Itália censurava o Instituto pelo uso equivocado da palavra "colônia". O Instituto tinha requisitado um apoio financeiro para a criação de um Escritório de Informação Colonial e bibliotecas para fornecer "informação confiável e notícias exatas a respeito dos vários mercados estrangeiros, especialmente sobre mercados consumidores que são domínios políticos da Itália ou centros de emigração italiana".[53] Tanto o Primeiro como o Segundo Congresso dos italianos do exterior tinham encorajado a criação de escritórios como esse.

O ministro das Colônias respondeu com desprezo pelo próprio conceito de colonialismo emigratório:

> Mesmo se a presença de um maior ou menor grupo de emigrantes italianos dá, à nossa expansão econômica, uma particular importância em certos países e em certos mercados, é evidente que isso não faz desses lugares algo muito diferente de outros mercados de produção e consumo, nos termos dos problemas apresentados. Apesar da sua importância particular, esses mercados não podem ser chamados de mercados coloniais, no sentido exato da palavra, e eles não são considerados como tal por outros países que, como a Itália, tem [igualmente] colônias e grupos de emigrantes em outros países.[54]

A Itália estava se unindo ao prestigioso grupo das potências coloniais europeias e promover as colônias de emigrantes ia contra a sabedoria convencional e seria um grande engano. O Ministério das Colônias trabalhou duro para alterar o sentido da palavra italiana "colonia". Eles contrastaram a proposta do Instituto com a experiência de outros, países, "cujos escritórios de informação apoiam as verdadeiras colônias, ou seja, as territoriais". Os governos da Grã-Bretanha, França, Bélgica, Áustria, Hungria e Estados Unidos patrocinavam "escritórios de informação de *caráter* colonial – no sentido exato da palavra".[55] O colonialismo italiano havia adquirido um novo significado político.

A pressão do Ministério alterou permanentemente o foco do Instituto para a África. O Segundo Congresso dos Italianos do

Exterior, que aconteceu um pouco antes da Guerra da Líbia, seria o último. Em 1911, o Instituto publicou um imenso *Annuario dell'Italia all'estero e delle sue colonie* (Anuário da Itália no exterior e de suas colônias, 3. ed.), elencando todas as escolas, institutos e ordens religiosas a serviço dos emigrantes italianos pelo mundo. O Instituto não publicou uma nova edição até 1926, com um formato e conteúdos totalmente diferentes. Seus símbolos visuais mudaram igualmente. O Instituto substituiu o seu monograma triangular original por uma figura de peito desnudo da Itália, coroada por um capacete romano e carregando um fascio e presidindo uma revoada de pássaros migratórios voando em formação sob o oceano. Essa imagem de uma Itália confiante e maternal da Itália imperial refletia uma mudança de sentimento. Em 1908, o Instituto tinha retratado uma Itália real confortando as pequenas Itálias de quatro continentes, encolhidas atrás do recém-construído Altar da Pátria.[56] Os emigrantes italianos não iriam mais rastejar diante de outras nações; o Império Italiano estava se expandindo em prestígio, poder e influência.

A emigração italiana não alterou seu foco imediatamente para as costas da Líbia. A longa guerra contra os árabes líbios, interrompida temporariamente com a Primeira Guerra Mundial, impediu o assentamento de italianos até a conquista fascista do interior líbio nos anos 1920. Os italianos já tinham absorvido a lição de que era necessário estabelecer a paz antes de iniciar a colonização; os emigrantes instalados na Eritreia durante a guerra de 1895-1897 tinham sido evacuados às custas do governo. Além disso, a maioria dos emigrantes italianos se moviam dentro de "cadeias emigratórias" já estabelecidas, indo e voltando de comunidades além-mar onde amigos e familiares já estavam presentes. A guerra ítalo-turca não interrompeu a emigração da Itália; no lugar, como observado por Gaetano Salvemini, a desordem econômica teve o efeito oposto. As estatísticas italianas para 1913 indicam recordes impressionantes, nunca igualados depois, tanto para a emigração transatlântica como para a continental: 556.325 emigraram para as Américas e 307.627 para a Europa (Comissariato, 1926, pp. 8, 44; Macdonald, 1964; Salvemini, 1963, p. 291; Segrè, 1976, pp. 42-56).

Italianos no mundo

Uma década mais tarde, a estagnação das economias sul-americanas e as restrições imigratórias nos Estados Unidos e na Europa Ocidental efetivamente fecharam as portas para os emigrantes italianos. Os potenciais migrantes tinham agora que encontrar novos destinos e a Líbia italiana se tornou potencialmente atraente.

Às vésperas da Primeira Guerra Mundial, a ascensão do nacionalismo italiano e a guerra da Líbia levaram a rápidas e dramáticas mudanças dentro da Grande Itália. O Instituto Colonial, a Sociedade Dante Alighieri e outras instituições culturais se inclinaram para a visão de Enrico Corradini: a emigração devia ser redimida e substituída pela conquista imperial. Em 1914, Roberto Michels iria codificar esses argumentos no termo "imperialismo demográfico", que guiou a política colonial italiana nas três décadas a seguir (Michels, 1914). Mesmo enquanto os intelectuais e políticos reinterpretavam a migração italiana sob uma lente nacionalista, contudo, as condições reais dos emigrantes no exterior se alteravam dramaticamente sob a pressão da guerra e da crise. O correspondente da Dante Alighieri em Buenos Aires, Pietro Bolzon, relatou que o patriotismo italiano durante a Guerra da Líbia tinha encontrado uma reação xenofóbica forte, que revelava a futilidade do colonialismo emigratório.

> Não é de surpreender que os italianos, justamente nos lugares onde eles trabalham mais duro, enfrentem os bloqueios nacionalistas mais violentos. Nossa emigração é tão imensa, se espalhou tão rapidamente e de forma tão esmagadora que facilmente gera xenofobia; ainda mais quando, deixando de ser um amálgama confuso, nossos emigrantes dão sinais de uma crescente consciência e de estarem formando colônias efetivas, em busca de contato com a Pátria. O único remédio para essa horrível e anormal vida dessas *colônias ilegais na casa de outros* será a criação de colônias, a partir de hoje, nas nossas terras conquistadas. Depois que transformarmos o movimento emigratório em um movimento expansionista, as dolorosas contradições deixarão de existir e o trabalho daqueles que estão distante será uma verdadeira continuação da grandeza nacional, livre de desvios, absorções, ingratidões e amputações [...] Apenas espere até o fim da guerra [da Líbia]: braços dispostos não faltarão e a

experiência adquirida no exílio será um tesouro incalculável. *Hoje, a Pátria não está mais distante.* Com um novo amor, uma nova dignidade nasce... Não haverá mais exílios, mas homens com a intenção de escaparem do esquecimento, transformando a si mesmos em ramos conscientes e vivos da Roma renascida. Com o tempo, as legiões de pioneiros dispersados irão retornar para o ventre comum.[57]

Bolzon, na Argentina, adotou as palavras de Corradini como próprias, imaginando o retorno dos compatriotas para a "pátria distante". Ele argumentava que a difusão da ideologia nacionalista, combinada com as novas circunstâncias da política internacional, tinham criado uma nova dinâmica para a emigração italiana. Ao reafirmarem o seu patriotismo durante a guerra na Líbia e enfrentando o ódio xenofóbico, os italianos da Argentina apenas tornavam ainda mais evidente a necessidade da conquista da África. Na visão de Bolzon, o colonialismo emigratório estava agora obsoleto. Sem levar em conta os custos, a nova Itália precisava conquistar suas próprias possessões territoriais como um anexo da pátria para o assentamento de italianos, não construir um império etnográfico respeitoso aos governos estrangeiros e às nações hospedeiras.

Essa retórica tão atraente gerava paixões e conduzia a eventos muito além do que Corradini tinha previsto. A síntese nacionalista de colonização imperial reabilitou as políticas de colonialismo demográfico de Crispi e conseguiu o apoio proletário para uma guerra colonial. Os nacionalistas carimbaram, portanto, o colonialismo italiano com a sua marca imperialista de unidade nacional, conquistas exóticas, glória e sangue.

Terremoto, peste
e guerra mundial

Desastres naturais sempre assolaram a península itálica. O sul da Itália fica à sombra de quatro famosos vulcões: o monte Etna na parte centro-oriental da Sicília, as ilhas de Vulcano e Stromboli logo ao norte da costa siciliana e o monte Vesúvio, logo ao sul de Nápoles, o único vulcão ativo na Europa continental. Toda a Itália está em uma zona de instabilidade sísmica, com imprevisíveis terremotos, deslocamentos de terra, tsunamis e inundações. No entanto, na manhã de 28 de dezembro de 1908, a Itália sofreu o pior desastre natural da sua história. Entre as placas continentais da África e da Eurásia, entre a ilha da Sicília e a Itália continental, um fortíssimo terremoto, com duração de 20 segundos, sacudiu a terra apenas 10 km abaixo da superfície do mar. As ondas de choque foram sentidas nos cinco anos a seguir.

Italianos no mundo

A energia do terremoto foi fisicamente visível como uma brilhante explosão de luz. Ondas maciças, com até 12 m de altura, atingiram então a costa, arrasando edifícios até os alicerces e arrastando cadáveres para o mar.

O cataclisma destruiu cidades e vilarejos em ambas as margens dos estreitos de Messina, conhecidos na mitologia como Cila e Caribdis. Messina, a maior cidade no noroeste da Sicília, com 90 mil habitantes, foi arrasada completamente. Apenas 2% dos edifícios da cidade permaneceram intactos. Os movimentos causados pelo terremoto deixaram marcas nas calçadas, já que a cidade se deslocou mais de 70 cm. Reggio Calabria, a capital da região da Calábria, uma cidade menor, sofreu danos ainda mais consideráveis. Apenas dois anos antes, os Estados Unidos tinham passado pelo único desastre urbano causado por um terremoto na sua história. O devastador terremoto, e posterior incêndio, que atingiu São Francisco em 18 de abril de 1906, matou ao menos 700 pessoas e deixou um quarto de milhão desabrigadas. O terremoto de 1908 nos estreitos de Messina, seguido por um tsunami e incêndios, destruiu 300 povoados e cidades e matou cerca de 120 mil pessoas.[1]

Os abalos, físicos e emocionais, causados pelo terremoto foram sentidos ao redor do mundo. Centenas de milhares de calabreses e sicilianos nas Américas se voltaram, em desespero, para a imprensa em língua italiana para terem notícias sobre a catástrofe. Muitos jornais em língua inglesa nos Estados Unidos também publicaram um noticiário especial em italiano (Fumagalli, 1909, p. 134). A calamidade se converteu em um momento de definição para a comunidade italiana mundial, já que a rede de sociedades e jornais italianos levantaram milhões de liras em ajuda humanitária. Infelizmente, o terremoto de 1908 foi apenas um em uma série de desastres mortais para a Itália, incluindo os terremotos calabreses de 1905, a Guerra da Líbia de 1911-1912 e a Grande Guerra de 1915-1918. Campanhas de caridade para ajudar a mitigar os efeitos dos desastres naturais e para os feridos de guerra deram, aos italianos do exterior, uma oportunidade para participar diretamente dos triunfos e das desgraças da pátria.

290

Terremoto, peste e guerra mundial

Como revelado por essas crises, a Grande Itália não era apenas algo imaginário. Muitos expatriados da Itália iriam colaborar com a pátria na hora da necessidade, seja dando apoio a famílias e amigos atingidos pelas tragédias, doando dinheiro para as campanhas humanitárias ou prestando serviço militar em tempo de guerra. O pesadelo da guerra total causava ansiedade na Europa muito antes da explosão real das hostilidades em 1914. Muitos imaginavam que na iminente "luta pela vida" entre as nações, cada país deveria convocar todos os potenciais soldados, seja em casa, seja no exterior. A mobilização dos expatriados para a Grande Guerra se tornou o principal objetivo do Comissariado de Emigração da Itália. Mais de 300 mil emigrantes retornaram para a Itália para combater, com despesas pagas pelo Fundo Emigratório, cujos fundos tinham sido cuidadosamente economizados nos 14 anos anteriores. As respostas dos emigrantes aos problemas italianos indicam uma preocupação permanente pela pátria.

A nova retórica nacionalista enfatizava esses laços internacionais de lealdade e serviço. Enrico Corradini e seus seguidores pregavam um tipo de benevolência pela pátria (*carità di patria*), ligando doações patrióticas e serviço militar a virtudes divinas. O romance de Corradini *La Patria Lontana* de 1910 apresentava o personagem Lorenzo Berenga, um empreiteiro de construção do Abbruzzo que tinha reunido uma fortuna após décadas de trabalho duro no Brasil (Corradini, 1910b). Ao final da sua carreira, ele se arrependia de não ter retornado para casa para o funeral de seu pai e de sua mãe e lamentava deixar como legado uma série de construções, mas em uma terra estrangeira, não na Itália. A Grande Guerra se inicia na Europa, mas Berenga é velho demais para se incorporar ao Exército italiano, como fazem outros personagens. No lugar, ele ajuda a levantar milhões de liras para a pátria. A volta para casa dos voluntários expatriados representa o sacrifício máximo, mas também Berenga é redimido através do seu ato patriótico. A rápida evolução da política internacional logo faria a propaganda de Corradini parecer profética.

A entrada da Itália na Primeira Guerra Mundial em 1915 atraiu voluntários entre os emigrantes e doações em dinheiro em parte por causa dos acontecimentos da década anterior, especialmente os terremotos regionais e as guerras coloniais, que galvanizaram e unificaram os italianos ao redor do mundo. O Estado italiano politizou ainda mais seus emigrantes ao boicotar a emigração para a Argentina e para o Uruguai em 1911-1912. O governo Giolitti manteve uma política emigratória muito ativa e intervencionista, sob inspiração e pressão dos nacionalistas. Nesses anos, o Estado italiano também trabalhou para reforçar os laços entre cidadania e serviço militar para os homens italianos no exterior. A Primeira Guerra Mundial representou um novo patamar em termos de patriotismo e participação dos expatriados nos assuntos da Itália. Já o mundo pósguerra, devastado e hostil, levaria a emigração internacional italiana a um fim abrupto.

O BOICOTE DA ARGENTINA E DO URUGUAI POR CAUSA DO CÓLERA

Desde 1887, o Estado italiano tinha deixado os seus cidadãos emigrarem livremente para onde desejassem. Tratados bilaterais e convenções internacionais protegiam os emigrantes em uns poucos casos. Essa abordagem liberal dava margem para Enrico Corradini, Luigi Villari e outros atacarem o governo como negligente e abusivo; eles argumentavam que a Itália deveria organizar e administrar esse precioso fluxo de trabalhadores. Essa crítica, com o tempo, começou a determinar a política emigratória. Em 1911, Giolitti rompeu com as tradições liberais ao decretar a suspensão da emigração para a Argentina e o Uruguai, em violação aos direitos dos emigrantes de viajar. A seminal lei de emigração de 1901 permitia uma suspensão como essa no seu primeiro artigo: "A emigração é livre dentro dos limites estabelecidos pela lei [...] O Ministério das Relações Exteriores pode, em acordo com o Ministério do Interior, suspender a emigração para uma região em particular por razões de segurança pública

Terremoto, peste e guerra mundial

ou quando a vida, a liberdade ou a propriedade dos emigrantes estiver em grande risco".[2]

Esse artigo já tinha sido invocado em 1902 com relação ao Brasil (Bertonha, 1999; Crosby, 2004). O recém-criado Comissariado de Emigração tinha enviado Adolfo Rossi para fazer uma inspeção detalhada das condições nas plantações de café; por sua recomendação, o ministro das Relações Exteriores Giulio Prinetti suspendeu a emigração subsidiada para o Brasil. Imigrantes que quisessem viajar para o Brasil teriam que pagar as suas próprias passagens. A emigração para o Brasil foi declinando até chegar à insignificância nessas novas condições (ver "Anexos: mapas e gráficos", Gráfico 1.3). A proibição de Giolitti da emigração para a Argentina, contudo, era ainda mais ampla, se aplicando aos passageiros que pagavam suas passagens também. Como essa ação drástica foi decidida e implementada revela muito dos medos, esperanças e contradições das políticas de emigração italianas.

A Argentina tinha sido sempre a queridinha do colonialismo emigratório italiano, saudada por Luigi Einaudi e inúmeros outros como a chave para os assuntos internacionais italianos. Com seu clima temperado e extensos recursos naturais, o país parecia oferecer um potencial infinito. O governo argentino, além disso, tinha uma visão positiva da imigração italiana; um dos pais fundadores da Argentina, Juan Baptista Alberdi, marcou a constituição republicana de 1853 com sua famosa frase *Gobernar es poblar* [Governar é povoar] (Alberdi, 1996; Zucchi, 1986). A posição internacional da Argentina seria medida a partir do tamanho da sua população e do seu desenvolvimento econômico. Assim como os Estados Unidos, a nação confiava na imigração em massa para alimentar o crescimento econômico e adotou leis favoráveis para atração de europeus brancos.

Os liberais italianos viam a Argentina como a terra mais promissora para a criação de uma Grande Itália através do povoamento pacífico. O número de italianos na Argentina cresceu até atingir entre 30% e 40% da população do país. Em 1907, o comissário italiano de emigração, Leone Reynaudi, escreveu ao embaixador da

Italianos no mundo

Argentina para reafirmar a política de longa duração da Itália para encorajar a emigração italiana para a Argentina, em detrimento de outras nações: "É desnecessário acrescentar que [...] nenhuma solução seria melhor do que intensificar a migração para a República Argentina, que, por muitos anos, os italianos têm considerado como uma Nação irmã além-oceano".[3] Os Estados Unidos, ao contrário, se opunham continuamente à organização das coletividades estrangeiras no seu território e sua fama piorou depois do linchamento de italianos em Nova Orleans em 1891 (Rimanelli; Postman, 1992; Smith, D. A., 1998). Argentina, a estrela em ascensão da América Latina, parecia ter muito mais em comum com a Itália.

Quatro anos depois dos comentários de Reynaudi, a Itália tinha alterado completamente a sua política. As grandes esperanças de Einaudi e seus seguidores se converteram em profundo desapontamento e ressentimento. Os emigrantes italianos eram perseguidos e maltratados na sociedade argentina, enquanto a participação da Itália no mercado importador argentino tinha atingido seu pico em 1904, caindo depois desse ano (Randall, 1978, pp. 212-217; Scarzanella, 1999). A Argentina se tornou um alvo prioritário na verborragia nacionalista. O estudo de Giuseppe Bevione de 1911 defendia uma mudança radical na desigual relação entre os dois países.

De acordo com ele, o governo liberal italiano não tinha entendido e nem administrado bem a situação na América Latina:

> As ilusões não podem mais ser mantidas e é um erro mortal tentar esconder a verdade e prolongar o engano. A famosa irmandade ítalo-argentina não existe. De um lado, nosso lado, há submissão, boa vontade, amor pelo trabalho, respeito pela lei, deferência e uma febre pouco saudável para adquirir fortuna, na qual, infelizmente, a memória da Nação e o amor por ela são, tristemente, consumidos. Do outro lado, o argentino, há condescendência, um sentimento instintivo de superioridade, desdém ostensivo, injustiça frequente e uma real aversão [a nós]. (Bevione, 1911, p. 137)

Bevione não conseguia aceitar a posição dos argentinos de que aceitar a imigração italiana era "um ato de caridade [...] [Isso é] um erro colossal e mortal". Os trabalhadores italianos eram mais valiosos do que ouro. Para demonstrar sua "utilidade e impossibilidade de substituição" na economia argentina, o governo italiano deveria barganhar por melhores condições para eles e, se necessário, interromper o seu fluxo.

> Eles deveriam nos receber através da República com o chapéu nas mãos, como preciosos e desejados convidados. No lugar disso, nós chegamos como se fossemos ciganos". A retórica de Bevione revelava como o orgulho e mesmo a identidade da Itália como uma nação e uma etnia estavam em risco. Era a Itália parte do mundo subdesenvolvido? Quem era o pedinte e quem era o mestre? A Itália merecia concessões de terras, garantias, preferências... respeito absoluto pelos direitos, pelos interesses e pela honra de seus compatriotas... [e] a manutenção da sua língua. (Bevione, 1911, p. 164-165)

Até que chegasse o momento em que os seus emigrantes fossem protegidos na Argentina, o governo italiano estava traindo suas responsabilidades internacionais.

Bevione não estava sozinho na sua campanha para um boicote à emigração na Argentina. Seus apelos a partir da direita eram equilibrados por apelos parecidos vindos da esquerda. O sindicalista Alceste de Ambris – que, em São Paulo, tinha liderado uma campanha para melhorar as condições para os trabalhadores – argumentava que a única maneira de interromper as perseguições e a exploração dos migrantes italianos era organizar boicotes à imigração.[4] A agricultura argentina tinha passado a depender de dezenas de milhares de imigrantes temporários ou "andorinhas", que faziam o trajeto entre a Itália e a Argentina todos os anos, trabalhando nas colheitas durante o verão tanto no Hemisfério Sul como no Hemisfério Norte. Mesmo assim, os migrantes não tinham nenhuma proteção dentro da sociedade argentina. Mesmo o Partido Socialista Argentino apoiava um boicote à

Italianos no mundo

imigração italiana, o que forçaria os proprietários de terra a pagar salários justos e o governo a respeitar os direitos civis.

O sentimento de frustração nas Américas levou a adoção de estratégias mais assertivas dentro da política emigratória italiana. Em vez de pacificamente encher a América do Sul de italianos, ao mesmo tempo que mantinham excelentes relações diplomáticas com os governos que os recebiam, o governo italiano iniciou um novo curso de ação: ele iria forçar os governos sul-americanos a reconhecerem a sua dependência do trabalho italiano. A epidemia de cólera na Itália em 1910-1911 se tornou a ocasião para testar o boicote à emigração. O cólera, transmitido por água e comida contaminadas por coliformes fecais, era uma fonte de embaraço para o Reino da Itália durante as celebrações do seu quinquagésimo aniversário. A Itália foi a única nação industrializada atingida pela sexta onda mundial de cólera. O estigma era tão grande que, quando Giovanni Giolitti retornou ao poder como primeiro-ministro em março de 1911, substituindo Luigi Luzzatti, manobrou para fazer da doença um segredo, fingindo que o surto já tinha passado[5].

No entanto, a maciça emigração da Itália ameaçava carregar a praga oculta através do mundo ocidental. A tentativa de encobrimento de Giolitti claramente violava as obrigações do seu governo sob os termos da Convenção Sanitária de Paris de 1903, que obrigava todos os signatários a informar as suas epidemias. Diplomatas dos Estados Unidos e da França descobriram a fraude do governo italiano, respectivamente, em junho e agosto de 1911, mas eles discretamente aceitaram a alegação italiana de que o surto tinha terminado em 1910. O governo francês temia que seu próprio porto de Marselha fosse declarado insalubre se a contaminação com origem na Itália fosse descoberta. Os americanos necessitavam do trabalho dos emigrantes italianos e concordaram que tornar público o fato iria, além causar histeria e distúrbios, ser contraprodutivo para o combate da epidemia, preferindo a realização de informes secretos italianos sobre a epidemia. Essas duas nações eram parceiras prioritárias para a emigração italiana. A França absorvia a maior parte da emigração

Terremoto, peste e guerra mundial

continental da Itália, com 60.956 emigrantes em 1910. Os Estados Unidos tinham superado a Argentina como destino dos emigrantes em 1897. Em 1910, os Estados Unidos receberam 262.554 italianos, enquanto 104.718 foram para a Argentina.[6] Depois de acertar as coisas com a França e os Estados Unidos, o governo de Giolitti decidiu que podia se permitir uma demonstração de força com a Argentina. Enquanto o compromisso e a discrição predominaram nas conversas entre a Itália, os Estados Unidos e a França, as relações entre a Itália e a Argentina rapidamente degeneraram em uma disputa aberta e brutal para decidir quem precisava mais da migração internacional e qual economia iria entrar em colapso primeiro.

A Itália se recusou a qualquer compromisso com os inspetores sanitários argentinos que emitiram advertências informais, já no começo de junho de 1911, de que sabiam que o cólera ainda estava presente em Roma e em Nápoles.[7] Em julho, a Argentina pôs novamente em prática o seu protocolo de combate ao cólera que já tinha sido usado no ano anterior, quando a Itália tinha admitido que Nápoles era um porto contaminado. Os navios italianos podiam ou embarcar um inspetor sanitário argentino no Rio de Janeiro, Brasil, ou ter que enfrentar cinco dias de quarentena depois da chegada na Argentina. A Itália protestou afirmando que essa tarefa era prerrogativa dos agentes do Comissariado de Emigração e se queixaram que a Argentina estava criando um novo precedente internacional. O governo italiano então lançou as bases para um incidente internacional ao ordenar à companhia de navegação Navigazione Generale Italiana (NGI) que não parasse no Rio para a inspeção. A NGI acatou a ordem do Comissariado de Emigração em 14 de julho "com plena fé, contudo, que o Comissariado havia tomado todas as providências necessárias para que as autoridades argentinas não criem dificuldades para que o nosso navio 'Re Vittorio', e os que vierem depois, estejam isentos da quarentena".[8] A fé dos armadores no governo italiano estava equivocada: o "Re Vittorio" foi colocado em quarentena assim que chegou a Buenos Aires, quatro dias depois.

297

Italianos no mundo

A Argentina estava agora publicamente acusando a Itália de enco-brir uma epidemia de cólera. O governo italiano levou a situação mais perto de uma crise diplomática em 20 de julho, quando o ministro das relações exteriores ordenou ao cruzador "Etruria", em visita de corte-sia, deixar as águas territoriais argentinas imediatamente, explicando que "a Argentina, com o pretexto de problemas sanitários, mostra que despreza o valor da nossa emigração e o mérito da nossa amizade".[9] Um telegrama de Giolitti indicava como ele via com bons olhos o con-flito que se instalava:

> Eu apoio totalmente a recusa em permitir pessoal sanitário argen-tino nos nossos navios. Eu fico, na realidade, espantado que nós tenhamos aceitado essa exigência indecorosa ano passado [...] O ministro do Exterior pode explicar à nossa embaixada que nossa atitude esse ano é diferente porque o atual primeiro-ministro con-sidera a exigência uma ofensa contra a nossa dignidade e decidiu rejeitá-la categoricamente, proibir a emigração para a Argentina e redirecioná-la para outros países que sejam mais respeitosos da nossa dignidade.[10]

Sem considerar os custos para os emigrantes ou os armadores ita-lianos, Giolitti tinha decidido que os insolentes argentinos deveriam aprender o seu lugar.

O governo italiano argumentava que a viagem de 21 dias de Gênova a Buenos Aires já era uma quarentena em si, que a bagagem dos passageiros era completamente descontaminada com cloreto de mercúrio e que os inspetores argentinos infringiam a soberania ita-liana. Não obstante, os Ministérios da Saúde e do Interior argenti-nos mantiveram a sua posição: navios da Itália deveriam ou aceitar inspetores argentinos a bordo ou se submeter à quarentena. Em 27 de julho de 1911, o embaixador italiano em Buenos Aires telegra-fou a Di San Giuliano, o ministro de Relações Exteriores da Itália, pedindo por uma resposta forte: "É necessário defender o nosso prestígio através da imediata suspensão da emigração para a região do Prata [...] Quando essa crise for superada, espero que possamos estabelecer relações verdadeiramente cordiais e respeitosas".[11] As relações não seriam amigáveis até que a Itália pudesse dominar a relação. O governo Giolitti respondeu proibindo a emigração italiana para a Argentina em 30 de julho. O Uruguai foi incluído na proibição seis dias depois porque tinha apoiado a Argentina. A defesa do prestígio italiano dificilmente se enquadraria na definição de "razão de segurança pública", mas Giolitti invocou a lei de emigração de 1901 mesmo assim.

De fato, o boicote não tinha nada a ver com os interesses dos emigrantes ou das companhias de navegação italianas, que clamavam pela rápida resolução da questão. Em jogo estavam o orgulho pátrio e a insultada higiene nacional. Giolitti se ofendeu com a insinuação (que era verdadeira) de que os inspetores do governo italiano iriam esconder a presença do cólera na Itália e afirmou que uma quarentena não era justificável pelas leis internacionais porque os portos italianos não estavam infectados. Ele esperava destruir as economias da Argentina e do Uruguai e forçar os dois países a implorar pelo retorno da mão de obra italiana. Os argentinos, contudo, se lembravam que, em 1886, durante a última grande pandemia de cólera, tinham deixado um único navio europeu, de Gênova, aportar. Essa única exceção tinha resultado em uma epidemia que tinha se espalhado pela nação, matando milhares. Em 1904, a Argentina tinha assinado um tratado de colaboração sanitária com o Brasil, o Paraguai e o Uruguai, de forma que um desastre como aquele não se repetisse. Brasil e Paraguai, contudo, cederam à pressão diplomática italiana, deixando a Argentina e o Uruguai sozinhos.[12]

Muitos italianos não sabiam, como Giolitti, que seu país estava realmente sofrendo uma epidemia de cólera no verão de 1911. Todos os relatórios a respeito do cólera foram cuidadosamente suprimidos (Snowden, 1995, pp. 345-359). O incidente do cólera acabou por se tornar um ensaio de sentimento nacionalista, para decidir o futuro da emigração italiana para a Argentina. A retórica contundente da Itália com relação à América Latina agora se tornava política oficial. Por que deveria a Argentina ditar termos à Itália? Se as precauções sanitárias da Itália eram suficientes para os Estados Unidos, elas não deveriam ser boas o bastante também para a Argentina? O governo italiano procurou garantir o apoio da Alemanha, cujo governo concordou que permitir inspetores argentinos a bordo era uma violação da soberania nacional. O governo imperial alemão tinha recentemente recusado uma demanda similar da Argentina para inspecionar os albergues de emigrantes alemães.

De qualquer forma, o governo italiano dificilmente poderia recuar agora. Os italianos do Uruguai "apoiaram as enérgicas medidas tomadas [pela Itália] contra as medidas excessivas" tomadas pela Argentina e pelo Uruguai; o embaixador italiano acrescentou sua opinião de que o boicote vinha "como uma providencial demonstração de força e dignidade da parte do governo real".[13] De acordo com os relatórios italianos, as questões médicas tinham se tornado secundárias mesmo para a Argentina; eles colocavam em quarentena navios com apenas um passageiro italiano, vindo de qualquer porto, mas permitiam o desembarque de navios de transporte vindos de uma Rússia assolada pelo cólera. O boicote se tornou, assim, algo maior, um teste de vontade de orgulho nacional, poder econômico, saúde étnica e racial e desenvolvimento social.[14]

O corpo diplomático italiano monitorava cuidadosamente as tentativas da Argentina de substituir os italianos por outros grupos étnicos. Nenhuma fonte alternativa de imigração parecia praticável; por exemplo, suecos e noruegueses estavam desacostumados ao clima e seus governos se opunham aos esforços de recrutamento argentinos. O governo alemão também bloqueou o recrutamento no território imperial. Imigrantes russos e poloneses eram considerados "politicamente pouco desejáveis" e seus países estavam sofrendo mais com o cólera do que a própria Itália.[15]

As únicas fontes viáveis estavam fora da Europa. Ao avaliarem essa opção, os diplomatas italianos revelavam seu próprio racismo, em paralelo aos próprios preconceitos raciais dos argentinos:

> Muitos dos recém-chegados são ou de raça inferior ou inadaptáveis às condições sociais e climáticas da Argentina [...] incluindo hindus. Quando esses estranhos imigrantes desembarcaram em Buenos Aires, a imprensa fez um escândalo e a opinião pública começou a se preocupar com o futuro da uniformidade étnica da sua população [...] O Diretor de Imigração solicitou às companhias de navegação que não permitam o embarque dessa categoria de indesejáveis [...] A colônia inglesa já está considerando pagar pela sua própria repatriação.[16]

Em vez de imigrantes da Itália, os navios a vapor italianos agora traziam substitutos da Ásia, ainda tendo lucros, mas em detrimento da autoimagem dos argentinos. A competição pelo mercado de trabalho rapidamente colocou a etnia italiana contra outros grupos étnicos ao redor do mundo. Do ponto de vista italiano, o boicote demonstrava inquestionavelmente a sua superioridade étnica.

O Comissariado de Emigração encontrou uma nova função, a de executor do boicote, o qual testou o controle da Itália de suas fronteiras e emigrantes. Para frustrar as esperanças da Argentina de recrutar italianos das nações vizinhas, o Comissariado pediu à imprensa em língua italiana da América Latina para participar em "um trabalho patriótico ao desencorajar os italianos de viajarem para a Argentina".[17] Os navios de passageiros não podiam partir de portos italianos para a Argentina, mas os italianos podiam embarcar ilegalmente em Marselha ou em portos alemães ou austríacos, fora da jurisdição italiana. A companhia de navegação italiana Lloyd Sabaudo informou que a linha de vapores subsidiada da Áustria, a Austro Americana, estava tentando atrair a emigração clandestina para a Argentina através de Trieste. Essa disputa expôs o incessante conflito irredentista entre a Itália e sua então aliada, a Áustria. A Itália também fechou sua fronteira suíça para emigrantes que queriam partir para a Argentina via Alemanha. Essas ações pareceram ser bem-sucedidas. O cônsul italiano em Córdoba, Argentina, observou que os jornais argentinos declaravam "vitória" quando italianos conseguiam desembarcar ilegalmente no país, mas que eles não passavam "de algumas centenas, no máximo".[18]

À medida que o boicote prosseguia, muito depois do pico da epidemia de cólera na Itália, diplomatas italianos indicavam, em agosto de 1911, o crescente desconforto econômico argentino. O inspetor de emigração italiano em São Paulo observou: "Eu fiquei feliz quando soube da proibição da emigração para a Argentina [...] porque foi repentina e inesperada, depois que os fazendeiros argentinos já tinham semeado toda a terra disponível e que os emigrantes temporários do ano passado já tinham voltado para a Itália: é certo que a Argentina vai ser pesadamente atingida por essa medida". Ele previu que a Argentina perderia metade da sua colheita de trigo e aveia, no valor de 475 milhões de liras.[19] O boicote italiano buscava atingir especificamente a agricultura argentina. Crianças e idosos italianos ainda tinham permissão para viajar para a Argentina: eles seriam um dreno em uma economia sitiada.

Num outro golpe contra a base agrícola argentina, sindicatos socialistas aproveitaram o boicote italiano para lançar seus próprios movimentos. Em junho de 1912, o embaixador italiano observava com orgulho que a Argentina estava sendo devastada por crises, pela "perda da colheita de grãos e linho, a longa greve dos ferroviários, transporte encarecido, falta de dinheiro, especulação excessiva, etc.; mas que tudo isso tinha sido certamente intensificado, se não causado, pelo fim da imigração italiana. A falta de mão de obra tinha produzido efeitos em toda a agricultura argentina, a principal fonte da prosperidade da República".[20] Durante a crise argentina, causada pela inflação e por más colheitas, muitos ítalo-argentinos, "que geralmente se acredita já estão firmemente estabelecidos na Argentina" decidiram que tinha chegado o momento de retornar para a Itália. Um político argentino viu esse êxodo como algo ainda pior que o próprio boicote.[21] Os italianos não precisavam mais da economia argentina; eles podiam partir quando desejassem. A ascendência econômica da Itália sobre a Argentina estaria, pois, garantida. O embaixador italiano recomendou, em novembro de 1911, que, depois que a Argentina revogasse as suas sanções, a Itália deveria "revogar imediatamente o boicote. Um período de relações ítalo-argentinas realmente cordiais iria então começar, que nos permitiria construir aqui uma boa posição, talvez dobrando em um curto período de tempo nossas exportações atuais, que giram ao redor de 150 milhões [de liras] por ano".[22] Em teoria, o desorganizado colonialismo do trabalho emigrante seria transformado em um imperialismo informal de exportações industriais.

O final do boicote reforçou o sentimento de superioridade italiano. A Argentina interrompeu a sua política de quarentena com relação a navios italianos em 19 de dezembro de 1911 e pediu o retorno da emigração italiana, mas a Itália insistiu em uma convenção diplomática para solucionar a questão. As negociações entre a Itália e a Argentina começaram em Roma em 5 de julho e terminaram em 17 de agosto de 1912. No caso de futuras epidemias, a Argentina concordava em não enviar seus inspetores a bordo dos navios e até renunciava ao direito de estabelecer quarentenas em todos os navios sob suspeita.[23] A Itália finalmente interrompeu o seu boicote em 24 de agosto. Giolitti, contudo, percebeu que um retorno maciço dos emigrantes italianos para a região do Prata iria deixar evidente a dependência da Itália da emigração. Um pico na emigração iria também reduzir os salários e expor os trabalhadores italianos a tratamento abusivo. Ele, de forma arbitrária e ilegal, decidiu aumentar de forma lenta a emigração para a Argentina por um período de dois meses.[24] Sem nenhuma explicação, prefeitos (*prefetti*) e subprefeitos (*sotto-prefetti*) simplesmente negavam ou postergavam a emissão de passaportes para a Argentina até outubro. Os prefeitos na Sicília e em Nápoles fingiam que não tinham sido informados do fim do boicote ou que não tinham sido oficialmente notificados. Depois de terem cooperado com o longo boicote, as companhias de navegação italianas e seus clientes se queixavam amargamente da manobra de Giolitti. O Comissariado de Emigração apoiava as queixas das companhias de navegação, mas Giolitti se recusou a ceder.[25]

Os crescentes nacionalismo e imperialismo tinham afetado profundamente a questão do boicote. Para celebrar o centenário da independência da Argentina em maio de 1910, a cidade de Roma tinha patrocinado celebrações bem elaboradas e Ferdinando Martini, o antigo governador da Eritreia, tinha viajado para a Argentina como enviado especial; a Argentina, contudo, esnobou a exposição dos 50 anos da unificação da Itália no ano seguinte. A Argentina, como a maior parte da Europa, também condenou a invasão da Líbia em setembro de 1911. Muitos colonialistas italianos agora viam a Argentina como inimiga. Jornais argentinos começaram a manifestar a sua preocupação de que a paralisação temporária da emigração italiana se tornaria permanente, "seja por causa do presente conflito, que tornou as relações, tanto individual como coletivamente, muito difíceis, seja como consequência da conquista das novas terras africanas".[26] A Itália já tinha começado a escolher outros destinos no lugar da Argentina e logo, parecia, começaria a estabelecer a sua própria "América" na Líbia.[27] A visão de Einaudi de uma "nova Itália" na bacia do Prata tinha entrado em colapso pela crise gerada pelo boicote e pelas táticas autoritárias e enganosas de Giolitti. Depois de 1911, a Argentina e o Uruguai nunca mais seriam a pedra angular da pacífica Grande Itália.

SOCORRENDO A PÁTRIA

No mesmo momento em que a imprensa nacionalista voltava a sua atenção para o imperialismo na África, os benefícios advindos das colônias informais da Itália se tornavam mais evidentes. As tragédias e desastres do início do século XX provaram a força da comunidade italiana transnacional. A revista *L'Italia Coloniale* tinha observado em 1901 que "fosse qual fosse a desgraça que afligisse a Itália – terremoto, inundação, cólera ou qualquer outra calamidade – o eco misericordioso dos nossos colonizadores (*colonizzatori*) chega a nós com as mais generosas ofertas" (Il Dragomanno, 1901, p. 34). Um emigrante escreveu para a Sociedade Dante Alighieri que um italiano no exterior "é o mais assimilável indivíduo do mundo. Eu não quero dizer com isso que ele perde o amor pela sua terra natal; basta observar o entusiasmo com o qual nossas colônias correm para ajudar os seus irmãos quando

Terremoto, peste e guerra mundial

uma epidemia, uma erupção vulcânica, um terremoto ou uma inundação levam desolação a alguma parte da Itália. O que o italiano perde no exterior é a cobertura externa de patriotismo" (Consiglio Centrale della Dante Alighieri, 1907, p. 11). Uma série de guerras, terremotos e outros cataclismas deu aos expatriados italianos a chance de renovar seu patriotismo interior em demonstrações públicas. As doações dos emigrantes para a Cruz Vermelha Italiana durante o terremoto foram um presságio dos maiores sacrifícios que eles fariam pela Itália durante a Primeira Guerra Mundial.[28]

O mundo inteiro se solidarizou com a Itália depois do terremoto de Messina-Calábria de 28 de dezembro de 1908. Os números não conseguem expressar corretamente as tragédias pessoais geradas pelo desastre. As pessoas que viviam próximas de Ferruzzano, Calábria, ainda estavam se recuperando do terremoto relativamente mais fraco de 23 de outubro de 1907 quando foram atingidas pela nova calamidade. O pensador radical Gaetano Salvemini, que ensinava na Universidade de Messina na época, teve sua irmã, sua esposa e cinco filhos esmagados em casa. Salvemini sobreviveu ao terremoto permanecendo na soleira de uma porta, mas seria assombrado para sempre pelas suas perdas naquele dia (De Caro, 1970, pp. 149-150). De forma parecida, seu colega Benedetto Croce, o renomado filósofo, quase tinha perecido no terremoto de 28 de julho de 1883 na ilha de Ischia, na baía de Nápoles, quando perdeu seus pais e uma irmã. Esses desastres estimularam a emigração regional; com famílias destroçadas e sem oportunidades econômicas, muitos tentaram construir uma nova vida no exterior.

O terremoto de Messina comoveu a comunidade internacional, já que os consulados da França, da Turquia e dos Estados Unidos também colapsaram. Stuart Lupton, o vice-cônsul americano, sobreviveu e, em 31 de dezembro de 1908, ele informou sobre a devastação: "Eu não tinha caminhado mais de 45 metros [na direção do consulado] quando me vi caminhando com água até os joelhos em um lugar que deveria estar 2,5 metros acima do nível do mar". Lupton se afastou de sobreviventes nus e pedindo ajuda: "sem homens e ferramentas era

305

Italianos no mundo

impossível fazer qualquer coisa, assim eu continuei tentando fechar meus ouvidos. Quase todos os locais estavam histéricos, gritando e gemendo".[29] O prédio da guarnição da polícia italiana tinha entrado em colapso, matando os soldados que poderiam ter estabelecido a ordem e distribuído ajuda. A Rússia e os Estados Unidos enviaram imediatamente navios de guerra e de apoio, para salvar os sobreviventes das pestes e da exposição aos elementos durante essa tragédia ocorrida em pleno inverno.[30]

Ao mesmo tempo que os governos da Europa e das Américas se organizavam para ajudar a Itália, a comunidade internacional italiana se mobilizou para socorrer seus compatriotas e parentes na Sicília e na Calábria. Logo após o terremoto de 1908, as sociedades e jornais italianos no exterior usaram suas redes para canalizar dinheiro para ajuda humanitária e reconstrução. Eles tinham adquirido grande experiência em eventos recentes. *La Patria degli Italiani*, o principal jornal italiano da Argentina, tinha levantado 700 mil liras para as vítimas de um devastador terremoto na Calábria central em 8 de setembro de 1905. Depois do desastre de 1908, o jornal conseguiu arrecadar 2 milhões de liras. A Câmara Italiana de Comércio de Nova York arrecadou fundos para ajudar os sobreviventes dos terremotos de 1905 e 1908 , assim como para os da erupção do Monte Vesúvio de abril de 1906, que matou centenas de pessoas na província de Nápoles. A Sociedade Nacional Italiana de Prática de Tiro de Nova York e a comunidade italiana de Buffalo, Nova York, também coletaram contribuições depois desses terremotos e também depois das inundações de 1903 na Sicília (Baratta, 1936, pp. 139-142; Italian Chamber of Commerce, 1937, p. 134; Fumagalli, 1906, pp. 179, 438; 1909, pp. 148-150). Essas vigorosas campanhas de arrecadação de fundos indicavam a vitalidade latente das colônias de emigrantes italianos.

Os apelos por ajuda humanitária também revelaram as rachaduras entre as instituições clericais e seculares. Igreja e Estado podiam colaborar na educação das crianças italianas no exterior, mas não queriam ser superados um pelo outro no tocante ao apoio prestado às vítimas do terremoto de 1908. A rainha Elena presidia o esforço de caráter secular, centrado na Cruz Vermelha Italiana, mas a Igreja Católica lançou a sua própria campanha de arrecadação através da Secretaria de Estado e do Delegado Apostólico do Vaticano nos Estados Unidos, Diomede Falconio. Os esforços duplicados de arrecadação de fundos confundiam muitos doadores que queriam ajudar as famílias destruídas dos mortos e feridos. O bispo de Providence, Rhode Island, pediu desculpas a Falconio porque uma

> sociedade italiana em Bristol, R.I., coletou 700 dólares e enviou essa quantia para a Cruz Vermelha. O presidente do comitê encarregado dessa tarefa me assegurou que ele tinha começado seu trabalho antes que o padre tivesse feito seu anúncio e lamentava que não tinha sido capaz de contribuir através da Igreja. Eu menciono isso apenas para ressaltar a boa vontade do povo de Bristol.[31]

Um italiano ficou desapontado ao saber que não receberia um broche da Cruz Vermelha por sua doação, feita através do Delegado Apostólico. A Igreja arrecadou ao menos 35 mil dólares entre os católicos dos Estados Unidos, mas, aparentemente, a maior parte dos seus doadores não eram ítalo-americanos, que preferiram enviar dinheiro diretamente às cidades e vilarejos devastados.[32]

Os arrecadadores de fundos católicos e da Cruz Vermelha divergiam sobre os meios, a administração e o simbolismo da ajuda humanitária. Em março de 1909, a Federação Americana das Sociedades Católicas se queixou à Cruz Vermelha Americana, que tinha doado 250 mil dólares para a sua contraparte italiana, que o secretário do comitê presidido pela rainha Elena era Ernesto Nathan, "um hebreu". Outros membros do comitê incluíam "um socialista e maçom, um protestante e uma judia", mesmo "sendo a Itália um país católico".[33] Um clérigo acusou a Cruz Vermelha Italiana de covardia e corrupção na administração da ajuda humanitária. Apesar da publicidade negativa, as sociedades italianas nas Américas levantaram somas recordes para a Cruz Vermelha Italiana. Os seus organizadores em Buenos Aires receberam medalhas de prata e reconhecimento pelos seus esforços. A Itália permanecia tão vulnerável a terremotos como antes e a Cruz Vermelha Italiana premiou com medalhas as sociedades italianas de Caracas, Venezuela; São Francisco, Califórnia e Jeanette, Pensilvânia, pela suas doações depois do desastroso terremoto na Toscana em 10 de setembro de 1920, que causou intensos danos em Lunigiana e em Garfagnana. Essas ajudas internacionais canalizadas pela Cruz Vermelha Italiana traziam um benefício econômico significativo para a balança de pagamentos italiana, juntamente a outras remessas dos emigrantes.[34]

A Cruz Vermelha Italiana também coordenava as ações humanitárias durante as crises militares. Enquanto atuava como cônsul em Rosario, Argentina, Adolfo Rossi coordenou as coletas para a Cruz Vermelha Italiana durante a guerra ítalo-turca pela Líbia. Em março de 1912, a colônia já tinha levantado 6.275 liras através do Comitê Pro-Patria. As instituições patrióticas instaladas nas colônias encontraram novas funções no novo cenário internacional. Antonino Di San Giuliano, o ministro das Relações Exteriores, propôs premiar esse fervor aumentando os subsídios para as escolas italianas no exterior para 650 mil liras ao ano:

> nós devemos apoiar a fundação de novas escolas [italianas] nos centros da nossa emigração [...] os pedidos têm se tornado mais numerosos e mais insistentes recentemente por causa do renovado fervor patriótico atual, devido tanto à celebração do 50° aniversário da unificação, como à nossa favorável situação política e militar depois da conquista da Líbia [...] Seria danoso, do ponto de vista nacional, reduzir os subsídios ou negar novos pedidos.[35]

Escrevendo dos Estados Unidos, Luigi Villari concordava que a guerra da Líbia tinha sido um ponto de virada para os italianos do exterior: "a demonstração de patriotismo tanto na Itália como nas suas colônias no exterior para a guerra na Líbia teve um efeito muito positivo para a nossa posição internacional na América. Mesmo assim, a tarefa não está completa e devemos continuar a estimular o sentimento patriótico entre o nosso povo" (Villari, 1912, p. 305). A recém-descoberta força e a comprovada simpatia das comunidades expatriadas pelo mundo pareciam ser firmes alicerces para continuar a construção da Grande Itália.

Não obstante, o desafio da Primeira Guerra Mundial em 1914-1918 rapidamente eclipsou os triunfos da Guerra da Líbia. Os canais de arrecadação de fundos criados anteriormente permitiram que os expatriados ajudassem a Itália no seu momento de maior necessidade. Novamente, a Cruz Vermelha Italiana foi o canal privilegiado para canalizar a ajuda patriótica. Os italianos dos Estados Unidos encenaram peças de teatro patrióticas em favor dos feridos italianos e doaram fundos para ambulâncias e outros equipamentos. Assim como as remessas tinham estimulado a economia italiana na época de paz, as contribuições dos expatriados foram fundamentais para a venda dos bônus de guerra italianos.

Esse apoio se tornou ainda mais importante após outubro de 1917, quando forças alemãs e austríacas derrotaram de forma avassaladora as tropas italianas em Caporetto e avançaram quase até Veneza e Pádua. A Itália estava agora lutando pela sua sobrevivência, não pela posse de Trento e Trieste. Os italianos do exterior compraram 6,5% dos bônus de guerra italianos de 1917 e 10,6% em 1918. Em 1920, os emigrantes compraram 7,5% dos bônus do tesouro destinados a financiar a reconstrução. Essas doações patrióticas enfrentavam intensa competição nos Estados Unidos. A Cruz Vermelha Americana e o governo dos Estados Unidos faziam campanhas de propaganda direcionadas aos imigrantes, instando-os a se afastarem da Cruz Vermelha Italiana e a comprarem seus próprios bônus "para o bem da Nação onde os filhos dos seus filhos nascerão".[36] Em retrospectiva, a Primeira Guerra Mundial marcou o auge do colonialismo emigratório italiano. A guerra devastaria a Europa e alteraria para sempre a migração internacional.

Italianos no mundo

DIREITOS E DEVERES
DOS CIDADÃOS EMIGRANTES

À medida que os laços culturais e econômicos se desenvolviam dentro da Grande Itália, o status legal dos emigrantes se tornava cada vez mais complicado. Os intelectuais e políticos italianos enfatizavam três questões-chave: os italianos do exterior poderiam ter dupla cidadania? Deviam ser representados no Parlamento ou ter direito de voto? Quaisquer iniciativas a respeito eram sempre controversas simplesmente por causa dos números envolvidos: em 1911, 6 milhões de italianos viviam no exterior, mais de um sexto da população do Reino da Itália. A questão da cidadania desses homens não era um problema abstrato. Além de proporcionar um aumento das doações de dinheiro e da simpatia patriótica, a cidadania implicava sérias obrigações militares. A Itália, como todos os países europeus, baseava seu sistema militar no recrutamento universal masculino aos 20 anos, com um serviço de dois anos de duração, seguido por um período na reserva até os 45 anos. Já que os emigrantes eram majoritariamente os pertencentes a essa faixa etária, os movimentos populacionais se tornaram um assunto de segurança nacional. Nos anos anteriores à Grande Guerra, uma mobilização total dos reservistas parecia certa e os emigrantes teriam, inevitavelmente, um papel fundamental nela.

Dadas as obrigações militares dos emigrantes e já que a maioria deles planejava o retorno para a Itália, parecia mais do que justo que eles participassem das decisões políticas na pátria. O socialista Angelo Cabrini (1908, p. 23) propôs o direito de voto aos emigrantes italianos, como acontecia na Noruega. O Instituto Colonial Italiano organizou dois Congressos dos Italianos do Exterior com a expectativa que eles iriam evoluir para um corpo representativo permanente na Itália. No entanto, os Congressos de 1908 e 1911 revelaram a heterogeneidade e as divisões no interior do mundo colonial italiano, dos banqueiros do Cairo aos mineiros de Pueblo, Colorado. Apenas emigrantes ricos podiam se dar ao luxo de representarem a si mesmos. Escrevendo da

Filadélfia, Luigi Villari argumentou que a representação parlamentar para os emigrantes era impossível:

> Os notáveis da colônia devem gostar da ideia, porque todos eles pensam que serão os eleitos para representar os italianos da América em Montecitorio [o palácio do Parlamento em Roma]. Mas qualquer um pode ver a estupidez (*asinità*) da proposta. Em primeiro lugar, esses notáveis são quase todos cidadãos estadunidenses e estão, portanto, excluídos a priori, a não ser que, por um sentimentalismo ridículo, nós passemos a aceitar cidadãos estrangeiros no nosso Parlamento.[37]

Villari acrescentava que a colônia italiana local era composta de "90% de trabalhadores diligentes com muitas qualidades positivas, mas nômades primitivos, ignorantes e totalmente desorganizados". Os outros 10% eram exploradores e seriam esses que seriam representados na Itália.[38] Mesmo as personalidades de destaque que participaram dos dois congressos, contudo, estavam divididos por suas preocupações locais. Os Congressos demonstraram as dificuldades para pensar num corpo legislativo italiano transnacional. Não obstante, Cabrini propôs, em 1909, a criação de um conselho de representantes em Roma, que serviria como um porta voz das colônias de expatriados italianos, seguindo o modelo dos Conselhos Comunais das cidades italianas. Apesar de receber apoio no Senado, o projeto nunca foi colocado em prática. Em 1912, quando o Parlamento italiano aprovou uma lei que estendia o direito de voto e quase triplicou o eleitorado, Cabrini novamente propôs uma emenda para dar o mesmo direito aos emigrantes. Sua visão só se concretizou em 2006, quando os italianos ao redor do mundo puderam, pela primeira vez, votar nas eleições da República Italiana.[39]

O problema oposto, de italianos terem cidadania estrangeira, também era muito complexo. Hipoteticamente, os emigrantes podiam se tornar cidadãos do mundo, com uma dupla lealdade, à Itália e aos seus novos países. O inspetor de emigração em Messina defendia que "nós não queremos que os filhos dos emigrantes [no Brasil] mantenham a nacionalidade dos seus pais [...] seria esse um grande erro. Através das [escolas italianas no exterior] devemos persuadi-los que não há uma única grande Nação no mundo, aquela onde eles nasceram, mas ao menos duas: nós queremos que eles sintam um orgulho legítimo por pertencerem à nossa gloriosa raça" (Longhitano, 1903, p. 6; Lupati, 1910, pp. 269-274). Uma identidade racial ou étnica reforçada seria ainda mais importante do que o status legal ou uma cidadania modificada.

Francesco Saverio Nitti, ao anunciar uma "nova fase da emigração italiana" depois da batalha de Adua, fez uma análise das comunidades expatriadas alemãs e britânicas e concluiu que "nossos emigrantes nas Américas devem renunciar à sua cidadania italiana e, ao mesmo tempo, se tornarem italianos ainda mais patrióticos" (Nitti, 1896, p. 17). Essa difícil combinação revela os temores cada vez mais difusos na Itália de que os emigrantes iriam se assimilar e que nunca mais dariam as caras na pátria novamente. Em 1900, a revista *L'Italia Coloniale* fez uma enquete sobre a questão do votos dos emigrantes, sem que se chegasse a um consenso. O bispo Geremia Bonomelli e Cesare Lombroso escreveram que os expatriados deveriam participar na política local de seus novos países, enquanto o inspetor de emigração de Gênova, Natale Malnate, acreditava que isso significava uma renúncia, na prática, da cidadania italiana. Para o socialista siciliano Napoleone Colajanni isso não importava: os emigrantes deviam participar da política em seus novos ambientes para se defenderem da exploração (Rotellini, 1900, pp. 13-20).

O que poderia ajudar os emigrantes, contudo, poderia não ser útil para o Estado italiano. F. S. Nitti e outros pensadores radicais propunham a dupla cidadania para eles, o que iria resolver uma série de problemas legais, especialmente para aqueles italianos que planejavam retornar para casa após cinco ou dez anos no exterior. A dupla cidadania, porém, era um anátema para muitos políticos italianos. A cidadania estava associada irrevogavelmente com o serviço militar. O que aconteceria se a nação de origem e a de recepção entrassem em guerra uma com a outra? Um padre italiano em Worcester, Massachusetts, tentou acalmar esses receios em 1916:

312

Terremoto, peste e guerra mundial

De fato, uma pessoa pode admirar Dante sem ignorar Longfellow... Tornar-se um cidadão estadunidense não pode certamente mudar a alma de uma pessoa... A América pode mudar as roupas de uma pessoa, mas nunca o seu coração. Se nós somos bons e leais cidadãos estadunidenses, quando retornarmos para a Itália seremos melhores cidadãos italianos. A perspectiva de um conflito entre a Itália e os Estados Unidos não deve nos preocupar porque é impossível. As duas nações compartilham os mesmos ideais.[40]

Para a decepção dos nacionalistas italianos, quando a Itália fascista decidiu lutar contra os Estados Unidos 25 anos depois, os ítalo-americanos decidiram lutar pela sua nova nação.

Mesmo assim, os italianos enfrentavam enormes obstáculos para se tornarem cidadãos estadunidenses. Ao mesmo tempo que muitas pessoas sem cidadania podiam votar em muitos estados antes de 1914, as normas para naturalização permitiam um amplo leque de práticas corruptas. Os recém-chegados italianos não tinham o apoio das máquinas políticas urbanas, as quais podiam facilitar os pedidos de cidadania dos irlandeses, mas dificultavam as dos italianos. Os esforços italianos para reunir documentos atestando seu bom comportamento eram considerados tentativas de fraudar o processo de cidadania.[41] Apenas uma criança nascida em solo estadunidense podia ter a certeza de sua cidadania.

Ironicamente, ao insistir, num primeiro momento, em uma cidadania italiana perpétua e exclusiva, o Estado italiano alienou centenas de milhares de expatriados. Como Attilio Brunialti tinha previsto em 1885, poucos da segunda geração cumpriam com seus deveres militares como previsto pela lei italiana. A Itália via os filhos dos emigrantes como cidadãos italianos pelos laços de sangue (*jus sanguinis*) e sujeitos ao serviço militar, mesmo com eles tendo nascido no continente americano (*jus soli*) e, portanto, cidadãos dos Estados americanos.[42] Sob essa legislação, os filhos adultos dos emigrantes não podiam retornar à Itália, pois seriam imediatamente presos por deserção.

O governo do Brasil tinha complicado ainda mais as coisas em dezembro de 1889 ao declarar todos os residentes, nascidos ou não

Italianos no mundo

no Brasil, cidadãos brasileiros; os que não quisessem teriam que se manifestar, de forma individual, no prazo de seis meses.[43] Uma imensa parcela dos italianos do Brasil sequer foi informada do prazo, o que causou discussões intensas entre os políticos italianos. Podiam os emigrantes perder a sua cidadania italiana ao assumir uma estrangeira mesmo que contra a sua vontade? O que aconteceria se os italianos precisassem adquirir a cidadania americana ou francesa para ter acesso a empregos, por exemplo, em obras públicas? O governo italiano teve que decidir entre uma definição mais rigorosa de cidadania – a qual implicaria que os pais emigrantes e seus filhos nascidos no exterior teriam que servir nas forças armadas da Itália – ou uma muito mais flexível, sem obrigações militares. Ao isentar os filhos homens dos emigrantes do serviço militar, e das várias penalidades associadas a ele, mais pessoas no exterior se animariam a continuar cidadãos italianos. Essa política iria expandir a influência cultural e econômica italiana no mundo, às custas do seu potencial militar.

O Parlamento italiano resolveu a questão com a lei de cidadania de 1913. O Segundo Congresso dos Italianos do Exterior tinha recomendado que a Itália reconhecesse a cidadania estrangeira dos descendentes de italianos nascidos no exterior, mas medidas como essas eram inconcebíveis para os nacionalistas. Seguindo uma moção proposta por Luigi Federzoni, Vittorio Cottafavi declarou em 1911 que "um italiano deve ser capaz de dizer, como um inglês: Eu estou sozinho, mas tenho a bandeira da minha nação atrás de mim. Chegará o dia em que a simples frase 'Eu sou italiano', como a antiga *civis romanus sum*, será suficiente para que o cidadão da Itália seja respeitado por todos" (Borghetti, 1912b, pp. 90-91; Istituto Coloniale Italiano, 1911b, v. 2, pp. 308-309; Venerosi, 1911a, pp. 253-258).

Em junho de 1850, lorde Palmerston tinha usado essa frase latina para justificar, perante a Câmara dos Comuns, o bloqueio naval da Grécia em benefício de um único cidadão inglês que tinha sido ofendido. Poderia a Itália fazer menos? No compromisso final estabelecido no Parlamento, os descendentes de italianos nascidos no exterior

314

seriam considerados cidadãos italianos, a menos que renunciassem a ela já adultos. Qualquer cidadão italiano que tivesse adquirido uma cidadania estrangeira, por qualquer motivo, podia recuperar a sua cidadania italiana simplesmente retornando para a Itália. O Estado italiano, dessa forma, reivindicava a lealdade exclusiva dos emigrantes, a menos que o próprio emigrante decidisse romper seus vínculos com a Itália. De acordo com Alfredo Baccelli, que apresentou o projeto de lei, "outros tentaram encontrar o remédio na chamada 'dupla cidadania'. Mas basta pronunciar esse termo para entender o absurdo [...] Nenhuma célula no mundo físico pode pertencer a dois diferentes organismos simultaneamente e nenhum cidadão no mundo moral pode pertencer a duas unidades políticas distintas".[44] A Itália, dessa forma, preferiu, ao rejeitar a dupla cidadania, garantir os deveres do serviço militar para os emigrantes em detrimento de uma influência política mais difusa no exterior. E isso justamente um pouco antes da eclosão da Primeira Guerra Mundial.

SANGUE ATRAVÉS DOS OCEANOS

Quando os políticos europeus olhavam para as suas populações expatriadas, viam oportunidades para comércio, influência política e expansão cultural. Mas ainda mais importante era a reserva humana que eles representavam, que podia significar vida ou morte da nação em uma guerra total. Em 1914, quando a Grande Guerra finalmente chegou, as populações da Grande Grã-Bretanha, da Grande Alemanha e da Grande Itália foram convocadas a prestar ajuda aos seus irmãos europeus. Se os emigrantes respondessem à convocação, poderiam alavancar os recursos nacionais para uma guerra inesperadamente longa, brutal e total. Os italianos espalhados pelo mundo apoiaram o esforço de guerra da Itália em um nível impressionante, já que mais de 300 mil reservistas retornaram para lutar (Comissariato Generale dell'Emigrazione, 1923). Graças a essa emigração de retorno, a Itália foi a única nação combatente *a ganhar população* durante o conflito, em contraste com as dizimadas populações da França, Grã-Bretanha,

Italianos no mundo

Alemanha e Sérvia, que se voltaram desesperados ao exterior em busca de ajuda.

A contribuição do Império Britânico na Primeira Guerra Mundial se destaca como o exemplo mais famoso de emigrantes correndo em defesa da pátria-mãe. Cinco milhões de britânicos serviram nas forças armadas (aproximadamente 10% da população), apoiados por 458.000 canadenses (5,7%), 332.000 australianos (6,6%), 112.000 neozelandeses (10%) e 136.000 sul-africanos brancos (9,7% da população branca). Isso perfazia um total de 1.038.000 soldados dos quatro "Domínios Brancos", ou 6,7% da sua população combinada em 1914. Os Domínios forneceram, portanto, um a cada seis soldados do Império Britânico que lutaram fora das Ilhas Britânicas.[45] Ao mesmo tempo que não havia obrigações legais que forçassem os governos dos Domínios a ajudarem o Reino Unido na sua hora de maior necessidade, não havia dúvidas sobre a sua boa vontade para enviar seus soldados pelo globo por dever patriótico. Mesmo tendo os seus ancestrais deixado a Europa nos 100 anos anteriores, a guerra era uma oportunidade para que eles fizessem a diferença numa luta pela sobrevivência da cultura, da sociedade e das tradições políticas britânicas. Para muitos no Corpo de Exército da Austrália e da Nova Zelândia, o único receio era que eles iriam chegar na Europa depois do fim da guerra.

A Alemanha esperava emular o sucesso britânico ao mobilizar os milhões de alemães que viviam no exterior. Homens jovens, que formavam a maior parte dos emigrantes, tinham a responsabilidade de se registrar para o serviço militar através dos consulados alemães.[46] Em 1916, um otimista oficial aconselhou o Conselho Colonial para se preparar para uma maciça migração de retorno:

> Mesmo antes da eclosão da guerra, nós ouvimos falar de muitos emigrantes que pediam ajuda para deixar os Estados Unidos. Desde então, temos recebido relatórios confiáveis que dizem que faltam os meios ou o capital para que milhares de membros de vigorosas famílias camponesas alemãs [*Bauerfamilien*] possam se tornar cidadãos estadunidenses, ainda que não por culpa deles. Muitas dessas famílias, provavelmente a maioria delas, desejam voltar para casa, para a Pátria.[47]

316

Terremoto, peste e guerra mundial

De fato, o conhecido secretário do Exterior alemão, Artur Zimmermann, ameaçou o embaixador estadunidense dizendo que os imigrantes alemães permaneciam leais a sua pátria e que eles não permitiriam uma ação militar estadunidense contra a Alemanha. O embaixador James Gerard ressaltou a veemência de Zimmermann nas suas memórias:

> Os Estados Unidos não ousarão fazer algo contra a Alemanha porque nós temos quinhentos mil reservistas alemães na América que se levantarão em armas contra o seu governo [...] À medida que dizia isso, ele ficou claramente excitado e começou a golpear a mesa com seu punho. Eu disse a ele que [...] se ele pudesse me mostrar uma única pessoa com passaporte estadunidense que tinha vindo lutar no Exército alemão, eu ficaria mais inclinado a acreditar no que ele dizia sobre a perspectiva dos alemães da América se erguendo em um movimento revolucionário. (Gerard, 1917, pp. 236-237)

Gerard mais tarde confessou que sabia do caso de um cidadão estadunidense que lutou pelo Império Alemão, mas não, certamente, 500 mil. As legiões de teuto-americanos nunca se materializaram. No lugar, a comunidade alemã, a mais importante dos Estados Unidos, entrou em colapso. Muitos alemães anglicizaram seus sobrenomes para escapar da perseguição pública e até mesmo a família real britânica alterou seu nome de Saxe-Coburg-Gotha para "Windsor" (Gerard, 1917, p. 237; Luebke, 1974).

Por que os teuto-americanos ficaram tão abaixo das expectativas imperiais? A emigração da Alemanha tinha atingido o seu pico na metade do século XIX; a maioria dos alemães tinha emigrado antes da criação do Império Alemão unificado em 1871. Espalhados pelo mundo, os emigrantes alemães participaram da criação do Império à distância e de forma pouco ativa, lendo notícias sobre Bismarck nos jornais. A nova Alemanha provocou um medo generalizado e reações xenófobas nos Estados Unidos, especialmente durante o escândalo do "cahensylismo" entre os católicos alemães e a campanha de Theodore Roosevelt contra os "estadunidenses de etnia mista" (O'Leary, 1999;

317

Reimers, 1999). E a Alemanha estava claramente lutando do lado errado durante a Grande Guerra. Ataques de submarinos a navios no Atlântico, incluindo barcos de passageiros, dificilmente iriam atrair o apoio dos teuto-americanos. Os políticos alemães tinham perdido a conexão com seus primos além-mar.

Em contraste com a Alemanha, a Itália teve um sucesso notável na mobilização dos seus emigrantes durante a Primeira Guerra Mundial. Dos aproximadamente 6 milhões (o número exato é desconhecido) de italianos vivendo no exterior em 1911, o Comissariado de Emigração pagou o retorno de cerca de 304 mil para que cumprissem suas obrigações de reservistas entre 24 de maio de 1915 e 31 de dezembro de 1918.[48] Esse número não inclui reservistas que retornaram para a Itália por seus próprios meios entre agosto de 1914 e maio de 1915, como Vincenzo Di Francesca. O elevado número de soldados e o índice de retorno de cerca de 5% é comparável à contribuição australiana ao esforço de guerra britânico. Os soldados italianos não eram recrutados pelos seus governos locais, como nos Domínios britânicos, mas eram contatados pelos consulados, que não tinham autoridade legal para recrutar um Exército internacional. Como os italianos do Brasil retratados em *La Patria Lontana* de Corradini (1910), essas centenas de milhares de homens fizeram a escolha de retornar para a Itália para lutar na Primeira Guerra Mundial. Os reservistas voltavam para a Itália em meio a uma grande emigração de retorno.[49] Essa dramática expressão de solidariedade internacional foi o clímax da política italiana de promoção de um nacionalismo transnacional.

A Itália teve nove meses a mais do que a Grã-Bretanha ou a Alemanha para se preparar para a guerra. Durante a crise diplomática de 1914, a Itália estava ligada à Alemanha e à Áustria em uma aliança defensiva. No entanto, quando esses dois países lançaram uma guerra ofensiva contra a Sérvia e a Rússia, sem informar o governo italiano, a Itália estava livre da obrigação de também declarar guerra. O governo italiano optou sabiamente por não se unir de forma precipitada ao caminho desastroso que seus antigos aliados estavam traçando. No lugar, a Itália abriu negociações com ambos os lados em conflito (Albertini, 1952-1957, v. 2, pp. 217-253; v. 3, pp. 296-363). A oferta da França e da Grã-Bretanha se mostrou mais tentadora e, em maio de 1915, a Itália declarou guerra à Áustria para recuperar os antigos territórios italianos de Trento e Trieste. Essa "terceira guerra do *Risorgimento*" prometia unificar os italianos da Europa e dar à Itália uma fronteira mais defensável nos Alpes orientais. Ao entrar em guerra contra a Áustria e não contra a França, o governo italiano finalmente aderia à tradição de longo prazo do irredentismo. A Itália só declarou guerra à Alemanha 15 meses depois, em agosto de 1916, estando mais preocupada com o irredentismo territorial do que com os riscos da hegemonia alemã. Curiosamente, os Estados Unidos tomaram o caminho oposto, declarando guerra à Alemanha em abril de 1917 e contra a Áustria-Hungria apenas em dezembro do mesmo ano (Albrecht-Carrié, 1966, pp. 52-56, 236-242).

A demora italiana para entrar na guerra complicou a situação para os emigrantes. Ainda que a Itália tenha declarado a sua neutralidade em 1914, era inevitável, se a guerra durasse muito tempo, que, sendo uma grande potência europeia, a Itália iria escolher um lado ou o outro com o passar do tempo. A eclosão da guerra europeia causou, dessa forma, uma onda de refugiados, vindos da diáspora italiana. Em agosto e setembro de 1914, quase meio milhão de italianos deixou a França, a Áustria-Hungria e a Alemanha, deixando para trás tudo o que eles não podiam carregar.[50] Cinquenta mil famílias de emigrantes retornaram para a província de Belluno, no nordeste da Itália, apenas no mês de agosto de 1914. Mesmo famílias que tinham vivido no exterior por 20 anos foram forçadas a deixar as zonas de guerra com pouco tempo de aviso. No entanto nenhum emprego os esperava na Itália; mais de 280 mil assim se tornaram refugiados em seu próprio país.[51] Os socialistas apelaram para que se iniciassem imediatamente grandes obras públicas em nível local e nacional para absorver essa mão de obra. A migração transoceânica também enfrentou inesperadas dificuldades: no início da guerra, os navios alemães, franceses e austríacos despejaram a sua carga de emigrantes italianos no porto mais próximo, incluindo os do Brasil e Madagáscar. O Comissariado de Emigração lidou com essa crise da melhor forma que pôde (Commissariato Generale dell'Emigrazione, 1926a, v. 1, pp. 670-678, 680-685). A entrada italiana na guerra em 1915 e as perspectivas de trabalho que dela vinham foram recebidas com alívio por muitos.

O apelo aos emigrantes além-mar não foi pensado como uma chamada ao voluntariado, mas como uma mobilização obrigatória. Mesmo assim, quando as notícias da entrada da Itália na guerra chegaram às Américas, dezenas de milhares de homens jovens voluntariamente se apresentaram aos consulados. Não obstante, nem todo mundo era adequado para os militares italianos; todos os meses, o comando militar convocava apenas reservistas treinados em algumas especialidades. A mobilização geral foi anunciada em 22 de maio de 1915 e começou em 24 de maio. O primeiro grupo chamado foi o dos infantes com idade entre 20 e 28 anos. Soldados em especialidades técnicas, como artilharia, cavalaria, engenharia, tropas de montanha e a reserva naval, foram sendo chamados ao longo dos três anos seguintes.

Em 1917, o Exército italiano estava convocando os reservistas entre 18 e 42 anos, incluindo aqueles que tinham sido isentos anteriormente por baixa estatura; em 1918, eles chamaram mesmo soldados que sofriam de tracoma. O número total de emigrantes que retornaram para o serviço militar chegou a 303.919. Destes, 128.570 da Europa, 19.529 da África do Norte (15.130 da Argélia e Tunísia, 2.940 do Egito e 1.459 do Marrocos), 48 do resto da África, 24 da Ásia, 354 da América Central, 51.774 da América do Sul e 103.259 da América do Norte (Commissariato Generale dell'Emigrazione, 1923, pp. 18-22; 1926a, v. 1, pp. 726-729).

Os italianos da América do Sul tinham um incentivo econômico para responder ao apelo das armas: uma alta inflação tinha levado à ruína econômica de muitos. Em outubro de 1915, um emigrante italiano escreveu para casa contando sobre a situação difícil em Buenos Aires, Argentina:

Terremoto, peste e guerra mundial

As condições na América se tornaram desastrosas; a propriedade agora não vale nada, a comida muito cara e os salários reduzidos a um mínimo... Nós vivemos aqui estagnados, próximos à capital, em uma crise que vocês nem podem imaginar. Paciência, nós temos esperança no futuro. Nos jornais, lemos com alegria sobre os golpes que nossos soldados deram e estão dando naqueles austríacos selvagens. Aqui na Argentina, os generais do Exército italiano são abertamente louvados como os melhores do mundo e nós estamos muito orgulhosos. Desde o início da guerra italiana, toda semana vapores partem lotados de reservistas. Se você visse um deles, ficaria admirado! O porto está lotado de todo tipo de gente (menos os alemães) para saudar a partida... Desejamos a vocês saúde e fortuna: Vida Longa à Itália, Vida Longa ao rei e a todo o Exército; abaixo todos os alemães e morte a eles.[52]

Com a Argentina enfrentando problemas econômicos tão sérios, a Grande Guerra europeia parecia uma forma de fuga, não apenas para os jovens reservistas, mas para toda a comunidade italiana. O orgulho pelos "seus" Exércitos levou à publicação de uma série de estampas semanais populares, impressas em Buenos Aires, que mostravam as tropas italianas derrotando os austríacos em dramáticas lutas corpo a corpo.[53] Outro italiano da Argentina escreveu que muitos emigrantes queriam se voluntariar para a causa italiana, mas que não tinham sido aceitos: "eles dão preferência aos mais jovens e aqueles que respondem à chamada obrigatória".[54] Se o Exército italiano tivesse aceitado voluntários de acordo com o plano dos emigrantes, em vez de seguirem seus próprios esquemas rígidos, muitos mais emigrantes da América do Sul teriam retornado para lutar (Commissariato Generale dell'Emigrazione, 1926a, v. 1, pp. 733-738).

Os italianos da América do Norte, contudo, tinham menos razões para abandonar seu lar adotivo. As fábricas americanas estavam aumentando rapidamente a sua produção de guerra e, com a escassez de trabalhadores, os salários subiram nos então neutros Estados Unidos. Os socialistas e os anarquistas tentavam convencer os seus compatriotas a não lutarem pelos seus opressores capitalistas da Itália liberal. Os jornais em língua italiana opinavam que os italianos já tinham suas famílias na América para se preocupar e que deveriam doar tempo e dinheiro para a América, não para a Itália (Nelli, 1975, pp. 69-70; Sterba, 2001, pp. 74-77; Ventresco, 1978). Ainda assim, os laços familiares também estimularam alguns patriotas a ajudar a pátria em tempos de necessidade. Havia várias possíveis motivações para a volta – lealdade familiar, incentivos econômicos, saudade de casa –, mas o Estado italiano foi claramente o grande beneficiado, obtendo centenas de milhares de homens para lutar pela Itália na grande crise da Primeira Guerra Mundial.

Os estadunidenses se admiravam do patriotismo desses reservistas ítalo-americanos, muitos dos quais nunca tinham estado na Itália e sequer falavam italiano. Em 1916, o jornalista americano Gino Speranza escreveu uma reportagem sobre os reservistas que retornavam para casa para lutar pela pátria:

> Eu viajei no navio que, de Nova York, levava 1.900 desses *americani*. Eram o grupo mais divertido que eu já vi, brincando e cantando todo o caminho do North River to Immacolatella [no porto de Nápoles]. Vieram de todos os pontos da nossa nação: mineiros do Oeste, alguns usando bonés com a marca de um moinho de farinha ou de uma empresa de encomendas; outros usavam macacões, suspensórios e suéteres tipicamente americanos; havia até um italiano do Kansas que usava um uniforme de beisebol! Muitos deles tinham o tricolor italiano e um botton da Madonna del Carmine em um lado da lapela e uma bandeira estadunidense no outro.[55]

Tecnicamente, esses *americani* tinham perdido a sua cidadania estadunidense ao pegar em armas para uma nação estrangeira. Speranza esperava, contudo, que os Estados Unidos pudessem entender a nobreza de caráter dos italianos e a sua necessidade de prestar serviço a sua terra ancestral. Depois da guerra, escreveu Speranza, o Congresso deveria aplicar "um teste de caráter" em vez da "nova sociologia [racial]" para estabelecer as leis de imigração (Speranza, 1916, p. 861). Isso não iria acontecer.

Os reservistas recebiam ajuda, durante o seu caminho, de organizações filantrópicas subsidiadas pelo governo italiano. Em 1916, o Escritório de Imigração do estado de Nova York destacou o trabalho efetuado pela Sociedade para os Imigrantes Italianos. O governo do estado observou que a sociedade "era muito bem organizada e que suas agências faziam um trabalho coordenado nos Estados Unidos e na Itália". De fato, os filantropos impediram uma crise durante a migração de retorno dos reservistas:

> É óbvio que o repentino fluxo de milhares de reservistas na cidade e a sua concentração aqui à espera de embarque durante os meses de inverno teria causado muitas dificuldades se a situação não tivesse sido admiravelmente administrada pela sociedade. O fato que esse Escritório não tenha recebido uma única queixa em consequência dessas condições extraordinárias [...] e que a Sociedade tenha cuidado e abrigado 45.495 estrangeiros [...] é um logro admirável, inédito para uma instituição como essa.[56]

Na avaliação do Escritório de Nova York, a pressão da logística de guerra levou a comunidade ítalo-americana a uma nova dimensão.

À medida que a guerra prosseguia, o governo italiano se voltou a seus expatriados para conseguir dinheiro e para o exercício de um lobby político a favor dos objetivos de guerra italianos. Em 1916, o Instituto Colonial Italiano enviou representantes para as Américas do Norte e do Sul "para apoiar nossos objetivos nacionais e encorajar nossos emigrantes a cooperar na aquisição dos nossos futuros bônus de guerra".[57] Esperançosamente, os italianos do exterior poderiam ampliar o prestígio internacional da Itália. Antonio Salandra, o primeiro-ministro em 1915, já tinha comprometido a diplomacia italiana ao anunciar, sem rodeios, que a Itália lutava não pela liberdade ou pela justiça, mas por um "egoísmo sagrado", ou seja, engrandecimento territorial. O sucessor mais idealista de Salandra, Paolo Boselli, que era também o presidente da Sociedade Dante Alighieri, esperava utilizar as filiais da Sociedade como o fulcro do sistema de propaganda italiano no além-mar. Ele imaginava que isso iria fortalecer a posição italiana

Italianos no mundo

nas negociações de pós-guerra. O comitê diretor da Dante, contudo, recusou a audaciosa proposta de Boselli por causa das restrições de financiamento. Mesmo assim, as filiais da Dante no exterior ajudaram a coletar dinheiro para os bônus de guerra italianos. Um orador falou aos italianos da Argentina para comprarem bônus como "um ato de fé" e que, se tivessem a tentação de usar o dinheiro em apostas, deveriam gritar "Para trás, Satanás!". Os grupos de emigrantes também organizaram um sistema de ajuda financeira para as famílias locais dos reservistas lutando pela Itália (Comissariato Generale dell'Emigrazione, 1923, pp. 69-102; Miele; Vighy, 1996, pp. 69-102; Raffaelli, 1924, pp. ix, 21, 74, 79; Salvetti, 1995, pp. 164-176; Tosi, 1977, pp. 66-68).

Apesar da sua contribuição para o esforço de guerra da Itália, a migração de massas também manchava a reputação internacional italiana. Isso iria atrapalhar a Itália nas negociações diplomáticas pós-guerra. Woodrow Wilson, cuja intervenção enquanto presidente dos Estados Unidos venceu a guerra para as potências aliadas, tinha preconceitos contra os italianos do sul. No seu livro, em cinco volumes, intitulado *History of the American People* (História do povo estadunidense, 1902), ele lamentava a "nova imigração" da Europa Meridional e dava um duro golpe à autoestima e ao prestígio italianos ao afirmar que a imigração dos chineses era preferível a dos italianos:

> Através dos séculos, homens do robusto *stock* do norte da Europa ou mesmo homens do *stock* gálico-céltico da França e da Itália *do norte* têm formado a maior cepa do sangue estrangeiro que foi, cada ano, adicionado à vital força da Nação. Agora, contudo, chegam multidões de pessoas de classe baixa do *sul da Itália* e homens do pior tipo da Hungria e da Polônia; homens das margens da sociedade, sem energia e habilidades nem a iniciativa da inteligência rápida; e eles vêm em números que aumentam ano após ano, como se as nações do sul da Europa estivessem se livrando dos elementos mais sórdidos e desafortunados das suas populações, de homens cujos padrões de vida e trabalho são tão baixos que são inimagináveis para o trabalhador americano... Os chineses são preferíveis, como trabalhadores e até como cidadãos, a essa massa de toscos que chegam em multidões cada ano nos portos orientais.[58]

A partir de pressupostos pseudorraciais, Wilson dava as boas-vindas aos italianos do norte, mas se opunha à entrada de italianos do sul nos Estados Unidos. Esses preconceitos podem ter obscurecido a sua perspectiva das coisas. Na Conferência de Paz de Paris, ele violou os princípios da autodeterminação dos povos em prejuízo da Itália, quando da divisão do Império Austro-Húngaro. Depois de ter aceitado compromissos em várias questões, Wilson se recusou a conceder à Itália o porto de Fiume (a moderna Rijeka, Croácia), mesmo sendo a cidade etnicamente italiana. Para explicar a sua preferência pela Iugoslávia, Wilson apelou diretamente ao povo da Itália em uma fútil tentativa para desacreditar o primeiro-ministro de origem siciliana, Vittoria Emmanuele Orlando (Albrecht-Carrié, 1966, pp. 146-147; Bailey, 1944, pp. 268-270; Burgwyn, 1993, pp. 277-281; 301; Heckscher, 1991, pp. 564, 624, 627). Em desafio a Wilson e aos Aliados, o poeta Gabriele d'Annunzio lideraria uma ocupação clandestina de Fiume de setembro de 1919 até o Natal de 1920, gerando um incidente internacional e um espetáculo político com grande benefício para o fascismo (Choate, 1997; Valesio, 1992). A questão de Fiume iria envenenar as relações entre a Itália, os Estados Unidos e a nova nação da Iugoslávia por décadas.

Apesar da desastrosa política seguida pela sua nação, os emigrantes italianos colaboraram com a pátria em guerra, providenciando apoio internacional durante e após a guerra. Os italianos do exterior estabilizaram a população do país e expandiram os seus recursos, graças à migração de retorno (Mitchell, 1998, pp. 85-87; Wyman, 1993, pp. 111-112). O sacrifício sem precedentes dos emigrantes marcaria um melancólico capítulo na história da migração.

EMIGRAÇÃO DEPOIS DA GRANDE GUERRA

Os sacrifícios em tempos de guerra em ambas as margens do Atlântico deixaram evidentes as ambiguidades do colonialismo emigratório. Enquanto muitos na Itália elogiavam o patriotismo de 300 mil reservistas e o Fundo Emigratório pagava as suas passagens, outros afirmavam que os emigrantes não tinham feito mais do que a sua

Italianos no mundo

obrigação e que não mereceriam agradecimentos especiais. Desse ponto de vista, o serviço militar era uma obrigação legal, como se eles nunca tivessem deixado a Itália. Alguns políticos se focavam nos números daqueles que não tinham retornado por quaisquer razões e se recusavam a reconhecer a cidadania estrangeira de muitos emigrantes. O Comissariado de Emigração observou com surpresa que "nossos compatriotas nascidos no Brasil [e, portanto, cidadãos brasileiros] que retornaram para a pátria após a mobilização estavam convencidos que realizavam um ato totalmente voluntário" (Commissariato Generale dell1Emigrazione, 1926a, v. 1, p. 740).

Levando em consideração os aproximadamente meio milhão de reservistas italianos que decidiram permanecer nos Estados Unidos, o Comissariado culpava a assimilação, as longas distâncias a percorrer e "a indolência natural dos nossos [emigrantes], aliada à certeza que eles tinham de que não seriam incomodados durante a sua permanência na América e à esperança de que, ao final da guerra, uma anistia iria livrá-los de todas as responsabilidades frente à [lei] italiana" (Commissariato Generale dell'Emigrazione, 1926a, v. 1, p. 733). Dessa forma, os ítalo-americanos recebiam insultos em vez de gratidão por parte de um governo que ainda disputava a sua lealdade.

Outros ficaram do lado dos emigrantes e do seu sacrifício. Durante a guerra, o Instituto Colonial Italiano contatou os emigrantes que partiam como reservistas para organizar uma colaboração transatlântica depois da guerra.[59] Em março de 1917, o Instituto também criou uma sociedade para ajudar os filhos dos italianos do exterior que tinham morrido na guerra:

> esses órfãos sagrados dos nossos italianos que retornaram para a Pátria para cumprir seu alto dever de defesa da Pátria são [...] os mártires do nosso povo. Nós acreditamos que em cada um desses órfãos de guerra brilha a imagem da Pátria e que nós devemos, com absoluta certeza, salvá-los da vergonha de implorar pela caridade e por ajuda em terra estrangeira. No lugar, devemos criar esses jovens paupérrimos no seio da família e da Pátria, como um testemunho eterno da fervente bondade da alma italiana.[60]

Os órfãos de guerra italianos eram as vítimas vivas de uma guerra transnacional. Presos em terras estrangeiras que tinham desprezado ou se oposto ao serviço militar de seus pais, os órfãos tinham apenas uma pátria imaginária e o tênue apoio das organizações de caridade italianas locais. Bonaldo Stringher, presidente do Banco Real da Itália, fez parte do comitê diretivo da nova sociedade, ao lado de representantes da *Italica Gens,* da *Opera Bonomelli*, da Sociedade Humanitária, socialista, de Milão e os ministérios do Interior, das Relações Internacionais e das Colônias. Tragicamente, em meio ao caos político e econômico da Itália do pós-guerra, o projeto logo entrou em colapso.[61]

Depois da guerra, qual seria o futuro da Grande Itália? Poucas pessoas anteciparam que a Itália liberal entraria em colapso e que os Estados Unidos iriam finalmente fechar as suas portas. A guerra parecia oferecer oportunidades concretas para a construção de uma verdadeira comunidade internacional. No pátio do Palácio Real de Turim, a "Associação Latino-Americana" erigiu uma monumental escultura em relevo em memória dos italianos da América mortos na guerra, "como um testemunho heroico da vigorosa união entre os latinos da Itália e da América". Inaugurada no dia de Colombo, em 1923, o monumento mostra Colombo planejando a sua viagem, enquanto acima dele um soldado em combate corpo a corpo usa o seu rifle como arma, sob o corpo do seu camarada caído (ver ilustrações). Muitos esperavam que, com o retorno da paz, a pátria-mãe seria uma guardiã mais zelosa dos seus filhos no exterior e providenciaria empréstimos e investimentos em reconhecimento aos seus esforços. Eugenio Bonardelli escreveu de Buenos Aires sobre a mudança de humor entre os italianos além-mar: "Mesmo se o sentimento patriótico – seria tolice negar a sua existência – costumava aparecer apenas durante as festas nacionais ou por ocasião de calamidades públicas na península, agora a guerra despertou as energias de todos os italianos dentro e fora das fronteiras nacionais" (Bonardelli, 1911; 1916, pp. 266-267). A identidade italiana agora tinha uma história concreta e um significado internacional.

Italianos no mundo

Apesar dessas conquistas, o projeto de uma Grande Itália unificada sofreu ataques esmagadores depois da guerra. As extremamente restritivas leis de imigração promulgadas nos Estados Unidos em 1921 e, especialmente, em 1924, visavam a "nova imigração", incluindo os italianos. Em uma vitória do preconceito racial e do isolacionismo, o Congresso restringiu o número de imigrantes italianos de 340.042 em 1920 para 29.723 em 1925 (Comissariato Generale dell'Emigrazione, 1926c, pp. 86-91; Nazzaro, 1972). A torrente da imigração italiana se reduziu a um filete. A migração de retorno também terminou: os italianos não podiam voltar para a Europa mesmo temporariamente, pois eles não seriam readmitidos nos portos americanos. A América do Sul estava mergulhada na crise econômica e não tinha como atrair mais imigrantes italianos. As debilitadas nações da Europa também se opunham à volta da migração em massa: seus próprios soldados desmobilizados precisavam de trabalho. As colônias de emigrantes italianos não podiam mais ser reabastecidas pela pátria. Elas podiam ser atingidas apenas por uma hábil propaganda.

Depois da sua chegada ao poder em 1922, Benito Mussolini se apressou para reabrir os fluxos da migração, hospedando um Congresso Internacional sobre a Emigração em 1924.[62] O próprio Mussolini tinha sido um emigrante, na Suíça, mas as suas iniciativas diplomáticas não deram em nada. Quando se tornou claro que os portões dos Estados Unidos continuariam fechados, ele dissolveu o Comissariado de Emigração, em 1927. Mesmo com milhares de antifascistas fugindo da opressão política naquele momento, Mussolini declarou que a era da emigração italiana havia terminado e convocou os expatriados a voltarem para casa (Levi, 1947, pp. 124-132; Ragionieri, 1962). O governo fascista colocou a seu serviço a rede de instituições que formavam a Grande Itália, incluindo as Câmaras Italianas de Comércio, as escolas, as instituições culturais subsidiadas e as associações. Politizadas e "fascistizadas", essa rede transnacional foi quase completamente destruída pela espetacular devastação trazida pelo fascismo e pelo nazismo na Segunda Guerra Mundial (Cannistraro, 1995; Luconi, 2000).

Colocados diante de crises extraordinárias, como terremotos e a Primeira Guerra Mundial, os emigrantes responderam deixando evidente a força da Grande Itália. O cuidadoso investimento nos laços culturais e o apoio para o desenvolvimento das comunidades expatriadas ajudou a trazer para a Itália não apenas os benefícios econômicos do comércio e das remessas, mas também substanciais reforços humanos em tempos de crise. O apelo da pátria ressoou entre italianos de todos os países. O valor para a Itália de 300 mil emigrantes reservistas, o equivalente a 14 divisões do Exército, não podia ser medido em termos monetários. A volta desses emigrantes demonstrou como os laços de família, língua e história podiam ser mais fortes do que os políticos criados pelos emigrantes em suas terras de adoção. A proposta de uma nação emigrante tinha tomado uma forma concreta.

CONCLUSÃO
Em direção
a uma nação global

O Reino da Itália celebrou o seu quinquagésimo aniversário em 1911 inaugurando o Monumento a Vittorio Emmanuele em Roma.[1] Essa estrutura colossal, que incluí uma imensa estátua do primeiro rei da Itália, está defronte a Piazza Venezia, na colina Capitolina, no centro da cidade. O seu coração é o "Altar da Pátria", onde dois soldados ou marinheiros italianos mantém a guarda, 24 horas ao dia, do mais sagrado monumento cívico da Itália: a tumba do soldado desconhecido, iluminada por duas chamas eternas. Na base dessas chamas, há uma inscrição em bronze: "Dos italianos do exterior para a Pátria [Gli italiani all'estero alla madre Patria]". No coração do patriotismo italiano, se destaca a contribuição dos emigrantes italianos, com um fogo eterno de devoção. A oeste, está a colina Janículo, fundamental para as celebrações do nacionalismo italiano. Ali, Giuseppe Garibaldi e suas tropas defenderam a República Romana em 1849. Ao lado de um monumento equestre a Garibaldi, da tumba de Anita Garibaldi e uma fileira de bustos de figuras patrióticas, se destaca outro monumento inaugurado em 1911. É um farol em cima de uma coluna clássica, decorada com leões e coroas de louros (ver ilustrações). À noite, um sinal luminoso tricolor brilha da mais alta colina romana, em verde, branco e vermelho, como se a luz da Itália iluminasse os expatriados em todo o mundo.

Tanto o farol como as tochas simbolizam a simbiose iluminada entre a Itália e a Itália do exterior. O farol foi um presente dos italianos da Argentina para "Roma, nossa capital".[2] Esses emigrantes queriam estabelecer uma presença na Cidade Eterna, demonstrando não apenas sua riqueza e sucesso material, mas também seus laços de fidelidade com as tradições italianas.

Em 1911, eles já tinham manifestado o desejo de erigir um altar memorial no Monumento a Vittorio Emmanuele, seguindo as tradições das antigas colônias da Grande Grécia que enviavam suas oferendas votivas para a Acrópole. Contudo, ainda que as rampas e plataformas do Vittoriano dispusessem de amplos espaços, o comitê recusou a oferta, temendo que ela estimularia propostas semelhantes de todas as colônias italianas espalhadas pelo mundo. Os ítalo-argentinos utilizaram então os fundos remanescentes da sua campanha para um monumento a Cristóvão Colombo em Buenos Aires para construir o farol romano (Borsi; Buscioni, 1983, pp. 181-186). Já em 1906 eles tinham persuadido a cidade de Buenos Aires a doar madeiras de lei tropicais para pavimentar a Piazza Rotonda, em frente ao Panteão romano. Buenos Aires "queria reverentemente cercar, em religioso silêncio, as veneráveis tumbas dos dois primeiros reis da Itália", enterrados em um antigo templo a mais de 11 mil km de distância.[3] Os italianos da Argentina provaram a sua devoção ao rei italiano, mesmo sem poder visitar a sua tumba em peregrinação, fornecendo mogno sul-americano para silenciar o barulho das carruagens romanas. De uma forma concreta e monumental, esses emigrantes marcavam a sua posição dentro de uma comunidade global.

Conclusão

Esses atos de devoção ilustravam as vantagens de uma Grande Itália transnacional. Italianos de todas as partes do globo podiam trocar sua produção local para o benefício de todos. Os *golondrinas* (andorinhas) que encontravam emprego na agricultura o ano todo – participando da colheita no verão na Itália e então cruzando o equador para fazer o mesmo no verão na Argentina – corporificavam os benefícios práticos de uma nação global: uma nação não limitada às suas fronteiras territoriais, mas que funcionava como uma comunidade internacional. As relações entre as colônias e a metrópole eram múltiplas, já que os líderes das colônias italianas no exterior se baseavam nas tradições, rituais e identidades cívicas italianas. Mesmo revolucionários italianos expatriados, que odiavam o Estado liberal italiano, olhavam para a península em busca de sua liderança política. Os principais anarquistas e sindicalistas italianos, incluindo Errico Malatesta e Alceste de Ambris, passaram anos no exílio nas Américas organizando a ação política em ambos os lados do Atlântico (Bettini, 1976; Topp, 1997).

O Estado italiano procurou se basear nas afinidades naturais dos emigrantes pela sua terra natal para construir um programa multifacetado e complexo. Os liberais italianos conectavam a emigração com a expansão colonial e o prestígio internacional. Os diplomatas negociavam pelos direitos e pela proteção dos trabalhadores italianos. Os cônsules ajudavam a organizar festas patrióticas, escolas, organizações de caridade, hospitais e sociedades culturais. O Estado promoveu um sistema bancário para as remessas. Em casa, os expatriados eram promovidos como heróis em exibições patrocinadas pelo Estado. A jornada transatlântica em si se tornou uma "escola da nacionalidade", com a distribuição gratuita de panfletos e livros glorificando o passado e o presente. Os patriotas italianos esperavam preencher todos os aspectos da vida dos emigrantes com uma recém-descoberta identidade nacional. O colonialismo emigratório seguia o modelo de uma família estendida, indo além das fronteiras e as fazendo irrelevantes, construindo laços de lealdade à família e à comunidade na Itália. O presidente da Sociedade Dante Alighieri em Buenos Aires argumentava que "para nossos colonos, Pátria e Família estão cem por cento conectadas; para a honra da primeira e o bem-estar da segunda, elas trabalham juntas e economizam os seus duramente conquistados salários" (Raffaelli, 1924, p. 128). Para colher os benefícios da emigração, o Estado italiano colocou a cultura e a tradição a serviço da economia e da política.

Uma rede mundial de italianos no exterior teria sido impensável sem o rápido desenvolvimento tecnológico que tinha recentemente reduzido o tamanho do mundo. Barcos a vapor tinham feito a travessia transatlântica confiável e barata, reduzindo o tempo de viagem pelo oceano de meses para dias. A correspondência via correio viajava a uma velocidade sem precedentes, enquanto cabos transatlânticos carregavam telegramas para qualquer destino em horas. Notícias e informações se espalhavam rapidamente através dos jornais internacionais. A velocidade das mudanças trazia ansiedade mas abria também novas oportunidades para os emigrantes (Glick Schiller, 1999; Glick Schiller; Fouron, 1998).

Eles cruzavam os oceanos e o Equador sem maiores problemas para conseguir renda tanto no Novo como no Velho Mundo, renda que planejavam gastar na sua aposentadoria na Itália. Graças à emigração em cadeia de familiares e amigos, as cidades italianas estabeleceram comunidades gêmeas nas Américas. Os italianos no exterior financiavam luxuosamente os cortejos e altares dos seus santos padroeiros em casa. Baseando-se na experiência dos italianos e de outros grupos nos Estados Unidos em 1916, Randolph Bourne apresentou sua visão de uma "América Trans-Nacional", onde o nacionalismo seria substituído por múltiplas lealdades multinacionais e uma nova cultura poderia ser construída a partir das contribuições dos imigrantes (Bourne, 1916; Glick Schiller; Basch; Blanc-Szanton, 1992; Vaughan, 1991).

No alvorecer do século XXI, uma nova era de migração de massas começou. A comunicação com o lar se tornou instantânea. As conexões por telefone, fax e internet são baratas e facilmente acessíveis; a televisão, o rádio e os meios impressos transmitem mesmo as notícias locais internacionalmente. As viagens aéreas se tornaram baratas, ao mesmo tempo que a velocidade dos aviões aumentou. Indivíduos podem agora viajar entre culturas e hemisférios em horas. O jornalista ítalo-americano Gino Speranza escreveu em 1908 sobre migrações

Conclusão

globais nunca vistas e suas palavras poderiam descrever igualmente o mundo de hoje:

> os interesses comerciais, a "aniquilação do tempo e do espaço" pelos métodos aperfeiçoados de transporte e o fluxo e refluxo das viagens tornarão as antigas distinções de nacionalidade e o caráter paroquial do patriotismo dos dias atuais cada vez mais um anacronismo. O conceito de cidadania em si está rapidamente mudando e nós poderemos ter que aceitar uma cidadania internacional ou mundial como a mais lógica do que o tipo atual, que faz um homem um estadunidense aqui e um italiano enquanto na Itália. (Speranza, 1974, p. 310)

As previsões de Speranza foram realizadas em parte: desde 1990, os Estados Unidos tornaram a aquisição da dupla cidadania um processo muito mais fácil e a Itália reconheceu a dupla cidadania em 1992. Os descendentes de emigrantes italianos homens, e de mulheres que emigraram após 1947 da República Italiana, podem solicitar a cidadania italiana.[4] Com os benefícios da cidadania da União Europeia e o fim do serviço militar obrigatório na Itália em 2005, cada vez mais indivíduos estão se tornando cidadãos com dupla cidadania. Mesmo assim, os Estados continuam a intervir nesse mundo transnacional, reivindicando a lealdade dos seus cidadãos para evitar a sua própria obsolescência e para garantir oportunidades. Países subdesenvolvidos veem na emigração a chance de romper o ciclo da pobreza. Eles debatem os perigos da emigração em massa, assim como os Estados Unidos e a Europa Ocidental debatem as implicações da imigração em larga escala. As Américas são um exemplo perfeito: os migrantes transnacionais, com um pé em casa e outro nos Estados Unidos, são cortejados para doações políticas e para contribuições para obras públicas em casa (Foner, 2000; Graham, 1997; Massey, 1999; Russell, 1986; Smith, 2003). Espera-se que os compatriotas naturalizados no exterior representem sua terra natal e influenciem a política externa dos Estados Unidos.

Essas tensões não são novas: o exemplo histórico da Itália nos fornece um contexto informativo de primeira ordem. Em meio à emigração em massa, um século atrás, a Itália ficou em uma posição única

Italianos no mundo

entre os Estados que exportavam pessoas. Os emigrantes dos impérios multinacionais não podiam recorrer a uma pátria. Não existia um Estado independente de Israel, Polônia ou Irlanda para coordenar, apoiar e proteger as populações de judeus, poloneses ou irlandeses no exterior (Jacobson, 1995). A maior parte da emigração da Alemanha aconteceu antes da unificação do Império Alemão em 1871 e os ducados alemães não tinham os recursos para apoiar seus emigrantes (Bade, 1987; Hochstadt, 1981; Langewiesche, 1977; Walker, 1964). O Império Alemão procurou atingir uma população que já tinha partido, em vez de uma a caminho.

Em contraste, os emigrantes italianos viajavam a partir de um Estado recém-unificado, que trabalhou para converter a migração em massa em um recurso nos seus assuntos internacionais. Ao contrário dos Estados escandinavos, também vivenciando um processo de emigração em massa, a Itália reclamava para si o status de grande potência. Por volta de 1880, a Itália tinha construído a segunda maior marinha de guerra do mundo, à frente da França, dos Estados Unidos, da Alemanha e do Japão (Clark, 1996, p. 26; Kennedy, 1987, pp. 198-206; Smith, D. A., 1998). Ainda que a Itália não tenha sido capaz de manter essa vantagem em termos navais, ela permaneceu na elite das potências globais e as suas políticas de emigração, pioneiras, influenciaram as da Alemanha, França, Espanha e outros países. Quase toda a emigração italiana se dirigiu para fora do pequeno império territorial italiano, mesmo nos anos 1920, e, portanto, o Estado italiano teve que confiar na influência indireta em vez da administração direta, como nos impérios francês e britânico.

O caso mais parecido com o da Itália foi, provavelmente, o do Império Japonês. Como a Itália, o Japão era uma terra antiga passando por um processo de reunificação nacional nos anos 1860. O governo direto do imperador Meiji, a transferência da capital imperial de Quioto para Tóquio e a administração centralizada de todas as regiões levou à agitação política e a uma rápida modernização. Tanto o Japão como a Itália lutavam para serem levados a sério como potências globais por causa da sua fraqueza econômica e dos preconceitos raciais e ambos os países se frustraram com os resultados da Conferência de

Conclusão

Paz de Paris depois da Grande Guerra. De forma notável, ambos os países associavam a emigração de trabalhadores pobres com o colonialismo. Hokkaido, Okinawa e Taiwan foram colonizados por empobrecidos colonos japoneses e a emigração japonesa para o Havaí e para a Califórnia era vista pelos funcionários do governo dentro da mesma perspectiva. Zentaro Otsuka, um jornalista emigrante japonês, se queixava em 1910 que

> emigrantes e colonos, assim como os fenômenos da emigração e da colonização, são frequentemente confundidos... Os colonos embarcam como súditos imperiais dentro de um espírito pioneiro e sob a nossa bandeira, para a expansão territorial do Estado; os emigrantes agem meramente como indivíduos, deixando a Pátria dentro de uma decisão pessoal, sem o apoio do poder soberano. (Azuma, 2005, p. 17)

No entanto, a emigração japonesa, ilegal até 1884, era muito mais centralizada que a italiana, permeada por fraturas políticas e diferentes perspectivas. A partir de 1894, o próprio governo imperial japonês recrutou e contratou trabalhadores japoneses para trabalharem como emigrantes no Havaí. Em 1900, o Império interrompeu a emigração de trabalhadores japoneses para os Estados Unidos, o Canadá e o México e essa proibição foi reforçada em 1908 através de um acordo, diplomaticamente negociado, para combater a discriminação racial contra os expatriados japoneses. A expectativa do governo era que os súditos imperiais iriam obedecer e apoiar o imperador, onde quer que eles estivessem no mundo, já que o seu posicionamento afetaria diretamente a expansão do império. Essa postura nacionalista colocada em prática pelo Japão Imperial e, mais tarde, pela Itália Fascista, levaria ao internamento dos japoneses e, em menor escala, dos ítalo-americanos durante a Segunda Guerra Mundial, mesmo sendo a maioria absoluta dos internados leais aos Estados Unidos. A pressão imperial sob os japoneses expatriados eventualmente se mostrou incompatível com os seus interesses do outro lado do mundo e uma relação forçada como essa estava destinada a entrar em colapso (Azuma, 2005, pp. 17-31; Daniels,

2004; Di Stasi, 2001; Fox, 1990; Young, 1998, pp. 307-341). A Itália liberal aplicou uma política mais flexível, diversa e aberta. A emigração e sua relação com o colonialismo estavam no coração da política externa italiana, mas ela ia além do controle direto do Estado.

Os esforços italianos podem ser comparados às políticas estratégicas dos principais Estados emissores de população no século XXI. Índia, Rússia, China, Coreia e México têm devotado grandes esforços e recursos para fortalecer a relação entre seus expatriados espalhados pelo mundo e a pátria, encorajando a fidelidade cultural, a lealdade política e, frequentemente, a emigração de retorno, com benefícios tangíveis para a pátria de origem. A intervenção no campo emigratório estendeu o alcance do Estado italiano, em casa e no exterior. Depois de 1871, os censos italianos contavam os italianos do exterior como súditos do rei da Itália, mesmo se eles tivessem outra cidadania. A Itália também patrocinou uma série de exposições e congressos dos italianos do exterior, os quais, em teoria, nunca tinham sido "perdidos" para a pátria.

Como a Itália, outros Estados também apelam aos emigrantes como representantes nacionais, apostando em um projeto de expansão além-fronteiras. O governo do Haiti declarou que seus emigrantes representam a "décima província" do Haiti, somada às nove que compreendem a ilha. Um em cada seis haitianos vive no exterior e o governo tem tentado fazer dessa população uma parte integrante da sociedade haitiana e uma parte importante da economia do país. Vicente Fox, presidente do México, declarou, de forma controversa, que o México era "uma Nação de 123 milhões de cidadãos", com 23 milhões vivendo fora do México, muitos deles com cidadania estadunidense.[5] O Escritório dos Mexicanos no Exterior, sob os auspícios do Ministério das Relações Exteriores desde 2002, coordena o apoio para os cidadãos e eleitores mexicanos no exterior, que influenciam os Parlamentos na cidade do México e em Washington. A emigração é uma questão de política interna e externa, como foi reconhecido pelo governo italiano em 1901, quando transferiu o gerenciamento da emigração do Ministério do Interior, especializado no combate ao crime, para o das Relações Exteriores, preocupado com o aumento da influência internacional do

Conclusão

país. A regulação da emigração mudou os limites do liberalismo italiano, aumentando grandemente os poderes de intervenção do governo na sociedade, de forma parecida com as políticas adotadas pelo governo britânico após os emblemáticos *Passenger Acts* de 1815 (Dunkley, 1980; MacDonagh, 1961).

Além de contar os italianos do exterior nos seus censos, o Estado italiano abrigou, através do Instituto Colonial Italiano, dois Congressos dos Italianos do Exterior, em 1908 e 1911. A Índia seguiu um caminho semelhante em 2002, ao lançar o "Pravisi Bharatiya Divas", um festival anual para trazer para casa ricos indianos que vivem no exterior.[6] Nos seus congressos e exposições sobre os italianos do exterior, a Itália fazia questão de incluir os italianos ainda sob dominação estrangeira no Império Austro-Húngaro. A Coreia do Sul faz o mesmo com relação aos norte-coreanos, dentro do guarda-chuva representado pela Fundação dos Coreanos do Além-Mar (Bergsten; Choi, 2003). Unir os coreanos no exterior tem sido mais fácil do que cultivar os laços entre os coreanos que vivem na própria península. Do mesmo modo, era mais fácil definir a *italianità* fora da Itália, longe das rígidas divisões de classe, regionais e religiosas internas. Como escrito por Benedict Anderson, é mais fácil para pessoas fora da sua terra natal imaginar comunidades nacionais. O sonho da unificação italiana foi forjado no exterior por Mazzini, Crispi, Garibaldi e outros exilados e o jovem Estado italiano se adaptou a uma nova era global através de políticas inovadoras para "fazer italianos" no exterior, através do projeto de uma Grande Itália (Anderson, 1991; Gabaccia, 2000).

Para beneficiar seus emigrantes e lucrar com o seu trabalho, a Itália utilizou a sua influência e recursos para aperfeiçoar o fluxo de dinheiro, exportações e pessoas através das fronteiras. O governo italiano ganhou o apoio americano para estabelecer um canal sem fins lucrativos para as remessas dos emigrantes, com baixas tarifas para eles e notáveis resultados para o Estado italiano. Os migrantes dos dias de hoje, por sua vez, enviam mais de 100 bilhões de dólares anualmente para casa através de serviços comerciais, que penalizam seus vulneráveis clientes cobrando taxas no valor de milhões de dólares ao ano. Em

339

2004, os Estados Unidos, com o G8 e o Fundo Monetário Internacional, defenderam maior transparência e menores taxas para as remessas internacionais dos emigrantes.[7]

Talvez valesse seguir o exemplo do trabalho sem fins lucrativos e global desenvolvido pelo Banco di Napoli, transferindo as remessas dos emigrantes para bancos legítimos e garantindo menores taxas e riscos, e uma melhor administração. As remessas têm financiado o desenvolvimento econômico em todos os níveis, excedendo a ajuda estrangeira como uma fonte externa de capital nas nações subdesenvolvidas. A Itália contou com as remessas para financiar um quarto do seu déficit de pagamentos antes de 1914; no ano de 2004, as remessas geraram 8,5 bilhões de dólares para as Filipinas, 16,6 bilhões para o México e 23 bilhões para a Índia. As remessas para a República Dominicana têm trazido mais dinheiro para o país que as exportações e o investimento direto estrangeiro, sustentando o mais rápido crescimento econômico em toda a América Latina.[8] Da mesma forma, as remessas ajudaram a Itália a financiar a sua crucial "decolagem industrial" nos anos de paz antes da Primeira Guerra Mundial.

A Itália também dependia das exportações para o mercado emigrante. Como observaram, com um ponta de inveja, investigadores franceses, "a maioria dos italianos [na América do Sul] são trabalhadores manuais. Mesmo assim, eles se tornaram importantes apenas pela força dos números; abriram o caminho para o comércio ao adquirirem produtos italianos e os apresentarem aos brasileiros".[9] Ser italiano no exterior passou a ser sinônimo da boa cozinha italiana. Essa foi uma invenção nova, já que a emigração em massa coincidiu com avanços tecnológicos na produção de pasta seca (*pasta sciutta*). Antes, apenas os ricos tinham sido capazes de consumir pasta fresca, que demandava horas de trabalho intenso para ser produzida, mas a industrialização dos alimentos passou a permitir que as famílias pobres consumissem pasta todos os dias (Bevilacqua, 1981; Diner, 2001, pp. 21-83; La Cecla, 1998; Teti, 1991).

Em 1827, Giulia Buitoni iniciou a produção industrial de pasta em Sansepolcro, Toscana, e, em 1877, Pietro Barilla fundou uma fábrica de pasta em Parma. Com a exportação de pasta seca e a fundação, pelos

Conclusão

ítalo-americanos, de inúmeras fábricas de *macaroni*, os emigrantes podiam agora consumir o novo prato nacional em qualquer lugar. As empresas italianas foram pioneiras na criação de uma cultura alimentar global italiana, corporificada no slogan "Onde está Barilla, está o lar" (*Dove c'è Barilla, c'è casa*).[10] A comida italiana passou de um nicho étnico a um empreendimento de larga escala, com inúmeros restaurantes, empórios e distribuidores de propriedade dos emigrantes se espalhando por diversos países. Queijos, tomates e vinhos importados, necessários para a autêntica cozinha italiana, eram promovidos pelas Câmaras Italianas de Comércio ao redor do mundo. Com apoio financeiro do Estado italiano, elas faziam campanhas vigorosas pela redução de tarifas e por um melhor tratamento dos trabalhadores e inquilinos italianos e promoviam as exportações *"Made in Italy"* como uma manifestação concreta de uma conexão sentimental com a pátria. A cozinha mexicana, chinesa, tailandesa e indiana seguiram uma trajetória semelhante, se expandindo a partir de um nicho para se tornarem mercados lucrativos nos Estados Unidos e na Europa Ocidental (Borjas, 1999; Bourdieu, 1980; Gabaccia, 1998; Levitt, 1998; Portes; Jensen, 1987).

Objetivos contrastantes guiavam os projetos italianos para os emigrantes. *Italianità* significava não apenas uma identidade cultural, mas uma política. Falar italiano nas igrejas ou escolas tinha uma repercussão internacional, já que a Itália concentrava os seus esforços para ensinar "a língua de Dante" para emigrantes adultos e seus filhos da segunda geração. Mesmo nos dias de hoje, a educação em língua estrangeira para filhos de imigrantes permanece um tema polêmico nas Américas. Como compreendia muito bem o governo italiano com o seu pioneiro programa de escolas italianas no exterior, a língua é a mais forte e mais flexível conexão entre os emigrantes e a pátria de origem (L'italiano e le grandi communità italiane nel mondo, 1987; Perlmann; Waldinger, 1999, pp. 223-238; Portes, 1995). Os governos liberais italianos colocaram de lado suas diferenças para trabalhar com escolas católicas e socialistas para alfabetizar em italiano. O Estado italiano também incumbiu os emigrantes da celebração das festas nacionais no exterior, como os aniversários do rei e da rainha e mesmo

341

Italianos no mundo

estabelecendo novos rituais cívicos, como quando os italianos fizeram campanha para denominar o dia 12 de outubro de "Dia de Colombo". Cristóvão Colombo renasceu como uma figura mítica, um protótipo do emigrante, cujo gênio nativo italiano estabeleceu o Novo Mundo, junto ao explorador italiano Amerigo Vespucci, que deu o seu nome às Américas do Norte e do Sul. No século XXI, celebrações cívicas e religiosas também servem para medir a força das comunidades culturais. O Diwali indiano, o dia de São Patrício irlandês, o Cinco de Maio mexicano e o Ano Novo chinês e indiano combinam o fervor religioso e secular através das fronteiras.

A recepção e o processamento dos emigrantes atraiu a atenção direta do Estado italiano, de forma semelhante ao feito pelo México, que negociou com os Estados Unidos a entrada legal dos emigrantes e permissões de trabalho. A imigração nos Estados Unidos entre 1880 e 1915 era legal, mas regulamentada e organizada. Após a chegada, os imigrantes eram considerados um problema doméstico, uma perspectiva completamente oposta à da Itália e de outros países emissores. O Estado italiano examinava os emigrantes na hora da partida, organizava atividades patrióticas para eles durante a viagem e esperava que chegassem a Ellis Island já com uma identidade formada. O primeiro-ministro italiano Francesco Crispi solicitou permissão para que um agente do governo italiano ficasse em Ellis Island para receber os imigrantes italianos e adverti-los contra os riscos de exploração fraudulenta.

A proposta de Crispi foi recusada pelo governo estadunidense, que o acusou de querer interferir em assuntos domésticos. No lugar, a Itália patrocinou a criação de um Escritório de Informação para os trabalhadores na cidade de Nova York, mas os agentes do governo dos Estados Unidos em Ellis Island não informavam os imigrantes italianos sobre a existência desse ponto de apoio. Adolfo Rossi esperava que um tratado internacional poderia resolver a questão, mas, ao contrário do que acontece no século XXI, os Estados Unidos se recusavam de forma intransigente a tratar as migrações como um tema internacional.[11] Os imigrantes, em teoria, se tornavam estadunidenses assim que desembarcavam e sua origem poderia ser ignorada. Como todos os outros

342

Conclusão

Estados emissores, contudo, a Itália mobilizou os seus recursos para considerar os expatriados como "emigrantes" e não como "imigrantes", representantes das suas pátrias de origem e da sua nacionalidade no exterior (Evans, 1985; Guarnizo, 1998; Schmitter, 1984).

A Itália enfrentou os mesmos tópicos controversos dos dias de hoje um século atrás. Como a maioria dos principais Estados emissores no século XXI, o Estado italiano tinha todo o interesse em manter a lealdade e o afeto dos expatriados em um mundo em rápida mudança (Chan, 1990; Diaz-Briquets; Weintraub, 1991; Duara, 1997; Mallee; Pieke, 1999; Nayyar, 1994; Ong, 1999; Pilkington, 1998). Em 1904, o comissário geral para a imigração, F.P. Sargent, acusou a Itália, a Alemanha e outros países de uma conspiração cultural ao procurarem manter laços políticos com os seus emigrantes nos Estados Unidos:

> Foi considerado conveniente colonizar a mente dos seus súditos que chegam a esse país, com o objetivo de manter neles o amor pela Pátria. Isso foi realizado através de agentes do governo e da Igreja, enviados aqui para manter os colonos unidos e para evitar que eles exibam qualquer nível de conhecimento ou fidelidade às instituições dos Estados Unidos, o que poderia levar à aquisição, por parte deles, de casas e propriedades e a expatriação definitiva dos seus países. Isso significou uma perda permanente, para aqueles países, da lealdade e da utilidade dos seus súditos... Consequentemente, todos os recursos políticos, sociais e, eventualmente, religiosos estão sendo mobilizados para um único fim – manter as colônias dos seus próprios povos nesse país fiéis, instruindo-os através de vários canais a manter sua lealdade aos seus países de nascimento, canalizar os seus ingressos de volta para casa, para a aquisição de propriedades lá, e para evitar todos os contatos com a população desse país, o que poderia levar à adoção permanente dos ideais estadunidenses (Commissioner-General of Immigration, 1904, pp. 43-45).

No século XXI, os Estados Unidos encorajam os emigrantes a enviarem remessas e a retornarem para casa.[12] Sargent escrevia de um tempo diferente, assimilacionista, e os argumentos do comissário geral têm sido interpretados usualmente como paranoia nativista. No

Italianos no mundo

entanto, a Itália realmente encorajava os emigrantes a comprar produtos italianos, pensar em italiano, enviar dinheiro para a Itália e, eventualmente, se aposentar no território italiano, argumentando que uma identidade estadunidense não precisava ser, para os emigrantes, exclusiva. Muitos aspectos da emigração em massa estavam fora do controle do Estado; mesmo assim, políticas criativas produziram bons resultados para a *madre patria* italiana. Em termos retóricos, a Itália seria tanto a mãe como o pai dos seus filhos (os emigrantes) no exterior, que ajudariam a família em casa nas suas horas de necessidade. Ao subsidiar e coordenar as atividades das comunidades, a Itália conseguiu penetrar na vida privada dos italianos do exterior. O que a Itália conseguiu na América foi um modelo de envolvimento estatal que os estudiosos podem comparar com outras migrações nacionais, passadas e presentes. Os emigrantes permaneciam conectados em uma nação global, assim como o Estado italiano se baseou na migração internacional para construir uma identidade italiana.

A expansão da Itália pela emigração em todo o mundo tornou possível um novo entendimento do que significava ser italiano. As ciências sociais exerceram aqui um papel fundamental ao construir a ideia de *italianità* em casa e no exterior, superando as identidades regionais ou provinciais que sempre dividiram a península italiana. Lamberto Loria, o fundador da etnografia italiana, deixou de estudar culturas exóticas em territórios coloniais subjugados para investigar a diversidade das tradições italianas e como elas poderiam ser mantidas pelos emigrantes em espaços estrangeiros fora do controle político da pátria. Ele conceitualizou a etnia italiana em termos positivos, em vez de imaginar uma oposição a outros povos, e considerou que os emigrantes carregariam consigo um puro, ainda que deliberadamente criado, ethos italiano.

Essa concepção compartilhada de uma *italianità* além-fronteiras foi possível porque os emigrantes podiam permanecer em contato com a pátria através de uma comunidade virtual de cartas, periódicos e informações. A revolução nos transportes e nas comunicações e o movimento em massa de populações através das fronteiras permitiram uma transformação estrutural, para adaptar um termo cunhado por

Conclusão

Juergen Habermas (Habermas, 1989), esfera pública internacional. A livre troca de ideias nos jornais italianos no exterior, por exemplo, estava além do controle italiano, mas mesmo assim acabava beneficiando a própria Itália. Periódicos publicados na Itália, como *L'Italia Coloniale*, *Patria e Colonie* e *Italica Gens*, e no exterior, como *La Patria degli Italiani*, em Buenos Aires, e *Il Progresso Ítalo-Americano*, em Nova York, superavam lealdades regionais conflitivas através da reafirmação da unidade nacional dentro do cenário internacional.

No século XXI, com o e-mail substituindo os telegramas e os websites no lugar dos jornais, a acessibilidade das comunicações torna ainda mais fácil a existência internacional das comunidades nacionais (Wimmer; Glick Schiller, 2003). Um exemplo é a página web da Associação dos Trabalhadores Filipinos no Exterior (OFW), que reúne manifestações a favor do seu país de origem de pessoas que vivem na Califórnia, Escócia, Arábia Saudita, Cingapura, Sudão, Tanzânia, Cazaquistão, Canadá, Coreia do Sul, Flórida, Austrália e Itália. Seus apelos por maior democracia e integridade em casa podem ser bloqueados por políticos nas Filipinas, mas os seus participantes transnacionais estão fora do alcance do controle e da regulação política domésticas, e a influência econômica sobre o turismo e as remessas fazem deles uma potente e valiosa força.[13]

A emigração em escala global serviu para os Estados emissores como uma saída e uma fronteira, repleta de energias e possibilidades, alterando o coração metropolitano e redefinindo a nação de uma maneira semelhante ao que faziam os Estados Unidos com a sua fronteira em expansão no oeste, para utilizar a famosa tese de Frederick Jackson Turner (Faragher; Turner, 1994). Os emigrantes eram cuidadosamente etiquetados como "italianos" e recebidos como tal no exterior, apoiados por organizações culturais, econômicas, diplomáticas e de saúde pública na sua partida, na estadia no exterior e na viagem para casa. Em seus múltiplos aspectos e impactos, em casa e no exterior, a emigração se tornou um traço definitivo da Itália na era liberal.

Por que a emigração se tornou algo identificado com o liberalismo italiano? A liberdade de emigração, negada aos súditos dos Estados europeus desde tempos medievais, era uma das mais fundamentais liberdades

345

Italianos no mundo

garantidas sob os governos liberais no século XIX.[14] Na Itália, contudo, a liberdade de movimento se tornou algo muito mais real do que um simples princípio teórico. A Itália unida produziu um recorde de 26 milhões de emigrantes entre 1876 e 1976, e mais da metade deles emigrou antes de 1915. A emigração desabou radicalmente em 1914-1918, durante a Primeira Guerra Mundial, mas ninguém poderia ter previsto isso em 1911. Os observadores contemporâneos imaginavam que as estatísticas de emigração iriam continuar a sua escalada geométrica ou, ao menos, se manter nos níveis elevados já atingidos, com o contínuo suporte das políticas liberais em favor da industrialização, urbanização e emigração. A própria sociedade italiana se alterava rapidamente, até porque metade dos emigrantes mais tarde retornou para casa. A sociedade rural viu o declínio das famílias patriarcais, o fim da usura, a melhoria das casas dos camponeses e a infusão de novas habilidades e experiências que desafiaram as tradicionais classes médias e altas. Os efeitos foram de alcance nacional, ainda que a Itália do Norte ficasse a frente da do Sul em termos de desenvolvimento (Vecoli, 1995; Wyman, 1993, pp. 10-12).

Nem todos concordavam com esses desdobramentos e resultados. Concebida entre 1880 e 1915 em meio ao crescente darwinismo social e no auge da "Corrida pela África" europeia, a esclarecida e inovadora política emigratória italiana se revelou extremamente controversa em casa e no exterior. Alguns políticos italianos argumentavam que a emigração nunca poderia levar à verdadeira grandeza em termos mundiais e que as colônias de emigrantes não manteriam os seus vínculos com a Itália. O programa de Francesco Crispi para assentar os potenciais emigrantes na Eritreia e sua tentativa de conquistar a Etiópia inspiraram o entusiasmo popular, especialmente no sul. Ainda que Crispi tenha liderado a Itália para o desastre em Adua em 1896, 15 anos depois Enrico Corradini ressuscitou a reputação de Crispi ao insistir que a emigração era algo subserviente e portadora de desgraças e que a redenção da Itália viria apenas através da conquista do seu próprio império na África.

Corradini se rebelou contra a concepção liberal de assentamentos expatriados espontâneos, ou "colônias livres" como uma forma pacífica, nobre e econômica de expansão colonial:

Conclusão

colônias livres [*colonie libere*] como forma de migração não são nem livres nem colônias, elas são uma *forma de sujeição* [...] Nós confundíamos colônias com emigração e damos a ela uma conceituação retórica, numérica e individual [...] Isso é conveniente e agradável para nós, mas não é sério. É um conceito firmemente enraizado na opinião pública das nossas classes dirigentes, mas não é sério [...] Nós precisamos entender que emigração e colônias são duas coisas completamente diferentes.[15]

Corradini condenava o colonialismo emigratório porque ele diluía os conceitos de Estado, nação e soberania: um governo central forte se tornava desnecessário se uma *italianità* sentimental passível de existir em qualquer lugar do mundo era suficiente para participar da nação. Ele insistia para um imediato retorno ao programa de conquista imperial da África e para o fim dos governos liberais (Corradini, 1911a, pp. 190-191; Sheehan, 2006).

O diagnóstico de Corradini da emigração como um ato servil de uma "nação proletária" teve uma repercussão substancial, já que a frustração com os compromissos, as falhas e os desapontamentos da era liberal ajudaram a abrir caminho para o socialismo nacional e o fascismo. Luigi Villari e Amy Bernardy, dois dos principais críticos das políticas de emigração da Itália durante o liberalismo, se tornaram destacados defensores do fascismo italiano, saudando o "renascimento" e o "despertar" da Itália sob Mussolini (Bernardy, 1930; 1931; Villari, 1924; 1926). Giovanni Preziosi representou uma ameaça diferente à sociedade italiana. Pesadamente envolvido com política de emigração e editor de *La Vita Italiana all'Estero* (Vida Italiana no Exterior), Preziosi ficou obcecado com os desafios impostos aos italianos por outras nações. Diferentemente de Corradini, ele culpava os judeus pela pobreza italiana e liderou uma campanha pela promulgação de leis racistas e antissemitas na Itália fascista. Preziosi traduziu para o italiano o famoso libelo "Os Protocolos dos Sábios de Sião" para instigar o medo de uma conspiração judaica que ameaçava o povo italiano e se tornou mais tarde o Inspetor Geral para Assuntos Raciais na República Social Italiana, sob ocupação nazista.[16]

As polêmicas relativas à emigração eram politicamente explosivas, com vastas e radicais implicações. A política de emigração da Itália na era liberal tinha um flanco exposto que atraía ataques, especialmente quando, no pós-guerra, a emigração se tornou um apoio para uma economia em crise. Um mês antes que Mussolini assumisse o poder, o ministro do Tesouro Giuseppe Paratore apresentou uma análise patética da situação:

> A realidade é que a Itália é incapaz de sustentar 40 milhões de habitantes [...] A única solução para o desemprego, nas atuais condições, é a emigração [...] As diretrizes para a emigração italiana seguidas atualmente pelo Comissariado de Emigração não respondem às necessidades atuais e urgentes da Nação [...] [o Comissariado] ainda quer ser seletivo no tocante a que nações podem receber nossas massas emigrantes.[17]

Paratore instava a emigração a qualquer custo, mesmo que a custo de exploração, apenas para reduzir a população na Itália. O fato de tantos italianos abandonarem o país sob o liberalismo ajudou a alimentar o sentimento de que deveria haver uma troca de regime.

Alguns conservadores atacavam o liberalismo e suas políticas migratórias como uma das maiores causas da decadência da sociedade. Luigi Villari, no consulado da Filadélfia, argumentava que o governo italiano "deveria cortar todo o encorajamento à emigração, seja direto ou indireto (adiamento do serviço militar, isenções de impostos, etc.) e taxar as companhias de navegação [...] para utilizar o dinheiro para melhorar as condições nas províncias, abrir escolas, etc. E deveríamos deixar claro que todo mundo que emigrar, especialmente para os Estados Unidos, estaria por sua conta e risco". Cortando a emigração, argumentava Villari, iria interromper a infiltração de influências urbanas na Itália e preservar a saúde, a moral e a segurança do país.[18] Outros defendiam que era melhor assentar os camponeses longe das cidades, em colônias agrícolas na África, sob controle italiano e sob a bandeira italiana. O Estado fascista de Mussolini acabou por colocar essas ideias em prática nos anos 1930, com o assentamento de italianos na Líbia e a sangrenta conquista da Etiópia (Giglio, 1939; Nobile, 1990).

Mussolini explorou a emigração para novos fins políticos. Para definir os italianos do exterior, os fascistas utilizaram uma palavra nova e mais dinâmica – *emigranti* [emigrandos] no lugar da palavra tradicional *emigrati* [emigrados] e se concentraram na *fascistizzazione* (fascistização), uma palavra particularmente feia do idioma italiano. Os fascistas no exterior eram responsáveis pela perseguição aos comunistas e outros exilados políticos italianos, pela construção de redes de apoio para a ditadura fascista e defendiam a autarquia, o imperialismo e as leis raciais. Tais programas, contudo, foram espetacularmente malsucedidos, bloqueados pela diplomacia internacional e rejeitados, no final, pelos próprios emigrantes (Luconi, 2000). Os italianos do exterior se recusaram a se associar com o regime totalitário, especialmente depois que a Itália Fascista entrou na Segunda Guerra Mundial ao lado da Alemanha nazista. Mais de 300 mil emigrantes retornaram para lutar pela Itália Liberal na Primeira Guerra Mundial; muitos poucos o fizeram pela causa perdida de Mussolini. Os expatriados fizeram suas próprias escolhas. A Itália liberal tinha praticado uma política emigratória mais construtiva, ligando os italianos no exterior em uma comunidade global. O colonialismo emigratório só podia ser um programa voluntário e entrou em colapso quando líderes autoritários tentaram explorar os recursos dos emigrantes para uma guerra agressiva.

O fim da guerra e a queda do fascismo reviveu a emigração em massa e a doutrina liberal de colonialismo pacífico pela expansão econômica. Com o fim da monarquia e a fundação da república italiana depois da Segunda Guerra Mundial, o primeiro presidente da Itália a residir no antigo palácio real, o Quirinal, foi o profeta do colonialismo emigratório, Luigi Einaudi.[19] O primeiro-ministro das Relações Exteriores no pós-guerra, Alcide De Gasperi, tentou ressuscitar as políticas de colonização liberais de antes das guerras mundiais. Em agosto de 1945, como parte das negociações de paz, ele escreveu ao Secretário de Estado estadunidense tentando recuperar a posse da Líbia:

> Antes da invasão de Mussolini da Etiópia, a Itália democrática nunca considerou as colônias como um instrumento do imperialismo, mas como um meio de absorver o excesso de população da Itália. A Itália

democrática atual as pensa da mesma forma... [a proposta] de tutela dificilmente vai corresponder às necessidades coloniais italianas, dadas as diferenças entre a concepção e a práxis coloniais italianas, fundadas na emigração, e o sistema anglo-saxão, baseado centralmente na aquisição de matérias primas e mercados.[20]

De Gasperi procurava convencer os estadunidenses de que os colonos italianos, diferentemente dos ricos britânicos, estavam tentando fazer algo mais necessário, mais genuíno e mais nobre. Seus argumentos ecoavam o manifesto colonial do próprio Einaudi de 1900: "Nas margens do Rio da Prata, uma nova Itália está emergindo, um povo está em formação, o qual, através da Argentina, preservará as características básicas do povo italiano e irá provar ao mundo que o ideal imperialista não permanecerá algo apenas anglo-saxão. Nós estamos mostrando ao mundo que a Itália pode criar um tipo de colonialismo mais perfeito e evoluído" (Einaudi, 1900, pp. 12-13; Nobili-Vitelleschi, 1902). Em vez de explorar as colônias para fins econômicos, a Itália teoricamente perseguia um propósito mais nobre ao desenvolver e povoar os territórios coloniais, seja na África, seja nas Américas. No entanto essas duas faces da Grande Itália eram mais diferentes do que estava implícito nas palavras de De Gasperi.

Com certeza, a conquista colonial de terras estrangeiras para colonização pela Grã-Bretanha, França, Alemanha, Portugal ou Itália acabou por se constituir num desastre de longa duração, tanto para conquistadores como para conquistados. As guerras imperiais plantaram sementes profundas de destruição que ainda hoje dão frutos. As Américas, a Ásia e a África nunca foram terras vazias esperando os colonos europeus. O conceito imperialista das terras não europeias como desocupadas e vazias gerou ódio e devastação de longa duração. No entanto, o modelo italiano de colonialismo emigratório é ainda relevante, mesmo numa era pós-imperial. Exercer influência através do "império informal" dos italianos pacificamente instalados no exterior era uma postura mais modesta que a utilização britânica do poder naval, da força militar e da dominação racial, mas também se provou mais duradoura e mais benéfica para todos os envolvidos.

Conclusão

A Itália, como uma "nação emigrante" utilizou meios criativos e inovadores para se inserir na economia mundial antes da Grande Guerra. O "império etnográfico" italiano era baseado na liberdade de movimento, em uma cultura aberta e na memória, com o Estado italiano trabalhando para construir comunidades no exterior e ligá-las cultural e economicamente à pátria. Em vez de utilizar a força, o Estado italiano dava aos emigrantes incentivos para manterem a sua lealdade. A colonização livre além dos territórios imperiais lançou as bases para uma rede transnacional, global, de relações econômicas e culturais e de trocas populacionais, com a Itália no seu centro. Esse uso flexível da diplomacia pode servir como um modelo para projetos de influência transnacional nos assuntos internacionais.

Emigração e comércio são duas características centrais da globalização, seja a do século XIX seja a atual. A ativa resposta italiana às pressões das mudanças oscilaram dentro de todo o espectro da agressão à paz. Guerras imperiais em nome da emigração levaram a desastres espetaculares; já os programas liberais em apoio aos emigrantes foram pensados levando em consideração altos índices de retorno e o reforço dos laços com a pátria de origem. O Estado podia realizar tarefas que os indivíduos não podiam, construindo redes internacionais de comunicações, transportes, finanças e cultura, de forma a diminuir a distância entre famílias através dos oceanos. Onde quer que eles viajassem e fosse qual fosse a sua situação, os emigrantes podiam participar em uma identidade transnacional italiana e os italianos na península podiam ver o sucesso dos emigrantes como seu. Ao prover facilidades para as remessas, proteger os viajantes e encorajar o retorno sem prejuízos, a Itália marcou pontos no seu projeto de construir uma Itália no exterior. Para além do território, para além das fronteiras, a nação podia também fornecer um apoio não material para os emigrantes no exterior: um senso de pertencimento nas duras condições de um mundo transnacional.

Notas

"INTRODUÇÃO: O PROJETO DO COLONIALISMO EMIGRATÓRIO"

[1] O total de emigrantes italianos – 26 milhões entre 1876 e 1976 – representa um recorde em termos de migrações internacionais no período, superando a Grã-Bretanha e a China, ainda que esta tenha testemunhado migrações internas ainda maiores. Aproximadamente 6 milhões emigraram da Irlanda entre 1815 e 1921. Ver Gráda (1994, pp. 74, 224-225); Pan (1990); Vecoli (1995, pp. 114-122).

[2] Por "nação global", eu entendo a rede transnacional da Grande Itália, centrada na península itálica e baseada em laços culturais, econômicos e políticos que se estendiam além das fronteiras internacionais. O termo "nação global" tem sido utilizado, num sentido vago, como sinônimo de globalização e de uma governança global. Ver Talbott (1992); Wiseman (1998). Donna Gabaccia (2000) utiliza a expressão "nacionalismo diaspórico" para descrever o patriotismo e o nacionalismo entre os emigrantes fora da Itália. Já Ernest Gellner (1983) se concentra nos nichos ocupados, em termos econômicos, pelas comunidades diaspóricas.

[3] Cálculos baseados em Comissariato Generale dell'Emigrazione (1926c, pp. 8, 44; 1533-1542); ISTAT (1958, p. 65; 1976, pp. 11, 16).

[4] O clássico estudo de J. R. Seeley sobre a "Grande Grã-Bretanha" foi traduzido com o título de "A expansão da Inglaterra". Ver Seeley (1897).

[5] Mazzini (1966, pp. 9, 53) afirmava que a emigração era uma consequência da desunião nacional.

[6] Crispi (1915, p. 469), discurso de 6 de março de 1890.

[7] Autobiografia de Vincenzo Di Francesca, 12 de março de 1966. Latter-day Saint Church, Historical Department, Salt Lake City, Utah, MS 9290, pp. 1-12. Para o manifesto de carga do navio: Disponível em: <https://www.statueofliberty.org/ellis-island/>. Acesso em: 7 maio 2023.

[8] Archivio di Stato di Rovigo (AS Rovigo), Carte Rossi, n. 2, 3 e 8.

[9] Direction de l'Agriculture du Commerce et de la Colonisation, CAOM, Argélia, Department d'Alger, 5/M/6, Argel, 14 de novembro de 1902.

Italianos no mundo

[10] G. Perriquet, "Le rachat des terres par les Indigènes". CAOM, Argélia, Government Général de l'Algérie 32/L/12, 1903?.

[11] Aquarone (1977, pp. 60-61), reimpresso em Aquarone (1989).

[12] Ver, entre outros, Baily (1999); Briggs (1978); Brown (1995); Cinel (1982); Gabaccia (1984); Martellone (1973); Mormino; Pozzetta (1987); Smith (1985); Vecoli (1964).

[13] Ver, entre outros, Balletta (1972); Brown (1996b); Cafagna (1989); D'Agostino (1997); De Rosa (1980); Francesconi (1973-1975); Robinson; Gallagher; Denny (1981); Rosoli (1999).

[14] Alguns artigos muito úteis me ajudaram a fazer a ponte entre a emigração e o colonialismo ao trabalharem a retórica política italiana, em especial Dinucci (1979); Gentile (1986); Grange (1983); Grassi (1983).

[15] Ver, entre outros, Cresti (1996); Del Boca (1985, 1986); Finocchiaro (1968); Mack Smith (1975); Nobile (1990); Segrè (1976).

[16] Società Nazionale Dante Alighieri, Comitato di Napoli. La Commissione per l'emigrazione e le biblioteche di bordo per gli emigranti. "Relazione presentata al XX Congresso Nazionale." (Torre del Greco, 1909). ASDA Fasc/1909 A9, pp. 9, 13-16.

CAPÍTULO "DA ÁFRICA PARA AS AMÉRICAS"

[1] "Elenco numerico delle perdite subite in Eritrea", AUSSME, L-7, racc. 95 f.3.

[2] "Relazione sulla Colonia Eritrea negli anni dal 1902 al 1907", ACS Carte Martini b. 21, discurso de Ernesto Artom, ASMAI pos. 163/2 f. 19, 30 de maio de 1915.

[3] ASCD, Incarti di Segretaria, B, 464 (Parl. 16, seconda sessione, Progetto di legge n. 85); Carerj (1890); Florenzano (1874).

[4] Ver em "Anexos: mapas e gráficos", Gráfico 1.1. Ver também Pareto (1905); Prato (1900).

[5] Ver Audenino (1990); Borzomati (1982); Castronovo (1986-2000); Comissariato Generale dell'Emigrazione (1926c); Franzina (1977); Piselli (1981); Sabbatini; Franzina (1977); Vespasiano (1990). Antes da Primeira Guerra Mundial, o Vêneto incluía as províncias de Udine e Belluno, com maciça migração de curta distância, e as de Treviso, Vincenza e Rovigo, com uma emigração transoceânica mais alta.

[6] O único porto não italiano incluído nas estatísticas italianas era o de Le Havre, já que a *Compagnie Générale Transatlantique* tinha permissão para recrutar passageiros das províncias do norte da Itália para a sua rota dirigida a Nova York. Ver Commissariato Generale dell'Emigrazione (1914, p. 8, 13).

[7] Bodio (1873); Ministero degli Affari Esteri; Ministero di Agricoltura Industria e Commercio (1884). Bodio estimava que entre 371 e 427 mil italianos estavam vivendo no exterior.

[8] Commissariato Generale dell'Emigrazione (1909, v. 2, n. 2, p. 33; v. 333, n. 332, p. 209); Direzione Generale dell'Statistica (1901-1904, v. 5, p. 1). Eritreia e Somália, "possessões nacionais", foram excluídas desse estudo.

[9] National Park Service, "Ellis Island History". Disponível em: <https://www.nps.gov/elis/learn/historyculture/index.htm>. Acessado em: 16 jun. 2005.

[10] Do embaixador italiano nos Estados Unidos, Marquês Cusani Confalonieri, para o Secretário de Estado William Jennings Bryan, n. 517, 17 de abril de 1914. NACP, Microfilm Publication M527, rolo 46, Record Group 59, Records of the Department of State relating to internal affairs of Italy, 1910-1926.

[11] De William Henry Bishop, cônsul americano em Palermo, ao Secretário de Estado, NACP, Microfilm Publication M527, rolo 46, n. 128, 7 de maio de 1910, pp. 1-4.

[12] ASCD, Incarti di Segretaria, b. 464, Parl. 16, 2° seção, Progetto di legge n. 85 (CD), Debates 22 de janeiro- 6 de dezembro de 1898.

[13] AP CD Leg. XVI, 2a sezione 1887, doc. 85, 15 de dezembro de 1887, p. 9.

[14] Ministério da Guerra ao Ministério das Relações Exteriores. ASMAI pos. 34/1, f. 11, 24 e 28 de janeiro de 1888.

[15] Vinte italianos de Chicago tentaram se voluntariar em 23 de janeiro, mas o cônsul respondeu que muitos reservistas já tinham sido rejeitados. ASMAI, pos. 34/1, f. 11. Os militares italianos tinham um grande preconceito no tocante ao voluntariado.

354

Notas

[16] AP CD Leg. XIV, prima sessione, Discussioni, sessão plenária de 7 de dezembro de 1881, pp. 7587-7588 e primeira sessão plenária de 27 de janeiro de 1885, p. 11074. A Companhia de Navegação Rubattino tinha arrendado Assab em 1869. Ver também Doria (1990); Gorrini (1897).

[17] AP CD Leg. XV, prima sessione, Discussioni, sessão plenária de 27 de janeiro de 1885, pp. 11068, 11067, 11074 e Romano (1996).

[18] AP CD Leg. XVI, seconda sessione 1887, documento n. 85, 15 de dezembro de 1887, p. 9; Il progetto di legge sull'emigrazione (1888); Mori (1973).

[19] Crispi (1915, v. 3, p. 359), discurso de 17 de junho de 1889, destaque do autor.

[20] Idem (p. 469), discurso de 6 de março de 1890.

[21] Smith (1978); Reichskolonialamt, Kolonialrath, IV, Sitzungsperode 1895/98, n. 9, BArch, R 10001/6234, Bl. 145-151, S. 146. Infelizmente, os registros do Escritório de Emigração foram "destruídos conforme o cronograma".

[22] Paul Leroy-Beaulieu e J. R. Seeley foram traduzidos para o italiano em 1897 e publicados com o livro *Le Colonie degli italiani* de Attilio Brunialti, na coleção por ele dirigida, a *Biblioteca di Scienze Politiche e Ammistrative*.

[23] Salvemini para Pasquale Villari em 10 de fevereiro de 1896, BAV, Villari 43.

[24] Ministero degli Affari Esteri, "Pro memoria confidenziale per Sua Eccellenza il Ministro Villari". 25 de setembro de 1891. BAV, Villari 20, 232r-233v; Franchetti para o Sig. Comm. Levi, 21 de julho de 1895, ASMAI, pos. 31/2 f. 32. No entanto a Argélia francesa e a África do Sul britânica tinham por objetivo reduzir a presença militar através da colonização civil. Ver Millar (1965); Sullivan (1983).

[25] Carta de Geremia Bonomelli, bispo de Cremona, 19 de julho de 1890, AS Venezia, Carte Baratieri b. 8; carta de Oreste Baratieri, 7 de maio de 1892, BAM, Archivio Bonomelli 10.92.94; Rosoli (1999).

[26] A Associação tinha sido impedida de atuar na Eritreia em 1892, quando o ministro das Relações Exteriores Benedetto Brin tentou um compromisso com os clérigos franceses ali residentes. Ver Ministero degli Affari Esteri para o marquês L. Ridolfi, Presidente, Associazione per soccorrere i Missionari Cattolici Italiani, 24 de outubro de 1892, ASMAI pos. 33/2, f. 25; Confessore (1976).

[27] Eu agradeço a Andy Goldman e a Kristen Needham pela assistência na tradução do texto em amárico reproduzido em Rubenson (1964). Ver também Sir Francis Clare Ford a Salisbury, 20 de março de 1896, PRO FO 403/239 e Giglio (1967).

[28] Embaixador James Rennell Rodd ao British Foreign Office, 13 de maio de 1897, SAD 122/9. As mesmas acusações sobre as traiçoeiras versões em amárico e em italiano emergiram quando da assinatura do tratado de Adis Abeba de 1896. Rodd a Salisbury, 22 de junho de 1897, SAD 122/9.

[29] Carta de Baratieri ao ministro das Relações Exteriores, 5 de julho de 1895. ASMAI, pos. 31/2 f. 34 e Del Boca (1998)

[30] Toda a "lavação de roupa suja" foi publicada em Camera dei Deputati (1896).

[31] Abreha (1998, p. 161). O rei Umberto pediu desculpas ao adido militar britânico em 26 de fevereiro de 1896: "Se nós soubéssemos o que iria acontecer, teríamos feito planos diferentes." Col. Charles Needham, PRO FO 403/239.

[32] Várias estatísticas foram reunidas em AUSSME L-7, racc. 95, f. 3.

[33] Salvemini a Pasquale Villari, 10 de fevereiro de 1896, BAV Villari 43.

[34] Com a chegada de uma força maior, Baratieri teria sido superado na hierarquia pelo general Antonio Baldissera, outro veterano da Expedição dos Mil de Garibaldi;

[35] Del Boca (1997); Labanca (1993). British intelligence report, 14 de março de 1896, PRO FO 403/239.

[36] AUSSME L-7, racc. 95, f.3; Abreha (1998, pp. 152-158; Conti Rossini, 1935, pp. 447-452).

[37] Idem, racc. 93, f.9; L-7 racc. 94, cartas do general Baldissera e do major Salsa, ACS Carte Martini b. 14 f. 46.

[38] Farini (1961, v. 2, pp. 865-866). A participação italiana na Guerra da Crimeia sacramentou a posição da Itália como uma grande potência.

Italianos no mundo

[39] Nas guerras da unificação, morreram 265 oficiais, mas 268 morreram em Adua. Ao contrário do afirmado por alguns historiadores, morreram menos soldados em Adua que nas guerras do *Risorgimento*. AUSSME L-3, racc. 251, f.7.

[40] L'Università Commerciale "Luigi Bocconi" (1902). A Universidade Bocconi, uma das melhores da Itália, teve um processo de fundação semelhante ao da Leland Stanford Jr. University, em 1891.

[41] Reginald Wingate para James Rennell Rodd, 12 de maio de 1897, SAD 122/9; LTC Wingate e CPT Conde Gleichen, "General Report on Abyssinia", março/junho 1897, pp. 8-9, 14, SAD 122/10/1-39. Os britânicos culpavam os italianos, mas ainda mais os franceses, que tinham permitido que os etíopes importassem tantas armas que eles podiam atacar seus vizinhos africanos impunemente.

[42] Sir Francis Clare Ford ao primeiro-ministro Lord Salisbury, 21 e 22 de maio de 1896, PRO FO 403/239, citando Crispi e Comitato di soccorso delle dame romane per i prigionieri in Africa (1897).

[43] Manifestações também aconteceram em Varese, Florença, Sassari, Pisa, Nápoles, Parma, Ancona, Roma e Arezzo. Ver *La Tribuna*, Roma, 4-8, março 1896 e Battaglia (1958, pp. 798-800).

[44] Rainero (1971). Em 11 de março de 1897, Giustino Fortunato mencionou a possibilidade de trocar a Eritreia pela Tripolitânia: Fortunato (1973a, pp. 332-350). O mesmo fez Brunialti (1897, pp. 518-519).

[45] Brunialti (1897, p. 358). Carlos Pellegrini, presidente da Argentina de 1890 a 1892, era uma ítalo-suíço. O presidente Juan Domingo Perón iria depois enfatizar as suas raízes italianas.

[46] AP CD Leg. XIX, prima sessione, Discussioni, 30 de junho de 1896, p. 6868.

[47] Ibidem, pp. 6868-6874.

[48] Rudini para Martini, 30 de agosto de 1898. ACS Carte Martini b. 20, f. 17.

[49] ACS, PCM 1897 f. 50.

[50] Rudini para Martini, 30 de janeiro de 1898. ACS Carte Martini b. 20, f. 17.

[51] Idem, 4 de junho de 1898, ACS Carte Martini b. 20, f. 17; Aquarone (1989, p. 85)

[52] Idem, 4 de março de 1896. ACS Carte Martini b. 20, f. 17.

[53] AP CD Leg. XXII, prima sessione, Discussioni, 13 de maio de 1905, p. 2784; Aquarone (1989, pp. 44-51; Martini (1891, pp. 119-120, 153-154, 1896, pp. 122-123).

[54] "Relazione sulla Colonia Eritrea negli anni dal 1902 al 1907", ACS Carte Martini b. 21; Labanca (1993, pp. 150-158). Em setembro de 1900, o governo colonial firmou um acordo com a Società Navigazione Generale Italiana, a única linha de navegação que fazia a conexão com a Eritreia, pelo qual os emigrantes teriam que fazer um depósito garantindo a sua passagem de volta: ASMAI, pos. 16/1, f. 8, 26 de julho de 1901, Divisão do Ministério das Relações Exteriores div. 2, sez. 2, Malvano, n. 32316. Em agosto de 1900 Martini enviou uma circular a todos os consulados italianos desencorajando a emigração para a Eritreia: ASMAI pos. 16/1 f. 7.

[55] AP CD Leg. XXII, prima sessione, Discussioni, 13 de maio de 1905, p. 2784; Aquarone (1989, pp. 24, 36, 49, 218-230).

[56] Ver Sapelli (1935, p. 182), "N. P.", carta de Asmara, *L'Italia Coloniale* 3/3 (1902): 39-40 e o discurso de Ferdinando Martini em AP CD Leg. XXII, prima sessione, Discussioni, 15 de fevereiro de 1908.

[57] Carta de Angelo Frau, Zaghouan, Tunísia, 27 de agosto de 1897. Ele queria uma passagem gratuita, mas também estava disposto a pagar. ASMAI, pos. 16/1 f. 6.

[58] ASMAI, pos. 16/1 f. 7.

[59] Einaudi reiterou as suas teses 60 anos depois, em um novo prefácio a seu livro: Einaudi (1995).

[60] Paoli (1908, pp. 19; 22). Ironicamente, a imigração italiana para a Eritreia tinha praticamente terminado por então e os produtos italianos mais adaptados aos gostos da Eritreia eram agora muito mais bem-sucedidos: por exemplo, tecidos venezianos com o retrato de Menelik e uma epígrafe em amárico.

[61] Ver Aquarone (1989, pp. 103-104); Carazzi (1972, pp. 144; 157); Dainelli (1960, v. 2, pp. 691-692); Milanini Kemény (1973, p. 185); Monina (2002, pp. 28-41); Pini (1901); Surdich (1983b); O *Bollettino della Reale Società Geografica Italiana* publicava estudos sobre a agricultura sul-americana para os emigrantes.

[62] Relazione del Vicepresidente [Bonaldo] Stringhieri al XVI Congresso della "Dante Alighieri", 21 de outubro de 1905, p. 38, ASDA Fasc./1905A8 e Pisa (1995). Bonghi tinha sido ministro da Educação em 1876.

[63] Folheto do Instituto Colonial Italiano, ASMAI/III p. 46, f. 13 e Aquarone (989, pp. 297-410). Antonino di San Giuliano se tornou presidente da Sociedade Geográfica Italiana e vice-presidente fundador do Instituto Colonial, de forma a coordenar os esforços. ACS, Carte Martini, b. 20, f. 18, 29 de março de 1906.

[64] "Relazione sulla Colonia Eritrea negli anni dal 1902 al 1907". ACS Carte Martini b. 21. Para o contraste, ver Grange (1994).

[65] Istituto Agricolo Coloniale, carta formulário datada de junho de 1907. ASMAI pos. 163/3 f. 20; Istituto Coloniale Italiano (1910; 1911b). Originalmente, o Congresso de 1908 não foi identificado como o "primeiro"; comparem-se os anúncios de janeiro e de junho de 1908. ASMAI, pos. 163/2 f. 15.

[66] Abrams; Miller (1976); Ageron (1978); Andrew; Kanya-Forstner (1971; 1977); Cooke (1975); Fohlen (1985) ; Grange (1994, v. 2: 1106-1107); MacKenzie (1984); Worboys (1990). Ao contrário do *Imperial Institute*, não havia nenhuma mulher entre os 780 membros do Instituto italiano em 1911.

CAPÍTULO "O GRANDE IMPÉRIO ETNOGRÁFICO"

[1] "A lei de emigração italiana é a mais paternal nas suas características do que qualquer outra do mesmo tipo [...] [ela] foi a primeira lei emigratória da Europa a levar a cabo uma abordagem completa do movimento emigratório, incluindo a supervisão dos transportes e a proteção aos italianos no exterior. A lei italiana tem servido, desde então, como a base para a legislação da Hungria, para a lei em discussão na Áustria e com toda a probabilidade indica o início de uma era de controle da emigração que vai influir em todos os governos europeus". Whelpley (1905, p. 238). Ver também De Luca (1909-1910, v 4, p. 276); Grossi (1905).

[2] AP CD Leg. XXI, sessione 1900, Documenti n. 44B, pp. 37-38.

[3] Ver os artigos 21-22 e 26-27, os quais ainda influenciam as viagens internacionais a partir da Itália. Ver MacDonagh (1961); Whelpley (1905, pp. 29-40, 238-242).

[4] AP CD Leg. XXI, prima sessione, Discussioni, pp. 398-963, Senato, pp. 844-1042; Annino (1974); Sabbatini; Franzina (1977).

[5] Ver Gambinossi (1904) e a resposta editorial nas pp. 122-123, assim como Penne (1906, pp. 270-280); Zanotti-Bianco (1950, pp. 59-60). Emigrantes que não cruzavam o oceano não pagavam a taxa e não se beneficiavam do fundo, até que o Parlamento promulgou uma nova lei em 1910.

[6] Comissariato Generale dell'Emigrazione (1926c, pp. 1637-1645); Istituto Coloniale Italiano (1911a, pp. 390-391); AP CD Leg. XXI, sessione 1900, Documenti n. 62-A, 2 de dezembro de 1900, pp. 1-21 e Soldani; Turi (1993).

[7] Compare-se Chazan (1991); Chickering (1984); Peters (1992); Wertheimer (1971).

[8] Carta de 24 de dezembro de 1899. ACS, Carte Martini b. 20 f. 18.

[9] Fumagalli (1909, pp. 5-13). Fumagalli contou 182 periódicos (33 diários) nas regiões de língua italiana no exterior, 1 na Eritreia e 289 (27 diários) em países estrangeiros.

[10] Ufficio Coloniale, n. gen 63188 spec. 828, Sotto Segretario di Stato para On. F. Martini R. Commissario Civile per l'Eritrea, Asmara, 22 de dezembro de 1905, ASMAI/III, pacco 41 f. 5. Angelo Scalabrini, inspetor geral das escolas no exterior, estava encarregado da organização dos pavilhões.

[11] T. Baldrati em Milão, carta para o governador colonial, 18 de maio de 1906, "Esito della Mostra Eritrea", ASMAI/III, pacco 41 f. 5. O rei da Bélgica visitou a exibição da Eritreia.

[12] Carta do Comitato Regionale della Colonia Eritrea, 4 de abril de 1897. ASMAI/III pacco 41 f. 2; Ufficio di Studi Coloniali (1913); Ministero delle Colonie (1914).

[13] Martini (1912, pp. 813-814). O livro é dedicado aos italianos da América do Sul. Martini, mais tarde, foi ministro das Colônias entre 1914 e 1916.

[14] Loria (1912a, pp. 10-13). A coleção agora é parte do Museu Nacional de Artes e Tradições Populares, no distrito de EUR em Roma.

[15] Discurso do Presidente Hon. Ernesto Artom à Assemblea Generale dei Soci, 30 de maio de 1915, ASMAI pos. 163/2 f. 19, grifo do autor. Ver também Ghezzi (1990).

357

Italianos no mundo

CAPÍTULO "MIGRAÇÃO E CAPITAL"

[1] Destaque do autor. O decálogo foi republicado amplamente na imprensa italiana pelo mundo. Ver Filipuzzi (1976, pp. 397-398); Zaida Lobato (2001).

[2] Cardini (1994); Ipsen (1992); Patriarca (1996) e disponível em: <www.census.gov>. Acesso em: 15/1/2005.

[3] Zentral-Auskunftsstelle für Auswanderer, Bd. 1, julho 1902-outubro 1906, BArch, R 1001/6275, Bl. 39. Ver também Hazell; Hodgkin (1887).

[4] Bosworth (1996, pp. 159-181); Cafagna (1973, p. 303; 1989, pp. 297-303); Massullo (2001); Toniolo (1990, pp. 20, 101-102); Zamagni (1993, p. 127). Um dólar americano equivalia a cinco liras dentro do padrão-ouro e esse câmbio se manteve estável entre 1882 e 1914.

[5] Dados extraídos de Comissariato Generale dell'Emigrazione (1926c, pp. 1641, 1657-1659); Direzione Generale di Statistica (1896, pp. 697-698; 1900, p. 746); Vitali (1991, p. 100).

[6] Ver Del Bosco (1997); Savona; Straniero (1976); Van Etten (1893).

[7] "300 "fake" banks in New York City. Hungarian and Italian emigrants fleeced out of $1,000,000 a year". *The New York Herald, Magazine Section*, New York, 29 de outubro de 1905, pp. 1-2. Ver também Soldaini (1969).

[8] O jornal *L'Araldo Italiano* e o cônsul italiano em Nova York se opunham ao Banco di Napoli; o *Il Progresso Italo-Americano* e a Câmara Italiana de Comércio de Nova York o apoiavam. Ver Banco (1951, pp. 5-8); De Rosa (1980, pp. 170-172); AP CD Leg XXI, sessione 1900, documentos 62ª, 5-21 e Discussioni, 10 de dezembro de 1900, pp. 1290-1302; ACS PCM 1906 2.4.858, Banca di Napoli, Direzione Generale, relazione sulla gestione, 1905, 30 de maio de 1906, pp. 2-3, 10-12, 23-24. O Brasil exigia uma reserva financeira particularmente grande, o que fazia mais difícil a tarefa de encontrar correspondentes bancários.

[9] De Rosa (1980, p. 400); Bonadio (1994); Nash (1992); ASBN, Banco di Napoli Servizio Emigrati, Posiz. XIX, 5, 11/1, Agência de Nova York para o diretor do Banco di Napoli, 28 de janeiro e 10 de março de 1914.

[10] Commissariato Generale dell'Emigrazione (1918, p. 102; 1926c, pp. 1637, 1646-1651); Direzione Generale di Statistica (1904, p. 102). Esse compêndio reúne as estatísticas trimestrais disponíveis para embasar as decisões do governo italiano. Para uma análise estatística mais elaborada, com o benefício do olhar retrospectivo, ver De Rosa (1980).

[11] Deputado Mahany, de Nova York, citado em Wyman (1993, p. 104).

[12] Sobre as Câmaras dentro da Itália, ver Bidischini; Musci (1996); Camera di Commercio italiana per le Americhe (1971); Morris (1993); Mozzarelli; Nespor (1985).

[13] "La Camera di Commercio". *L'Independente*, Montevidéu, ano 1, n. 50, 2 de outubro de 1883; ACS MAIC, Div. Ind. E Comercio, b. 477.

[14] "L'Exposition de la Chambre de Commerce Italienne". *La France*, Montevidéu, n. 1119, 22 de setembro de 1885; ACS MAIC, Div. Ind. E Commercio, b. 477.

[15] Istituto Coloniale Italiano (1911a, pp. 582-591); ASBN, Banco di Napoli Servizio Emigrati, Posiz. XIX, 5, 5/10, Bollettino della Camera Italiana di Commercio 6/9-10 (Setembro-Outubro 1913).

[16] Camera di Commercio Italiana di Monaco della Baviera (1931); Camera di Commercio Italiana nel Belgio (1913); Italian Chamber of Commerce (1937, p. 132); MCCR, Busta 77 n. 54, Oreste Baratieri para Amalia Rossi, 17 de abril de 1892.

[17] A Câmara foi formada a partir da antiga Associação Comercial Italiana. Ver Carletti (1906, v. 2, t.1, pp. 355-378).

[18] Leroy-Beaulieu (1874); Milza (1981); Saurin (1898; 1900). Ver também os artigos de Leroy-Beaulieu em *L'Economiste Français*, 14 de julho de 1900 e no *Journal des Debats*, 10 de julho de 1900, 1-2; MAE, NS Tunisie v. 318, p. 74.

[19] MAE, NS Tunisie 385, f. 34-50.

[20] Les italiens en Tunisie. *La Quinzaine Coloniale,* 10 de junho de 1905. MAE NS Tunisie 323, ff 2-3.

[21] Idem, 25 de junho de 1905. MAE NS Tunisie 323, ff 4-8.

[22] Ibidem.

358

[23] Le péril italien. Les italiens en Tunisie. *La Quinzaine Coloniale*, 25 de julho de 1905. MAE NS Tunisie 323, ff 4-8.

[24] Paul Cambon, Túnis, ao Président du Conseil, 29 de novembro 1884. "Chambres de commerce français à l'étranger – Tunisie". AN, F/12/9110; J. B. Carentène ao Ministère du Commerce et l'Agriculture, 24 de abril de 1884; "Chambres de commerce français à l'étranger – Tunisie". AN, F/12/9110.

[25] Ministère des Affaires Étrangères, Direction des Affaires politiques, Note pour le Minister, 2 de abril de 1906. MAE NS Tunisie 437, f. 18-19.

[26] Idem, 5 de outubro de 1907. MAE NS Tunisie 437, f. 33-34.

[27] Macola (1894, p. 97). Em 1898, Macola se tornou famoso por ter assassinado o líder radical italiano Felice Cavallotti em um duelo.

[28] Embaixador Rennell Rodd para o Marquês de Lansdowne, "Emigration from Italy, 1903-1904". PRO FO 45/903; Longhitano (1908).

[29] Commissioner-General of Immigration (1904, pp. 1-45); De Courten (1989). Essa forma de imigração ainda é proibida nos Estados Unidos.

[30] Embaixador Rennell Rodd para o Marquês de Lansdowne, "Emigration from Italy, 1903-1904". PRO FO 45/903.

[31] Antonio Franzoni na sessão de 19 de outubro de 1908 in Istituto Coloniale Italiano (1910, v. 2, p. 165).

[32] ASBN, Banco di Napoli Servizio Emigrati, Posiz. XIX, 4, 2/1, carta ao diretor do Banco di Napoli do cônsul italiano de Florianópolis, 4 de novembro de 1908; do cônsul italiano de Salônica, 13 de agosto de 1908.

[33] Comissariato Generale dell'Emigrazione (1926c, pp. 1536-1537, 1542). Enquanto as estatísticas de emigração baseadas nos passaportes emitidos eram excessivamente altas, as dos registros municipais eram, ao contrário, baixas demais. Os números relativos às migrações de retorno também eram menores do que a realidade, já que nem todos os que voltavam à Itália retornavam a suas vilas originais.

[34] Luigi Villari a Pasquale Villari, 13 de janeiro de 1908, Villari 58, BAV 39v-40v.

[35] A crise de população no Piemonte não foi resolvida até o "milagre econômico" no período posterior à Segunda Guerra Mundial, quando ocorreu uma maciça transferência populacional da Itália Meridional para a Setentrional.

[36] Statistica (1912-1915, p. 82-111) e disponível em: <http://davinci.istat.it/>. Acesso em: 13 abril 2007.

[37] Carta do embaixador italiano Marquês Cusani Confalonieri ao secretário de Estado William Jennings Bryan, 29 de março de 1914, n. 399 e resposta assinada por Robert Lansing, 10 de abril de 1914, n. 521. NACP, Microfilm Publications M527, rolo 46, Record Group 59, Records of the Department of State relating to internal affairs of Italy, 1910-1926.

[38] AS Rovigo, Carte Rossi n. 3, ff. 2-11; Rossi (1904).

[39] ASV, Arch. Deleg. Ap. Stati Uniti II, 1b/2, ff. 145-149; Italica Gens (1910c).; Barone (1994, p. 493); Cabrini (1911); Stibili (1989, pp. 469-480).

CAPÍTULO "A LÍNGUA DE DANTE"

[1] "Pur troppo s'è fatta l'Italia, ma non si fanno gl'italiani". In: D'Azeglio (1867, p. v.1, p. 7). Seu manuscrito original trazia palavras diferentes: "A maior necessidade da Itália é formar italianos que saibam cumprir os seus deveres" ("il primo bisogno d'Italia è che si formino italiani che sappiano adempiere al loro dovere"). Ver D'Azeglio; Legnai (1963, p. 1963); Ascoli; Von Henneberg (2001); Soldani; Turi (1993).

[2] *La Patria*, v. 1, n. 1-6, 1912, p. 565.

[3] Bericht des Ausschusses des Kolonialraths zur Berathung des Entwurfes eines Gesetzes uber das Auswanderungswesen, 28 de janeiro de 1896, BArch, R1001/6234, Bl. 107, destaque adicionado. Denkscrift des Auswartigen Antes uber das Deutsche Auslandsschulwesen [Berlim, 1913?], Lichtenfelde Archiv-Bibliothek, AA Bibliothek, RD 16/5.

Italianos no mundo

4 Ver os discursos de Pasquale Villari de 1897 e 1903 e o relatório do Conselho Central de 1907: *Atti della Società "Dante Alighieri" per la diffusione della lingua e della cultura italiana fuori del Regno*, n. 7, pp. 73-80, 1898; n. 13, pp. 9-10, 1903 e n. 28, pp. 8-18, 1908; ASDMAE Serie P, pacco 726, Posiz. 1090.

5 "Cronaca: Noticine sulla Prima Esposizione italiana", publicada pelo jornal *L'Operaio Italiano*. ACS, MAIC Div. Ind. E Commercio b. 83.

6 *L'Eco dell'Esposizione Industriale-Artistica-Operaia Italiana nella Repubblica Argentina*, 24 de abril de 1881, p. 3. ACS MAIC, Div. Ind. e Commercio, b. 83.

7 Società Unione Operai Italiani. Comitato dell'Esposizione. Rendiconto 1881. ACS, MAIC, Div. Ind. e Commercio b. 83.

8 "L'italiano? No grazie, io parlo dialetto". *Corriere della Sera*, 20 de abril de 2007.

9 A revisão de Manzoni foi um fiasco financeiro. Mesmo assim, ele se tornou senador da Itália em 1860 e conduziu um estudo nacional sobre a língua italiana em 1868. Vale a comparação com os linguistas patriotas húngaros, gregos e poloneses. Ver Mack Smith (1968); Porter; Teich (1988). Ver também o *Vocabolario degli Accademici della Crusca*, publicado em Veneza em 1612, o primeiro do seu tipo. Ver Peirone; Marchiori (1990); Serianni; Trifone (1993-1994a; b). Sobre os subgrupos linguísticos italianos ítalo-românico, o reto-românico e o galo-românico, disponível em: <www.ethnologue.com>. Acesso em: 8 de março de 2007.

10 Relazione del Vicepresidente Stringher al XVI Congresso della "Dante Alighieri", 1905, p. 8. ASDA Fasc/1905A8.

11 Gli italiani negli Stati Uniti d'America (1906, p. 438). A Sociedade ainda existe, com o título de *Tiro a Segno Foundation*, em Greenwich Village.

12 Muitas sociedades isentavam os seus membros do pagamento das mensalidades enquanto prestavam o serviço militar na Itália. MAE, NS Tunisie 385, ff. 107-117.

13 Carta às associações de trabalhadores italianos do Comitê da Dante em Bolonha. ASDA, Fasc/1904 A9.

14 ASDA, Fasc/1904 A9.

15 Società Nazionale Dante Alighieri, Comitato di Napoli, La Commissione per l'emigrazione e le biblioteche di bordo per gli emigranti, "Relazione presentata al XX Congresso". ASDA, Fasc/1909 A9, pp. 9, 13-16 e A15.

16 ASDA, Fasc/1909 A9, p. 16.

17 Pedido do cônsul italiano em Patras, Grécia, 2 de abril de 1886. ASDMAE, Archivio Scuole 1868-1888, b. 218.

18 Villari (1903, p. 2), citando Visconti-Vernosa, ministro das Relações Exteriores.

19 O governo italiano não dava pensões até a lei de 18 de fevereiro de 1910. Floriani (1974, pp. 32-47). Teresa Di Chiara de Patras, Grécia, solicitou uma pensão em 1887, mas o ministro das Relações Exteriores respondeu que os municípios italianos eram os responsáveis pela concessão de pensões, não o governo central. ASDMAE, Archivio Scuole 1868-1888, b. 218.

20 Os telegramas relevantes foram interceptados e traduzidos para o francês em MAE, NS Tunisie 385, ff. 285-415.

21 A opção por financiar prioritariamente as escolas do Mediterrâneo em relação às americanas continuou na época do fascismo. Ver Floriani (1974, p. 79)

22 Comitato di Tunisi, Società Dante Alighieri ao Presidente, Prof. Villari, em Firenze, 7 de fevereiro de 1902. ASDA Fasc/1902 B12.

23 Cronaca dei Comitati (1904). Destaque no original.

24 Metade do programa impresso na cidade de Nova York para as celebrações de 20 de setembro de 1893 estava preenchido por anúncios de lojas, atacadistas, companhias de seguros, importadores, dentistas, farmacêuticos, banqueiros etc. "Programma della grande Festa Campestre sotto gli auspici della Società Italiane Unite...", CMS, Italian Miscellany, b. 11 f. 150.

25 Citado em O'Leary (1999, p. 177).

26 Roosevelt (1897, pp. 28-29). As revistas *L'Italia Coloniale* e *Nuova Antologia* citavam regularmente Roosevelt e Giuseppe Di Stefano-Napolitani o citou em uma sessão no Parlamento: AP CD, leg. XXIII, prima sessione, Discussioni, 7 de junho de 1912, pp. 20536-20537.

Notas

[27] Sidney Sonnino, ministro das Relações Exteriores, Direzione Generale delle Scuole Italiane all'Estero ao presidente da Società Nazionale Dante Alighieri, Roma, 22 de maio de 1916, ASDA Fasc/1916 A25.

[28] Citado em "Il Progresso Italo-Americano. Per la Mostra del Lavoro degl'Italiani all'Estero. Esposizione Internazionale di Torino pel Cinquantenario dell'Unità nazionale, 1911". CMS, Italian Miscellany, b. 11, f. 144.

[29] A memória de Giovanni Verrazano foi por fim celebrada através da Verrazano Narrows Bridge, a ele dedicada em 1964, mas Antonio Meucci foi esquecido. Os italianos de todo o país se mobilizaram para fazer do Dia de Colombo um feriado oficial e ele se tornou um feriado federal em 1971.

[30] "Il Progresso Italo-Americano...". CMS, Italian Miscellany, b. 11, f. 144; Fumagalli (1909).

[31] Preziosi (1910, pp. 253-254), citando Villari.

[32] Presidente da Sociedade Dante Alighieri Luigi Rava ao primeiro-ministro Sonnino, recebido em 10 de abril de 1906. ACS, PCM 1906 2.3.345.

[33] Francesco Netri, Comitato di Rosario di Santa Fé da Sociedade Dante Alighieri, "La tutela dell'italianità negli emigrati". 20 de julho de 1901. ASDA, Fasc/1901 A7Bis.

[34] ASDA, Fasc/1901 A7Bis (Infante, 1908, p. 209).

[35] Essa posição favorecia interesses locais, já que a navegação para a América do Sul era monopolizada por Gênova e a para a América do Norte estava sob o controle de Nápoles. Ver Longhitano (1903, pp. 13-14).

[36] Ver os debates de 19 de outubro em Istituto Coloniale Italiano (1910, pp. 148-149).

[37] Citado em Gribaudi (1913, p. 52).

[38] Memoria "Il Congresso 'Gli italiani all'Estero'". [1908] BAV, Villari 58, f. 76; Villari (1912, p. 290), prefácio em Gli italiani negli Stati Uniti d'America (1906).

[39] Luigi Villari para Pasquale Villari, 13 de janeiro de 1908. BAV, Villari 58, ff. 39v-40v. Os italianos da Filadélfia não participaram do Congresso, ainda que Boston, Buffalo, Chicago, Nova York, São Francisco, Hoboken (Nova Jersey), Stamford (Connecticut) e Pittsburg (sic) tenham enviado representantes.

[40] Ibidem, ff. 39r-40v.

[41] Ver a lista de associações, divididas por distrito consular, em Istituto Coloniale Italiano (1911a, pp. 469-507).

CAPÍTULO "PELA FÉ E PELA PÁTRIA"

[1] "Delle condizioni religiose degli emigrati italiani negli Stati Uniti d'America". La Civiltà Cattolica, ano 39, n. 918, 15 de setembro de 1888, pp. 641, 646-647, in ASV, Arch. Deleg. Ap. Stati Uniti II. 1b/1, f. 3.

[2] Idem, p. 653.

[3] Barry (1953, pp. 136-182). Em 1884, dos 72 bispos nos Estados Unidos, apenas 25 eram nascidos no país. Ainda que os alemães tivessem a maior população católica, havia apenas 8 bispos nascidos na Alemanha, ante a 20 na Irlanda. Ver Di Giovanni (1994).

[4] Scalabrini para Corrigan, Piacenza, 10 de agôsto de 1891 in Scalabrini (1997).

[5] Filipuzzi (1976, pp. 224-246). O Hospital Colombo se fundiu com o Hospital Italiano nos anos 1970 para formar o Centro Médico Cabrini em Nova York.

[6] Bonomelli para Baratieri, 19 de julho de 1893, AS Venezia, Carte Barattieri, b. 8, Fasc. B.

[7] Scalabrini para o Cardeal Simeoni, presidente da Propaganda Fide, 18 de julho de 1891, citado em Francesconi (1985, p. 1032). Ver também Confessore (1976); O'Donnell (1979); Renault (1994); Tuck (1987).

[8] Baratieri para Bonomelli, 17 de julho de 1893, BAM, Carte Bonomelli, 11.93.186.

[9] Baratieri citando Bonomelli em uma carta para o próprio, 19 de agosto de 1893, BAM, Carte Bonomelli, 11.93.216.

[10] Bonomelli para Scalabrini, 25 de junho de 1900. In: Marcora (1983, p. 362).

[11] Idem, 23 de abril de 1900. In: Marcora (1983, p. 358).

Italianos no mundo

[12] Scalabrini para Bonomelli, 24 de abril de 1900. In: Marcora (1983, p. 359).

[13] *Bollettino Bimensile dell'Opera di Assistenza*, 1, n. 3 e 4 (julho a outubro de 1901); Paulucci di Calboli (1996).

[14] São Pio X, canonizado em 1954, era amigo pessoal de Bonomelli e Scalabrini no período em que ele foi bispo de Mântua entre 1884 e 1893. Ver Rocca (1973-1974); Rosoli (1983a; b).

[15] Prospecto de 9 de dezembro de 1909. ASV, Arch. Nunz. Argentina 44, fasc. 2, ff. 34-36. Ênfase no original.

[16] Circular da Opera di Assistenza degli Operai Italiani Emigrati in Europa e nel Levante, novembro de 1900. BAV, Villari 1, ff. 256-258; D'Agostino (1994).

[17] ASV, Arch. Deleg. Ap. Stati Uniti II, 127/1-4; ACRI, b. "Benemerenze. Rilevate nello Schedario Grande (Rilegato) 1888-1931".

[18] Carta de 24 de agosto de 1899 de Arturo Galanti para Pasquale Villari, ASDA, Fasc/1899B17.

[19] Erro 37. In: Rossi (1957, p. 40).

CAPÍTULO "A EMIGRAÇÃO E O NOVO NACIONALISMO"

[1] Francesco Netri, Comitato di Rosario di Santa Fé della Società Dante Alighieri, "La tutela dell'italianità negli emigrati", 20 de julho de 1901, ASDA Fasc/1901 A7Bis, p. 3; (Barzini, 1902, p. 145; Di San Giuliano, 1905; Einaudi, 1899).

[2] Corradini (1910b, pp. 1-2, 7-8) não menciona o tema da emigração em Corradini (1907).

[3] Aquarone (1981); De Grand (2001); Salvemini (1962, pp. 73-141). Depois de Mussolini, contudo, a reputação de Giolitti melhorou. Ver Ansaldo (1949) e a mudança de opinião do próprio Salvemini em Salvemini (1945, pp. vii-xviii).

[4] "Alle batterie siciliane" (1899), *Odi e Inni*. In: Mazzaglia (2002, pp. 653-660). Ver também Salinari (1958); Varese (1961, pp. 241-254); Verdicchio (1997). Depois da morte de Carducci, a Universidade de Bolonha ofereceu sua cadeira para Gabriele d'Annunzio, como seu sucessor enquanto "poeta nacional", mas D'Annunzio recusou a oferta. Ver Alatri (1983); Biagini (1963).

[5] "A Ciapin" (1899), *Odi e Inni, In:* Mazzaglia (2002, pp. 558-561). A palavra "ghebì" significa "um palácio etíope".

[6] "Una sagra", Messina, junho de 1900 em *Pensieri e Discorsi* (1907). In: Pascoli (1946, pp. 170-171). A "chama perpétua" também se refere à moita de sarça em chamas vista por Moisés.

[7] "Coloni africi" (1901). In: Pascoli (1954, pp. 520-525) e "L'ero italiano". In: Pascoli (1946, p. 207).

[8] Pascoli (1939, pp. 275-296; 420-431) e "Gli emigranti nella luna". In: Pascoli (1939, pp. 388-406).

[9] "Inno degli emigrati italiani a Dante" (1912), *Odi e Inni*. In: Pascoli (1939, pp. 920; 947-948); "Una festa italica". In: Pascoli (1946, pp. 316-323); "Nota a "Italy". In: Pascoli (1914, p. 219).

[10] "In morte di Giosuè Carducci", publicado em *Il Resto di Carlino*, Bolonha, 17-18 de fevereiro de 1907 e "Patria Umanità" (1914). In: Pascoli (1946, pp. 407-408).

[11] Angelo Scalabrini para Pasquale Villari, 30 de dezembro de 1899, BAV, Villari 43, II, 447r-446v.

[12] Donato Samminiatelli para o senador Pasquale Villari, 22 de março de 1899, ASDA, Fasc/1899 B33. Os comentários de Villari não foram publicados nos *Atti Parlamentari*.

[13] Cinel (1991); Di San Giuliano (1905, p. 97). Nitti participou da Comissão Parlamentar de 1910, concluindo que "a emigração é um alivio temporário e pode ser o princípio da solução, mas que não era a resolução definitiva para os problemas do sul." (1910, pp. 8-55).

[14] Luigi Bodio para Pasquale Villari, 9 de julho de 1911, BAV, Villari 6, 222v. Ver também Barbagallo (1973); Cerase (1974); Fortunato (1926a, v 2, pp. 497-500); Inchiesta (1910; v. 8, pp. 55-56); Lutz (1975); Sereni (1968); Vespasiano (1990).

[15] Prefácio de Luigi Aldrovandi em Gli italiani negli Stati Uniti d'America (1906, p. v).

[16] Corradini (1980, pp. 4-5); Strappini (1980, pp. vii-lxix). Como comparação, ver Gaeta (1965).

[17] *La Patria Lontana* é "uma obra de arte, entre as mais belas e importantes dos últimos anos... um sopro de ar fresco". In: Società Dante Alighieri (1909; 1910).

[18] Corradini (1911c). Compare-se com Pascoli (1946, p. 414).

[19] "Le nazione proletarie e il nazionalismo", discurso de janeiro de 1911. In: Corradini (1980, pp. 184-185).

Notas

[20] Discurso de 11 de maio de 1909 na Sociedade Dante Alighieri em Milão. In: Corradini (1923b, p. 76). Ver também Bodnar (1985); Handlin (1973); Prezzolini (1963).

[21] "Le nazione proletarie e il nazionalismo", discurso de janeiro de 1911. In: Corradini (1980, pp. 188-189).

[22] *La Perseveranza*, 13 de julho de 1911. BAV, Villari 6, f. 222v.

[23] Carta de Corradini de 9 de abril de 1909. In: Todisco (1925, p. 25). Compare-se com Villari (1900) e Villari (1901, p. 8).

[24] Jacini, Stefano. "Il secondo congresso degli italiani all'estero". *La Voce*, n. 26, 29 de junho de 1911; *La Tribuna*, 16 de junho de 1911, citados em Molinelli (1966, pp. 295-296). Ver também De Grand (1978, p. 32); Istituto Coloniale Italiano (1911b, v.1, pp. 27-38).

[25] O banco postal italiano tinha proibido a abertura de postos do Banco di Napoli na Líbia. ASBN Banco di Napoli Servizio Emigrati Posiz. XIX, 5, 4bis/2, carta do Ministero del Tesoro, Ispettorato Generale, n. 2131 para o Direttore Generale, Banco di Napoli, 15 de julho de 1905.

[26] "O interesse da França vai terminar assim que ela tiver "tunisificado" (*tunisificato*) o Marrocos, ou seja, quando a parte do acordo franco-italiano favorável à França tiver perdido o seu propósito e quando apenas a parte favorável à Itália permanecer". Di San Giuliano, 28 de julho de 1911. In: Pavone (1962, v. 3, p. 53). Ver também Giolitti (1922, v. 2, pp. 328-329; Malgeri, 1970, pp. 15-17).

[27] *L'Idea Nazionale*, 1 de março, 8 de março de 1911, citado em Molinelli (1966, p. 291).

[28] Castellini (1911, p. xiii). Hoje, a designação italiana continua a ser usada apenas em Gorizia. As outras cidades se converteram em Al Khums, Líbia; Pula e Zadar, Croácia e Susah, Tunísia.

[29] Castronovo (1984); De Grand (1978); Grange (1994); Maltese (1968). Ver também os artigos reunidos em Bevione (1912); Piazza (1911).

[30] Salvemini (1914, p. xxi), destaque no original. Salvemini observou que logo após o retorno de Giolitti ao poder, foram enviados a todos os oficiais italianos dicionários italiano-árabe. Ver AA.VV. (1914, p. xviii-xix).

[31] Os italianos encontraram petróleo enquanto perfuravam poços em busca de água em 1913-1917 e a companhia petrolífera estatal, AGIP, começou uma busca sistemática por petróleo em 1936. A AGIP foi obrigada, contudo, a transferir seus esforços para a Etiópia e teve que vender também a sua participação no consórcio que buscava petróleo no Iraque. Ver Pizzigallo (1992, pp. 1-35, 73-93).

[32] A Esso (Standard Oil of New Jersey) descobriu petróleo na Líbia em 1959, baseando-se na pesquisa anterior dos italianos. Ver Waddams (1980, pp. 28-30).

[33] Di San Giuliano, Fiuggi, 28 de julho de 1911. In: Pavone (1962, v. 3, pp. 52, 54-55). Ênfase no original.

[34] Idem, Vallombrosa, 9 de agosto de 1911. In: Pavone (1962, v. 3, pp. 57-58).

[35] Di San Giuliano compartilhava do mesmo argumento especulativo. Ver Pavone (1962, v. 3, pp. 52-55); Webster (1975, pp. 4-5).

[36] Podrecca não tinha visitado o rei, mas foi expulso mesmo assim. Ver Degl'Innocenti (1976); Iraci (1990).

[37] Ver os discursos de Corradini de 1913 ("Nazionalismo e democrazia" e "Liberali e nazionalisti"). In: Corradini (1923a). Bevione, contudo, escrevendo no jornal pró-Giolitti *La Stampa*, dedicou o seu *Come siamo andati a Tripoli* a Giolitti, "com admiração e gratidão como italiano".

[38] Albertini (1950-1953, v. 2 p. 122); Lioy (1964). Ver as imagens aéreas feitas pelos militares em Ministero della Guerra. Stato Maggiore del Regio Esercito. Ufficio Storico (1922-1927, v. 2).

[39] O eleitorado saltou de 3 para 8,5 milhões. Todos os homens acima de 30 anos podiam votar, assim como os homens abaixo dessa idade que tivessem prestado o serviço militar; não havia exigências de renda ou de alfabetização. Ver Seton-Watson (1967, pp. 281-283).

[40] Bevione (1912); Corradini (1912). Federzoni também foi o correspondente de guerra do *Il Giornale d'Italia* e Castellini do *Gazzetta di Venezia*.

[41] "La grande proletaria si è mossa", discurso pronunciado no Teatro di Barga (perto de Bolonha) em 26 de novembro de 1911, "enquanto o exército italiano avança na direção de Ain Zara, na Líbia", sendo os fundos arrecadados destinados aos mortos e feridos da guerra. Ver Pascoli (1946,

363

Italianos no mundo

pp. 557-558). Pascoli e Corradini eram inimigos: em 1899, como editor de *Il Marzocco*, Corradini publicou dois textos relacionados a Dante Alighieri, que ofenderam Pascoli. Ele exigiu que Corradini fosse demitido e, de fato, ele logo foi obrigado a deixar a revista. Ver Filippi (1989, pp. 136-138).

[42] "La grande proletaria si è mossa". In: Pascoli (1946, pp. 557-558). Ênfase no original.

[43] Pascoli (1946, pp. 559-561, 566-567). Ênfase no original.

[44] Gli italiani nella provincia di Santa Fè. Colloquio col console Adolfo Rossi. Separata de *La Patria degli Italiani*, Buenos Aires, setembro de 1913. AS Rovigo, Carte Rossi n. 6.

[45] La grande illusione. *L'Unità*, ano 1, n. 21, 4 de maio de 1912. In: Salvemini (1963, p. 180). O jornal era de propriedade de Gaetano Salvemini.

[46] Relazione della Giunta Generale del Bilancio, 15 de junho de 1912. AP CD, leg. 23 Documenti, n. 1165-A, p. 8. A comissão citava Marcel Dubois e Paul-Leroy Beaulieu como autoridades.

[47] AP CD, leg. 23 Documenti, n. 1165-A, p. 8.

[48] Idem, pp. 30, 1-7.

[49] Depois do fechamento de *L'Italia Coloniale* (1901-1904) e da *Rivista di Emigrazione* (1908-1911), os principais periódicos a trabalhar com o tema das colônias de emigrados foram *Italica Gens* e *La Patria*. Ver Istituto Coloniale Italiano (1910, pp. 2:343-344).

[50] "Progetto di Missione di Studio in Tripolitania", 14 de novembro de 1911, p. 4. Arquivo do *Istituto Agronomico per l'Oltremare*, Florença, Fasc. 2400; *La Patria*, 1/3, 1912, pp. 278-279.

[51] Molinelli (1966, p. 315n); Società italiana per lo Studio della Libia (1914, pp. 1-4). Imediatamente após a Segunda Guerra Mundial, o Instituto de Agricultura Colonial retornou ao seu papel de assessorar a emigração agrícola para a América do Sul. Em 1959, o Instituto foi renomeado Instituto Agronômico para o Além-mar, patrocinado pelo Ministério das Relações Exteriores da Itália, e continua a trabalhar em projetos para o desenvolvimento agrícola na Europa, na África e na América do Sul.

[52] Discurso do presidente On. Ernesto Artom para a Assembleia geral, 30 de maio de 1915, ASMAI pos. 163/2 f. 19.

[53] Carta de G. Bettolo, presidente do Instituto Colonial Italiano, para o ministro das relações exteriores, 4 de novembro de 1912 n. 2320, ASMAI pos. 163/2 f. 18.

[54] Ministero delle Colonie, Relazione a S.E. il Sottosegretario di Stato per le colonie, 9 de janeiro de 1913, ASMAI pos. 163/2 f. 18.

[55] Ibidem, destaque no original.

[56] Istituto Coloniale Italiano (1911a); Regolamento e Programma dei Lavori del Secondo Congresso degli Italiani all'Estero, 1910, ASMAI pos. 163/2 f. 16; carta de 5 de abril de 1918, ASMAI pos. 163/2 f. 19; ticket para o Primeiro Congresso dos Italianos do Exterior, "sob o alto patrocínio de Sua Majestade Vittorio Emanuele III", Roma-Torino 1908, ASMAI pos. 163/2 f. 15. Os escritórios do Instituto Colonial Italiano estavam alojados no Palazzo delle Assicurazioni Generali, próximo ao Altar da Pátria.

[57] Bolzon (1912, pp. 180-181). Ênfase no original.

CAPÍTULO "TERREMOTO, PESTE E GUERRA MUNDIAL"

[1] As estimativas de mortos variam de 60 a 120 mil pessoas. Esse número trágico foi superado apenas pelos terremotos de Tóquio-Yokohama de 1º de setembro de 1923 (140 mil), de Tangshan, China, de 28 de julho de 1976 (240 mil) e o tsunami no Oceano Índico de 26 de dezembro de 2004 (283 mil). A título de comparação, entre 20 e 30 mil pessoas morreram na erupção do Monte Vesúvio em 79 d.C. que atingiu Pompeia, Herculano e Stabia. Ver Barberi; Gasparini; Innocenti; Villari (1973); Bottari et al. (1986); Dickie; Foot; Snowden (2002); Mulargia; Boschi (1983, pp. 497-500; 514). Ver também o despacho de Stuart K. Lupton, vice-cônsul dos Estados Unidos em Palermo para o Secretário Assistente de Estado, 31 de dezembro de 1908, p. 4, NACP Microfilm Publication M862, rolo 985, Record Group 59, Department of State, Minor File 1906-1910. A ilha da Islândia também conta com vulcões ativos. Em 1971, a capital da Calábria foi transferida para Catanzaro.

364

Notas

[2] AP CD Leg. XXI, prima sessione, Discussioni, 3 de dezembro de 1900, 952; Tosi (1997).

[3] L. Reynaudi, Comissario Generale dell'Emigrazione, Reservado para o Ministro da República Argentina, 9 de dezembro de 1907; aprovado por Tittoni no Ministério das Relações Exteriores, 14 de dezembro de 1907. ASDMAE, CGE Archivio Generale, b. 23.

[4] Avanti!, 7 de agosto de 1911, citado em Snowden (1995, p. 342).

[5] Giolitti também tinha consciência de que a quarentena ameaçaria as exportações italianas de produtos perecíveis, como alimentos e frutas cítricas. Ver Snowden (1995, pp. 247-248, 293-296, 345).

[6] Comissariato Generale dell'Emigrazione (1926c, pp. 86-91); Snowden (1995, pp. 321-328, 333-338). A emigração da Itália para a Argentina caiu para 32.719 pessoas em 1911 e 72.154 em 1912. Esses números incluíam mulheres e crianças, que não estavam incluídos no boicote. A emigração italiana para a França cresceu para 63.370 em 1911 e 74.089 em 1912. A emigração para os Estados Unidos caiu para 191.087 pessoas em 1911, mas ascendeu para 267.637 em 1912 e 376.776 em 1913. Ver ISTAT (1958, p. 66).

[7] No dia 3 de junho de 1911, a Navigazione Generale Italiana informou o comissário geral de emigração, Pasquale di Fratta, que o inspetor geral de saúde argentino, Dr. Castillo, tinha informado a empresa que havia encontrado sinais de cólera em Nápoles e Roma, mas que não tinha encaminhado um relatório oficial. A empresa solicitava então um relatório não oficial a respeito das precauções italianas. Di Fratta encaminhou, em 5 de junho, o pedido a Direzione Generale di Sanità do Ministério do Interior. Ver ASDMAE, CGE, Archivio Generale, b. 23, f. 84.

[8] Direzione, Navigazione Generale Italiana, para o Comissariado Geral de Emigração, 14 de julho de 1911. O embaixador italiano argumentava que a ambiguidade do seu governo custava à empresa apenas "umas poucas milhares de liras". Viganotti para Di San Giuliano, telegrama cifrado da Legação italiana em Buenos Aires, 16 de novembro de 1911. ASDMAE, CGE Archivio Generale b. 23, f. 84.

[9] Telegramas de 20 e 21 de julho de 1911 entre o subsecretário de Estado para Assuntos Estrangeiros Di Scalea e o almirante Leonardi Cattolica. ASDMAE, CGE Archivio Generale b. 23, f. 84.

[10] Telegrama de 21 de julho de 1911 de Giolitti para o Comm. Peano, Capo Gabinetto Ministero Interno, dirigido a Di San Giuliano, ministro das Relações Exteriores. ASDMAE, CGE Archivio Generale b. 23, f. 84.

[11] Viganotti para Di San Giuliano, telegrama cifrado da Legação italiana em Buenos Aires, n. 3567, 26 de julho de 1911. ASDMAE, CGE Archivio Generale b. 23, f. 84.

[12] ASDMAE, CGE Archivio Generale b. 23; Snowden (1995, pp. 338-343).

[13] Relatório da Regia Legação de Montevidéu, n. 21179/179, 10 de agosto de 1911, ao ministro das Relações Exteriores; Correspondente em Berlim do Comissariado de Emigração, Prof. A.F. Labriola, Riservata n. 1050, para o Comissariado, 2 de agosto de 1911. ASDMAE, CGE Archivio Generale b. 23, f. 84.

[14] Corriere Mercantile (Gênova), v. 87, n. 168, 22 de julho de 1911; cônsul Dallaste Brandoli, Liverpool, para o Comissariado de Emigração, n. 87.0/78 p. M/25, 14 de agosto de 1911. ASDMAE, CGE Archivio Generale b. 23, f. 84.

[15] A.F. Labriola de Berlim, n. 1940, 27 de dezembro de 1911; Ferrante de Estocolmo, conf. N. 252/124, 12 de agosto de 1911. ASDMAE, CGE Archivio Generale b. 23, f. 84.

[16] Legação Italiana, Buenos Aires, relatório intitulado "L'emigrazione in relazione al conflitto sanitario italo-argentino", para o ministro das Relações Exteriores, 30 de junho de 1912, p. 4. ASDMAE, CGE Archivio Generale b. 23, f. 82.

[17] Comissário de emigração Di Fratta para o cônsul italiano em São Paulo, 22 de setembro de 1911. Telegrama n. 6992, ASDMAE, CGE Archivio Generale b. 23, f. 84.

[18] Consulado italiano em Córdoba, Argentina, n. 2470, 3 de outubro de 1911; Lloyd Sabaudo para o Commissariato Generale dell'Emigrazione, 10 de agosto de 1911. ASDMAE, CGE Archivio Generale b. 23, f. 84.

[19] Umberto Tomezzoli, Ispettore dell'Emigrazione in Brasile, São Paulo para o Ministério das Relações Exteriores, 1 de agosto de 1911. ASDMAE, CGE Archivio Generale b. 23, f. 84.

Italianos no mundo

[20] Legação Italiana, Buenos Aires, relatório intitulado "L'emigrazione in relazione al conflitto sanitário italo-argentino", para o ministro das Relações Exteriores, 30 de junho de 1912, p. 4. ASDMAE, CGE Archivio Generale b. 23, f. 82.

[21] Idem, p. 3-4. O Comissariado autorizou a reunificação familiar e o retorno dos expatriados que estavam em visitas breves à Itália. Ver Commissariato Generale dell'Emigrazione (1926a, v. 1, pp. 653-655); Randall (1978, pp. 89-96).

[22] Viganotti para Di San Giuliano, telegrama cifrado, 16 de novembro de 1911. ASDMAE, CGE Archivio Generale b. 23, f. 84. As esperanças de Viganotti não se realizaram.

[23] O Uruguai não cedeu até 10 de maio de 1914. Ver Commissariato Generale dell'Emigrazione (1926a, v. 1, p.655) e telegrama de Primo Levi, 26 de dezembro de 1911. ASDMAE, CGE Archivio Generale b. 23, f. 84.

[24] O decreto revogando o boicote italiano foi assinado por Di San Giuliano e Giolitti em 24 de agosto de 1912. Na mesma data, o telegrama expresso n. 15972 ordenou aos prefeitos para diluir a emigração italiana para a Argentina dentro do prazo de dois meses. ASDMAE, CGE Archivio Generale b. 23, f. 85.

[25] Angelo Cabrini e outros membros do Parlamento fizeram queixas ao Comissariado de Emigração. Ver os telegramas com data de 10 e 23 de setembro de 1912. O comissário de emigração Giovanni Gallini observou os protestos da La Veloce e da Lloyd Sabaudo, que tinham eliminado os beliches de segunda classe na primeira viagem à Argentina depois do fim do boicote. Ver os telegrama de 29 de agosto e 2 de setembro de 1912. ASDMAE, CGE Archivio Generale b. 23, f. 85.

[26] *La Razón*, 10 de junho de 1912, citado em Legação Italiana, Buenos Aires, relatório intitulado "L'emigrazione in relazione al conflitto sanitário italo-argentino", para o ministro das Relações Exteriores, 30 de junho de 1912, p. 4, ASDMAE, CGE Archivio Generale b. 23, f. 82. Ver também Bolzon (1912, p. 177) e Borghetti (1912a).

[27] O prefeito de Trapani na Apúlia explicou que "muitos emigrantes acabaram partindo para outros Estados nas Américas". Prefettura di Trapani, Ufficio di PS n. 5883, 12 de dezembro de 1912. Legação Italiana, Buenos Aires, relatório intitulado "L'emigrazione in relazione al conflitto sanitário italo-argentino", para o ministro das Relações Exteriores, 30 de junho de 1912, p. 4. ASDMAE, CGE Archivio Generale b. 23, f. 85; Istituto Coloniale Italiano (1911c); Martini (1934, pp. 449-450); Sanminiatelli (1910); Snowden (1995, pp. 341-342).

[28] Ver as citações em ACRI, envelope "Benemerenze rilevate nello Schedario Grande (Rilegato) 1888-1931". Em Montevidéu apenas, 91 diplomas de reconhecimento foram emitidos após a Primeira Guerra Mundial. As doações para a Cruz Vermelha também foram significativas e ajudaram o balanço de pagamentos italiano. Ver Rey (1991, v. 1, pp.100-101).

[29] Stuart K. Lupton, vice-cônsul dos Estados Unidos em Palermo, para o Secretário Assistente de Estado, 31 de dezembro de 1908, p. 4. NACP, Microfilm Publication M862, rolo 985, Record Group 59, Department of State, Minor file 1906-1910.

[30] Ibidem, pp. 1-8; Giovanni Giolitti para o embaixador dos Estados Unidos, 4 de janeiro de 1909. NACP, Microfilm Publication M862, rolo 985, Record Group 59, Department of State, Minor file 1906-1910. O Congresso dos Estados Unidos aprovou uma doação de 500 mil dólares em dinheiro, além de 300 mil dólares em mercadorias entregues em Messina. O presidente Theodore Roosevelt coordenou os esforços de ajuda através dos canais diplomáticos. Os fundos foram gastos na construção de alojamentos para os desabrigados.

[31] Carta do bispo Matthew Starkins, 23 de janeiro de 1909. ASV, Arch. Deleg. Ap. Stati Uniti II, 127/1-4, f. 162.

[32] ASV, Arch. Deleg. Ap. Stati Uniti II, 127/1-4, ff. 12, 62, 252-253, 261 e carta para o Delegado Apostólico, 15 de fevereiro de 1909, de Ferdinando Faga de Florence, Alabama, que estava vivendo nos Estados Unidos já há 22 anos, f. 273.

[33] ASV, Arch. Deleg. Ap. Stati Uniti II, 127/1-4, ff. 324-325, 336 e D'Agostino (2004). Os católicos americanos reproduziam as falsas acusações do jornal jesuíta *Civiltà Cattolica* no tocante ao comitê gerido pela rainha Elena.

Notas

[34] ACRI, envelope "Benemerenze rilevate nello Schedario Grande (Rilegato) 1888-1931"; ASV, Arch. Deleg. Ap. Stati Uniti II, 127/1-4, ff. 302; Baratta (1936, p. 67); Rey (1991, v. 1, p. 100).

[35] Di S. Giuliano, Ministro degli Affari Esteri, 3 de abril de 1913, para Giolitti, ACS, PCM 1913, F.14.3.352. 200 mil liras por ano vinham do orçamento do Estado e o ministro do Tesouro aprovou a proposta de Di San Giuliano de suplementar as 450 mil liras anuais vindas do Fundo Emigratório com fundos estatais extras.

[36] Citado em Sterba (2001, p. 93). Ver também Balletta (1968, pp. 44-45); Corti (1999, pp. 136-137; 141); Ford (2001); Miele; Vighy (1996, pp. 92-95); Stringher (1920, pp. 114; 123).

[37] Memoria Il Congresso "Gli Italiani all'Estero", 1908, BAV, Villari 58, f. 85.

[38] Ibidem, f. 76/3.

[39] O neofascista Mirko Tremaglia elaborou o projeto de lei e se tornou o primeiro-ministro dos italianos no exterior, entre 2001 e 2006. Ver "Il voto degli italiani all'estero e legge". *Corriere della Sera*, 20 de dezembro de 2001. Disponível em: <www.ministeroitalianinelmondo.it>. Acessado em: 10 de maio de 2005; Istituto Coloniale Italiano, 1910, v. 2, pp. 11-114, 332-333; ASCD, Incarti di Segretaria, index 1909-1913, s.v. "Colonie Libere": discussões na Câmara dos Deputados, 22 de junho de 1909, no Senado 30 de junho-1º de julho de 1909, na Câmara 22 de maio de 1912.

[40] Maffei (1916, p. 142). H. W. Longfellow foi o primeiro grande poeta americano e fez uma tradução respeitada de Dante.

[41] Schneider (2001, pp. 53-55); Wyman (1993, p. 65). Por lei, os estrangeiros tinham que viver cinco anos nos Estados Unidos antes de poderem se naturalizar e depois do Ato de Naturalização de 1906, incluiu-se a necessidade de aprovação em um teste de inglês.

[42] Pasquale Villari trabalhou sem sucesso por uma alteração dessa política. Ministro da Justiça Gianturco para Villari, 14 de janeiro de 1901, ASDA, Fasc/1901 A1bis; Brunialti (1885).

[43] O governo italiano reagiu negando a proteção estatal para aqueles que votassem nas eleições brasileiras. Ver L'emigrazione in Brasile (1913, pp. 395-397); Commissariato Generale dell'Emigrazione (1903-1909, v. 3, t. 1, pp.364, 393).

[44] AP CD Leg. XXIII, prima sessione, Discussioni, 11 de junho de 1912, pp. 20700, 20701-20702, 20704-20716. A lei exigia dois anos de residência para readquirir a cidadania italiana, mas os patrocinadores da lei esclareciam que os emigrantes podiam requerer a sua cidadania de volta imediatamente após o seu retorno. Gaetano Salvemini, que adquiriu a cidadania estadunidense como exilado do fascismo, retornou para a Itália no pós-guerra e decidiu, em 1954, renunciar a ela para ter de volta o seu passaporte italiano. Ele se surpreendeu ao saber que já tinha readquirido a sua cidadania por ter vivido na Itália por dois anos. Ver De Caro (1970, pp. 417-419).

[45] Holland (1999, v. 4, pp. 117-118). O Império Britânico mobilizou, no total, 9,5 milhões de homens em casa e no exterior, enquanto a Itália convocou 5,6 milhões.

[46] "Regelung des Auswanderungswesens, Allgemeines", Bd. 2, 4 de dezembro 1895-fevereiro de 1896. BArch, R 1001/6234, Bl. 65.

[47] Fürsorgevereins für deutsche Rückwanderer. Geschalftsbericht Vorschläge zur Besiedlung der Deutschen Kolonien Bd. 5, maio 1916-julho 1919. BArch, R 1001/6267, Bl. 51.

[48] Em 1911, os italianos no exterior eram 5.805.100, ou 16,74% da população da península italiana. Ver Comissariato Generale dell'Emigrazione (1923, p. 22; 1926, pp. 1533-1542); ISTAT (1976, pp. 11, 16). Os consulados eram responsáveis por manter atualizados os endereços dos emigrantes homens, mas não tinham o pessoal necessário para a tarefa. Ver Istituto Coloniale Italiano (1910, v. 2, pp. 162-165).

[49] Wyman (1993, pp. 111-112). Wyman observou como 38.108 americanos de origem polonesa se alistaram no Exército organizado pelo general Joseph Heller; 20.720 chegaram na França, mas apenas um mês antes do armistício.

[50] Del Fabbro (1996, pp. 277-282); Michels (1915; 1917); Deputazione Provinciale di Ascoli Piceno para o Segretariato per gli Emigranti in Ascoli Piceno, 14 de setembro de 1914, ACS Min Int Comuni b. 838.

Italianos no mundo

51 Direzione Generale di Statistica (1914, p. 300); Municipio di Feltre (Provincia de Belluno), Relazione, Prefeitura de Belluno para o Ministério do Interior, setembro de 1914, ACS Min Int Comuni b. 838.

52 Augusto Cicconi, escrevendo de Villa Ballester (perto de Buenos Aires), 10 de outubro de 1915. In: Palombarini (1998, p. 106).

53 "Italia Redenta. Fatti storici della guerra italo-austriaca", Elli Scotti, Buenos Aires. *In:* Miele; Vighy (1996, pp. 63-64)

54 Abele Sola, Buenos Aires, 10 de junho de 1915. In: Baily; Ramella (1988, p. 163).

55 Speranza (1916, p. 861). Speranza mais tarde assumiu o posto de adido na embaixada americana em Roma. Ele estimou que entre 70 e 80 mil reservistas tinham deixado os Estados Unidos.

56 New York State Department of Labor (1916, pp. 28-29). Dos 81 mil reservistas que já tinham passado por Nova York, 58 mil tinham embarcado ali e o resto na Nova Inglaterra.

57 Reunião da Assembleia Geral, Instituto Colonial Italiano, 27 de novembro de 1915. ASMAI, pos. 163/2 f. 19, pp. 1-2.

58 Ênfase do autor. Woodrow Wilson também elogiava Jim Crown: "Os estados do sul estavam reajustando o seu sistema eleitoral de forma a excluir os negros analfabetos e, portanto, desfazendo um dos equívocos da época da reconstrução e o resto da nação evita interferir na questão. As duas partes do país começam a se reunificar a partir de um melhor entendimento de um pelo outro". Ver O'Leary (1999, pp. 220-222); Wilson (1902, v. 5, pp. 212-214, 300). Wilson foi eleito presidente da American Historical Association em 1924. Os anarquistas italianos tinham uma péssima reputação no estado de Wilson, Nova Jersey, tendo patrocinado o assassinato do rei Umberto I.

59 Reunião da Assembleia Geral, Instituto Colonial Italiano, 17 de dezembro de 1916. ASMAI, pos. 163/2 f. 19, p.4.

60 Reunião da Assembleia Geral, Instituto Colonial Italiano, 24 de junho de 1917. ASMAI, pos. 163/2 f. 19, pp. 6-7.

61 Os documentos do ASMAI citados são as únicas referências que eu encontrei a respeito dessa associação de caridade.

62 Ver o prefácio de Mussolini em Bianchi (1992); Commissariato Generale dell'Emigrazione (1926b, pp. vii-viii); Finkelstein (1988); Ostuni (1978). Ver também o livro de propaganda do governo italiano: Stella (1924).

CONCLUSÃO: EM DIREÇÃO A UMA NAÇÃO GLOBAL

1 Vittorio Emanuele II, o rei de Piemonte-Sardenha, foi coroado rei da Itália em 1861; a capital italiana foi transferida de Turim para Florença em 1864 e para Roma em 1871. Ver Brice (1998); Tobia (1998); Venturoli (1965).

2 O monumento traz a inscrição: "Gli italiani in Argentina MCMXI a Roma Capitale".

3 Ver a placa comemorativa, instalada pelo Comune de Roma na Piazza Rotonda em fevereiro de 1906, agradecendo a Buenos Aires. Ironicamente, apenas dois reis estão enterrados no Panteão: Vittorio Emanuele II (1878) e Umberto I (1900).

4 Disponível em: <htttp://www.ambwashingtondc.esteri.it> e <http://travel.state.gov/law/citizenship/citizenship_778.html>. Acesso em: 21 abril 2007.

5 Steller, Tim. Mexico is courting its citizens abroad. *The Arizona Daily Star,* 18 de abril de 2002. Ver também Durand; Parrado; Massey (1996); Jones-Correa (1998); Massey; Alarcón; Durand; González (1987); Muñoz (1995); Pessar (1988); Smith, R. (1998); Smith, R. C. (1998).

6 *The Independent* (London), 11 de janeiro de 2003.

7 U.S. Department of State Bureau of International Information Programs, Global Poverty action plan approved by G8 leaders. Disponível em: <http://usinfo.state.gov>. Acesso em: 9 junho 2004; International money transfer class action settlement, *Canada NewsWire,* 20 de outubro de 2003. Ver também DFID (2005); IMF (2005); Luna Martinez (2005).

8 Meeting the challenge, *LatinFinance,* novembro de 2002, p. 7; Vajpayee invites Indian diaspora to cash in on Indian economic boom, *Agence France Presse,* 9 de janeiro de 2003. Ver também Balletta (1968); Moctezuma Longoria; Rodriguez Ramirez (1999); Pessar (1995).

Notas

[9] Les possibilites du commerce français dans l'Amérique du Sud. Um entretien avec M. Charles Wiéner, *Bulletin de l'Union des Associations des anciens élèves des Écoles Supérieures de Commerce* 10. 5 de julho de 1908, pp. 391-392. Archives Nationales (AN), F/12/9199.

[10] A Barilla lançou esse slogan em 1985. Disponível em: <www.barilla.it> e <www.buitoni.com>.

[11] Recortes de 1902, AS Rovigo, Carte Rossi, n. 10, p. 16. Ver também Chiswick (1999); Pilotti (1993).

[12] Parameswaran, P. Remittances to developing nations to jump from 100 billion dollars, *Agence France Press*, 8 de abril de 2005.

[13] Disponível em: <www.inq7.net/globalnation/sec_ofw/2004/dec/index.htm>. Acesso em: 15 julho 2005.

[14] O Império Russo e o Reino da Prússia proibiam a emigração, mas permitiam a expulsão. Ver Grossi;Vicenzo (1901); Walker (1964).

[15] Corradini (1911a, pp. 189, 197-199). Ênfase no original.

[16] De Felice (1988). Preziosi lançou *La Vita Italiana all'estero. Rassegna mensile di Politica Estera, Coloniale e di Emigrazione* em 1913.

[17] Ministro do Tesouro Giuseppe Paratore para o primeiro-ministro Luigi Fratta, 28? de setembro de 1922, ACS PCM 1922 f. 2.9.2732.

[18] Luigi Villari para Pasquale Villari, 29 de janeiro de 1908, BAV Villari 58, pp.44r-45v.

[19] Carlo Sforza também serviu como ministro das Relações Exteriores na Itália antes e depois da guerra. Ver Brogi (1996).

[20] Exchange (1945). Ver o discurso de De Gasperi sobre a emigração de 1949 em Ciuffoletti; Degl'Innocenti (1978, v. 2, pp. 234-235). A despeito dos esforços de De Gasperi, a recém-criada Organização das Nações Unidas garantiu a independência da Líbia, em 1951.

Referências

ABRAMS, L.; MILLER, D. J. "Who were the French colonialists? A reassessment of the *Parti Colonial*, 1890-1914". *The Historical Journal*, v. 19, n. 3, 1976, pp. 685-725.

ABREHA, A. The battle of Adwa: Victory and its outcome. *In*: AHMAD, A. H.; PANKHURST, R. (Ed.). *Adwa victory centenary conference*. Adis Abeba: Institute of Ethiopian Studies, Addis Ababa University, 1998, pp. 129-182.

ADDAMS, J. *Twenty years at Hull House*. Nova York, 1910.

AGERON, C.-R. *France coloniale ou Parti Colonial?* Paris, 1978.

AHMAD, A. H.; PANKHURST, R. (ed.). *Adwa victory centenary conference*. (1996: Addis Ababa, Ethiopia, and Adwa, Ethiopia). Adis Abeba: Institute of Ethiopian Studies, Addis Ababa University, 1998.

ALATRI, P. *Gabriele d'Annunzio*. Turim: UTET, 1983.

ALBERDI, J. B. *Escritos de Juan Bautista Alberdi:* El redactor de la ley. Buenos Aires: Universidad Nacional de Quilmes, 1996.

ALBERTINI, L. *Venti anni di vita politica*. Bolonha: Nicola Zanichelli, 1950-1953.

ALBERTINI, L. *The origins of the war of 1914*. Oxford: Oxford University Press, 1952-1957.

ALBRECHT-CARRIÉ, R. *Italy at the Paris peace conference*. 1938. Reprint, Hamden, Connecticut: Archon Books, 1966.

ALEMANNI, A. Il Ministero delle Colonie. *La Patria*, v. 1, n. 7, 1912, pp. 4-8.

ALLGEMEINE DEUTSCHE SCHULVEREIN ZUR ERHALTUNG DES DEUTSCHTUMS IM AUSLANDE (ed.). *Handbuch des Deutschtums im Auslande nebst einem Adressbuch der Deutschen Auslandschulen*. 2. ed. Berlim: Dietrich Reimer (Ernst Bohfen), 1906.

ANDERSON, B. *Imagined communities:* reflections into the origin and spread of nationalism. 2. ed. Londres: Verso, 1991.

ANDREW, C. M.; KANYA-FORSTNER, A. S. "The French 'colonial party': its composition, aims and influence, 1885-1914". *The Historical Journal*, v. 14, n. 1, 1971, pp. 99-128.

ANDREW, C. M.; KANYA-FORSTNER, A. S. "The groupe colonial in the French Chamber of Deputies, 1892-1932". *The Historical Journal*, v. 17, n. 1, 1977, pp. 837-866.

ANNINO, A. "La politica migratoria dello stato postunitario. Origini e controversie della legge 31 gennaio 1901". *Il Ponte*, n. 11-12, 1974, pp. 1229-1268.

ANNINO, A. "Espansione ed emigrazione verso la America Latina (l'Italia Coloniale, 1900-1904)". *Clio*, v. 12, n. 1-2, pp. 113-140, 1976.

ANSALDO, G. *Il ministro della buona vita: Giolitti e i suoi tempi*. Milão: Longanesi, 1949.

ANTONOFF, A. L. *The Great Powers and the Bosnia crisis, 1908-09*. Dissertação (Doutorado), Universidade Yale, 2006.

AQUARONE, A. Politica estera e organizzazione del consenso nell'età giolittiana: Il Congresso dell'Asmara e la fondazione dell'Istituto Coloniale Italiano. *Storia Contemporanea*, 8, n. 1-3, 1977, pp. 57-119, 291-334, 549-570.

AQUARONE, A. *L'Italia giolittiana (1896-1915): Le premesse politiche ed economiche*. Bolonha: Il Mulino, 1981.

AQUARONE, A. *Dopo Adua: politica e amministrazione coloniale*. Roma: Ministero per i Beni Culturali e ambientali, Pubblicazioni degli Archivi di Stato, 1989.

ARE, G. *La scoperta dell'imperialismo. Il dibattito nella cultura italiana del primo Novecento*. Roma: Lavoro, 1985.

ASCOLI, A. R.; VON HENNEBERG, K. (ed.). *Making and remaking Italy: the cultivation of national identity around the Risorgimento*. Oxford: Berg, 2001.

ASKEW, W. *Europe and Italy's acquisition of Libya, 1911-1912*. Durham, Carolina do Norte: Duke University Press, 1942.

AUDENINO, P. *Un mestiere per partire. Tradizione migratoria, lavoro, e comunità in una vallata alpina.* Milão: Franco Angeli, 1990.

AUDENINO, P. The "alpine paradox": exporting builders to the world. In: POZZETTA, G. E.; RAMIREZ, B. (ed.). *The Italian diaspora: migration across the globe*. Toronto: Multicultural History Society of Ontario, 1992. pp. 3-20.

AZUMA, E. *Between two empires. Race, history, and transnationalism in Japanese America*. Oxford: Oxford Univerity Press, 2005.

BADE, K. J. *Friedrich Fabri und der Imperialismus in der Bismarckzeit. Revolution – Depression – Expansion*. Freiburg: Atlantis, 1975.

BADE, K. J. *Vom Auswanderungsland zum Einwanderungsland*. Deutschland 1880-1980. Berlim: Colloquium-Verl., 1983.

BADE, K. J. Labour, migration, and the State: Germany from the late 19th century to the onset of the Great Depression. *In*: BADE, K. J. (ed.). *Population, labour and migration in 19th and 20th century Germany*. Hamburgo e Nova York: Berg, 1987, pp. 59-85.

BADE, K. J. (ed.). *Die Multikulterelle Herausforderung. Menschen über Grenschen — Grenzen über Menschen*. Munique: C. H. Beck, 1996.

BAILEY, T. A. *Woodrow Wilson and the lost peace*. Nova York: Macmillan, 1944.

BAILY, S. L. *Immigrants in the lands of promise: Italians in Buenos Aires and New York City, 1870-1914*. Ithaca, Nova York: Cornell University Press, 1999.

BAILY, S. L.; RAMELLA, F. (ed.). *One family, two worlds: an Italian family's correspondence across the Atlantic, 1901-1922*. New Brunswick, Nova Jersey: Rutgers University Press, 1988.

BALDASSERONI, F. Come si devono studiare gli usi e costumi dei nostri emigrati. *In*: SOCIETÀ DI ETNOGRAFIA ITALIANA (ed.). *Atti del Primo Congresso di Etnografia Italiana, Roma 19-24 ottobre 1911*. Perugia: Unione Tipografica Cooperativa, 1912a. pp. 179-182.

BALDASSERONI, F. "Il Museo d'Etnografia Italiana. Ordinamento per regioni o per categorie di oggetti?" *Lares: Bullettino della Società di Etnografia Italiana*, v. 1, n. 1, 1912b, pp. 42-53.

BALDASSERONI, F. "Obituario per Lamberto Loria". *Lares: Bullettino della Società di Etnografia Italiana*, v. 2, n. 1, pp. 1-16, 1912c.

BALLETTA, F. "Il Banco di Napoli e le rimesse degli emigrati, 1914-1925". *Revue Internationale d'Histoire de la Banque*, v. 1, 1968, pp. 344-374.

BALLETTA, F. *Il Banco di Napoli e le rimesse degli emigrati, 1914-1925*. Nápoles: Institut Internationale d'Histoire de la Banque, 1972.

BANCO di Napoli, The. Nápoles: Ufficio Studi del Banco di Nápoles: 1951.

BARATTA, M. *I terremoti in italia*. Florença: Felice Le Monnier, 1936.

BARBAGALLO, F. *Lavoro ed esodo dal Sud, 1861-1971*. Nápoles: Guida editore, 1973.

BARBÈRA, P. "Impressioni argentine. Da un recente viaggio". *Nuova Antologia*, v. 167, n. 667, 1899, pp. 440-464.

BARBÈRA, P. "Gli italiani all'estero all'Esposizione di Milano". *Nuova Antologia*, v. 210, n. 839, 1906, pp. 440-450.

BARBERI, F.; et al. "Volcanism of the Southern Tyrrhenian sea and its geodynamic implications". *Journal of Geophysical Research*, 78, n. 23, 1973, pp. 5221-5232.

BARONE, M. A turning point in the Italian-American experience. *In*: TOMASI, L. et al (ed.). *The Columbus people: perspectives in Italian immigration to the Americas and Austrialia*. Nova York: Center for Migration Studies, Fondazione Giovanni Agnelli, 1994, pp. 491-495.

BARRY, C. J. *The Catholic Church and German Americans*. Washington D. C.: Catholic University of America Press, 1953. 348 p.

BARTHOLOMEW, J. G. *Oxford Economic Atlas*. Oxford: 1925.

BARTOLOMMEI GIOLI, G. *Come l'Italia debba promuovere lo sviluppo agricolo delle colonie*. Extrato do *Bollettino degli Atti della Camera di Commercio ed Arti di Firenze*. Florença: G. Carnesecchi, v. 21, n. 9, 1905.

BARTOLOMMEI GIOLI, G. *Gli studi di agricoltura coloniale in Italia*. Extrato do *Bollettino degli Atti della Camera di Commercio ed Arti di Firenze*. Roma: Tipografia dell'Istituto Internazionale d'Agricoltura, v. 4, n. 8, 1913.

BARTOLOMMEI GIOLI, G. *Relazione morale dell'attività dell'Istituto nell'esercizio 1913-1914*. Florença: Istituto Agricolo Coloniale Italiano, 1914.

BARTOLOMMEI GIOLI, G. *Relazione morale dell'attività dell'Istituto nell'esercizio 1914-1915*. Florença: Istituto Agricolo Coloniale Italiano, 1916.

BARZINI, L. *L'Argentina vista come è*. Milão: Tip. del Corriere della Sera, 1902.

BATTAGLIA, R. *La prima guerra d'Africa*. Turim: Einaudi, 1958.

BELCREDI, G. G. "Ai lettori". *L'Italia Coloniale. Rivista Mensile*, v. 1, n. 1, 1900a, pp. 3-5.

BELCREDI, G. G. "Che cosa è una colonia". *L'Italia Coloniale. Rivista Mensile*, v. 1, n. 2, 1900b, pp. 47-51.

BELL, R. M. *Fate and honor, family and village: demographic and cultural change in rural Italy since 1800*. Chicago: University of Chicago Press, 1979.

BENEDUCE, A. "Capitali sottratti all'Italia dall'emigrazione per l'estero". *Giornale degli Economisti*, n. 29, 1904, pp. 506-518.

BENEDUCE, A. "Saggio di statistica dei rimpatriati dalle Americhe". *Bollettino dell'Emigrazione*, v. 11, 1911, pp. 1-103.

BERGSTEN, C. F.; CHOI, I. (ed.). *The Korean diaspora in the world economy*. Washington, DC: Institute for International Economics, 2003.

BERNARDY, A. A. L'etnografia delle "Piccole Italie". *In*: SOCIETÀ DI ETNOGRAFIA ITALIANA (ed.). *Atti del Primo Congresso di Etnografia Italiana, Roma 19-24 ottobre 1911*. Perugia: Unione Tipografica Cooperativa, 1912, pp. 173-179.

BERNARDY, A. A. *Italia randagia attraverso gli Stati Uniti*. Turim: Fratelli Bocca, 1913.

BERNARDY, A. A. *Rinascita regionale*. Roma: Libreria del Littorio, 1930.

BERNARDY, A. A. *Fascismo sanmarinese. Pubblicato in francese dall'annuario 1930 del Centre International d'Études Fascistes di Losanna*. San Marino: Arti grafiche F. della Balda, 1931.

BERTELLINI, G. Italian imageries, historical feature films, and the fabrication of Italy's spectators in early 1900s New York. *In*: MALTBY, R.; STOKES, M. (ed.). *American movie audiences: From the turnof the century to the early sound era*. Londres: BFI, 1999, pp. 29-45.

BERTONHA, J. F. "A migração internacional como fator de política externa. Os emigrantes italianos, a expansão imperialista e a política externa da Itália, 1870-1943". *Contexto Internacional*, v. 21, n. 1, 1999, pp. 143-164.

BETTINI, L. *Bibliografia dell'anarchismo, periodici e numeri unici anarchici in lingua italiana pubblicati all'estero (1872-1971)*. Florença: Crescità Politica, 1976.

BEVILACQUA, P. "Emigrazione transoceanica e mutamenti dell'alimentazione contadina calabrese fra Otto e Novecento". *Quaderni Storici*, v. 47, 1981, pp. 520-555.

BEVIONE, G. *L'Argentina*. Turim: Fratelli Bocca, 1911.

BEVIONE, G. *Come siamo andati a Tripoli*. Turim: Fratelli Bocca, 1912.

BEYENE, T.; TAMRAT, T.; PANKHURST, R. (ed.). *The century of Dogali. Proceedings of the international symposium*. Adis Abeba-Asmara: Institute of Ethiopian Studies, Addis Abeba University, 1988.

BIAGINI, M. *Il poeta solitario. Vita di Giovanni Pascoli*. 2. ed. Milão: Ugo Marsia Editore, 1963.

BIANCHI, O. Fascismo ed emigrazione. *In*: BLENGINO, V. et al. (ed.). *La riscoperta delle Americhe. Lavoratori e sindacato nell'emigrazione italiana in America Latina 1870-1970*. Milão: Nicola Teti, 1992, pp. 96-114.

BIASI, A. D. "Corrispondenze". *La Patria*, v.1, n. 7, 1912, pp. 81-82.

BIDISCHINI, E.; MUSCI, L. (ed.). *Guida agli archivi storici delle Camere di Commercio italiane*. Roma: Ministero per i Beni culturali e ambientali, Ufficio Centrale per i Beni archivistici, 1996.

BLAKEMAN, W. C. *The Black Hand*. Nova York: Broadway Publishing Co., 1908.

BODIO, L. *Sul censimento degl'italiani all'estero eseguito al 31 dicembre 1871. Relazione alla Giunta Centrale di Statistica*. Roma: Barbèra, 1873. 53 p.

BODNAR, J. *The transplanted:* a history of immigrants in urban America. Bloomington: Indiana University, 1985.

BODNAR, J. *Remaking America:* public memory, commemoration, and patriotism in the Twentieth Century. Princeton, Nova Jersey: Princeton, 1992.

BOLZON, P. "Corrispondenze". *La Patria*, v. 1, n. 8, 1912, pp. 176-178.

BONADIO, F. A. *A. P. Giannini, banker of America*. Berkeley: University of California Press, 1994.

BONARDELLI, E. *La cooperazione economica tra i nostri emigrati. Note e proposte*. Turim: P. Celanza & C., 1911.

BONARDELLI, E. "Corrispondenze". *Italica Gens*, v. 6, n. 10-12, 1916, pp. 266-268.

BONFIGLIETTI, R. "Obelischi podisti e una base". *Roma*, v. 2, n. 8, 1924, pp. 339-349.

BONO, S. "La guerra libica. Considerazioni in margine di un recente libro". *Storia Contemporanea*, v. 3, n. 1-2, 1972, pp. 65-83.

BONO, S. *Morire per questi deserti. Lettere di soldati italiani dal fronte libico 1911-1912*. Catanzaro: Abramo, 1992.

BONOMELLI, G. L'emigrazione. *In*: ESPOSIZIONE GENERALE ITALIANA – ESPOSIZIONE DELLE MISSIONI (ed.). *Gli italiani all'estero (emigrazione, commerci, missioni)*. Turim: Tipografia Roux Frassati, 1899, pp. 21-39.

BORGHETTI, G. "Rassegna". *La Patria*, v. 1, n. 9, pp. 183-184, 1912a.

BORGHETTI, G. "Rassegne 'italiani all'estero'". *La Patria*, v. 1, n. 7, pp. 90-91, 1912b.

BORJAS, G. J. *Heaven's Door:* immigration policy and the American economy. Princeton: Princeton University Press, 1999.

BORSA, G. "La crisi italo-cinese del marzo 1899 nelle carte inedite del ministro Canevaro". *Il Politico*, v. 34, n. 4, 1969, pp. 618-643.

BORSI, F.; BUSCIONI, M. C. *Manfredo Manfredi e il classicismo della nuova italia*. Milão: Electa, 1983.

Referências

BORZOMATI, P. (ed.). *L'emigrazione calabrese dall'unità ad oggi*. Atti del II Convegno di Studio della Deputazione di Storia Patria per la Calabria *(Polistena 6-7, rogliano 8 dicembre 1980)*. Roma: Centro Studi Emigrazione, 1982.

BOSWORTH, R. J. B. *Italy, the least of the Great Powers:* Italian foreign policy before the First World War. Londres e Nova York: Cambridge University Press, 1979.

BOSWORTH, R. J. B. *Italy and the wider world 1860-1960.* Londres e Nova York: Routledge, 1996.

BOTTARI, A. et al. "The 1908 Messina Strait earthquake in the regional geostructural framework". *Journal of Geodynamics*, n. 5, 1986, pp. 275-302.

BOURDIEU, P. "Le capital social: Notes provisoires". *Actes de la Recherche en Sciences Sociales*, n. 31, 1980, pp. 2-3.

BOURNE, R. S. Trans-national America. *Atlantic Monthly.* n. 118, 1916, pp. 86-97.

BRANCATO, F. *L'emigrazione siciliana negli ultimi cento anni.* Cosenza: Luigi Pellegrini, 1995.

BRIANI, V. *Il lavoro italiano all'estero negli ultimi cento anni.* Roma: Italiani nel mondo, ABETE, 1970.

BRIANI, V. *La stampa italiana all'estero dalle origini ai nostri giorni.* Roma: 1977.

BRIANI, V. *La legislazione emigratoria italiana nelle successive fasi.* Roma: Ist. Poligrafico dello Stato, 1978.

BRICE, C. *Monumentalité publique et politique à Rome:* Le Vittoriano. Roma: École Française de Rome, 1998.

BRIGGS, J. W. *An Italian passage:* immigrants to three American cities, 1890-1930. New Haven: Yale University Press, 1978.

BROGI, A. *L'Italia e l'egemonia americana nel Mediterraneo.* Scandicci (Firenze): La Nuova Italia, 1996.

BROWN, M. E. *Churches, communities, and children:* Italian immigrants in the Archdiocese of New York, 1880-1945. Nova York: Center for Migration Studies, 1995. 219 p.

BROWN, M. E. (ed.). *A migrant missionary story:* the autobiography of Giacomo Gambera. Nova York: Center for Migration Studies, 1996a.

BROWN, M. E. *The scalabrinians in North America (1887-1934).* Nova York: Center for Migration Studies, 1996b.

BRUÉZIÈRE, M. *L'Alliance Française. Histoire d'une institution.* Paris: Hachette, 1983.

BRUNETTA, G. P. *Cinema perduto.* Milão: Feltrinelli, 1981.

BRUNETTA, G. P. *Cent'anni di cinema italiano.* Bari/Roma: Laterza, 2004.

BRUNIALTI, A. *L'Italia e la questione coloniale. Studi e proposte.* Milão: Alfredo Brigolo, 1885.

BRUNIALTI, A. Le colonie degli italiani. *In:* BRUNIALTI, A. (ed.). *Biblioteca di scienze politiche e amministrative.* Turim: Unione Tipografico-Editrice, 2. série, v. 9, 1897, pp. 1-520.

BRUNO, G. *Streetwalking on a ruined map:* cultural theory and the city films of Elvira Notari. Princeton, Nova Jersey: Princeton University Press, 1993.

BURGWYN, H. J. *The legend of the mutilated victory:* Italy, the Great War, and the Paris Peace Conference, 1915-1919. Westport, Connecticut: Greenwood Press, 1993.

CABRINI, A. *Il Partito Socialista Italiano e la politica dell'emigrazione.* X Congresso del Partito Socialista Italiano (Firenze, 19-22 Settembre 1908). Roma: Tipografia Popolare, 1908.

CABRINI, A. *Emigrazione ed emigranti.* Manuale. Bolonha: Nicola Zanichelli, 1911.

CAFAGNA, L. "Italy 1830-1914". *In: The emergence of industrial societies.* Londres: Collins/Fontana, v. 4, part 1, 1973, p. 279-328.

CAFAGNA, L. *Dualismo e sviluppo nella storia d'Italia.* Veneza: Marsilio Editori, 1989.

CAMERA DEI DEPUTATI. *Avvenimenti d'Africa (gennaio 1895 – marzo 1896).* Documenti diplomatici presentati al Parlamento Italiano dal Presidente del Consiglio (Rudinì) di concerto col Ministro degli Affari Esteri (Caetani) e col Ministro della Guerra (Ricotti). Roma: Tipografia della Camera dei Deputati, 1896.

CAMERA DI COMMERCIO ITALIANA DI MONACO DELLA BAVIERA. *Relazione per il VI Congresso delle Camere di Commercio italiane all'estero, Roma 1931-x.* Trento: A. Scotoni, 1931.

CAMERA DI COMMERCIO ITALIANA NEL BELGIO. *Atti del Secondo Congresso delle Camere di Commercio Italiane all'estero, Bruxelles: 21-25 ottobre 1912.* Bruxelas: Tipografia Luigi Bendotti, 1913. 294 p.

CAMERA DI COMMERCIO ITALIANA PER LE AMERICHE. *I venticinque anni della Camera di Commercio italiana per le Americhe, 1944-1969.* Venticinque anni di scambi commerciali tra l'Italia e le Americhe. Roma: Camera di Commercio Italiana per le Americhe, 1971.

CANNISTRARO, P. Per una storia dei fasci negli Stati Uniti (1921-1929). *Storia Contemporanea,* 26, n. 6, 1995, pp. 1061-1044.

CANNISTRARO, P.; ROSOLI, G. *Emigrazione, Chiesa e fascismo.* Lo scioglimento dell'Opera Bonomelli (1922-28). Roma: Studium, 1979.

CANTALUPI, A. Il Primo Congresso Coloniale Italiano. *Nuova Antologia,* v. 202, n. 807, 1905, pp. 529-536.

CAPRA, G. La nostra guerra. *Italica Gens,* v. 6, n. 7-9, 1915, pp. 145-148.

CARAZZI, M. *La Società Geografica italiana e l'esplorazione coloniale in Africa (1867-1900).* Florença: La Nuova Italia, 1972.

CARDINI, A. *La cultura della statistica tra Italia liberale e fascismo.* Roma: ISTAT, 1994.

CARERJ, G. *Il problema della emigrazione in Italia e la Società Italiana per la Emigrazione e Colonizzazione.* Nápoles: Ferrante, 1890.

CARLEN, C. (ed.). *The papal encyclicals 1740-1981.* [s.l.]: The Pierian Press, 1990.

CARLETTI, T. La Tunisia e l'emigrazione italiana. *In:* COMMISSARIATO DELL'EMIGRAZIONE (ed.). *Emigrazione e colonie.* Raccolta di rapporti dei rr. agenti diplomatici e consolari. Roma: Tip. Nazionale di G. Bertero & C., v. 2, 1906, p. 297-393.

CAROLI, B. B. *Italian repatriation from the United States 1890-1914.* Nova York: Center for Migration Studies, 1973.

CARPI, L. *Delle colonie e delle emigrazioni d'italiani all'estero sotto l'aspetto dell'industria, commercio, agricoltura e con trattazione d'importanti questioni sociali.* Milão: Tip. Editrice Lombarda, 1874.

CASTELLINI, G. *Tunisi e Tripoli.* Turim: Fratelli Bocca, 1911.

CASTELLINI, G. *Crispi.* Florença: G. Barbèra, 1915.

CASTIGLIA, T. *Paranà, Brasile. In:* COMMISSARIATO GENERALE DELL'EMIGRAZIONE. *Emigrazione e colonie.* Raccolta di rapporti dei rr. agenti diplomatici e consolari. Roma: Tip. Nazionale di G. Bertero & C., v. 3, part 1, 1908.

CASTRONOVO, V. *La stampa italiana dall'Unità al fascismo.* Roma/Bari: Laterza, 1984. 334 p.

CASTRONOVO, V. (ed.). *Biellesi nel mondo.* Milão: Electa-Fondazione Sella, 1986-2000.

CATALOGO descrittivo della Mostra storico-artistica. Milão: Libreria Fratelli Bocca, 1907.

CAVAGNARI, V. W. *La giuria dell'Esposizione italo-americana, Genova 1892. Relazione.* Gênova: Tipografia del R. Istituto Sordo-Muti, 1893.

CERASE, F. P. "Expectations and reality: a case study of return migration from the United States to Southern Italy". *International Migration Review,* v. 8, n. 2, 1974, pp. 245-262.

CHABOD, F. *Italian foreign policy:* the statecraft of the founders, 1870-1896. Princeton: Princeton University Press, 1996.

CHAN, S. European and Asian immigration into the United States in comparative perspective, 1820s to 1920s. *In:* YANS-MCLAUGHLIN, V. (ed.). *Immigration reconsidered:* History, sociology, and politics. Nova York e Oxford: Oxford University Press, pp. 37-75, 1990.

CHAZAN, N. (ed.). *Irredentism and international politics.* Boulder, Colorado: Lynne Rienner, 1991.

CHICKERING, R. *We men who feel most German:* a cultural study of the Pan-German League, 1886-1914. Boston: Allen & Unwin, 1984.

CHISWICK, B. R. "Are immigrants favorably self-selected?". *American Economic Review,* v. 89, n. 2, 1999, pp. 181-185.

CHOATE, M. I. "D'Annunzio's political dramas and his Idea-State of Fiume". *Forum Italicum: a Journal of Italian Studies,* v. 31, n. 2, 1997, pp. 367-388.

Referências

CIASCA, R. *Storia coloniale dell'Italia contemporanea:* da Assab all'Impero. 2. ed. Milão: Hoepli, 1940.

CINEL, D. *From Italy to San Francisco: The immigrant experience.* Stanford: Stanford University Press, 1982.

CINEL, D. *The national integration of Italian return immigration 1870-1929.* Cambridge: Cambridge University Press, 1991.

CINOTTO, S. *Una famiglia che mangia insieme.* Cibo ed etnicità nella comunità italoamericana di New York, 1920-1940. Turim: Otto Editore, 2001.

CIUFFOLETTI, Z.; DEGL'INNOCENTI, M. (ed.). *L'emigrazione nella storia d'Italia, 1868-1975.* Storia e documenti. Florença: Vallecchi, 1978.

CLARK, M. *Modern Italy, 1871-1995.* 2. ed. Londres e Nova York: Longman, 1996.

COEN, G. *La questione coloniale e i popoli di razza latina.* Livorno: Raffaello Giusti, 1901.

COHEN, R. *Global diasporas: An introduction.* Seattle: University of Washington Press, 1997.

COLAJANNI, N. La Dante e gli emigrati analfabeti. Discorso, *XV Congresso dei Rappresentanti dei Comitati a Napoli (23-27 sept 1904).* Roma: Società "Dante Alighieri", Tip. G. Civelli, 1904.

COLETTI, F. Ancora del costo di produzione dell'uomo e del valore economico degli emigranti. *Giornale degli Economisti,* n. 31, series 2, 1905, pp. 179-190.

COLETTI, F. Dell'emigrazione italiana. *In:* LINCEI, R. A. D. (ed.). *Cinquanta anni di storia italiana.* Milão: Ulrico Hoepli, v. 3, 1911, pp. 1-284.

COLETTI, S. Condizioni generali della Repubblica Argentina in rapporto alla immigrazione italiana. *In:* COMMISSARIATO GENERALE DELL'EMIGRAZIONE. *Emigrazione e colonie. Raccolta di rapporti dei rr. agenti diplomatici e consolari.* Roma: Tip. Nazionale di G. Bertero & C., v. 3, part 2, 1908.

COLOCCI, A. *La crisi argentina e l'emigrazione italiana nel Sud-America.* Milão: E. Balzaretti, 1892.

COMMISSARIATO GENERALE DELL'EMIGRAZIONE. *Emigrazione e colonie. Raccolta di rapporti dei rr. agenti diplomatici e consolari.* Roma: Tip. Nazionale di G. Bertero & C., 1903-1909.

COMMISSARIATO GENERALE DELL'EMIGRAZIONE. *Notizie sul movimento dell'emigrazione transceanica italiana dai porti del Regno e dal porto di Le Havre e sulle operazioni relative del Commissariato nei mesi di ottobre, novembre, e dicembre 1913.* Roma: Tipografia Nazionale di G. Bertero e C., 1914.

COMMISSARIATO GENERALE DELL'EMIGRAZIONE. *Notizie sulla emigrazione italiana negli anni dal 1910 al 1917. Estratto dalla "Relazione sui servizi della emigrazione dal 1910 al 1917".* Roma: Tipografia Cartiere Centrali, 1918.

COMISSARIATO GENERALE DELL'EMIGRAZIONE. *Mobilitazione e smobilitazione degli emigranti italiani in occasione della guerra 1915-1922.* Roma: Tipografia Cartiere Centrali, 1923.

COMMISSARIATO GENERALE DELL'EMIGRAZIONE. *L'emigrazione italiana dal 1910 al 1923. Relazione presentata a S. E. Il ministro degli Affari Esteri dal Commissariato Generale dell'Emigrazione.* Roma: Edizioni del Commissariato Generale dell'Emigrazione, 1926a.

COMMISSARIATO GENERALE DELL'EMIGRAZIONE. *L'emigrazione italiana negli anni 1924 e 1925. Relazione sui servizi dell'emigrazione presentata dal Commissario Generale.* Roma: Edizioni del Commissariato Generale dell'Emigrazione, 1926b.

COMMISSARIATO GENERALE DELL'EMIGRAZIONE. *Annuario statistico della emigrazione italiana dal 1876 al 1925, con notizie sull'emigrazione negli anni 1869-75.* Roma: Commissariato Generale dell'Emigrazione, 1926c.

COMITATO DELLA CAMERA ITALIANA DI COMMERCIO ED ARTI (ed.). *Gli italiani nella Repubblica Argentina.* Buenos Aires: Compañia Sud-Americana de Billetes de Banco, 1898.

COMITATO DELLA CAMERA ITALIANA DI COMMERCIO ED ARTI. *Gli italiani in Tunisia.* Túnis: Imprimerie Typo-Lithographique de l'Association Ouvrière, Frédéric Weber, 1906.

COMITATO DI SOCCORSO DELLE DAME ROMANE PER I PRIGIONIERI IN AFRICA. *Diario della missione. Documenti.* Roma: Forzani & C., 1897.

377

Italianos no mundo

COMMISSIONER-GENERAL OF IMMIGRATION. *Annual report of the Commissioner-general of immigration to the Secretary of Commerce and Labor for fiscal year ended 30 june 1904*. Washington, DC: Commissioner-General of ImmigrationGovernment Printing Office, 1904.

CONFESSORE, O. P. "Origini e motivazioni dell'Associazione Nazionale per Soccorere i Missionari Cattolici Italiani: Una interpretazione della politica estera dei conciliatoristi nel quadro dell'espansionismo crispino". *Bollettino dell'Archivio per la Storia del Movimento Sociale Cattolico in Italia*, v. 11, n. 2, 1976, pp. 239-267.

CONFESSORE, O. P. L'Associazione Nazionale per Soccorere i Missionari Cattolici Italiani, tra spinte "civilizzatrici" e interesse migratorio (1887-1908). *In*: ROSOLI, G. (ed.). *Scalabrini tra vecchio e nuovo mondo. Atti del Convegno Storico Internazionale (Piacenza, 3-5 dicembre 1987)*. Roma: Centro Studi Emigrazione, 1989. pp. 519-536.

CONSIGLIO CENTRALE DELLA DANTE ALIGHIERI. Relazione, XVII Congresso a Genova (24-26 ottobre 1906). *In*: SOCIETÀ DANTE ALIGHIERI. *Atti della Società "Dante Alighieri" per la lingua e per la cultura italiana fuori del Regno. Bollettino Trimestrale*, n. 26, 1907, p. 5-15.

CONTI ROSSINI, C. *Italia ed Etiopia dal Trattato d'Uccialli alla battaglia di Adua*. Roma: Istituto per l'Oriente, 1935.

COOKE, J. J. Eugène Etienne and the emergence of colonial dominance in Algeria, 1884-1905. *The Muslim World*, v. 65, n. 1, 1975, pp. 39-53.

CORA, G. L'Italia in China. La baia di San-Mun. *Nuova Antologia*, v. 80, n. 164, 1899, pp. 341-353.

CORDASCO, F. *Italian mass emigration: The exodus of a Latin people. A bibliographical guide to the Bollettino dell'Emigrazione 1902-1927*. Totowa, Nova Jersey: Rowan and Littlefield, 1980.

CORRADINI, E. *La vita nazionale*. Siena: Ditta Ignazio Gati, 1907.

CORRADINI, E. I nostri connazionali in Tunisia. *Atti della Società Nazionale "Dante Alighieri" per la lingua e per la cultura italiana fuori del Regno*, n. 33, 1910a, pp. 6-7.

CORRADINI, E. *La patria lontana. Romanzo*. Milão: Fratelli Treves, 1910b.

CORRADINI, E. *Il volere d'Italia*. Nápoles: Francesco Perrella, 1911a.

CORRADINI, E. L'esempio di Tunisi: Le miniere. *In*: *L'ora di Tripoli*. Milão: Fratelli Treves, 1911b.

CORRADINI, E. *L'ora di Tripoli*. Milão: Fratelli Treves, 1911c.

CORRADINI, E. *La guerra lontana. Romanzo*. Milão: Fratelli Treves, 1911d.

CORRADINI, E. La penetrazione pacifica degli altri. *In*: *L'ora di Tripoli*. Milão: Fratelli Treves, 1911e.

CORRADINI, E. Proletariato, emigrazione, tripoli. *In*: *L'ora di Tripoli*. Milão: Fratelli Treves, 1911f.

CORRADINI, E. *Sopra le vie del nuovo Impero*. Dall'emigrazione di Tunisi alla guerra nell'Egeo. Con un epilogo sopra la civiltà commerciale, la civiltà guerresca e i valori morali. Milão: Fratelli Treves, 1912.

CORRADINI, E. Commemorazione della battaglia d'Adua. Discorso letto a Bologna, Teatro del Corso, 1° de março de 1914. *In*: *Il nazionalismo italiano*. Milão: Fratelli Treves, 1914a.

CORRADINI, E. *Il nazionalismo italiano*. Milão: Fratelli Treves, 1914b. 265 p.

CORRADINI, E. *Discorsi politici (1902-1923)*. Florença: Vallecchi, 1923a.

CORRADINI, E. L'emigrazione italiana nell'America del Sud (1909). *In*: *Discorsi politici (1902-1923)*. Florença: Vallecchi, 1923b.

CORRADINI, E. *Le vie dell'oceano. Dramma in tre atti*. Milão: Fratelli Treves, 1929 [1913].

CORRADINI, E. *Scritti e discorsi 1901-1914*. Turim: Einaudi, 1980.

CORRISPONDENZE. *La Patria*, v. 1, n. 9, 1912.

CORTI, P. *L'emigrazione*. Roma: Editori Riuniti, 1999.

CRAIG, G. A. *Germany, 1866-1945*. Nova York e Oxford: Oxford University Press, 1978.

CRAWFORD, J. *Bilingual education:* History, politics, theory, and practice. 4. ed. Bilingual Educational Services, 1999.

CRESTI, F. *Oasi di italianità*. La Libia della colonizzazione agraria tra fascismo, guerra e indipendenza (1935-1956). Turim: Società Editrice Internazionale, 1996.

378

CRISPI, F. *Discorsi parlamentari di Francesco Crispi.* Roma: Tipografia della Camera dei Deputati, 1915.

CRONACA DEI COMITATI. *Atti della Società "Dante Alighieri" per la lingua e per la cultura italiana fuori del Regno. Bollettino Trimestrale,* n. 14, 1904.

CROSBY, A. *Ecological imperialism.* Cambridge: Cambridge University Press, 2004.

CURRAN, R. E. *Michael Augustine Corrigan and the shaping of conservative catholicism in America, 1878-1902.* Nova York: Arno Press, 1978.

CUSANO, A. *Italia d'oltremare. Impressioni e ricordi dei miei cinque anni di Brasile.* Milão: Enrico Reggiani, 1911.

D'AGOSTINO, P. R. "Italian ethnicity and religious priests in the American Church: The servites, 1870-1940". *The Catholic Historical Review,* v. 80, n. 4, 1994, pp. 714-740.

D'AGOSTINO, P. R. "The Scalabrini fathers, the Italian emigrant church and ethnic nationalism in America". *Religion and American Culture: A Journal of Interpretation,* v. 7, n. 1, 1997, pp. 121-159.

D'AGOSTINO, P. R. "The triad of Roman authority: Fascism, the Vatican, and Italian religious clergy in the Italian emigrant Church". *Journal of American Ethnic History,* 17, n. 3, 1998, pp. 3-38.

D'AGOSTINO, P. R. *Rome in America: Transnational catholic ideology from the Risorgimento to fascism.* Chapel Hill: University of North Carolina Press, 2004.

D'ANGIOLINI, P.; PAVONE, C. *Guida generale degli archivi di Stato italiani.* Roma: Ministero per i beni culturali e ambientali Ufficio centrale per i beni archivistici, 1981.

D'AZEGLIO, M. *I miei ricordi.* Florença: G. Barbèra, 1867.

D'AZEGLIO, M.; LEGNAI, M. *I miei ricordi.* Milão: Feltrinelli, 1963.

D'ONOFRIO, C. *Gli obelischi di Roma:* storia e urbanistica du una città dall'era antica al XX Secolo. Roma: Romana Società, 1992.

DAINELLI, G. *Gli esploratori italiani in Africa.* Turim: UTET, 1960.

DANIELS, R. *Prisoners without trial:* Japanese Americans in World War II. Nova York: Hill and Wang, 2004.

DANTE. *Atti della Società "Dante Alighieri" per la lingua e per la cultura italiana fuori del Regno,* 1909.

DEBATE, XV Congresso dei Rappresentanti dei Comitati a Napoli (23-27 de setembro de 1904). *In:* SOCIETÀ DANTE ALIGHIERI. *Atti della Società "Dante Alighieri" per la diffusione della lingua e della coltura italiana fuori del Regno. Bollettino trimestrale,* n. 17, 1904, pp. 17-19.

DE AMICIS, E. *Cuore.* Turim: Einaudi, 1972.

DE AMICIS, E. *Sull'oceano.* Como/Pavia: Ibis, 1991.

DE CARO, G. *Gaetano Salvemini.* Turim: UTET, 1970.

DE COURTEN, L. "L'amministrazione coloniale italiana del Benadir. Dalle compagnie commerciali alla gestione statale (1889-1914)". *Storia Contemporanea,*v. 9, n. 1-2, 1978, pp. 115-154, 303-333.

DE COURTEN, L. *La marina mercantile italiana nella politica di espansione (1860-1914).* Industria, finanza e trasporti marittimi. Roma: Bulzoni, 1989.

DE FELICE, R. *Mussolini, il rivoluzionario, 1883-1920.* Turim: Einaudi, 1965.

DE FELICE, R. *Il fascismo e i partiti politici italiani.* Testimonianze del 1921-1923. Bolonha: Cappelli, 1966.

DE FELICE, R. *Storia degli ebrei italiani sotto il fascismo.* Turim: Einaudi, 1988.

DE GRAND, A. *The Hunchback's Tailor: Giovanni Giolitti and liberal Italy from the challenge of mass politics to the rise of fascism, 1882-1922.* Westport, Connecticut: Praeger, 2001.

DE GRAND, A. J. *The Italian nationalist association and the rise of fascism in Italy.* Lincoln e Londres: University of Nebraska Press, 1978.

DE LUCA, P. E. *Della emigrazione europea ed in particolare di quella italiana.* Turim: Bocca, 1909-1910.

DE LUCA, T. R. Inmigración, mutualismo e identidad: São Paulo (1890-1935). *Estudios Migratiorios Latinoamericanos,* v. 10, n. 29, 1995, pp. 191-208.

DE MARINIS, E. La Patria. *La Patria,* v. 1, n. 1, 1912, pp. 1-2.

DE MAURO, T. *Storia linguistica dell'Italia unita.* 2. ed. Bari: Editori Laterza, 1970.

379

DE ROSA, L. *Emigranti, capitali e banche (1896-1906)*. Nápoles: Edizione del Banco di Napoli, 1980.

DE ROSA, L. L'emigrazione italiana in Brasile: Un bilancio. *In*: ROSOLI, G. (ed.). *Emigrazione europee e popolo brasiliano*. Roma: Centro Studi Emigrazione, 1987, p. 153-167.

DEBATE, XV Congresso dei Rappresentanti dei Comitati a Napoli (23-27 september 1904). *Atti della Società "Dante Alighieri" per la diffusione della lingua e della coltura italiana fuori del Regno. Bollettino trimestrale*, n. 17, 1904, pp. 17-19.

DEGL'INNOCENTI, M. *Il socialismo italiano e la guerra di Libia*. Roma: Editori Riuniti, 1976.

DEL BOCA, A. *Gli italiani in Africa Orientale*. Bari: Laterza, 1985.

DEL BOCA, A. *Gli italiani in Libia*. Roma-Bari: Laterza, 1986.

DEL BOCA, A. (ed.). *I gas di Mussolini*. Il fascismo e la Guerra d'Etiopia. Roma: Editori Riuniti, 1996.

DEL BOCA, A. (ed.). *Adua*. Le ragioni di una sconfitta. Roma/Bari: Laterza, 1997.

DEL BOCA, A. Oreste Baratieri: Una parabola coloniale. *In*: AHMAD, A. H.; PANKHURST, R. (ed.). *Adwa victory centenary conference*. Adis Abeba: Institute of Ethiopian Studies, Addis Ababa University, 1998, pp. 183-220.

DEL BOSCO, P. *Cartoline da Little Italy*. Fonografo Italiano. Roma: Nuova Fonit Cetra 1997.

DEL FABBRO, R. *Transalpini*. Italianische Arbeiterwanderung nach Süddeutschland im Kaiserreich 1870-1918. Osnabrück: Universitätsverlag Rasch, 1996.

DÉLOYE, Y. *Ecole et citoyenneté*. L'individualisme républicain de Jules Ferry à Vichy: Controverses. Paris: Presses de la Fondation nationale des sciences politiques, 1994. 431 p.

DESCHAMPS, B. Echi d'Italia. La stampa dell'emigrazione. *In*: BEVILACQUA, P. et al. (ed.). *Arrivi*. Storia dell'emigrazione italiana. Roma: Donzelli, v. 2, 2002, pp. 313-334.

DFID. *Sending money home?* Londres: United Kindgom Department for International Development, 2005.

DI SAN GIULIANO, A. "L'emigrazione italiana negli Stati Uniti d'America". *Nuova antologia*, v. 202, n. 805, 1905, pp. 88-104.

DIAZ-BRIQUETS, S.; WEINTRAUB, S. (ed.). *Migration, remittances, and small business development*: Mexico and Caribbean basin countries. Boulder: Westview Press, 1991.

DICKIE, J. *Darkest Italy*: the nation and stereotypes of the Mezzogiorno, 1860-1900. Nova York: St. Martin's Press, 1999.

DICKIE, J.; FOOT, J.; SNOWDEN, F. M. *Disastro!* Disasters in Italy since 1860: culture, politics, society. Nova York: Palgrave, 2002. cm. p. 0312239602.

DI GIOVANNI, S. M. The Propaganda Fide and the "Italian problem". *In*: ROSOLI, G. (ed.). *Scalabrini tra Vecchio e Nuovo mondo*. Atti del Convegno Storico Internazionale (Piacenza, 3-5 de dezembro de1987). Roma: Centro Studi Emigrazione, 1989. pp. 443-452.

DI GIOVANNI, S. M. *Archbishop Corrigan and the Italian immigrants*. Huntington, Indiana: Our Sunday Visitor, 1994.

DINER, H. R. *Hungering for America*: Italian, Irish, and Jewish foodways in the age of migration. Cambridge, Massachusetts: Harvard University Press, 2001.

DINUCCI, G. Il modello della colonia libera nell'ideologia espansionistica italiana. Dagli anni '80 alla fine del secolo. *Storia Contemporanea*, v. 10, n. 3, 1979, pp. 427-479.

DIREZIONE GENERALE DI STATISTICA. *Statistica della emigrazione italiana all'estero nel 1881*. Roma: Ministero di Agricoltura Industria e Commercio. Direzione Generale di Statistica, Tipografia Bodoniana, 1882.

DIREZIONE GENERALE DI STATISTICA. *Statistica della emigrazione italiana nel 1882*. Roma: Tipografia Frateli Centenari, Ministero di Agricoltura, Industria e Commercio. Direzione Generale di Statistica, 1883.

DIREZIONE GENERALE DI STATISTICA. *Annuario statistico italiano, 1895*. Roma: Ministero di Agricoltura, Industria e Commercio. Direzione Generale di Statistica, Tip. Nazionale di G. Bertero e C., 1896.

DIREZIONE GENERALE DI STATISTICA. *Statistica della emigrazione italiana avvenuta nel 1897.* Roma: Ministero di Agricoltura, Industria e Commercio. Direzione Generale di Statistica, Tipografia Nazionale di G. Bertero, 1899.

DIREZIONE GENERALE DI STATISTICA. *Annuario statistico italiano, 1900.* Roma: Ministero di Agricoltura, Industria e Commercio. Direzione Generale di Statistica, Tipografia Nazionale di G. Bertero e C., 1900.

DIREZIONE GENERALE DI STATISTICA. *Censimento della popolazione del Regno d'Italia al 10 febbraio 1901.* Roma: Ministero di Agricoltura, Industria e Commercio. Direzione Generale di Statistica, Tipografia Nazionale di G. Bertero, 1901-1904.

DIREZIONE GENERALE DI STATISTICA. *Statistica della emigrazione italiana per l'estero negli anni 1902 e 1903.* Roma: Ministero di Agricoltura, Industria e Commercio. Direzione Generale di Statistica, Tipografia Nazionale di G. Bertero, 1904.

DIREZIONE GENERALE DI STATISTICA. *Annuario statistico italiano, 1905-1907.* Roma: Ministero di Agricoltura, Industria e Commercio. Direzione Generale di Statistica, Tip. Nazionale di G. Bertero e C., 1908.

DIREZIONE GENERALE DI STATISTICA. *Censimento della popolazione del Regno d'Italia al 10 giugno 1911.* Roma: Ministero di Agricoltura, Industria e Commercio. Direzione Generale di Statistica, Tipografia Nazionale di G. Bertero, 1912-1915.

DIREZIONE GENERALE DI STATISTICA. *Annuario statistico italiano, 1914.* Roma: Tip. Nazionale di G. Bertero e C., 1914.

DI STASI, L. *Una storia segreta:* the secret history of the Italian American evacuation and internment during World War II. Berkeley: Heyday Books, 2001.

DORIA, G. *Debiti e navi.* La Compagnia di Rubattino, 1839-1881. Gênova: Marietti, 1990.

DRAKE, R. The theory and practice of Italian nationalism, 1900-1906. *Journal of Modern History,* v. 53, n. 2, 1981, pp. 213-241.

DUARA, P. Nationalists among transnationals: Overseas Chinese and the idea of China, 1900-1911. *In:* ONG, A. e NONINI, D. M. (ed.). *Ungrounded empires:* the cultural politics of modern Chinese transnationalism. Nova York: Routledge, 1997, pp. 39-60.

DUBOSCLARD, A. *Histoire de la Fédération des Alliances Françaises aux États-Unis: l'alliance au cœur.* Paris/Montreal: L'Harmattan, 1998.

DUGGAN, C. *Francesco Crispi, 1818-1901:* from nation to nationalism. Oxford e Nova York: Oxford University Press, 2002.

DUNKLEY, P. "Emigration and the State, 1803-1842: The Nineteenth-Century revolution in government reconsidered". *The Historical Journal,* v. 23, 1980, pp. 353-380.

DURAND, J.; PARRADO, E. A.; MASSEY, D. S. "Migradollars and development: A reconsideration of the Mexican case". *International Migration Review,* v. 30, n. 2, 1996, pp. 423-444.

EINAUDI, L. *Un principe mercante.* Studio sulla espansione coloniale italiana. Turim: Fratelli Bocca, 1900.

EINAUDI, L. *Un principe mercante.* Studio sulla espansione coloniale italiana. 2. ed. Reprint, Veneza: Marsilio, 1995.

ESPOSIZIONE GENERALE ITALIANA. *Gli italiani all'estero (emigrazione, commerci, missioni).* Turim: Tipografia Roux Frassati, 1899.

EVANS, P. B. Transnational linkages and the economic role of the State: An analysis of developing and industrialized nations in the post-World War II period. *In:* EVANS, P. B. et al. (ed.). *Bringing the State back in.* Cambridge: Cambridge University Press, 1985, pp. 192-226.

EXCHANGE of correspondence concerning Italian Peace Treaty. *The Department of State Bulletin (Washington, DC),* v. 13, n. 333, pp. 761-765, 11 de novembro de 1945.

FABBRI, F. "Il dicastero delle colonie". *Rivista Politica e Letteraria,* v. 1, n. 2, 1897, pp. 54-67.

FAINA, E. *Congresso Agrario in Roma aprile 1912. Relazione sul tema il ritorno dell'emigrante.* Roma: Tipografia dell'Unione Editrice, 1912.

FARAGHER, J. M.; TURNER, F. J. *Rereading Frederick Jackson Turner:* the significance of the frontier in American history, and other essays. Nova York: H. Holt, 1994.

FARINI, D. *Diario di fine secolo.* Roma: Bardi Editore, Tipografia del Senato, 1961.

FARMELANT, K. P. *Trophies of Grace:* religious conversion and Americanization in Boston's immigrant communities, 1890-1940. Dissertação (Doutorado), Brown University, 2001.

FEDERZONI, L. A. O. *Il "posto al sole".* Bolonha: Zanichelli, 1936.

FERRARI, M. E. *Emigrazione e colonie. Il giornale genovese La Borsa (1865-1894).* Gênova: Bozzi, 1983.

FILIPPI, F. *Una vita pagana: Enrico Corradini dal superomismo dannunziano a una politica di massa.* Florença: Vallecchi, 1989.

FILIPUZZI, A. (ed.). *Il dibattito sull'emigrazione. Polemiche nazionali e stampa veneta, 1861-1914.* Florença: Felice Le Monnier, 1976.

FINKELSTEIN, M. S. "The Johnson Act, Mussolini and fascist emigration policy, 1921-1930". *Journal of American Ethnic History,* v. 8, n. 1, 1988, pp. 38-55.

FINOCCHIARO, M. *La colonizzazione e la trasformazione fondiaria in Libia attraverso le sue fasi, 1914-1966.* Roma: Marchetti, 1968.

FLORENZANO, G. *Della emigrazione italiana in America comparata alle altre emigrazioni europee. Studi e proposte.* Nápoles: Francesco Giannini, 1874.

FLORIANI, G. *Scuole italiane all'estero. Cento anni di storia.* Roma: Armando Dadò, 1974.

FOERSTER, R. F. The Italian factor in the race stock of Argentina. *Quarterly publication of the American Statistical Association,* v. 16, n. 126, 1919, pp. 347-360.

FOERSTER, R. F. *The Italian emigration of our times.* Nova York: Russell & Russell, 1968 [1919].

FOHLEN, C. *L'émigration française.* Etudes de cas. Algerie, Canada, Etats Unis. Paris: Publications de la Sorbonne, 1985.

FONER, N. *From Ellis Island to JFK:* New York's two great waves of immigration. New Haven: Yale University Press, 2000.

FONTANA-RUSSO, L. Emigrazione d'uomini ed esportazione di merci. *Rivista Coloniale,* v. 17, n. 65, 1906, pp. 26-40.

FORD, N. G. *Americans all!:* foreign-born soldiers in World War II. College Station, Texas: Texas A&M University Press, 2001.

FORTUNATO, G. *Il Mezzogiorno e lo Stato italiano.* Discorsi politici (1880-1910). Florença: Vallecchi, 1926a.

FORTUNATO, G. *Pagine e ricordi parlamentari.* Florença: Vallecchi, 1926b.

FORTUNATO, G. *Il Mezzogiorno e lo Stato italiano.* Florença: Vallecchi, 1973a.

FORTUNATO, G. La XIX legislatura e la politica coloniale, 11 marzo 1897. *In:* DORIA, M. R. (ed.). *Il Mezzogiorno e lo Stato italiano.* Florença: Vallecchi, 1973b.

FORTUNATO, G. Malaria e chinino, 30 june 1910. *In:* DORIA, M. R. (ed.). *Il Mezzogiorno e lo Stato italiano.* Florença: Vallecchi, 1973c.

FOX, S. *Unknown internment:* an oral history of the relocation of Italian Americans during the World War II. Boston: Twayne Publishers, 1990.

FRANCESCONI, M. (ed.). *Storia della Congregazione Scalabriniana.* Roma: Centro Studi Emigrazione, 1973-1975.

FRANCESCONI, M. *Giovanni Battista Scalabrini Vescovo di Piacenza e degli emigrati.* Roma: Città Nuova Editrice, 1985.

FRANCHETTI, L. *Condizioni economiche e amministrative delle provincie napoletane:* appunti di viaggio. Roma: Laterza, 1985 [1875].

FRANCHETTI, L. *Politica e mafia in Sicilia.* Gli inediti del 1876. Nápoles: Bibliopolis, 1995.

FRANZINA, E. *La grande emigrazione.* L'esodo dei rurali dal Veneto durante il secolo XIX. Veneza: Marsilio, 1977.

FRANZINA, E. Emigrazione, navalismo e politica coloniale in Alessandro Rossi (1868-1898). *In*: FONTANA, G. L. (ed.). *Schio e Alessandro Rossi*. Imprenditorialità, politica, cultura e paesaggi sociali del secondo Ottocento. Roma: Edizioni di Storia e Letteratura, 1985, pp. 569-621.

FRANZINA, E. *Gli italiani e il Nuovo Mondo 1492-1942*. Milão: Mondadori, 1995.

FRESCURA, B. *Diplomi e medaglie assegnate dalla giuria con le relative motivazioni*. Milão: Libreria Fratelli Bocca, 1907.

FRIEDMAN, J.; RANDERIA, S. *Worlds on the move*: globalisation, migration and cultural security. Londres: I.B. Tauris, 2004.

FUMAGALLI, G. *La stampa periodica italiana all'estero*. Milão: Libreria Fratelli Bocca, 1909.

FURNO, C. *L'evoluzione sociale delle leggi italiane sull'emigrazione*. Varese: 1958.

GABACCIA, D. The "yellow peril" and the "Chinese of Europe": global perspectives on race and labor, 1815-1930. *In*: LUCASSEN, J.; LUCASSEN, L. (ed.). *Migration, migration history, history*: old paradigms and new perspectives. Berna: Peter Lang, 1999, pp. 177-196.

GABACCIA, D. R. *From Sicily to Elizabeth Street*: housing and social change among Italian immigrants, 1880-1930. Albany: State University of New York Press, 1984.

GABACCIA, D. R. *Militants and migrants*: rural Sicilians become American workers. New Brunswick: Rutgers University Press, 1988.

GABACCIA, D. R. *We are what we eat*: ethnic food and the making of Americans. Cambridge, Massachusetts e Londres: Harvard University Press, 1998.

GABACCIA, D. R. *Italy's many diasporas*. Seattle: University of Washington Press, 2000.

GAETA, F. *Il nazionalismo italiano*. Nápoles: Edizioni Scientifiche Italiane, 1965.

GALLAGHER, J.; ROBINSON, R. The imperialism of free trade. *The Economic History Review*, 2. série, v. 6, 1953, pp. 1-15.

GAMBINO, R. *Vendetta*. Nova York: Doubleday, 1977.

GAMBINOSSI, G. "Per la colonia eritrea". *L'Italia Coloniale. Rivista Mensile*, v. 5, n. 7, 1904, pp. 115-122.

GELLNER, E. *Nations and nationalism*. Ithaca: Cornell University Press, 1983.

GENTILE, E. "L'emigrazione italiana in Argentina nella politica di espansione del nazionalismo e del fascismo". *Storia Contemporanea*, 17, n. 3, 1986, pp. 355-396.

GENTILE, E. *Storia del Partito Fascista*. Roma: Laterza, 1989.

GENTILE, E. *La grande Italia*. Ascesa e declino del mito della nazione nel Ventesimo Secolo. Milão: Mondadori, 1997.

GENTILE, G. Dei modi più convenienti per organizzare e condurre la scuola e tutti gli altri mezzi di cultura italiana nell'America del Nord. *In*: ISTITUTO COLONIALE ITALIANO. *Atti del Secondo Congresso degli Italiani all'Estero (11-20 giugno 1911)*. Roma: Tipografia Editrice Nazionale, 1911.

GERARD, J. W. *My four years in Germany*. Nova York: George H. Doran Company, 1917.

GERSHENKRON, A. *Economic backwardness in historical perspective*. Cambridge: Harvard University Press, 1962.

GHEZZI, C. "Fonti di documentazione e di ricerca per la conoscenza dell'africa: Dall'istituto coloniale italiano all'istituto italo-africano". *Studi Piacentini*, n. 7, pp. 167-192, 1990.

GIBSON, M. *Born to crime*: Cesare Lombroso and the origins of biological criminology. Westport, Connecticut: Praeger, 2002.

GIGLIO, C. *La colonizzazione demografica dell'Impero*. Roma: Edizioni Rassegna economica dell'Africa Italiana, 1939.

GIGLIO, C. *L'articolo XVII del Trattato di Uccialli*. Como: Casa Editrice Pietro Cairoli, 1967.

GIGLIO, C. Il trattato di pace italo-etiopico del 26 ottobre 1896. *In*: *Studi storici in memoria di Leopoldo Marchetti*. Milão: Direzione dei Musei del Risorgimento e di Storia Contemporanea, 1969, p. 165-180.

GIGLIO, C. Cenno sui successivi ordinamenti burocratici e archivisitici del Ministero degli Esteri dal 1861 al 1922 e del Ministero delle Colonie dal 1912 al 1953. *In*: GIGLIO, C. (ed.). *Inventario delle fonti manoscritte relative alla storia dell'Africa del Nord esistenti in Italia*. Leiden: E. J. Brill, v. 1, 1971, pp. ix-xxxii.

GIOBERTI, V. *Del primato morale e civile degli italiani*. Turim: UTET, 1920-1932.

GIOLITTI, G. *Memorie della mia vita*. Milão: Treves, 1922.

GLI ITALIANI NEGLI STATI UNITI D'AMERICA. Nova York: Italian American Directory Co., 1906.

GLI ITALIANI ALL'ESTERO. *Collana di studi e documenti scelti dal materiale esposto alla mostra de "Gli italiani all'estero" (Esposizione Internazionale di Milano 1906)*. Milão: Libreria Fratelli Bocca, 1907.

GLICK SCHILLER, N. Transmigrants and Nation-States: something old and something new in the U.S. immigrant experience. *In*: HIRSCHMAN, C. et al. (ed.). *The handbook of international migration*: the American experience. Nova York: Russell Sage Foundation, 1999, pp. 94-119.

GLICK SCHILLER, N.; BASCH, L.; BLANC-SZANTON, C. (ed.). *Towards a transnational perspective on migration*: race, class, ethnicity, and nationalism reconsidered. Nova York: New York Academy of Sciences, 1992.

GLICK SCHILLER, N.; BASCH, L.; BLANC-SZANTON, C. From immigrant to transmigrant: theorizing transnational migration. *Anthropological Quarterly*, v. 68, n.1, 1995, pp. 48-63.

GLICK SCHILLER, N.; FOURON, G. Transnational lives and national identities: The identity politics of haitian immigrants. *In*: SMITH, M. P.; GUARNIZO, L. E. (ed.). *Transnationalism from below*. New Brunswick, Nova Jersey: Transaction, 1998, pp. 130-161.

GOBBI BELCREDI, G. A proposito del Venezuela. *L'Italia Coloniale. Rivista Mensile*, v. 4, n. 1, 1903, pp. 15-35.

GODIO, G. *Africa e America*. Conferenza tenuta all'Associazione della stampa in Roma il 3 maggio 1896. Milão: Casa Editrice Galli di Chiesa-Omodei-Guindani, 1896.

GOGLIA, L.; GRASSI, F. (ed.). *Il colonialismo italiano da Adua all'Impero*. Roma/Bari: Laterza, 1993.

GORRINI, G. I primi tentativi e le prime ricerche di una colonia in Italia (1861-1882). *In*: BRUNIALTI, A. (ed.). *Biblioteca di scienze politiche e amministrative*, v. 9. Turim: Unione Tipografico-Editrice, 1897, pp. 521-545.

GRÁDA, C. Ó. *Ireland: A new economic history*. Oxford: Oxford University Press, 1994.

GRAHAM, D. T.; POKU, N. *Migration, globalisation and human security*. Londres: Routledge, 2000.

GRAHAM, P. M. Reimagining the nation and defining the district: Dominican migration and transnational politics. *In*: PESSAR, P. R. (ed.). *Caribbean circuits*: new directions in the study of Caribbean migration. Nova York: Center for Migration Studies, 1997, pp. 91-125.

GRANGE, D. J. Émigration et colonies: un grand débat de l'Italie libérale. *Revue d'Histoire Moderne et Contemporaine*, n. 30, 1983, pp. 337-365.

GRANGE, D. J. *L'Italie et la Méditerranée (1896-1911)*. Les fondements d'une politique étrangère. Roma: École Française de Rome, 1994.

GRASSI, F. Il primo governo Crispi e l'emigrazione come fattore di una politica di potenza. *In*: BEZZA, B. (ed.). *Gli italiani fuori d'Italia*. Gli emigrati italiani nei movimenti operai dei paesi d'adozione 1880-1940. Milão: Fondazione Brodolini, 1983, pp. 45-100.

GREEN, N. L. "Filling the void": immigration to France before World War I. *In*: HOERDER, D. (ed.). *Labor migration in the atlantic economies*. The European and North American working classes during the period of industrialization. Westport, Connecticut: Greenwood Press, 1985, pp. 143-161.

GREGOR, A. J. *Young Mussolini and the intellectual origins of fascism*. Berkeley: University of California Press, 1979.

GRIBAUDI, P. *La più grande Italia*. Notizie e letture sugli italiani all'estero e sulle colonie italiane (Libia, Eritrea, Somalia). Turim: Lib. edit. Internazionale, 1913.

GRISPO, F. *La struttura e il funzionamento degli organi preposti all'emigrazione (1901-1919)*. Roma: Istituto Poligrafico e Zecca dello Stato, 1985.

GROSSI, V. "L'insegnamento coloniale in Italia e nei principali paesi d'Europa". *L'Italia Coloniale. Rivista Mensile*, v. 2, n. 11, 1901.

GROSSI, V. *Storia della legislazione sull'emigrazione in Italia e nei principali Stati d'Europa*. Milão: Società Editrice Libreria, 1901.

GROSSI, V. *Tedeschi e italiani nel Brasile meridionale*. Studio di colonizzazione comparata. Città di Castello: S. Lapi, 1904.

GROSSI, V. *Storia della legislazione sull'emigrazione in Italia nell'ultimo trentennio*. Milão: 1905.

GUARNIZO, L. E. The rise of transnational social formations: Mexican and Dominican state responses to transnational migration. *Political Power and Social Theory*, n. 12, 1998, pp. 45-94.

GUIDA ufficiale della Esposizione Nazionale e della Mostra di Arte Sacra. Turim: Roux Frassati e C., 1898.

GUINNANE, T. W. *The vanishing Irish:* households, migration, and the rural economy in Ireland, 1850-1914. Princeton: Princeton University Press, 1997.

GUINNESS. *Guinness World Records 2001*. Londres: Guiness, 2000.

HABERMAS, J. *The structural transformation of the public sphere*. Cambridge: Harvard University Press, 1989.

HAKLUYT, R. *Discourse of Western planting*. Londres: Hakluyt Society, 1993 [1584].

HANDLIN, O. *The uprooted*. Boston: Little Brown, 1973.

HARNEY, R. F. Toronto's little Italy, 1885-1945. *In*: HARNEY, R. F.; SCARPACI, J. V. (ed.). *Little Italies in North America*. Toronto: Multicultural History Society of Ontario, 1981, pp. 41-63.

HARRIS, L. *The flag over the schoolhouse*. Providence, Rhode Island: C. A. Stephens Collection, Brown University, 1971.

HAZELL, W.; HODGKIN, H. (ed.). *The Australasian colonies:* emigration and colonisation. Londres: Emigrants' Information Office, 1887.

HECKSCHER, A. *Woodrow Wilson*. Nova York: Charles Scribner's Sons, 1991.

HERWIG, H. H. *Germany's vision of empire in Venezuela, 1871-1914*. Princeton: 1986.

HIGHAM, J. *Strangers in the land:* patterns of American nativism, 1860-1925. New Brunswick, Nova Jersey: Rutgers University Press, 1988.

HOBSBAWM, E.; RANGER, T. (ed.). *The invention of tradition*. Cambridge: Cambridge University Press, 1983.

HOBSON, J. A. *Imperialism. A study*. Londres: Nisbet, 1902.

HOCHSTADT, S. Migration and industrialization in Germany, 1815-1977. *Social Science History*, v. 5, n. 4, 1981, pp. 445-468.

HOLLAND, R. The British Empire and the Great War, 1914-1918. *In*: BROWN, J. M.; LOUIS, W. R. (ed.). *The Oxford History of the British Empire:* The Twentieth Century. Oxford: Oxford University Press, v. 4, 1999, pp. 114-137.

IL DRAGOMANNO. "Programmi e colonie". *L'Italia Coloniale*, v. 2, n. 3, 1901, pp. 33-36.

IL PROGETTO DI LEGGE SULL'EMIGRAZIONE. *Rivista della Beneficenza Pubblica e delle Istituzioni di Previdenza*, n. 16, 1888, pp. 3-21.

IMF. *World economic outlook*. Washington, DC: International Monetary Fund, 2005.

INCHIESTA parlamentare sulle condizioni dei contadini nelle province meridionali e nella Sicilia. Senatore Eugenio Faina, presidente. Roma: Tipografia Nazionale di Giovanni Bertero, 1910.

INFANTE, U. La circoscrizione consolare di Rosario di Santa Fé. *In*: COMMISSARIATO DELL'EMIGRAZIONE (ed.). *Emigrazione e colonie*. Raccolta di rapporti dei rr. agenti diplomatici e consolari. Roma: Tip. Nazionale di G. Bertero & C. v. 3, part 2, 1908.

IPSEN, C. "The statistics of population in Liberal Italy". *Bollettino di Demografia Storica*, n. 16, 1992, pp. 7-33.

IRACI, L. "Idee e dibattiti sull'imperialismo nel socialismo italiano tra l'ultimo decennio del XIX secolo e la conquista della Libia". *Studi Piacentini*, n. 7, 1990, pp. 125-165.

ISNENGHI, M. *Il mito della Grande Guerra da Marinetti a Malaparte*. Bari: Laterza, 1970.

ISTAT. *Sommario di statistiche storiche italiane 1861-1955*. Roma: Istituto Poligrafico dello Stato, 1958.

ISTAT. *Sommario di statistiche storiche italiane 1861-1975*. Roma: Istituto Centrale di Statistica, 1976.

ISTITUTO COLONIALE ITALIANO. *Annuario 1909*. Roma: Tipografia dell'Unione editrice, 1909.

ISTITUTO COLONIALE ITALIANO. *Atti del Primo Congresso degli Italiani all'Estero (ottobre 1908)*. Roma: Cooperativa Manuzio, 1910.

ISTITUTO COLONIALE ITALIANO. *Annuario dell'Italia all'estero e delle sue colonie*. Roma: Tipografia dell'Unione editrice, 1911a.

ISTITUTO COLONIALE ITALIANO. *Atti del Secondo Congresso degli Italiani all'Estero (11-20 giugno 1911)*. Roma: Tipografia Editrice Nazionale, 1911b.

ISTITUTO COLONIALE ITALIANO. *Italia e Argentina. Opuscolo-ricordo della commemorazione in Campidoglio del primo centenario dell'indipendenza argentina*. Roma: Tipografia Editrice Nazionale, 1911c.

ITALIAN CHAMBER OF COMMERCE. *Nel cinquantenario della Camera di Commercio italiana in New York. 1887-1937-XVI*. Nova York: Italian Chamber of Commerce in New York, 1937.

ITALICA GENS. "L'Italica Gens". *Italica Gens*, v. 1, n. 1, 1910a, pp. 3-22.

ITALICA GENS. "La nostra marina". *Italica Gens*, v. 1, n. 1, 1910b, pp. 45-48.

ITALICA GENS. "Un pioniere della colonnizzazione italiana negli Stati Uniti d'America". *Italica Gens*, v. 1, n. 1, 1910c, pp. 31-34.

ITALICA GENS. "Notizie italiane. Il Secondo Congresso degli Italiani all'Estero". *Italica Gens*, v. 2, n. 3, 1911.

ITALICA GENS. "La Italica Gens nel terzo anno dalla sua fondazione". *Italica Gens*, v. 3, n. 12, , 1912 pp. 353-358.

ITALICA GENS. "Quello che ha fatto l'Italica Gens nel primo biennio ed i suoi propositi per l'avvenire". *Italica Gens*, v. 3, n. 1, 1913a, pp. 1-10.

ITALICA GENS. "L'emigrazione in Brasile". *Italica Gens*, v. 4, n. 5-12, 1913b.

JACOBSON, M. F. *Special sorrows:* The diasporic imagination of Irish, Polish, and Jewish immigrants in the United States. Cambridge: Harvard University Press, 1995.

JEMOLO, A. C. *Church and State in Italy 1850-1950*. Oxford: Blackwell, 1960.

JOLL, J. *The origins of the First World War*. Londres e Nova York: Longman, 1992.

JONES-CORREA, M. *Between two nations:* The political predicament of Latinos in New York City. Ithaca, Nova York: Cornell University Press, 1998.

KEHR, E. *Der Primat der Innenpolitik*. Berlim: Walter de Gruyter & Co., 1965.

KENNEDY, P. M. *The rise and fall of the Great Powers:* economic change and military conflict from 1500 to 2000. Nova York: Random House, 1987.

KERTZER, D. I.; HOGAN, D. P. *Family, political economy, and demographic change:* the transformation of life in Casalecchio, Italy, 1861-1921. Madison: University of Wisconsin Press, 1989.

KIMURA, K. *Japanese settler colonialism*. Cambridge: Harvard University Press, 2002.

KING, D. S. *Making Americans:* immigration, race, and the origins of the diverse democracy. Cambridge: Harvard University Press, 2000.

KNOX, M. Il fascismo e la politica estera italiana. *In*: BOSWORTH, R. J. B.; ROMANO, S. (ed.). *La politica estera italiana (1860-1985)*. Bolonha: Il Mulino, 1991, pp. 287-330.

KRAUT, A. M. *Silent travelers:* germs, genes, and the "immigrant menace". Nova York: Basic Books, 1994.

L'ITALIANO E LE GRANDI COMMUNITÀ ITALIANE NEL MONDO. *In*: BALDELLI, I. (ed.). *La lingua italiano nel mondo*. Indagine sulle motivazioni allo studio dell'italiano. Roma: Istituto della Enciclopedia Italiana, 1987.

L'UNIVERSITÀ COMMERCIALE "LUIGI BOCCONI". *L'Italia Coloniale. Rivista Mensile,* v. 3, n. 5, 1902, pp. 63-69.

LA CECLA, F. *La pasta e la pizza.* L'invenzione di un cibo comune a tutti gli italiani. Bolonha: Il Mulino, 1998.

LA SORTE, M. *La Merica:* images of Italian Greenhorn experience. Filadélfia: Temple University Press, 1985.

LABANCA, N. "Un nero non può essere bianco". Il Museo Nazionale di Antropologia di Paolo Mantegazza e la colonia eritrea. In: LABANCA, N. (ed.). *L'Africa in vetrina. Storie di musei e di esposizioni coloniali in italia.* Paese (Treviso): Pagus Edizioni, 1992, pp. 69-107.

LABANCA, N. *In marcia verso Adua.* Turim: Einaudi, 1993.

LANARO, S. *Patria.* Circumnavigazione di un'idea controversa. Veneza: Marsilio, 1996.

LANCIANO, E. G. *Cara moglie... Lettere a casa di emigranti abruzzesi.* Lanciano: Editrice R. Carabba, 1984.

LANGER, W. L. *The diplomacy of imperialism 1890-1902.* Nova York: Knopf, 1968.

LANGEWIESCHE, D. Wanderungsbewegungen in der Hochindustrialisierungsperiode. Regionale, Interstädtische und Innerstädtische Mobilität in Deutschland 1880-1914. *Vierteljahrschrift für Sozial– und Wirtschaftsgeschichte,* v. 64, n. 1, 1977, pp. 1-40.

LENIN, V. I. *Imperialism:* the highest stage of capitalism. Nova York: International Publishers, 1939.

LEROY-BEAULIEU, P. *De la colonisation chez les peuples modernes.* Paris: Guillaumin, 1874.

LEVI, C. *Christ stopped at Eboli.* The story of a year. Nova York: Farrar, Strauss and Company, 1947.

LEVITT, P. "Social remittances: migration driven local-level forms of cultural diffusion". *International Migration Review,* n. 32, 1998, pp. 926-948.

LEVRA, U. *Il colpo di stato della borghesia:* la crisi politica di fine secolo in Italia, 1896/1900. Milão: Feltrinelli, 1975.

LIOY, V. *L'opera dell'Aeronautica.* Eritrea-Libia (1888-1932). Roma: Istituto Poligrafico dello Stato, 1964.

LIVI-BACCI, M. *A History of Italian fertility during the last two centuries.* Princeton: Princeton University Press, 1977.

LO PRESTI, N. "I fatti di Aigues Mortes e le loro ripercussioni in Italia". *Rassegna Storica del Risorgimento,* 1974, pp. 282-285.

LOMBROSO-FERRERO, G.; LOMBROSO, C. *Criminal man.* Nova York: Putnam, 1911.

LOMBROSO, C. *L'uomo delinquente in rapporto all'antropologia, alla giurisprudenza ed alle discipline carcerarie.* Turim: Fratelli Bocca, 4 v., 1896.

LOMBROSO, C. "L'Italia in China. Il pericolo giallo". *Nuova Antologia,* n. 164, 1899, pp. 335-340.

LONGHITANO, P. *Relazioni commerciali fra l'Italia ed il Brasile.* Proposte di tutela del colono italiano al Brasile. Gênova: G. B. Marsano, 1903.

LONGHITANO, P. *Per la tutela della nostra emigrazione sul mare.* Il problema della marina mercantile nazionale in rapporto all'emigrazione. Messina: Paolo Trinchera, 1908. .

LORIA, L. "Due parole di programma". *Lares: Bullettino della Società di Etnografia Italiana,* v.1, n. 1, 1912a, pp. 9-24.

LORIA, L. "L'etnografia strumento di politica interna e coloniale". *Lares: Bullettino della Società di Etnografia Italiana,* v. 1, n. 1, 1912b, pp. 73-79.

LORIA, L.; MOCHI, A. *Museo di Etnografia Italiana in Firenze.* Sulla raccolta di materiali per la etnografia italiana. Milão: Rivista Geografica Italiana, Supplemento al Fasc. X, 1906.

LUCONI, S. *La "diplomazia parallela".* Il regime fascista e la mobilitazione politica degli italo-americani. Milão: Franco Angeli, 2000.

LUEBKE, F. C. *Bonds of loyalty:* German Americans and World War I. DeKalb, Illinois: Northern Illinois University Press, 1974.

LUMLEY, R.; MORRIS, J. (ed.). *The new history of the Italian South:* the Mezzogiorno revisited. Exeter: University of Exeter Press, 1997.

Italianos no mundo

LUNA MARTINEZ, J. de *Workers' remittances to developing countries*. World Bank Policy Research Working Paper 3638. Washington, DC: World Bank, 2005.

LUPATI, C. *Vita argentina. Argentini e italiani al Plata osservati da una donna italiana*. Milão: Fratelli Treves, 1910.

LUPO, S. *Il giardino degli aranci*. Il mondo degli agrumi nella storia del Mezzogiorno. Veneza: Marsilio, 1990.

LUPO, S. Cose nostre: Mafia siciliana e mafia americana. *In*: BEVILACQUA, P.; DE CLEMENTI, A., *et al* (ed.). *Arrivi*. Storia dell'emigrazione italiana. Roma: Donzelli, v. 2, 2002, pp. 245-270.

LUTZ, V. Alcuni aspetti strutturali del problema del Mezzogiorno: La complementarità dell'emigrazione e dell'industrializzazione. *In*: CAIZZI, B. (ed.). *Nuova antologia della questione meridionale*. Milão: Comunità, 1975, pp. 281-308.

LYNCH, B. J. "The Italians in New York". *The Catholic World*, n. 47, 1888, pp. 67-73.

MACDONAGH, O. *A pattern of government growth, 1800-1860*: The passenger acts and their enforcement. Londres: MacGibbon & Kee, 1961.

MACDONALD, G. C. Lo Stato di S. Caterina e la colonizzazione italiana. *In*:. COMMISSARIATO GENERALE DELL'EMIGRAZIONE (ed.). *Emigrazione e colonie*. Raccolta di rapporti dei rr. agenti diplomatici e consolari. Roma: Tip. Nazionale di G. Bertero & C., v. 3, part 1, 1908.

MACDONALD, J. S. "Agricultural organization, migration and labour militancy in rural Italy". *The Economic History Review*, v. 16, n. 1, 1963, pp. 61-75.

MACDONALD, J. S. "Chain migration, ethnic neighborhood formation and social networks". *Milbank Memorial Fund Quarterly*, n. 42, 1964, pp. 82-91.

MACDONALD, J. S. "Chain migration reconsidered". *Bollettino di Demografia Storica*, n. 16, 1992, pp. 35-43.

MACK SMITH, D. (ed.). *The making of Italy, 1796-1870*. Nova York: Walker and Company, 1968.

MACK SMITH, D. *Mussolini's Roman Empire*. Oxford: Oxford University Press, 1975.

MACK SMITH, D. *Mazzini*. New Haven e Londres: Yale University Press, 1994.

MACK SMITH, D. *Modern Italy:* A political history. Ann Arbor: The University of Michigan Press, 1997.

MACKENZIE, J. M. *Propaganda and Empire*. The manipulation of British public opinion 1880-1960. Manchester: Manchester University Press, 1984.

MACOLA, F. *L'Europa alla conquista dell'America Latina*. Veneza: Ferdinando Ongania, 1894.

MAFFEI, G. "Il dovere degl'italiani d'America". *Italica Gens*, v. 7, n. 7-12, 1916, pp. 134-148.

MALGERI, F. *La guerra libica (1911-1912)*. Roma: Edizioni di Storia e Letteratura, 1970.

MALLEE, H.; PIEKE, F. N. *Internal and international migration:* Chinese perspectives. Richmond, Surrey: Curzon, 1999.

MALTESE, P. *La terra promessa*. La guerra italo-turca e la conquista della Libia, 1911-1912. Milão: Mondadori, 1968.

MANZOTTI, F. *La polemica sull'emigrazione nell'Italia unita fino alla Prima Guerra Mondiale*. Milão/Roma/Nápoles/Città di Castello: Dante Alighieri, 1969.

MARCORA, C. (ed.). *Carteggio Scalabrini Bonomelli (1868-1905)*. Roma: Edizioni Studium, 1983.

MARCUS, H. G. *The life and times of Menelik II*. Ethiopia 1844-1913. Oxford: Clarendon Press, 1975.

MARTELLONE, A. M. *Una Little Italy nella Atene d'America*. La comunità italiana di Boston dal 1880 al 1920. Nápoles: Guida Editore, 1973.

MARTELLONE, A. M. (ed.). *I siciliani fuori dalla Sicilia:* l'emigrazione transoceanica fino al 1925. Florença: Tipografia "G. Capponi", 1979.

MARTINI, F. *Nell'Africa Italiana*. Impressioni e ricordi. Milão: Treves, 1891.

MARTINI, F. *Cose affricane*. Da Saati ad Abba Carima. Discorsi e scritti. Milão: Treves, 1896.

MARTINI, F. *Pagine raccolte*. Florença: G. C. Sansoni, 1912.

MARTINI, F. *Lettere [1860-1928]*. Milão: A. Mondadori, 1934.

MASSEY, D. S. "International migration at the dawn of the Twenty-First Century: The role of the State". *Population and Development Review*, v. 25, n. 2, 1999, pp. 303-322.

MASSEY, D. S. et al. *Return to Aztlan:* the social process of international migration from Western Mexico. Berkeley: University of California Press, 1987.

MASSULLO, G. Economia delle rimesse. *In:* BEVILACQUA, P. et al. (ed.). *Partenze.* Storia dell'emigrazione italiana. Roma: Donzelli, v. 1, 2001, pp. 161-183.

MAZZAGLIA, M. *Giovanni Pascoli, poesie.* Roma: Salerno Editrice, 2002.

MAZZINI, G. *Scritti editi ed inediti di Giuseppe Mazzini.* Imola: Paolo Galeati, 1906-1943.

MAZZINI, G. *The duties of man and other essays.* Londres e Nova York: Dent, Dutton, 1966 [1907].

MCCANN, J. C. *People of the plow:* an agricultural history of Ethiopia, 1800-1990. Madison: The University of Wisconsin Press, 1995.

MEGARO, G. *Mussolini in the making.* Boston e Nova York: Houghton Mifflin Company, 1938.

MESGHENNA, Y. *Italian colonialism:* a case study of Eritrea, 1869-1934. Motive, praxis and result. Lund, Suécia: University of Lund, Studentlitteratur, 1988.

MICHELS, R. *Il imperialismo italiano:* studi politico-demografici. Milão: Societá Editrice Libraria, 1914.

MICHELS, R. "Die wirtschaftlichen wirkungen des Völkerkrieges auf Italien in den ersten Monaten". *Archiv für Sozialwissenschaft und Sozialpolitik,* n. 40, pp. 592-619, 1915.

MICHELS, R. "Cenni sulle emigrazioni e sul movimento di popolazione durante la guerra". *La Riforma Sociale,* n. 24, 1917, pp. 1-60.

MIELE, M.; VIGHY, C. (ed.). *Manifesti illustrati della Grande Guerra.* Roma: Fratelli Palombi, 1996.

MILANINI KEMÉNY, A. *La Società d'Esplorazione Commerciale in Africa e la politica coloniale (1879-1914).* Florença: La Nuova Italia, 1973.

MILLAR, A. K. *Plantagenet in South Africa:* Lord Charles Somerset. Cidade do Cabo / Londres / Nova York: Oxford University Press, 1965.

MILLER, S. M. *The ethnic press in the United States:* a historical analysis and handbook. Westport, Connecticut: Greenwood Press, 1987.

MILZA, P. Le racisme anti-italien en France. "La 'tuerie' d'Aigues-Mortes (1893)". *L'Histoire,* n. 10, 1979, pp. 24-32.

MILZA, P. *Italiens et français à la fin du XIXe siècle.* Roma: École Française de Rome, 1981.

MINISTERO DEGLI AFFARI ESTERI; MINISTERO DI AGRICOLTURA INDUSTRIA E COMMERCIO. *Censimento degli italiani all'estero (dicembre 1881).* Roma: C. Verdesi & C., 1884.

MINISTERO DELLA GUERRA. STATO MAGGIORE DEL REGIO ESERCITO. UFFICIO STORICO. *Campagna di Libia.* Roma: Stabilimento poligrafico per l'Amministazione della Guerra, 1922-1927. 5 v.

MINISTERO DELLE COLONIE. *La Mostra Coloniale di Genova 1914.* Roma: G. Bertero, 1914.

MINISTERO DELLE COLONIE. MOSTRA COLONIALE DI GENOVA. *Le scuole italiane in Tripoli.* Roma: G. Bertero, 1914.

MIOLI, P. (ed.). *Giuseppe Verdi.* Tutti i libretti d'opera. Roma: Newton, 1996.

MITCHELL, B. R. *European historical statistics 1750-1993.* Londres: Macmillan, 1998.

MITCHELL, N. *The danger of dreams:* German and American imperialism in Latin America. Chapel Hill: University of North Carolina Press, 1999.

MOCHI, A. Il primo congresso d'etnografia italiana. *Lares: Bullettino della Società di Etnografia Italiana,* v. 1, n. 1, 1912, pp. 25-36.

MOCTEZUMA LONGORIA, M.; RODRIGUEZ RAMIREZ, H. *Impacto de la migración y las remesas en el crecimiento economico regional.* México (DF): El Senado, 1999.

MOLINELLI, R. "Il nazionalismo italiano e l'impresa di Libia". *Rassegna Storica del Risorgimento,* v. 53, n. 2, 1966, pp. 285-318.

MONDAINI, G. *Manuale di storia e legislazione coloniale del Regno d'Italia.* Roma: 1924-1927.

MONINA, G. *Il consenso coloniale*. Roma: Carocci, 2002.

MONZALI, L. *L'Etiopia nella politica estera italiana 1896-1915*. Parma: Università degli Studi, Parma, Facoltà di Giurisprudenza, 1996.

MOORE, M. *Fourth shore:* Italy's mass colonization of Libya. Londres: Routledge, 1940.

MORI, A. "Il problema dell'emigrazione e l'Istituto Agricolo Coloniale". *Nuovi Doveri. Rivista Quindicinale di Problemi Educativi*, v. 3, n. 64-65, 1909, pp. 342-344.

MORI, R. *La politica estera di Francesco Crispi (1887-1891)*. Roma: Edizioni di Storia e Letteratura, 1973.

MORMINO, G. R.; POZZETTA, G. E. *The immigrant world of Ybor City:* Italians and their Latin neigbhors in Tampa, 1885-1985. Urbana: University of Illinois Press, 1987.

MORRIS, J. *The political economy of shopkeeping in Milan, 1886-1922*. Cambridge: Cambridge University Press, 1993.

MOZZARELLI, C.; NESPOR, S. Amministrazione e mediazione degli interessi: Le Camere di Commercio. *In:* PUBBLICA, I. P. L. S. D. A. (ed.). *L'amministrazione nella Storia moderna*. Milão: Giuffrè, v. 2, 1985, pp. 1649-1706.

MULARGIA, F.; BOSCHI, E. The 1908 Messina earthquake and related seismicity. *In: Earthquakes: Observation, theory and interpretation. Proceedings of the international school of physics 'Enrico Fermi'*. Oxford: North-Holland, 1983, pp. 493-518.

MUÑOZ, M. E. *Las relaciones dominico-haitianas:* geopolitica y migración. Santo Domingo, Republica Dominicana: Editora Alfa y Omega, 1995.

NASH, G. D. A. P. *Giannini and the Bank of America*. Norman: University of Oklahoma Press, 1992.

NAYYAR, D. *Migration, remittances, and capital flows:* the Indian experience. Delhi – Nova York: Oxford University Press, 1994.

NAZZARO, P. L'Immigration Quota Act del 1921, la crisi del sistema liberale e l'avvento del fascismo in Italia. *In: Gli italiani negli Stati Uniti*. Florença: Istituto di studi americani, Università degli studi di Firenze, 1972, pp. 323-364.

NEGASH, T. *No medicine for the bite of a white snake*. Notes on nationalism and resistance in Eritrea 1890-1940. Uppsala, Suécia: University of Uppsala, 1986.

NELLI, H. S. Chicago's Italian-language press and World War I. *In:* CORDASCO, F. (ed.). *Studies in Italian American social history*. Essays in honor of Leonard Covello. Totowa, Nova Jersey: Rowan and Littlefield, 1975.

NEW YORK STATE DEPARTMENT OF LABOR, *Fifth annual report of the Bureau of Industries and Immigration for the twelve months ended september 30 1915, reprinted from the annual report of the Department of Labor*. Albany: New York State Department of Labor. State Industrial Commission J. B. Lyon, 1916.

NITTI, F. S. *L'emigrazione ed i suoi avversari*. Turim: Roux, 1888.

NITTI, F. S. "La nuova fase della emigrazione d'Italia". *La Riforma sociale*, 6, ano 3, n. 2, 1896, pp. 745-771.

NITTI, F. S. *La nuova fase della emigrazione d'Italia*. Discorso pronunziato il 21 novembre per l'apertura solenne dell'anno accademico nella r. Scuola Superiore di Agricoltura di Portici. Turim: Roux Frassati e C., 1896.

NITTI, F. S. *Scritti sulla questione meridionale*. Bari: Laterza, 1958-1978.

NOBILE, A. "Politica migratoria e vicende dell'emigrazione durante il fascismo". *Il Ponte*, v. 30, n. 11-12, 1974, pp. 1322-1337.

NOBILE, A. "La colonizzazione demografica della Libia: progetti e realizzazioni". *Bollettino di Demografia Storica*, n. 12, 1990, pp. 173-188.

NOBILI-VITELLESCHI, F. Politica coloniale. "Espansione coloniale ed emigrazione". *Nuova Antologia*, v. 99, 1902, pp. 106-109.

NOTARI, G. La provincia di Córdoba e alcune delle sue colonie agricole. *In:* COMMISSARIATO GENERALE DELL'EMIGRAZIONE (ed.). *Emigrazione e colonie. Raccolta di rapporti dei rr. agenti diplomatici e consolari*. Roma: Cooperativa Tipografica Manuzio, v. 3, part 2, 1908.

O'DONNELL, J. D. *Lavigerie in Tunisia:* the interplay of imperialist and missionary. Athens: University of Georgia Press, 1979.

O'LEARY, C. E. *To die for:* the paradox of American patriotism. Princeton: Princeton University Press, 1999.

ONG, A. *Flexible citizenship:* the cultural logics of transnationality. Durham e Londres: Duke University Press, 1999.

ORIANI, A. *Fino a Dogali.* Bolonha: Augusto Gherardi, 1912.

ORIANI, A. *L'ora d'Africa.* 2. ed. Bolonha: Licinio Cappelli, 1935.

ORSI, R. A. *The Madonna of 115th street:* faith and community in Italian Harlem, 1880-1950. New Haven: Yale University Press, 1985.

OSTUNI, M. R. "Il Fondo archivistico del Commissariato Generale dell'Emigrazione". *Studi Emigrazione,* v. 15, n. 51, 1978, pp. 411-440.

PAKULSKI, J. Cultural citizenship. *Citizenship Studies,* v. 1, n. 1, 1997, pp. 73-86.

PALMA, S. *L'Italia coloniale.* Roma: Editori Riuniti, 1999.

PALOMBARINI, A. *Cara consorte.* L'epistolario di una famiglia marchigiana dalla grande emigrazione alla Grande Guerra. Ancona: Il Lavoro Editoriale, 1998.

PAN, L. *Sons of the yellow Emperor.* Boston: Random House, 1990.

PAOLI, R. *Nella Colonia Eritrea, studi e viaggi.* Milão: Fratelli Treves, 1908.

PAPAFAVA, F. *Dieci anni di vita italiana (1899-1909).* Bari: Laterza, 1913.

PARETO, V. Il costo di produzione dell'uomo e del valore economico degli emigranti (a proposito di un articolo del prof. F. Coletti). *Giornale degli Economisti,* n. 31, 1905, pp. 322-327.

PARK, R. E. *The immigrant press and its control.* Nova York: Harper, 1922.

PASCOLI, G. *Nuovi poemetti.* Bolonha: Zanichelli, 1914.

PASCOLI, G. *Poesie.* Milão: Mondadori, 1939.

PASCOLI, G. *Prose.* Milão: Mondadori, 1946.

PASCOLI, G. *Carmina/poesie latine.* Milão: Mondadori, 1954.

PATRIARCA, S. *Numbers and nationhood:* writing statistics in Nineteenth-Century Italy. Cambridge: Cambridge University Press, 1996.

PAULUCCI DI CALBOLI, R. *Lacrime e sorrisi dell'emigrazione italiana.* Milão: Editoriale Giorgio Mondadori, 1996.

PAVONE, C. (ed.). *Dalle carte di Giovanni Giolitti:* quarant'anni di politica italiana. Milão: Feltrinelli Editore, 1962.

PEIRONE, L.; MARCHIORI, C. *Storia linguistica e storie della lingua italiana.* Gênova: La Quercia, 1990.

PENNE, G. B. *Per l'Italia africana.* Studio critico. Roma: Enrico Voghera editore, 1906.

PENNE, G. B. *Dall'America all'Africa.* La missione coloniale del popolo italiano. Roma: Tip. Naz di G. Bertero & C., 1908.

PERFETTI, F. (ed.). *Il nazionalismo italiano dalle origini alla fusione col fascismo.* Bolonha: Cappelli, 1977.

PERLMANN, J.; WALDINGER, R. Immigrants, past and present: A reconsideration. *In:* HIRSCHMAN, C. et al. (ed.). *The handbook of international migration:* the American experience. Nova York: Russell Sage Foundation, 1999, p. 223-238.

PESSAR, P. R. (ed.). *When borders don't divide:* labor migration and refugee movements in the Americas. Nova York: Center for Migration Studies, 1988.

PESSAR, P. R. *A visa for a dream:* Dominicans in the United States. Boston: Allyn and Bacon, 1995.

PETERS, M. *Der Alldeutsche Verband am vorabend des Ersten Weltkrieges (1908-1914).* Ein Beitrag zur Geschichte des volkischen Nationalismus im spatwilhelminischen Deutschland. Frankfurt am Main: Peter Lang, 1992.

PETRONE, P. "Immigranti italiani in Brasile: Identità e integrazione". *Altreitalie,* n. 13, 1995, pp. 27-42.

PIAZZA, G. *La nostra terra promessa*. Lettere dalla Tripolitania. Marzo-maggio 1911. Roma: Bernardo Lux, 1911.

PILKINGTON, H. *Migration, displacement, and identity in post-soviet Russia*. Londres e Nova York: Routledge, 1998.

PILOTTI, L. *L'Ufficio di Informazioni e Protezione dell'Emigrazione Italiana di Ellis Island*. Roma: Istituto Poligrafico e Zecca dello Stato, 1993.

PINCHERLE, M. La preparazione dell'opinione pubblica all'impresa di Libia. *Rassegna Storica del Risorgimento*, v. 56, 1969, pp. 450-482.

PINI, E. "Cenni storici sulla Società Italiana di Esplorazioni Geografiche e Commerciali". *Esplorazione commerciale*, v. 16, n. 7, 1901, pp. 97-136.

PISA, B. *Nazione e politica nella Società "Dante Alighieri"*. Roma: Bonacci, 1995.

PISELLI, F. *Parentela ed emigrazione*. Mutamenti e continuità in una comunità calabrese. Turim: G. Einaudi, 1981.

PIZZIGALLO, M. *La "politica estera" dell'AGIP (1933-1940)*. Diplomazia economica e petrolio. Milão: A. Giuffrè, 1992.

PLATT, D. C. M. (ed.). *Business imperialism 1840-1930:* an inquiry based on British experience in Latin America. Oxford: Clarendon, 1977.

POLLARD, J. F. *The Vatican and Italian fascism, 1929-32:* a study in conflict. Cambridge: Cambridge University Press, 1985.

PORTER, R.; TEICH, M. (ed.). *Romanticism in national context*. Cambridge e Nova York: Cambridge University Press, 1988.

PORTES, A. Children of immigrants: Segmented assimilation and its determinants. *In: The economic sociology of immigration:* Essays on networks, ethnicity, and entrepreneurship. Nova York: Russell Sage Foundation, 1995, pp. 248-279.

PORTES, A.; JENSEN, L. What's an ethnic enclave? The case for conceptual clarity. *American Sociological Review*, n. 52, 1987, pp. 768-771.

PRATO, G. "Per l'emigrazione italiana nell'America Latina". *La Riforma Sociale*, v. 10, n. 7, 1900, pp. 104-117.

PREZIOSI, G. "L'emigrazione italiana negli Stati Uniti". *Rivista d'Italia*, n. 2, 1910, pp. 240-259.

PREZZOLINI, G. *I trapiantati*. Milão: Longanesi, 1963.

RAFFAELLI, G. *La patria nell'anima dei nostri emigrati. (Studi e conferenze di guerra – 1915-1916)*. Cingoli, Marche: Francesco Luchetti, 1924.

RAGIONIERI, E. "Italiani all'estero ed emigrazione di lavoratori italiani. Un tema di storia del movimento operaio". *Belfagor. Rassegna di varia umanità*, v. 17, n. 6, 1962, pp. 640-669.

RAINERO, R. *I primi tentativi di colonizzazione agricola e di popolamento dell'Eritrea (1890-1895)*. Milão: Editore Marzorati, 1960.

RAINERO, R. *L'anticolonialismo italiano da Assab ad Adua (1869-1896)*. Milão: Edizioni di Comunità, 1971.

RAMELLA, F. Emigration from an area of intense industrial development: The case of northwestern Italy. *In:* VECOLI, R. J. e SINKE, S. M. (ed.). *A century of European migrations, 1830-1930*. Urbana: University of Illinois Press, 1991, pp. 261-274.

RANDALL, L. *An economic history of Argentina in the Twentieth Century*. Nova York: Columbia University Press, 1978.

RAVA, L. "L'insegnamento dell'italiano nella Repubblica Argentina". *La Patria*, v. 1, n. 4, 1912, pp. 281-284.

RAVAGLIOLI, A. *Vedere e capire Roma*. Roma: Edizioni di "Roma Centro Storico", 1980.

REDI, R. *Cinema muto italiano (1896-1930)*. Veneza: Marsilio, 1999.

REEDER, L. *Widows in white:* migration and the transformation of rural Italian women, 1880-1920. Toronto: University of Toronto Press, 2003.

392

REIMERS, D. M. *Unwelcome strangers:* American identity and the turn against immigration. Nova York: Columbia University Press, 1999.

RELAZIONE generale della R. *Commissione d'Inchiesta sulla Colonia Eritrea.* Roma: Tip. delle Mantellate, 1891.

RENAULT, F. *Cardinal Lavigerie:* churchman, prophet and missionary. Londres; Atlantic Highlands, N.J.: Athlone Press, 1994.

RENDA, F. *L'emigrazione in Sicilia (1652-1961).* Caltanissetta: Sciascia, 1989.

REY, G. M. (ed.). *I conti economici dell'italia.* Una sintesi delle fonti ufficiali. 1890-1970. Bari: Laterza, 1991.

RIMANELLI, M.; POSTMAN, S. L. (ed.). *The 1891 New Orleans lynching and U.S.-Italian relations.* A look back. Nova York: Peter Lang, 1992.

ROBINSON, R.; GALLAGHER, J.; DENNY, A. *Africa and the victorians:* the official mind of imperialism. 2. ed. Londres: Macmillan, 1981.

ROCCA, G. "L'Opera di Assistenza degli Operai Italiani Emigrati in Europa e nel Levante (l'Opera Bonomelli)". *Affari Sociali Internazionali,* v. 1-2, n. 3, 1973-1974, pp. 79-91.

ROMANO, S. *La quarta sponda.* La guerra di Libia, 1911/1912. Milão: Bompiani, 1977.

ROMANO, S. L'ideologia del colonialismo italiano. *In:* GHEZZI, C. (ed.). *Fonti e problemi della politica coloniale italiana.* Atti del convegno, 23-29 october 1989, Taormina-Messina. Roma: Ministero per i Beni culturali e ambientali, Ufficio centrale per i Beni archivistici, 1996.

RONCAGLI, G. *Guerra italo-turca (1911-1912).* Cronistoria delle operazioni navali. Milão: Ulrico Hoepli, 1918.

ROOSEVELT, T. *American ideals and other essays, social and political.* Nova York e Londres: G. P. Putnam's Sons, The Knickerbocker Press, 1897.

ROSOLI, G. L'emigrazione italiana in Europa e l'Opera Bonomelli (1900-1914). *In:* BEZZA, B. (ed.). *Gli italiani fuori d'Italia. Gli emigrati italiani nei movimenti operai dei paesi d'adozione 1880-1940.* Milão: Fondazione Brodolini, 1983a, pp. 163-201.

ROSOLI, G. La problematica dei Patronati Cattolici di emigrazione sotto Pio X. *In:* FRANZINA, E. (ed.). *Un altro Veneto.* Saggi e studi di storia dell'emigrazione nei secoli XIX e XX. Abano Terme: Francisci Editore, 1983b, pp. 175-189.

ROSOLI, G. (ed.). *Geremia Bonomelli e il suo tempo.* Bréscia: Fondazione Civiltà Bresciana, 1999.

ROSS, W. G. *Forging new freedoms:* nativism, education, and the Constitution, 1917-1927. Lincoln: University of Nebraska Press, 1994.

ROSSETTI, C. *Storia diplomatica dell'Etiopia durante il Regno di Menelik II.* Turim, 1910.

ROSSI, A. *Nel paese dei dollari (3 anni a New York).* Milão: Max Kantorowicz, 1893.

ROSSI, A. *Un italiano in America.* Milão: Casa Editrice La Cisalpina, 1899.

ROSSI, A. Condizioni dei coloni italiani nello stato di S. Paolo del Brasile (relazione e diari sulla missione compiuta dal cav. Adolfo Rossi). *Bollettino dell'Emigrazione,* n. 7, 1902, pp. 3-88.

ROSSI, A. Per la tutela degli italiani negli Stati Uniti (lettere dell'ispettore cav. Adolfo Rossi, scritte al Commissariato dell'Emigrazione nel corso di una sua missione negli Stati Uniti dell'America del Nord). *Bollettino dell'emigrazione,* n. 16, pp. 3-138, 1904.

ROSSI, E. (ed.). *Il "sillabo".* Gli errori del secolo nei documenti pontifici da Pio IX a Pio XII. Florença: Parenti Editore, 1957.

ROTELLINI, V. Il pregiudizio elettorale. *L'Italia Coloniale. Rivista Mensile,* v. 1, n. 2, 1900, pp. 10-20.

RUBENSON, S. *Wichale XVII:* the attempt to establish a protectorate over Ethiopia. Adis Abeba: Haile Selassie I University Department of History, 1964.

RUSSELL, S. S. Remittances from international migration: A review in perspective. *World Development,* v. 14, n. 6, 1986, pp. 677-696.

SABBATINI, M.; FRANZINA, E. (ed.). *I veneti in Brasile nel centenario dell'emigrazione (1876-1976).* Vicenza: Edizioni dell'Accademia Olimpica, 1977.

393

SAID, E. *Orientalism*. Nova York: Random House, 1979.

SALINARI, C. Le origini del nazionalismo e l'ideologia di Pascoli e di D'Annunzio. *Società*, n. 14, 1958, pp. 459-486.

SALVEMINI, G. Perchè siamo andati in Libia. *In: Come siamo andati in Libia*. Florença: Libreria della Voce, 1914, pp. ix-xxiii.

SALVEMINI, G. Introductory essay. *In*: SALOMONE, A. W. (ed.). *Italian democracy in the making*: The political scene in the Giolittian era, 1900-1914. Filadélfia: University of Pennsylvania, 1945.

SALVEMINI, G. *Il ministro della mala vita*. Milão: Feltrinelli Editore, 1962.

SALVEMINI, G. *Come siamo andati in Libia e altri scritti dal 1900 al 1915*. Milão: Feltrinelli, 1963.

SALVETTI, P. *Immagine nazionale ed emigrazione nella Società "Dante Alighieri"*. Roma: Bonacci, 1995.

SALVETTI, P. Le scuole italiane all'estero. *In*: BEVILACQUA, P. et al. (ed.). *Arrivi. Storia dell'emigrazione italiana*. Roma: Donzelli, 2002, v. 2, pp. 535-550.

SANMINIATELLI, D. Nel primo centenario dell'indipendenza argentina. *Atti della Società "Dante Alighieri" per la lingua e per la cultura italiana fuori del Regno*, n. 33, 1910, pp. 5-6.

SAPELLI, A. *Memorie d'Africa (1883-1906)*. Bolonha: Nicola Zanichelli Editore, 1935.

SAURIN, J. *Le peuplement français de la Tunisie*. Paris: A. Challamel, 1898.

SAURIN, J. *L'invasion sicilienne et le peuplement française de la Tunisie. Conférence faite par m. Jules Saurin en mars et avril 1900 à Marseille, Lyon, Lille, Roubaix, Nancy, Le Havre, Amiens & St. Quentin*. Paris: A. Challamel, 1900.

SAVONA, A. V.; STRANIERO, M. L. (ed.). *Canti dell'emigrazione*. Milão: Garzanti, 1976.

SCALABRINI, G. B. L'Italia all'estero. *In*: ESPOSIZIONE GENERALE ITALIANA – ESPOSIZIONE DELLE MISSIONI (ed.). *Gli italiani all'estero (emigrazione, commerci, missioni)*. Turim: Tipografia Roux Frassati, 1899, pp. 21-39.

SCALABRINI, G. B. L'emigrazione italiana in America. Osservazioni. *In*: TOMASI, S.; ROSOLI, G. (ed.). *Scalabrini e le migrazioni moderne*: Scritti e carteggi. Turim: Società editrice internazionale, 1997, p. xxi.

SCALABRINI, G. B. *Scalabrini e le migrazioni moderne*: scritti e carteggi. Turim: Società editrice internazionale, 1997b.

SCARZANELLA, E. *Italiani malagente*: immigrazione, criminalità, razzismo in Argentina, 1890-1940. Milão: FrancoAngeli, 1999.

SCHMITTER, B. Sending states and immigrant minorities – the case of Italy. *Comparative Studies in Society and History*, v. 26, 1984, pp. 325-334.

SCHNEIDER, A. *Future lost*: nostalgia and identity among Italian immigrants in Argentina. Oxford/ Bern: Peter Lang, 2000.

SCHNEIDER, D. Naturalization and United States citizenship in two periods of mass migration: 1890-1930, 1965-2000. *Journal of American Ethnic History*, v. 21, n. 1, 2001, pp. 50-82.

SCOVAZZI, T. *Assab, Massaua, Uccialli, Adua*. Gli strumenti giuridici del primo colonialismo italiano. Turim: G. Giappichelli, 1996.

SEELEY, J. R. L'epansione dell'Inghilterra. *In*: BRUNIALTI, A. (ed.). *Biblioteca di scienze politiche e amministrative*. Turim: Unione Tipografico-Editrice, v. 9, 1897, pp. 705-888.

SEGRÈ, C. G. *Fourth shore*: the italian colonization of Libya. Chicago e Londres: The University of Chicago Press, 1976.

SEGRÈ, C. G. Il colonialismo e la politica estera: Variazioni liberali e fasciste. *In*: BOSWORTH, R. J. B. e ROMANO, S. (ed.). *La politica estera italiana (1860-1985)*. Bolonha: Il Mulino, 1991, pp. 121-146.

SERENI, E. *Il capitalismo nelle campagne (1860-1900)*. Turim: Einaudi, 1968.

SERIANNI, L.; TRIFONE, P. (ed.). *I luoghi della codificazione*. Turim: G. Einaudi, 1993-1994a.

SERIANNI, L.; TRIFONE, P. (ed.). *Le altre lingue*. Turim: G. Einaudi, 1993-1994b.

SERRA, E. *La questione tunisina da Crispi a Rudini ed il "colpo di timone" alla politica estera dell'Italia*. Milão: Giuffrè, 1967.

SETON-WATSON, C. *Italy from liberalism to fascism: 1870-1925*. Londres: Methuen and Co., 1967.

SHEEHAN, J. "The problem of sovereignty in European history". *American Historical Review*, v. 111, n. 1, 2006, pp. 1-15.

SHUMSKY, N. L. "Let no man stop to plunder!": American hostility to return migration, 1890-1924. *Journal of American Ethnic History*, n. 11, 1992, pp. 56-75.

SMITH, D. A. "From the Mississippi to the Mediterranean: The 1891 New Orleans lynching and its effects on United States diplomacy and the American Navy". *The Southern Historian*, n. 19, 1998, pp. 60-85.

SMITH, J. A. *Family connections:* a history of Italian and Jewish immigrant lives in Providence, Rhode Island 1900-1940. Albany: State University of New York Press, 1985.

SMITH, R. "Reflections on migration, the State, and the construction, durability and newness of transnational life". *Soziale Welt. Sonderband*, n. 12, 1998, pp. 197-217.

SMITH, R. C. Transnational localities: Community, technology and the politics of membership within the context of Mexico and U.S. Migration. *In*: SMITH, M. P. e GUARNIZO, L. E. (ed.). *Transnationalism from below*. New Brunswick, Nova Jersey: Transaction, 1998, pp. 196-238.

SMITH, R. C. "Migrant membership as an instituted process: Transnationalization, the State and the extra-territorial conduct of Mexican politics". *International Migration Review*, v. 37, n. 2, 2003, pp. 297-343.

SMITH, W. D. *The German colonial empire*. Chapel Hill: University of North Carolina Press, 1978.

SMITH, W. D. *The ideological origins of Nazi imperialism*. Nova York/Oxford: Oxford University Press, 1986.

SNOWDEN, F. *Violence and great estates in the south of Italy:* Apulia, 1900-1922. Cambridge: Cambridge University Press, 1986.

SNOWDEN, F. *Naples in the time of cholera, 1884-1911*. Cambridge: Cambridge University Press, 1995.

SOCIETÀ DANTE ALIGHIERI. *Atti della Società "Dante Alighieri" per la lingua e per la cultura italiana fuori del Regno*, 1909.

SOCIETÀ ITALIANA PER LO STUDIO DELLA LIBIA. *La missione Franchetti in Tripolitania (il Gebèl)*. Indagini economico-agrarie della commissione inviata in Tripolitania dalla Società Italiana per lo Studio della Libia. Florença e Milão: Fratelli Treves, 1914.

SOLDAINI, V. "La raccolta delle rimesse degli emigrati italiani e l'opera del Banco di Napoli: 1902-1913". *Revue Internationale d'Histoire de la Banque*, n. 2, 1969, pp. 137-188.

SOLDANI, S.; TURI, G. *Fare gli italiani*. Scuola e cultura nell'Italia contemporanea. Una società di massa Bolonha: Il Mulino, 1993.

SONNINO, G. "Per il progresso della colonia eritrea". *Nuova Antologia*, v. 113, n. 4, 1904, pp. 271-279.

SONNINO, S.; FRANCHETTI, L. (ed.). *Inchiesta in Sicilia*, Florença: Vallecchi editore, 1974 [1877].

SORI, E. Il dibattito politico sull'emigrazione italiana dall'unità alla crisi dello stato liberale. *In*: BEZZA, B. (ed.). *Gli italiani Fuori d'italia*. Gli emigrati italiani nei movimenti operai dei paesi d'adozione 1880-1940. Milão: Franco Angeli, 1983, pp. 19-43.

SPADOLINI, G. *L'opposizione cattolica da Porta Pia al '98*. Firenze/Milão: Le Monnier, 1976.

SPERANZA, G. C. "The 'americani' in Italy at war". *The Outlook*, n. 112, 12 de abril de 1916, pp. 844-864.

SPERANZA, G. C. Political representation of Italian-American colonies in the Italian Parliament. *In*: CORDASCO, F. e BUCCHIONI, E. (ed.). *The Italians:* social backgrounds of an American group. Clifton: Augustus M. Kelley, 1974.

STATE, N. Y. *Fifth annual report of the Bureau of Industries and Immigration for the twelve months ended september 30 1915, reprinted from the annual report of the Department of Labor*. Albany: New York State Department of Labor. State Industrial Commission J. B. Lyon, 1916.

STELLA, A. Condizioni igieniche e sanitarie degli italiani nelle città del Nord America – il deperimento della stirpe. *In: Gli italiani negli Stati Uniti d'America*. Nova York: Italian American Directory Co., 1906, pp. 105-125.

STELLA, A. *Some aspects of Italian immigration to the United States.* Statistical data and general considerations based chiefly upon the United States censuses and other official publications. Nova York e Londres: G. P. Putnam's Sons, 1924.

STELLA, G. A.; FRANZINA, E. Brutta gente. Il razzismo anti-italiano. *In*: BEVILACQUA, P. et al. (ed.). *Arrivi.* Storia dell'emigrazione italiana. Roma: Donzelli, v. 2, 2002, pp. 283-312.

STERBA, C. M. "More than ever, we feel proud to be Italians": World War I and the New Haven *colonia*, 1917-1918. *Journal of American Ethnic History*, v. 20, n. 2, 2001, pp. 70-106.

STERNHELL, Z.; SZNAJDER, M.; ASHERI, M. *The birth of fascist ideology:* from cultural rebellion to political revolution. Princeton: Princeton University Press, 1994.

STIBILI, E. C. The Italian St. Raphael Society for the Protection of Italian Immigrants in the United States. *In*: ROSOLI, G. (ed.). *Scalabrini tra vecchio e nuovo mondo.* Atti del Convegno Storico Internazionale. Roma: Centro Studi Emigrazione, 1989, pp. 469-480.

STRAPPINI, L. Introduzione. *In*: CORRADINI, E. *Scritti e discorsi 1901-1914.* Turim: Einaudi, 1980, pp. vii-lxii.

STRINGHER, B. Relazione, XV Congresso dei Rappresentanti dei Comitati a Napoli (23-27 de setembro de 1904). *Atti della Società "Dante Alighieri" per la diffusione della lingua e della coltura italiana fuori del Regno. Bollettino trimestrale*, n. 17, 1904, pp. 5-13.

STRINGHER, B. Relazione del Consigilio Centrale, XVI Congresso dei Rappresentanti dei Comitati a Palermo (21-24 de outubro de 1905). *Atti della Società "Dante Alighieri" per la diffusione della lingua e della coltura italiana fuori del Regno. Bollettino trimestrale*, n. 21, 1905, pp. 5-16.

STRINGHER, B. *Su le condizioni della circolazione e del mercato monetario.* Roma: Casa Editrice Italiana, 1920.

SULLIVAN, A. T. *Thomas-Robert Bugeaud.* France and Algeria, 1784-1849: Politics, power, and the good society. Hamden, Connecticut: Archon Books, 1983.

SULLIVAN, M. L. *Mother Cabrini, "Italian immigrant of the century".* Nova York: Center for Migration Studies, 1992.

SURDICH, F. I viaggi, i commerci, le colonie: Radici locali dell'iniziativa espansionistica. *In*: GIBELLI, A.; RUGAFIORI, P. (ed.). *La Liguria.* Turim: Einaudi, 1983a, pp. 455-509.

SURDICH, F. L'emigrazione di massa e la Società Geografica Italiana. *In*: FRANZINA, E. (ed.). *Un altro Veneto.* Saggi e studi di storia dell'emigrazione nei secoli XIX e XX. Abano Terme: Francisci Editore, 1983b, pp. 234-256.

TAEYE-HENEN, M. de. *Le nationalisme d'Enrico Corradini et les origines du fascisme dans la revue florentine "Il Regno" (1903-1906).* Paris: Didier, 1973.

TALBOTT, S. America abroad: The birth of a global nation. *Time*, 20 jul. 1992.

TERRY, D. F.; WILSON, S. R. *Beyond small change:* making migrants remittances count Washington, DC: Inter-Amer Development Bank 2005.

TETI, V. "La cucina calabrese: Un'invenzione americana?". *I viaggi di Erodoto*, v. 5, n. 13-15, 1991, pp. 58-73.

THISTLETHWAITE, F. Migration from Europe overseas in the Nineteenth and Twentieth centuries. *In*: VECOLI, R. J.; SINKE, S. M. (ed.). *A century of European migrations, 1830-1930.* Urbana: University of Illinois Press, 1991, pp. 17-57.

TOBIA, B. *L'altare della Patria.* Bolonha: Il Mulino, 1998.

TODISCO, A. *Le origini del nazionalismo imperialista in Italia.* Lettere inedite. Roma: Giorgio Berlutti, 1925.

TOMASI, S. M. Americanizzazione o pluralismo? La Chiesa etnica italiana come istituzione mediatrice nel processo d'integrazione degli emigrati negli Stati Uniti d'America. *In*: Gli italiani negli Stati Uniti. L'emigrazione e l'opera degli italiani negli Stati Uniti d'America. Atti del III symposium di studi americani. Firenze, 27-29 maggio 1969. Florença: Istituto di studi americani, Università degli studi di Firenze, 1972, pp. 389-422.

Referências

TOMASI, S. M. *Piety and power:* the role of the italian parishes in the New York metropolitan area, 1880-1930. Nova York: Center for Migration Studies, 1975.

TOMASI, S. M. Scalabriniani e mondo cattolico di fronte all'emigrazione italiana (1880-1940). *In:* BEZZA, B. (ed.). *Gli italiani fuori d'Italia.* Gli emigrati italiani nei movimenti operai dei paesi d'adozione 1880-1940. Milão: Fondazione Brodolini, 1983, pp. 145-161.

TOMASI, S. M. Scalabrini e i vescovi nordamericani. *In:* ROSOLI, G. (ed.). *Scalabrini tra vecchio e nuovo mondo.* Atti del Convegno Storico Internazionale (Piacenza, 3-5 dicembre 1987). Roma: Centro Studi Emigrazione, 1989, pp. 453-467.

TOMASI, S. M. Fede e Patria: The "Italica Gens" in the United States and Canada, 1908-1936. Notes for the history of an emigration association. *Studi Emigrazione,* v. 28, n. 103, 1991, pp. 319-331.

TOMASSINI, L. Mutual benefit societies in Italy, 1861-1922. *In:* LINDEN, M. V. D. (ed.). *Social security mutualism.* The comparative history of mutual benefit societies. Berna: Peter Lang, 1996, pp. 225-271.

TONIOLO, G. *An economic history of Liberal Italy, 1850-1918.* Londres: Routledge, 1990.

TOPP, M. The transnationalism of the Italian American Left: the Lawrence strike of 1912 and the Italian Chamber of Labor of New York City. *Journal of American Ethnic History,* n. 17, 1997, pp. 39-63.

TOSI, L. *La propaganda italiana all'estero nella Prima Guerra Mondiale.* Rivendicazioni territoriali e politica delle nazionalità. Trieste/Gorizia: Del Bianco, 1977.

TOSI, L. Italy and international agreements of emigration and immigration. *In: The world in my hand:* Italian emigration in the world 1860/1960. Roma: Centro Studi Emigrazione, 1997.

TRINCIA, L. *Per la Fede, per la Patria.* I salesiani e l'emigrazione italiana in Svizzera fino alla Prima Guerra Mondiale. Roma: LAS, 2002.

TUCK, P. J. N. (ed.). *French Catholic missionaries and the politics of imperialism in Vietnam, 1857-1914:* A documentary survey. Liverpool: Liverpool University Press, 1987.

TULLI, A. *Il "Leone di Giuda" e l' obelisco di Dogali.* Roma, 1942.

TURATI, G. "Il movimento nazionalista in Italia e il Congresso di Roma". *Patria e Colonie,* v. 1, n. 12, 1912, pp. 490-492.

TURIELLO, P. *La virilità nazionale e le colonie italiane.* Memoria letta alla r. Accademia di Scienze Morali e Politiche della Società Reale di Napoli. Nápoles: Tip. della Regia Università, 1898.

UFFICIO DI STUDI COLONIALI. *Le mostre coloniali all'Esposizione Internazionale di Torino del 1911.* Relazione generale. Roma: Ministero delle Colonie. Direzione Centrale degli Affari Coloniali. Ufficio di Studi coloniali, Tip. Naz di G. Bertero, 1913.

UNITED STATES IMMIGRATION COMMISSION. *Dictionary of races or peoples.* Reprint, Nova York: Arno and New York Times, 1970a. [1911]

UNITED STATES IMMIGRATION COMMISSION. *Reports of the Immigration Commission (Senator William S. Dillingham Chair).* Reprint, Nova York: Arno and New York Times, 1970b. [1911], V., l'Italia in China. *Nuova Antologia,* n. 164, 1899, pp. 746-758.

VALESIO, P. *Gabriele d'Annunzio:* The dark flame. New Haven: Yale University Press, 1992.

VAN ETTEN, I. M. *Vergogne italiane in America.* Milão: Critica Sociale, 1893.

VARESE, C. *Pascoli politico, tasso e altri saggi.* Milão: Feltrinelli, 1961.

VAUGHAN, L. J. Cosmopolitanism, ethnicity, and American identity: Randolph Bourne's "transnational America". *Journal of American Studies,* v. 25, n. 3, 1991, pp. 443-459.

VECOLI, R. J. "Contadini in Chicago: A critique of the uprooted". *Journal of American History,* n. 51, 1964, pp. 404-417.

VECOLI, R. J. Prelates and peasants: Italian immigrants and the Catholic Church. *Journal of Social History,* v. 2, n. 3, 1969, pp. 217-268.

VECOLI, R. J. The formation of Chicago's "Little Italies". *Journal of American Ethnic History,* n. 2, 1983, pp. 5-20.

397

VECOLI, R. J. The Italian diaspora, 1876-1976. *In*: COHEN, R. (ed.). *The Cambridge survey of world migration.* Cambridge: Cambridge University Press, 1995, pp. 114-122.

VENEROSI, R. Il 2o Congresso degli Italiani all'Estero. *Italica Gens*, v. 2, n. 6-7, 1911a, pp. 214-258.

VENEROSI, R. "La Libia italiana". *Italica Gens*, v. 2, n. 10, 1911b, pp. 351-366.

VENEROSI, R. "I sussidi alle scuole italiane in America". *Italica Gens*, v. 5, n. 1-2, 1914a, pp. 1-6.

VENEROSI, R. "Per gli scambi commerciali colle colonie italiane del Brasile meridionale". *Italica Gens*, v. 5, n. 3-8, 1914b, pp. 65-76.

VENTRESCO, F. B. "Loyalty and dissent: Italian reservists in America during World War I". *Italian Americana*, v. 4, n. 1, 1978, pp. 93-122.

VENTUROLI, M. "Il monumento a Vittorio Emanuele II". *Capitolium: Rivista di Roma*, v. 40, n. 4, 1965, pp. 219-223.

VERDICCHIO, P. *Bound by distance:* Rethinking nationalism through the Italian diaspora. Madison: Fairleigh Dickinson University Press, 1997.

VERNASSA, M. *Emigrazione, diplomazia e cannoniere.* L'intervento italiano in Venezuela (1902-1903). Livorno: Editrice Stella, 1980.

VESPASIANO, F. *Contadini emigranti assistiti.* Permanenze e mutamenti in un'area del Mezzogiorno. Nápoles: Edizioni Scientifiche Italiane, 1990.

VIANA, M. *Crispi: L'eroe tragico.* Milão: Editrice Imperia, 1923.

VIGLIONE, M. (ed.). *Rapporti Stato e Chiesa dall'unità d'Italia ad oggi.* Documenti salienti di storia contemporanea. Bréscia: Società editrice Vannini, 1987.

VILLARI, L. *Gli Stati Uniti d'America e l'emigrazione italiana.* Milão: Treves, 1912.

VILLARI, L. *The awakening of Italy:* The fascist regeneration. Londres: Methuen, 1924.

VILLARI, L. *The fascist experiment.* Londres: Faber & Gwyer, 1926.

VILLARI, P. Discorso, X Congresso dei Rappresentanti dei Comitati a Messina (24-26 october 1899). *Atti della Società "Dante Alighieri" per la diffusione della lingua e della cultura italiana fuori del Regno*, n. 9, 1900, pp. 6-21.

VILLARI, P. Discorso, XII Congresso dei Rappresentanti dei Comitati a Verona (26-29 september 1901). *Atti della Società "Dante Alighieri" per la lingua e per la cultura italiana fuori del Regno. Bollettino Trimestrale*, n. 5, 1901, pp. 3-18.

VILLARI, P. Discorso, XIV Congresso dei Rappresentanti dei Comitati a Udine (24-26 september 1903). *Atti della Società "Dante Alighieri" per la lingua e per la cultura italiana fuori del Regno. Bollettino Trimestrale*, n. 13, 1903, pp. 4-11.

VILLARI, P. "L'emigrazione e le sue conseguenze in Italia". *Nuova Antologia*, v. 215, n. 128, 1907a, pp. 33-56.

VILLARI, P. "Le conseguenze della emigrazione italiana giudicate da un cittadino americano". *Nuova Antologia*, v. 215, n. 131, 1907b, pp. 3-8.

VILLARI, P. "I dialetti e la lingua. Discorso per l'Accademia della Crusca". *Nuova Antologia*, 1909a, pp. 385-395.

VILLARI, P. *Scritti sull'emigrazione e sopra altri argomenti vari.* Bolonha: N. Zanichelli, 1909b.

VILLARI, P. *Lettere meridionali ed altri scritti sulla questione sociale in Italia.* Turim: Loescher Editore, 1972.

VISCONTI, A. *Emigrazione ed esportazione.* Studio dei rapporti che intercedono fra l'emigrazione e le esportazioni italiane per gli Stati Uniti del Nord America e per la Repubblica Argentina. Turim: Tip. Baravalle & Falconieri, 1912.

VITALI, O. Metodi di stima impiegati nelle serie storiche di contabilità nazionale per il periodo 1890-1970. *In*: REY, G. M. (ed.). *I conti economici dell'Italia. Una sintesi delle fonti ufficiali. 1890-1970.* Bari: Laterza, v. 1, 1991, pp. 52-103.

WADDAMS, F. C. *The Libyan oil industry.* Baltimore e Londres: The Johns Hopkins University Press, 1980.

WALKER, M. *Germany and the emigration, 1816-1885.* Cambridge: Harvard University Press, 1964.

WEBER, E. *Peasants into Frenchmen:* the modernization of rural France, 1870-1914. Stanford: Stanford University Press, 1976.

WEBSTER, R. A. *Industrial imperialism in Italy, 1908-1915.* Berkeley: University of California Press, 1975.

WEHLER, H.-U. *Bismarck und der Imperialismus.* Colônia: Kiepenheuer & Witsch, 1969.

WEHLER, H.-U. Industrial growth and early German imperialism. *In:* SUTCLIFFE, R. O. A. B. (ed.). *Studies on the theory of imperialism.* Londres: Longman, 1972, pp. 71-92.

WEINER, M. *International migration and security.* Boulder, Colorado: Westview Press, 1993.

WEINSTEIN, B. Language planning as an aid and a barrier to irredentism. *In:* CHAZAN, N. (ed.). *Irredentism and international politics.* Boulder, Colorado: Lynne Rienner, 1991.

WERTHEIMER, M. S. *The Pan-German League, 1890-1914.* Nova York: Octagon Books, 1971.

WHELPLEY, J. D. *The problem of the immigrant.* Londres, 905.

WIELEWINSKI, B. *Polish national Catholic Church.* Independent movements, old Catholic Church and related items: an annotated bibliography. Boulder e Nova York: East European Monograph, 1990.

WILSON, W. *A History of the American people.* Nova York: Harper & Brothers, 1902.

WIMMER, A.; GLICK SCHILLER, N. "Methodological nationalism, the social sciences, and the study of migration: An essay in historical epistemology". *International Migration Review,* 37, n. 3, 2003, pp. 576-611.

WISEMAN, J. R. *Global nation? Australia and the politics of globalization.* Cambridge e Nova York: Cambridge University Press, 1998.

WISHES, R. J. *The establishment of the Apostolic Delegation in the United States of America:* The Satolli mission, 1892-1896. Ph.D., Pontificia Università Gregoriana, Roma, 1981.

WONG, A. *Race and the nation in Liberal Italy:* meridionalism, empire and diaspora. Nova York: Palgrave Macmillan, 2006.

WORBOYS, M. The Imperial Institute: The state and the development of the natural resources of the colonial empire, 1887-1923. *In:* MACKENZIE, J. M. (ed.). *Imperialism and the natural world.* Manchester e Nova York: Manchester University Press, 1990, pp. 164-186.

WOZNIAK, C. J. *Hyphenated Catholicism:* a study of the role of the Polish-American model of Church, 1890-1908. San Francisco, Londres, Bethesda: International Scholars Publications, 1998.

WYMAN, M. *Round-trip to America:* the immigrants return to Europe, 1880-1930. Ithaca e Londres: Cornell University Press, 1993.

YOUNG, L. *Japan's total empire:* Manchuria and the culture of wartime imperialism. Berkeley: University of California Press, 1998.

ZAIDA LOBATO, M. *La Patria degli italiani* and social conflict in early Twentieth-Century Argentina. *In:* GABACCIA, D. R.; OTTANELLI, F. M. (ed.). *Italian workers of the world:* Labor migration and the formation of multiethnic states. Urbana e Chicago: University of Illinois Press, 2001, pp. 63-78.

ZAMAGNI, V. *The economic history of Italy, 1860-1990.* Oxford: Clarendon Press, 1993.

ZAMPINI-SALAZAR, F. *L'Italia all'estero.* Conferenza tenuta all'Associazione della Stampa in Roma nel maggio 1901, ripetuta a Milano ed a Torino nel dicembre 1901. Roma: Officina Poligrafica Romana, 1902.

ZANOTTI-BIANCO, U. *Saggio storico sulla vita e attività politica di Leopoldo Franchetti.* Roma: Associazione Nazionale per gli interessi del Mezzogiorno d'Italia, 1950.

ZOTOS, S. *Hellenic presence in America.* Wheaton, Illinois: Pilgrimage, 1976.

ZUCCHI, J. E. *Little slaves of the harp:* Italian child street musicians in Nineteenth-Century Paris, London, Nova York e Montreal: McGill-Queen's University Press, 1992.

ZUCCHI, L. P. d. (ed.). *Alberdi.* S.M. de Tucumán, Argentina: Universidad Nacional de Tucumán, Facultad de Filosofía y Letras, Instituto de Historia y Pensamiento Argentinos, 1986.

Anexos:
mapas e gráficos

Mapa 1
Densidade populacional italiana por província, a partir do Censo Nacional de 1911.

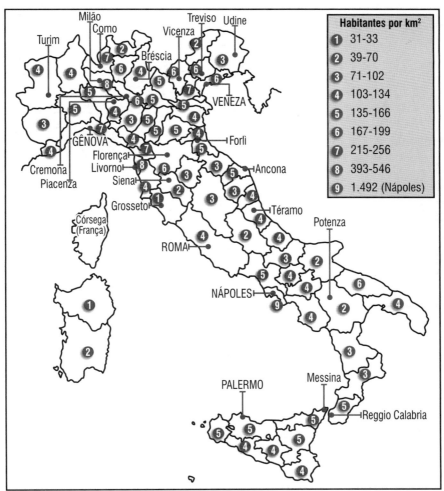

Italianos no mundo

Mapa 2
Índices de emigração por província para a Europa e o Mediterrâneo, 1906-1911

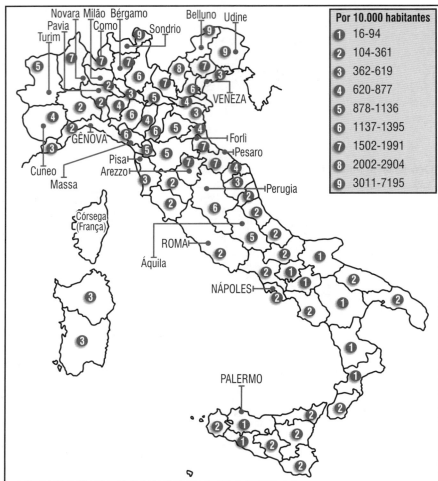

Anexos

Mapa 3
Índices de emigração transatlântica por província, 1906-1911

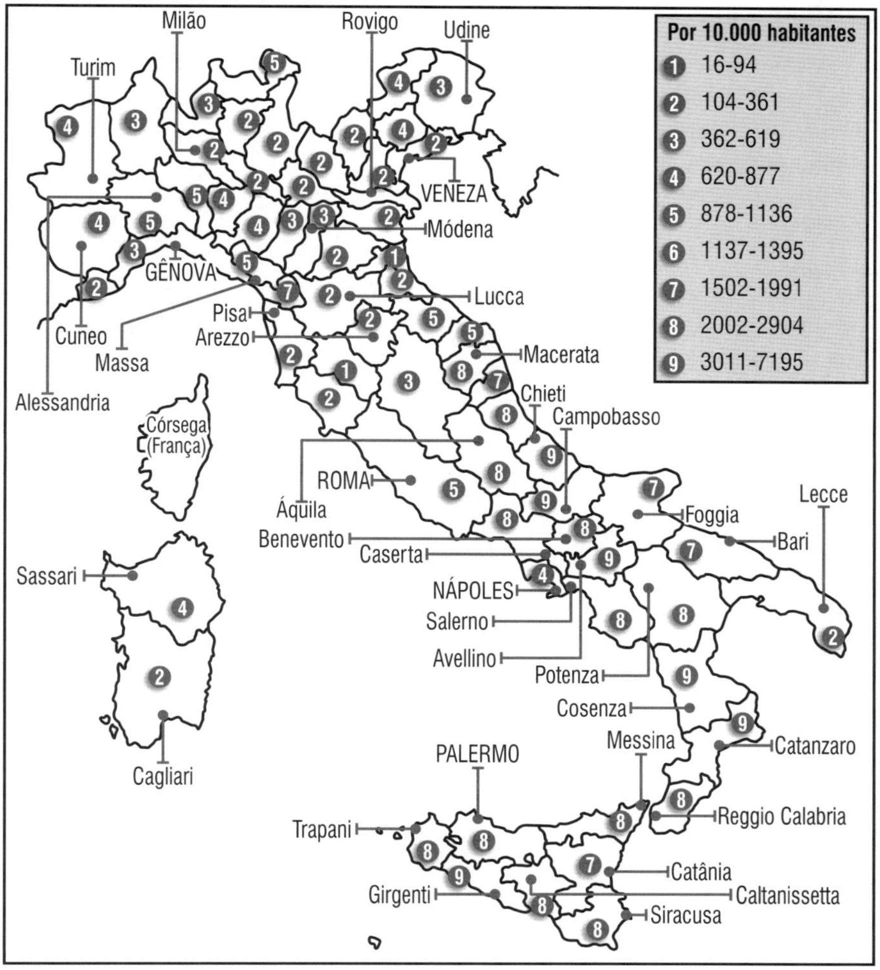

Por 10.000 habitantes

1. 16-94
2. 104-361
3. 362-619
4. 620-877
5. 878-1136
6. 1137-1395
7. 1502-1991
8. 2002-2904
9. 3011-7195

Gráfico 1.1
Emigração total com base no número de passaportes, 1880-1920

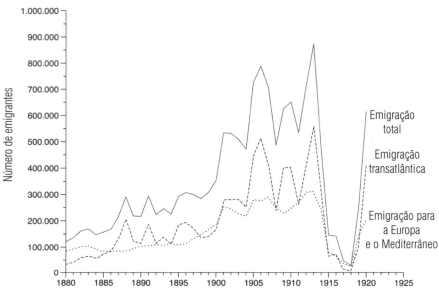

Gráfico 1.2
Emigração para o Brasil, a Argentina, os Estados Unidos e o Canadá, 1880-1915

Anexos

Gráfico 3.1
Ordens de pagamento internacionais enviadas para a Itália

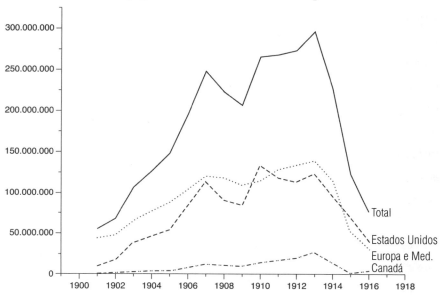

Gráfico 3.2
Remessas do Banco di Napoli por país

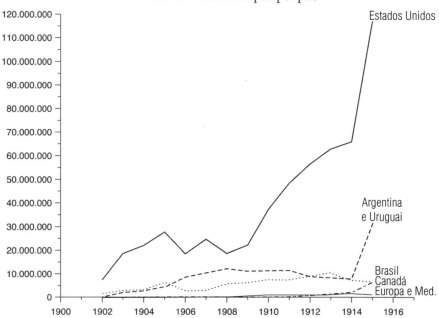

405

Gráfico 3.3
Emigração transatlântica e migração de retorno de acordo com passaportes

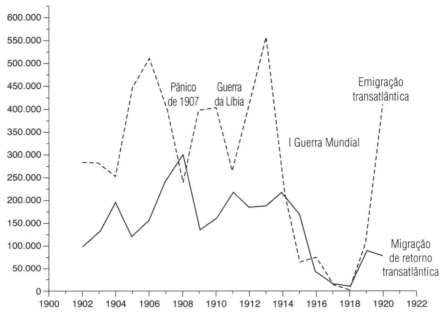

Gráfico 3.4
Emigração permanente e de retorno de acordo com os registros municipais italianos

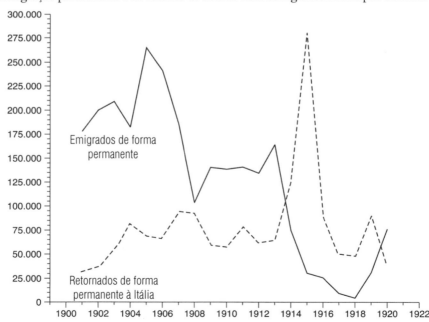

Gráfico 3.5
Emigração de retorno transatlântica por país de acordo
com as listas de bordo das companhias de navegação

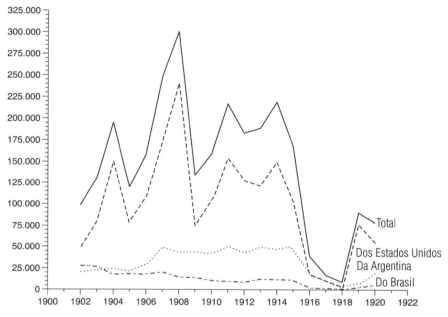

Agradecimentos

Eu contei com a generosidade e o apoio de inúmeras pessoas e instituições no processo de pesquisa e redação desse livro, o qual também não teria sido possível sem o trabalho seminal desenvolvido pelos grandes pesquisadores no campo dos estudos emigratórios e do colonialismo. Minhas notas e referências servem para transmitir meus agradecimentos a todos esses *scholars*. Nesse espaço, eu gostaria de agradecer aos meus amigos e orientadores em Yale, especialmente Frank Snowden, Paul Kennedy, Robert Harms e Paolo Valesio. Outros amigos e colegas também comentaram o manuscrito, em particular Donna Gabaccia, Nicola Labanca, Emilio Franzina, Jenny Hale Pulsipher, Ignacio Garcia e Carolyn Ugolini. Eu devo muito ao senso crítico e aos conselhos de Benedict Anderson, Giulia Barrera, Linda Coley, o finado Peter D'Agostino, John

Italianos no mundo

Lewis Gaddis, Jay Geller, Akira Iriye, Roger Louis, Timothy Naftali, Wolfgang Schieder, Gaddis Smith, Jonathan Spence, Lydio Tomasi e Hans-Ulrich Wehler. Eu agradeço a Mauro Canali, Emílio Gentile, Luigi Goglia, Gian Luca Podestà, Giovanni Mutino e Andy Sarzanini pelo seu atencioso apoio na Itália. Carl Ipsen, a quem eu conheci enquanto pesquisava esse tópico como um estudante de pós-graduação em 1998-1999, merece um agradecimento especial.

Sou especialmente grato a minha esposa, Tova, que contribuiu brilhantemente para cada parte desse trabalho, e a nossos três filhos, Sophie, Anne e Jonathan. Esse livro é dedicado à minha mãe e ao meu pai, Gretchen e John Choate, que inspiraram meu amor pela História.

Uma grande alegria que tive nesse projeto foi a oportunidade de frequentar inúmeros arquivos e bibliotecas na Europa e nos Estados Unidos. Eu agradeço aos diretores e às equipes das seguintes instituições: o Sudan Archive, Durham, Inglaterra; o Arquivo Diplomático e a Biblioteca do Ministério das Relações Exteriores da Itália, o Arquivo do Estado-Maior do Exército italiano, a Biblioteca Apostólica Vaticana e o Arquivo Secreto do Vaticano, na cidade do Vaticano; o Arquivo Central do Estado e a sua Biblioteca, em Roma; a administração central da Sociedade Dante Alighieri, em Roma; o Instituto Italiano para Pesquisa Agronômica no Exterior, em Florença; o Arquivo Histórico do Banco di Napoli, em Nápoles; o Arquivo da Câmara de Deputados e da Cruz Vermelha, em Roma; a Sovrintendenza dei Beni Culturali, da Prefeitura de Roma; o Instituto para a História do *Risorgimento* italiano, em Roma; os arquivos de Estado de Rovigo, Veneza, Palermo e Milão; a Biblioteca Ambrosiana, em Milão; o Centro de Estudos Migratórios de Staten Island, Nova York. Agradeço também ao Arquivo Federal alemão em Berlim-Lichtenfelde; ao Arquivo Nacional britânico, em Londres, à Biblioteca Britânica e ao Arquivo Nacional, em Paris; à seção ultramarina do Arquivo Nacional, em Aix-en-Provence e ao Arquivo Nacional dos Estados Unidos em College Park, Maryland.

Sou também muito grato aos bibliotecários em Roma, especialmente os da seguintes bibliotecas: Biblioteca del Ministero delle Risorse Agricole; Biblioteca della Camera dei Deputati; Biblioteca di Storia

Moderna e Contemporanea; Istituto Centrale della Statistica; Centro Studi Emigrazione; Società Geografica Italiana; Biblioteca Nazionale Centrale "Vittorio Emanuele II"; Bibliothèque de l'Ècole Française de Rome; Biblioteca di Studi Meridionali "Giustino Fortunato" e Istituto Italiano per l'Africa e l'Oriente. Agradeço igualmente a Sue Roberts, Dick Hacken e Robert Murdoch nas bibliotecas da Universidade Brigham Young e da Universidade de Yale.

Agradeço igualmente a Kathleen McDermott, da Harvard University Press pelo seu encorajamento e orientação especializada, e aos dois pareceristas anônimos que avaliaram o manuscrito.

Também sou muito grato ao generoso apoio da Smith-Richardson Foundation, da Andrew W. Mellon Foundation, da Pew Charitable Trusts, das Fulbright Foundations da Itália e dos Estados Unidos, do Departamento de Educação dos EUA, das Universidades Yale e Brigham Young. A National Italian American Foundation apoiou a publicação deste livro.

Todos os possíveis equívocos neste livro são meus. Além disso, todas as traduções foram feitas por mim, a não ser quando indicado em contrário.

Os três mapas (ver "Anexos: mapas e gráficos"), foram retirados de Direzione Generale di Statistica, *Annuario Statistico italiano*, 1914 (Roma, 1914). Todas as estatísticas para a composição dos gráficos vieram de Commissariato Generale dell'Emigrazione, *Annuario Statistico della Emigrazione italiana dal 1876 al 1925* (Roma, 1926): Tabela 1.1: 8, 44; 1.2: 86-91; 3.1: 1641, 1657-1659; 3.2: 1646-1651; 3.3: 44, 689; 3.4: 667, 1542; 3.5: 689.

O autor

Mark I. Choate possui doutorado em História, com uma tese sobre a Grande Itália e migração e colonialismo na África e nas Américas entre 1880 e 1915, pela Universidade de Yale, e mestrado em Estudos Estratégicos pelo U.S. Army War College. É professor associado de História da Brigham Young University (Utah, Estados Unidos), onde ministra cursos sobre Itália a partir de 1848, sobre história militar, colonialismo, fascismos europeus, entre outros temas.

O tradutor

João Fábio Bertonha é professor da Universidade Estadual de Maringá (UEM) e pesquisador do CNPq. Doutor em História pela Universidade Estadual de Campinas (Unicamp) e livre-docente em História pela Universidade de São Paulo (USP). Autor de vários livros e artigos, publicou, pela Editora Contexto, *Itália: presente e futuro, Os italianos, Patton, Imperialismo, Os canadenses*, além de ser coautor do *Dicionário de datas da História do Brasil*.

GRÁFICA PAYM
Tel. [11] 4392-3344
paym@graficapaym.com.br